会计学国家级教学团队系列教材
暨南大学成人教育会计本科系列教材

Auditing

审计学

主　编　刘国常
副主编　邬励军　潘敏虹

暨南大學出版社
JINAN UNIVERSITY PRESS
中国·广州

图书在版编目（CIP）数据

审计学/刘国常主编；邬励军，潘敏虹副主编．—广州：暨南大学出版社，2012.2（2023.8重印）
（暨南大学成人教育会计本科系列教材）
ISBN 978-7-5668-0088-6

Ⅰ.①审… Ⅱ.①刘…②邬…③潘… Ⅲ.①审计学—高等学校—教材 Ⅳ.①F230.9

中国版本图书馆CIP数据核字（2012）第271914号

审计学
SHENJIXUE
主　编：刘国常

出 版 人：张晋升
责任编辑：暨南风　张慧云
责任校对：周明恩　黄　斯
责任印制：周一丹　郑玉婷

出版发行：暨南大学出版社（511443）
电　　话：总编室（8620）37332601
营销部（8620）37332680　37332681　37332682　37332683
传　　真：（8620）37332660（办公室）　37332684（营销部）
网　　址：http：//www.jnupress.com
排　　版：广州市新晨文化发展有限公司
印　　刷：广东虎彩云印刷有限公司
开　　本：787mm×1092mm　1/16
印　　张：24
字　　数：600千
版　　次：2012年2月第1版
印　　次：2023年8月第7次
印　　数：6201—6500册
定　　价：55.00元

总　序

会计作为经济信息系统的重要组成部分和一种国际商业语言，将会计主体的财务信息真实、完整、及时地传递给外部财务信息使用者和内部财务信息使用者，并满足这些财务信息使用者决策的需要。其对政府、投资者、债权人、管理者来说是非常重要的。近年来，随着我国资本市场的诞生、规范和发展，彻底改变了我国企业传统的财务管理理念与方法，企业的投融资管理面临新的环境、方式和方法。财务与会计执业者所面临的各种外部环境（包括经济、政治、法律、文化环境等）发生了深刻变化，在经济全球化和管理信息复杂化的时代，会计人才不仅应具有较系统、完备的有关我国会计与公司理财等方面的知识和技能，而且还必须具备国际视野，全面掌握国际会计准则，懂得国外主要经济体的相关会计法规、国际资本市场运行规律和其他相关知识与技能。在这种背景下，为了满足会计人员不断学习、及时更新知识的需要，暨南大学会计学系、暨南大学教育学院、暨南大学出版社共同筹划了《暨南大学成人教育会计本科系列教材》，邀请暨南大学会计学系在各个学科具有丰富教学经验、有影响力的专家组成教材编写委员会，组织编写该系列教材，力求推出一套“理论与实务并重，本土化与国际化相融合，能够反映当前学科发展前沿水平，符合成人教育会计学本科特点的精品系列教材”。

“理论与实务并重”就是要针对会计学是实务性很强的经济管理科学这一特点，研究各成教会计教材所涉及的相关理论、方法及其应用，分析每一本教材的特点、难易程度和导读规律，既要讲清楚理论概念，又要设计必要的实例，通过案例教学，培养学生的实操能力。

“本土化与国际化相融合”就是要针对会计准则国际趋同化与财务管理国际市场化等趋势，在教材中充分借鉴国际标准、国外知名企业的先进管理理念和方法，并充分体现中国会计的特色和经验，力争做到本土化与国际化的有机结合。

“能够反映当前学科发展前沿水平”是指本系列教材应该在继承现有教材的优点和特色的基础上，吸收当前相关理论和实务操作的最新研究成果和发展动态，补充和修改相关教材体系与内容，其目的是使教材能够更好地适应新的环境变化、满足学生获取更多知识、增强其专业技能的要求。

成人教育会计本科系列教材建设是一项长期且十分艰巨的任务，多年来我们为此做了不懈努力。我国经济发展与改革日新月异，环境变化多样且复杂，相关理论和实务操作的研究成果不断涌现，由于我们的水平有限，本系列教材不周之处在所难免，恳请读者批评指正。

暨南大学成人教育会计本科系列教材编审委员会

2011 年 3 月

前 言

为适应成人教育会计专业审计学课堂教学的需要，在暨南大学成人教育学院和暨南大学出报社的筹划下，我们组织编写了本书。

本书遵循会计、审计专业教学规律，依照循序渐进原则，着重讲述审计的基本理论、基本方法和基本技能，并结合成人教育的特点，适当增加案例内容，更多地从实际操作层面阐述审计相关理论与实务，力求做到理论体系比较完整、方法技能比较清晰。在审计实务部分，本书按照"业务循环法"编排相关审计实务内容的阐述，这样可能会对初期的学习带来某些难度，但是在审计实务技能的掌握方面，"业务循环法"使得相关内容之间的逻辑关系更为顺畅，更有利于在学习中总揽全局，达到更好的效果。

本书由刘国常教授、邬励军副教授、潘敏虹副教授共同编写。各章编写分工如下：刘国常教授编写第一章、第二章、第三章和第五章，邬励军副教授编写第六章、第十章、第十一章和第十四章，潘敏虹副教授编写第四章、第七章、第八章、第九章、第十二章、第十三章和第十五章。最后由刘国常教授对书稿进行审阅。

不足之处，敬请读者批评指正！

编者

2011 年 11 月 11 日

于暨南大学

目　录

第一章　审计概论

本章学习要点

审计是一种具有独立性的经济监督活动。生产社会化发展到一定程度之后，有经济活动就需要经济管理，也需要经济监督。生产社会化程度越高，经济管理和经济监督越重要。在现代市场经济条件下，审计已经成为国家治理、公司治理和推动资本市场规范发展的重要手段。

通过本章学习，应当掌握以下主要内容：

（1）审计产生和发展的基本动因、历史概况；

（2）审计的基本概念和基本特征；

（3）审计的职能、对象和任务；

（4）审计的主要分类和内容；

（5）审计机构和审计人员的情况。

第一节　审计的产生和发展

一、审计产生和发展的客观基础

（一）审计的起因

审计是因对经济监督的需要而产生的。审计产生和发展的根本原因在于社会生产力的发展，而直接原因（或客观基础）则在于由生产力的发展所导致的财产所有权和经营管理权的分离。

由于生产力的发展而出现的社会分工为审计的产生提供了可能。在原始社会早期，社会生产力的水平非常低，人类所生产的产品除了满足日常生活所需之外，没有任何剩余，这就要求每个社会成员都必须参加生产劳动，除了生产劳动之外人们没有可能从事其他任何活动。随着社会生产力的发展，人们的劳动效率有所提高，开始有了剩余产品，这就使一部分人有可能脱离生产劳动而从事其他活动。人类早期有三次大的社会分工，即农业和畜牧业的分工、农业和手工业的分工以及商人阶层的出现，以后又逐渐出现了脑力劳动和体力劳动的分工，出现了城乡差别等。有生产就需要有管理，有管理就需要有监督。社会分工的出现及其发展，使得一些人脱离了体力劳动，专门从事生产管理和经济监督，这就为审计的产生提供了可能性。

随着社会生产力的发展和私有制的出现，使得少数人可以脱离社会劳动，单凭对生产资料的所有权而剥削他人的劳动成果，这就使人们之间产生了根本的利益冲突。私有制的产生和发展使社会的贫富差距日益扩大，最终导致了社会的两极分化和阶级的产生，并进而产生了国家。国家是阶级矛盾不可调和的产物。“普天之下，莫非王土；率土之滨，莫非王臣。”国家的最高统治者拥有天下的一切，但最高统治者不可能亲自去管理天下所有的事务。为了维护其统治地位，必然要实行分权控制，分封一些臣僚代为治理各地，代为管理各项财产，代为处理各项事务，这就出现了财产所有权和经营管理权的分离。国家的最高统治者为了巩固其政权，保护其财产权益，必然要求对那些代为经营管理财产的臣僚的活动进行检查监督，这就为官厅审计（政府审计或国家审计）的产生奠定了客观基础。

在民间，生产力的不断发展促进了私有经济的发展，个人积聚的财富不断增多，私有经济的规模越来越大。特别是在近代资本主义社会，私有经济的发展使资本家面临日益突出的两个矛盾：一是生产社会化和生产资料资本家私人占有之间的矛盾，二是追求最大限度的利润与资本家个人经营管理能力有限之间的矛盾。解决前一个矛盾的办法就是广泛推行股份制，解决第二个矛盾的办法就是广泛实行经理制。股份制是财产所有权和经营管理权分离最彻底的形式。经理制的实施和股份制的推行密切相关。财产的所有者委托他人代为经营管理财产之后，在财产所有者和经营管理者之间就产生了一种经济责任关系。财产所有者将其财产委托给经营管理者保管、支配和使用，受托的经营管理者对所受托管理的资产负有保值增值的责任，并需定期向财产所有者报告经济责任的履行情况。财产所有者有权对经营管理者履行经济责任的情况进行检查监督，经营管理者为了解除其所承担的经济责任，客观上也需要有人对其活动作出评价。这就为民间审计（社会审计或注册会计师审计）的产生奠定了客观基础。

随着社会经济的发展，各企业和事业单位的规模越来越大，活动的内容日益增多，活动的性质日益复杂。单位领导人不可能像从前那样事必躬亲地处理每一件事，他们的注意力主要集中在有关单位发展的重大问题上，当然他们也很关心基层的各项活动。为了保证单位各项活动的顺利开展和有效进行，在单位内部就有必要实行分权组织控制。在分权组织控制制度下，单位的管理呈现出明显的层次性。单位的最高领导人负责制定有关单位发展的总目标，并制定实现目标的决策和措施。单位总目标的实现要靠各部门和人员的努力，通过各部门和人员的活动，落实各项决策和措施。为了保证各部门和人员的活动有利于实现单位的目标，必须对其进行控制。领导者制定目标，控制保证目标的实现。由于各部门都有自身特定的活动，除了制定相应的制度规范各部门和人员的活动之外，还需要对这些活动进行相对独立的检查，这就为内部审计的产生奠定了客观基础。

（二）审计关系和审计关系人

审计关系就是参与审计活动的各方之间所形成的关系。审计关系人就是参与审计活动的各有关方面。任何一项审计活动都必须有三方面的关系人参与，即审计授权者（财产所有者）、审计者和被审计者（经营管理者）。这三方面的关系人缺一不可。审计关系人之间审计关系的形成是审计活动产生的必要条件。下面以注册会计师审计为例，阐述审计关系、审计关系人和审计活动的产生。

前已述及，审计的必要性是由受托责任关系所决定的。在现代社会经济条件下，企业的受托责任包括两个方面：一是受托经济责任，二是受托社会责任。受托经济责任是指经营管理者对财产所有者承担的保证受托管理的财产保值增值并及时报告经营管理情况的责任。受托社会责任是指企业的经营管理者对整个社会所承担的诸如保护环境、保护消费者的合法权益，以及促进社会公平等方面的责任。在受托经济责任条件下，财产所有者和经营管理者之间的根本利益是一致的，但也存在一定的矛盾，为了维护各自的合法权益，都要求对企业的活动进行客观公正的审查。在受托社会责任条件下，企业在进行各项活动时，不仅要追求企业自身的利益，而且还必须兼顾社会整体的利益。企业社会责任的履行情况如何，也必须由专门的机构和人员进行审查。

审计的可能性是由财产所有者和经营管理者的地位和要求所决定的。企业的经营管理者既是生产经营活动的从事者，又是会计信息的提供者。他们所提供的会计信息是否真实公允，客观上需要审查核实。财产所有者是会计信息的重要外部使用人，会计信息的其他外部使用人包括债权人、税务部门、潜在的投资者等。会计信息的审查核实是一项专业性很强的工作，并非每一个会计信息的使用人都有能力去审查核实会计信息，即使他们有能力进行会计信息的审查核实，但是由于自身地位所限，很难保证审查核实工作的客观公正性。为了有效地对经营管理者所提供的会计信息进行客观公正的审查核实，就需要聘请独立的专业人员进行这项工作。然而由每一个会计信息的使用人分别去聘请人员进行会计信息的审查核实工作从经济上讲显然是不合算的，因而就需要由一个被大家共同接受的机构和人员去进行这项工作，这就使注册会计师审计活动的产生成为可能。

审计的现实性是由各审计关系人的利益所决定的。财产所有者之所以要聘请审计人员，是为了有效地了解真实公允的会计信息。审计者之所以会接受审计委托，是为了维护其职业地位和保障其职业利益。企业的经营管理者之所以会接受审计是由三方面的原因所决定的。一是法律的要求。现代市场经济条件下，任何一个国家的法律都对企业的审计工作作出了明文规定，企业必须依法接受审计。二是履行受托责任的要求。保证企业财产的保值增值是经营管理者履行受托责任的重要方面，为此就必须走向市场，开展各项经济活动，谋求企业的发展。企业有关的经济活动（诸如贷款、投资等）在一定条件下都需要审计。三是解除受托责任的需要。企业的经营管理者要向有关方面报告经营活动及其结果，消除有关方面的疑虑，并得到客观公正的评价，也需要由独立的机构和人员对其经营活动的报告作出客观公正的鉴证。当审计关系人各方就审计事项达成一致时，审计活动就会产生。

总之，社会生产力和社会分工的发展，使一部分人有可能专门从事经济管理和经济监督工作；财产所有权和经营管理权的分离，产生了经济责任关系；为了正确处理经济责任关系，需要由独立的人员进行审查核实工作。这决定了审计的产生。社会生产力的不断发展和社会经济责任关系的日益复杂，使审计工作日益重要，并促进了审计工作不断发展。

二、审计产生和发展的历程

（一）国家审计的产生和发展

在审计史上，产生最早的是官厅审计（国家审计）。我国是世界上最早实行国家审计制度的国家之一，在公元前十一世纪至公元前八世纪的西周时期，国家就设置了“宰夫”一职，其主要职责之一就是负责查核官吏经管财物和履行职责的情况，这是我国政府审计的开端。

秦朝时设“御使大夫”一职，其主要职责是主管监察全国的民政和财政，其中包括审计。全国的收支标准要报给御使大夫审查，这项工作叫“上计”，历史上的“上计制度”从此拉开序幕。汉承秦制，并把上计制度用法律条文规定下来，称为“上计律”。隋唐时代设“比部”，隶属刑部，拥有司法监督之权，负责审计事宜，这是我国历史上最早的审计机构。据《唐书》记载，唐朝的比部主要监管以下事项：“勾会内外赋领经费俸禄”，即内外（指皇室和国家）的一切收支都由比部审计；“周知内外军资经费而总勾之”，即军费开支也要经过审计；“凡仓库出纳营造……亦勾复之”，即无论什么收入或支出，或者是搞建设……都要经过审计。并要求审计人员“明于勘复、稽失无隐”，即对有关问题要审查核实清楚，客观公正地审查各种错弊，不隐瞒真实情况。总之，秦汉隋唐时代对审计比较重视，审计的地位也比较高，审计工作有一定的权威性。

宋代财政监督机构的变化很大。宋太祖时设立度支、户部和盐铁三司，既管财物经营，又管财物监督，实行的是财审合一的制度。宋太宗淳化三年（公元 992 年）正式设立审计司（院），不久又撤销，这是“审计”一词的起源。宋神宗元丰改制时（公元 1080 年）又设立审计司。由于宋代的审计建制几经反复，经济监督极其软弱，造成当时财政流弊滋生，亏空很大。但是，宋代审计机构的设置及其称谓对后世却有深远的影响。元、明、清基本上都没有设置专门的审计机构，清末的审计院形同虚设，审计处于停滞状态。北洋政府于 1914 年设立中央审计处，南京国民政府于 1920 年设立审计院，这些都是专门的审计机构，但是由于政治腐败，都没有起到应有的作用。

旧中国的官厅审计制度基本上可以分为三个方面：

一是定期报表的审查制度，即所谓的“上计”制度。《周礼》中记载的“以参互考日成，以月要考月成，以岁会考岁成”，意思是说根据每天的工作记录考核官吏每天的工作情况，根据月报表考核官吏每月的政绩，根据年度报表考核官吏每年的政绩。在唐代对定期报表的审查由专门设置的机构——比部来办理，要求国家机关的一切财政收支和京师仓库的财物出入直接报送比部审计，三个月上报一次，这是我国历史上最早的季度决算审查制度。对地方政府的财政收支每年审查一次。宋代基本上沿用唐代的制度，主要是抓年度报表的审计。

二是御使监察制度。在封建社会，对地方性的一些重大问题，大多都由皇帝派遣使臣去进行就地监察督办，或者是由御使进行巡回监察。在秦汉时代，御使监察工作是由皇帝临时指派的，没有形成一种固定的制度。到了唐代，御使监察工作就开始制度化和专职化了。

三是对贪官污吏的惩罚制度。历代王朝对贪官污吏的惩罚都是很严厉的。据史书记载，汉代规定对贪官污吏轻则罢官，重则杀头；唐代规定监临官知法犯法，受贿十五匹处以绞刑；宋代规定偷窃国库钱币三十千的，以监守自盗罪处死等。尽管有这些严厉的规定，但是由于政治腐败和历史的局限性，历代封建王朝都没能改变贪官污吏横行的局面。

在第二次国内革命战争时期，当时解放区的中华苏维埃政府就设置了审计委员会，开展了一定的审计工作。中华人民共和国成立之后相当长的一段时间内，国家没有设置独立的审计机构，而是通过不定期的会计检查对企业的财税等情况进行监督。直到 1982 年修改的《中华人民共和国宪法》才规定了实行国家审计监督制度。随后在 1983 年 9 月成立了审计署，县以上各级人民政府也先后成立了各级审计机关。1985 年 8 月发布了《国务院关于审计工作的暂行规定》，1988 年 11 月颁发了《中华人民共和国审计条例》，1994 年 10 月颁发了《中华人民共和国审计法》，从法律上进一步确立了国家审计的地位，为有效地发挥国家审计的作用提供了有力的保障。

国外政府（官厅）审计最早起源于几个率先进入私有制社会的文明古国。古罗马在公元前 443 年曾设立财物官和审计官，协助元老院处理日常财政事务，并由此开创了国外官厅审计的先河。在古埃及的奴隶主王宫里就设有监督官，对受托负责经管财物的官吏的账目进行检查。古希腊雅典城邦曾出现即将卸任的官员在所经管的财物账目由公民选出的代表审查后才能离职的现象。

（二）民间审计的产生和发展

民间审计产生于工业革命时代。在 18 世纪工业革命后，股份公司纷纷涌现，促进了财产所有权与经营管理权的进一步分离，客观上就要求对经营管理者的活动进行监督，对其所报告的信息进行审查公证。1721 年英国南海公司破产，英国议会聘请会计师查尔斯·司奈尔（Charles Snell）对南海公司的账目进行审计。司奈尔以会计师的名义出具了查账报告书，由此标志着民间审计（注册会计师审计）的产生。1854 年经英国政府批准成立了爱丁堡会计师协会，1880 年由五个会计师协会联合组成了英国会计师协会。美国的审计事业起步较晚，但是发展速度很快。1887 年纽约组建了美国会计师协会，1904 年成立了美国会计师联合会，1916 年改组为美国注册会计师协会（AICPA），成为世界上最大的注册会计师专业团体。

民间审计的产生和发展经历了以下几个阶段：

第一，以账簿为中心的审计。这一阶段的审计工作以检查账簿的记录内容和金额为主，以确定会计账务是否按规定的程序进行处理。企业财务审计的最初目的是审查会计账目有无错弊，以保证会计记录的正确和财产物资的安全。为了达到这一目的，审计工作以期中会计记录的审查为中心，采用详细审计的方法，核对有关凭证单据和原始记录，检查有关账户的过账情况，验证账簿中的数字计算，以证实账务处理有无错误，经办人员有无舞弊。19 世纪末，英国审计以检查会计账簿所反映的会计事项为主线，进行账证、账账和账表的核对，审计工作做得很细致。这种以账簿为中心的审计也叫英式审计或详细审计。

第二，以资产负债表为中心的审计。20 世纪初期，企业开始建立内部控制制度，用以防止各种错误和舞弊的发生，使审计人员有可能从详细的账证审查中解脱出来。同时，由于银行信贷业务的发展，银行界和其他债权人需要了解企业的财务状况，判断其偿债能力，防止出现信用危机，以维护银行资本家和其他债权人的利益。资产负债表是反映企业财务状况和偿债能力的报表，对资产负债表的真实性和公允性作出鉴证自然也就成为审计界的主要责任。因此，审计工作也就从以账簿为中心过渡到以资产负债表为中心。这一时期的审计以美国为代表，因此也称之为美式审计。

第三，以财务报表为中心的审计。20 世纪 30 年代，世界性经济危机的爆发导致大批企业破产倒闭，使广大投资者遭受重大经济损失，主要原因是缺乏对企业盈利能力的了解，工商界人士逐渐认识到利润表的重要性。企业的财务报表不仅要面向股东，而且要面向证券市场。购买证券的人不仅要关注企业的财务状况和偿债能力，而且要关注企业的盈利能力。美国 1933 年的《证券法》和 1934 年的《证券交易法》都规定，登记上市的公司必须提供经过审计的财务报表。这样美式审计就由资产负债表审计发展到包括资产负债表和利润表在内的财务报表审计。20 世纪 40 年代以后，对审计理论的研究进一步深入，审计方法进一步发展，审计的范围也进一步拓展，审计的作用进一步扩大，世界民间审计的发展进入到了一个崭新的阶段。

我国自辛亥革命后开始有了民间审计。1918 年北洋政府农商部公布《会计师暂行章程》，准许私人执业进行审计，并于同年批准著名会计学家谢霖先生为我国第一位注册会计师，谢霖先生创办的我国第一家会计师事务所——正则会计师事务所也获准成立。随后又逐步批准了一批注册会计师，成立了一批会计师事务所，到 1947 年注册会计师人数已达 2 619 人，主要业务是为企业设计会计制度、代理纳税申报以及清查账目等。新中国成立后，在 50 年代初期保留了民间审计制度，之后随着私营工商业的改造和计划经济制度的建立，民间审计逐渐消失。

党的十一届三中全会之后，随着改革开放的推进，民间审计制度逐步得到恢复。1980 年 12 月财政部颁发了《关于成立会计顾问处的暂行规定》，各地随后成立了一批会计师事务所。1986 年 7 月国务院颁布了《注册会计师条例》，这是新中国的第一部注册会计师法规。1988 年底成立了中国注册会计师协会（CICPA），1991 年起实行注册会计师全国统一考试。随着民间审计（注册会计师审计）事业的发展，1993 年 10 月我国颁布了中国第一部注册会计师的专门法律——《中华人民共和国注册会计师法》。从 1996 年之后又陆续发布了几批独立审计准则。这些都为我国民间审计工作的开展提供了有力的保障。随着我国改革开放事业的发展和社会主义市场经济体制的建立，我国的民间审计事业正在不断发展壮大，必将为我国经济的发展作出越来越大的贡献。

（三）内部审计的产生和发展

早在中世纪时期内部审计已初具雏形，寺院审计、庄园审计、行会审计、城市审计等是当时主要的内部审计形式。19 世纪末 20 世纪初，随着大中型企业管理层次的增多、管理人员经济责任的加重以及竞争的加剧，需要更有效地加强对内部经济活动的监控，以保证企业经营目标的实现，在此情况下加强企业的内部审计工作尤为必要，这就促成了近代内部审计的产生。英国议会在 1844 年制定的公司法中，明确要求企业设立监事一职，进行内部审计，从而初步确立了近代内部审计制度。20 世纪 40 年代以后，随着社会经济的发展和企业规模的进一步扩大，跨国公司迅猛发展，企业的内部控制制度普遍建立并逐步完善，这些都对企业的内部审计提出了新的要求，并导致内部审计进一步发展，从而进入现代内部审计阶段。

第二节　审计的职能、对象和任务

一、审计的职能

审计的职能是指审计本身所固有的功能，是审计所具备的完成特定任务的能力。审计的发展在很大程度上表现为审计职能的发展。审计职能是随着社会经济发展对审计要求的提高而逐步发展的。社会经济发展对审计要求的提高使得审计范围扩展，要求审计以独立的身份更多地参与有关社会经济事项，这就必然使审计的职能得以发展。

审计职能的发展经历了三个时期：第一，防护性时期。主要是从审计萌芽到 18 世纪初期，这一时期的审计主要是官厅审计，审计的职能主要是审查政府财政收支的真实性、正确性与合法性，进行事后监督。第二，公证时期。从 18 世纪的产业革命到 20 世纪 40 年代，这一时期由于委托经营管理的出现，使得企业的财产所有权和经营管理权分离，审计的范围也从政府审计扩大到企业财务审计，出现了政府审计与民间审计并存的局面，审计在对财政、财务收支进行监督的基础上，发展到对企业财务状况、经营成果等事项进行公证。第三，建设性时期。从 20 世纪 40 年代直到目前，这一时期政府和企业为了提高经济活动的效率、效果和效益，要求对经济活动的合理性、合法性和经济性进行审查，审计的内容进一步拓展，出现了经营审计、管理审计、绩效审计以及管理咨询等新的审计形式，审计所起的建设性作用日益突出。

审计的职能主要包括经济监督、经济评价和经济鉴证三个方面。

审计的经济监督职能，是指由专职机构和人员依法对被审计单位的经济活动进行审查，查处错误和舞弊，促进被审计单位的经济活动合理、合法和有效进行。经济监督是审计最基本的职能。审计的本质特征就在于它是一种具有独立性的经济监督活动。通过审计监督，一方面可以查清财政、财务收支等经济活动的真实情况，查处违法乱纪事项，促进国家财经法规和经济政策的贯彻实施，提高经济效益；另一方面可以正确处理有关方面的经济利益关系，促进经济责任的履行。

审计的经济评价职能，是指对被审计单位经济活动的效率、效果及经济责任的履行情况等作出评判。经济评价职能是审计基本职能的延伸和发展。一方面，对被审计单位经济活动的评价要建立在对有关数据资料审查核实的基础上，只有数据资料真实可靠，评价结果才有意义；另一方面，经济评价还必须依照规定的标准，这些标准必须是公认的、能够作为判断经济效益高低的依据以及能够作为判断经济责任的履行是否适当的依据。

审计的经济鉴证职能，是指对有关经济信息的真实性和可靠性作出鉴定和证明。这一职能也是审计基本职能的延伸和发展。在履行审计的经济鉴证职能时，首先必须对被审计事项的有关资料（主要是有关的会计记录和会计报表等）进行有效的审查与核实，收集必要的证据；然后根据所收集的审计证据，再对照有关的标准（主要是财务、会计法规和会计准则等），对财务信息的真实性和公允性作出评判；最后根据审计结果，出具审计鉴定证明。

二、审计的对象

审计对象是指审计检查监督的客体。从大的方面讲，审计的对象是指被审计单位；从具体方面讲，审计的对象是指审计检查监督的内容。因此，也可以说审计的对象是指被审计单位有关的经济活动及其信息载体。

审计的对象是随着审计职能的发展而不断扩展的。在早期的政府审计中，审计的对象主要是政府的财政收支及有关的经济事项。20 世纪之前流行于英国的详细审计主要是以企业的会计报表、凭证和账簿为对象，对企业的财务收支和有关的经济活动进行详细的审查与核对。随后流行于美国和整个西方世界的财务报表审计则是以企业的资产负债表、利润表和其他主要的会计报表为对象，对企业的财务状况、经营成果和财务状况的变动进行审查鉴证。20 世纪 40 年代以来，审计对象的内容迅速扩展，已远远超出了传统财政、财务收支审计的范围，包括了与企业经济效益有关的各项经营活动和管理活动；传统的以账项为基础的审计已发展成为以评价企业的内部控制为基础的审计，进而又发展为以控制审计风险为核心的风险导向审计；以手工数据处理系统为审计对象的传统数据处理系统审计，发展到了以计算机数据处理系统为对象的计算机信息系统审计。审计对象这些方面的变化，构成了现代审计的重要特征。

现代审计对象的内容可以概括为两个方面：

一是被审计单位的财政、财务收支和有关的经营管理活动。审计中要根据审计的目的，对被审计单位经济活动的有关方面进行适当的审计，对经济活动的合法性、有效性和有关经济信息的真实性、可靠性等作出评判。从不同审计主体来看，国家审计机关主要是对国有企业、国家金融机构的资产、负债和利润进行审计监督，并对国家建设项目预算的执行情况和决算、对政府部门管理的和社会团体受政府委托管理的社会保障基金等的财务收支进行审计监督。内部审计的对象主要是本部门、本单位的财务收支及有关的经营管理活动。民间审计的对象一般是指法律所规定的各项审计业务和有关的会计咨询、会计服务业务，包括审查企业会计报表，出具审计报告；验证企业资本，出具验资报告；还包括委托人所委托的其他有关审计鉴证和专业咨询事项。

二是作为经济活动信息载体的会计资料和其他资料。从具体审查的着手点来看，审计的对象主要包括记载和反映被审计单位财政、财务收支的和有关经济活动情况的会计资料和其他资料，包括会计凭证、会计账簿、会计报表，以及有关的计划、预算、合同、决策方案等资料。上述资料的存在是审计工作顺利进行必不可少的条件。

会计资料和其他有关资料是审计对象的现象，这些资料所反映的被审计单位的财政、财务收支和有关的经济活动是审计对象的本质。

三、审计的任务和作用

（一）审计的任务

审计的任务是指审计应当承担的基本职责和完成审计目标的具体要求。它受审计对象、审计职能和社会经济发展特定要求的制约。下面结合工业企业审计的特点，阐述审计任务的主要方面。

一是审查各种核算资料的真实性和正确性。从加强管理的角度出发，无论是会计核算、统计核算，还是业务核算，它们所提供的被审计对象的有关数据资料都应经过审计检查，验证其是否符合客观实际，有无记录、计算上的错误，有无核算原理运用及记账技术上的错误，是否符合有关核算规程，以便为核实信息打下基础。

二是考评企业制定的规章制度和各项内部控制制度是否健全有效。规章制度是企业所有人员进行经营管理活动的行为规范，是贯彻经营方针、实现经营目标的保证。现代审计不仅要了解企业内部控制制度是否健全有效，还要了解企业在进行经营活动时遵守内部控制制度的情况，并通过审计测试据以确定信息的可靠性。同时，通过审计揭示企业管理中存在的问题，促进企业健全内部控制制度，改善经营管理。

三是核实经济信息，考评经营业绩。企业领导的经营决策是否正确在很大程度上取决于经济信息是否真实、可靠。因此，对经济信息的真实性、可靠性和信息系统的有效性进行验证、评价，是企业审计的一项重要任务。在核实经济信息的基础上，还应正确评价经营业绩，根据国家规定的考核标准，结合企业的具体情况，评价企业人、财、物的利用程度，评价企业供、产、销效益的实现情况，提出增强企业活力、提高经济效益的措施。

（二）审计的作用

审计的作用是指审计工作的客观效果。通过执行审计的职能，完成审计的任务，审计的作用就能显现出来。

审计的作用可以概括为两个大的方面，即防护性作用和建设性作用。审计的防护性作用是指通过对被审计单位的财政、财务收支及其他有关经济活动的审查、监督，查处经济违法乱纪，维护社会经济秩序，促进经济活动正常进行。审计的建设性作用是指通过对被审计单位的财政、财务收支和其他有关经济活动的审查、监督和评价，提出有针对性的改进建议，促进被审计单位改善经营管理，提高经济效益。

第三节 审计的特征

审计的基本特征包括独立性、客观性、综合性和权威性四个方面。

一、审计的独立性

独立性是审计的本质特征，它要求审计者在审计过程中独立于审计利害关系人。审计的独立性是由审计者在审计中所处的地位所决定的，也是由国家的法律、法规给予保障的。我国《宪法》第91条规定："审计机关在国务院总理的领导下，依照法律规定独立行使审计监督权，不受其他行政机关、社会团体和个人的干涉。"这就为国家审计机关的独立性提供了法律保障。内部审计也具有相对的独立性，它要求内审机构在本部门、本单位主要负责人的领导下独立地开展内部审计工作。

要保证审计的独立性，必须做到组织独立、工作独立和经济独立。组织独立就是要求设置专门的审计机构，配备专职的审计人员。审计机构和审计人员要独立于被审计单位之外。工作独立就是审计人员依法行使职权，独立开展工作，不受任何方面的影响和干扰。经济独立就是审计者要有独立的经费来源，与被审计单位和其他审计利害关系人之间没有经济利害关系。

在现代审计体系中，审计的独立性在民间审计中表现得最为充分。民间审计的独立性是指注册会计师在执行审计业务、出具审计报告时，应当在实质上和形式上独立于委托单位和其他机构。所谓实质上的独立，是指注册会计师与委托单位之间必须实实在在地毫无利害关系。注册会计师只有与委托单位保持实质上的独立，才能够以客观、公正的心态表示意见。所谓形式上的独立，是对第三者而言的。注册会计师必须在第三者面前呈现一种独立于委托单位的身份，即在他人看来注册会计师是独立的。由于注册会计师的审计意见是相关方面决策的依据，因此，注册会计师除了保持实质上的独立外，还必须保持形式上的独立，只有这样才会得到社会公众的信任。注册会计师的审计报告本身具有法定效力。

二、审计的客观性

审计的客观性是指审计人员对有关事项的调查、判断和意见表述，应当基于客观的立场，以客观事实为依据，实事求是，不掺杂个人的主观意愿，也不受委托单位或其他任何第三者的意见所左右。审计的客观性是由审计的独立性派生出来的。客观性原则要求审计人员在执业中必须一切从实际出发，注重调查研究。只有深入了解实际情况，才能取得主观与客观的一致，做到审计结论有理有据。

审计监督与财政、税务、银行、工商行政管理、物价、会计、统计、计划等管理部门的专业经济监督共同组成我国社会主义市场经济监督体系。同时，在这个多元化的经济监督体系中，专业经济监督是专业管理部门的一种附属职能，是具有双重性的经济监督，它们既受部门、单位业务范围的限制，又受部门、单位经济利益的制约，不具有超脱性。审计监督是独立、专职的经济监督，具有客观性。审计工作的客观公正性和抗干扰性，使审计具有良好的过滤性，从而有利于验证、鉴别和筛选各种经济信息，判明信息的真假，提供及时、准确的经济信息。因此，审计监督在多元化的经济监督体系中处于十分重要的地位。

三、审计的综合性

审计监督是一种综合性的经济监督。审计机关是国家专门实施经济监督的部门。它监督的范围包括各个部门、各个层次、各个行业和各个地区。监督的内容不仅包括各个企事业单位和部门的财政、财务收支，还包括其他经济监督部门的财政、财务收支及信贷计划执行情况，既要监督其真实性、合法性，又要检查其合理性和有效性。审计监督能跨部门、跨行业、多层次地获取大量的审计信息。这种监督的综合性是其他任何经济监督所不能比拟的，其他的经济监督除本身所辖的业务范围之外，难以解决跨部门、跨行业、多层次的监督协调问题。

四、审计的权威性

我国审计机关的审计监督权是国家法律所赋予的，有《宪法》作保证。审计机关严格遵照法律规定的程序进行工作，具有强制性和约束性的特点。同时，审计本身不承担任何经营管理责任，也不直接参与和干预企业的生产经营活动。这样既保证了审计监督具有较高的权威性，又顺应了经济运行规律和改革、开放、搞活的要求；既有利于强化企业内部的约束机制，又有利于加强宏观调控；既可引导企业的行为使之合理化，又能实现审计公证、消除有损宏观经济利益的行为。因此，审计监督在社会主义市场经济监督体系中具有十分重要的地位，是一种较高层次的经济监督。

第四节　审计的种类

审计的种类就是按照一定标准对审计所作的科学分类。区分审计的种类，有利于从理论上对审计进行研究，加深对审计的认识；有利于科学地组织审计工作，提高审计质量和审计效率。

一、审计的基本分类

（一）按审计主体分类

审计主体即审计执行人。按审计主体划分，审计可分为政府审计、内部审计和社会审计。

1. 政府审计

政府审计是指由政府审计机关所进行的审计。依照我国《宪法》的规定，国务院设审计署，各省、自治区、直辖市、地、市、县地方各级人民政府设审计厅（局），组成政府审计机关。政府审计主要是依法对国务院各部门和地方各级人民政府、国家金融机构、全民所有制企事业单位以及其他有国家资产的单位的财政、财务收支，信贷计划的执行及经济效益情况进行审计监督。

2. 内部审计

内部审计是指由各主管部门和企事业单位内部独立的审计机构或专职的审计人员所实施的审计。它应在本部门、本单位主要负责人的直接领导下，审查和监督本部门、本单位对各项方针、政策、计划、决策、财经法纪等的遵守情况，以及会计资料及其他有关经济信息资料的真实性、正确性，还要审查和监督经营管理工作的效率、资产的安全完整性、内部控制制度的健全有效性、经济业务的合理合法性和经济效益等方面的情况。内部审计的目的是查错防弊，改进管理，提高效益。其审计范围涉及部门管理和单位生产经营活动的各个方面。

3. 社会审计

社会审计是指由经国家有关部门批准成立的社会审计组织（会计师事务所）所进行的

审计。社会审计是受托审计，接受委托人的委托，根据委托人的要求和双方达成的协议，依法对被审计单位的财政、财务收支及经济效益等进行审计，并提供受托的其他专业服务。

政府审计、内部审计和社会审计，共同构成了我国的审计监督体系。

（二）按审计目的和内容分类

按审计目的和内容划分，审计可分为财政、财务审计，财经法纪审计和经济效益审计。

1. 财政、财务审计

财政、财务审计是一种传统审计或常规审计。它是指对被审计单位会计资料的真实性、正确性及其所反映的经济活动的合理性、合法性所进行的审计。就其所包括的内容来看，财政审计是指由国家审计机关对国务院各部门和地方各级人民政府的财政收支、财政预决算等所进行的审计；财务审计是指审计机关对国家金融机构、企事业单位以及其他同国家财政有关的单位的财务收支活动和财务状况、经营成果所进行的审计。

2. 财经法纪审计

财经法纪审计是指审计机构对被审计单位或个人严重侵占国家资财、严重损失浪费、失职、渎职以及其他严重侵害国家和集体经济利益等违反财政法规和财经纪律的行为所进行的审计。它一般是对重大经济事件所进行的专案审计。

3. 经济效益审计

经济效益审计是指审计机构对被审计单位有关经济效益方面的情况所实施的审计。它主要审查被审计单位的经济活动是否符合提高经济效益的原则，经济效益的实现程度如何，影响经济效益的因素及其影响程度等，并针对经济效益的现状和影响因素发表评价意见，提出改进建议，以促进被审计单位改善管理，不断提高经济效益。

现代审计的内容已大大扩展，在内部审计、政府审计和民间审计各领域，除财务审计之外，又出现了经营审计、管理审计、绩效审计、“三 E”审计等多种审计形式，其实质不外乎是加强对“有效性”的审查。在实际审计工作中，财政、财务审计，财经法纪审计和经济效益审计并不是截然分开的。在进行财政、财务审计时，往往涉及财经法纪问题的审计；而在进行经济效益审计时，也离不开财政、财务审计。三种审计往往是结合在一起的。

二、审计的其他分类

（一）按审计范围分类

按审计范围划分，审计可分为全面审计、局部审计和专题审计。

1. 全面审计

全面审计是指对被审计单位一定时期内的全部经济活动进行的审查。这种审计工作量大、范围广，涉及企业供、产、销各部门和资金、成本、收入、利润等全部财务过程及结果。这种审计便于对被审计单位进行全面的审查和评价，但费时费力，主要适用于规模小、业务简单、资料较少的企事业单位，或内部控制制度及会计核算工作质量较差的企事业单位。

2. 局部审计

局部审计是指对被审计单位一定时期内的部分经济活动进行的审查。这种审计业务范围较窄，是有目的、有重点地选取被审计单位部分业务或部分部门进行审计的，如采购业务审计、成本审计、纳税情况审计等。它一般是根据授权人或委托人的要求，以及被审计单位的具体情况来进行的，有时间短、耗费少、能及时发现和纠正问题的优点，但容易导致遗漏问题，因而有一定的局限性。

3. 专题审计

专题审计也叫专项审计，是指对某一特定项目所进行的审计。其审计业务范围比局部审计要小。比如，某种产品成本的真实性审计，就是将该产品成本作为一个特定项目来进行审查。这种审计省时省力，重点明确。从审计范围来看，它仍属局部审计。

（二）按审计人员与被审计单位的关系分类

按审计人员与被审计单位的隶属关系划分，审计可分为内部审计和外部审计。

1. 内部审计

内部审计是指由被审计单位内部专职的审计机构或审计人员所进行的审计，包括部门内部审计和单位内部审计。其业务范围较外部审计广泛，涉及企业财务收支及经济活动的全过程、全方位。内部审计是在部门或企业的主要负责人领导下进行的，其独立程度不及外部审计，而且其审计报告仅供内部管理部门参考，对外不起公证作用。

2. 外部审计

外部审计是指由被审计单位以外的审计机构或审计人员所进行的审计。我国国家审计机关和社会审计组织对被审计单位所进行的审计均属外部审计。由于外部审计是服务于授权人或委托人，并按照其授权对被审计单位进行监督，加之外部审计是以独立的第三者身份出现的，因而在组织上和职权的行使上具有较高的独立性和权威性，所提交的审计报告具有法律效力。

（三）按审计方式分类

按审计方式划分，审计可分为就地审计、送达审计、委托审计和联合审计。

1. 就地审计

就地审计是指审计人员直接到被审计单位所在地进行的审计，是一种要求审计人员“走出去”的审计方式。就地审计按照其具体操作方式不同，又可分为常驻审计、专程审计和巡回审计三种。常驻审计是指审计机构委派审计人员常驻在被审计单位所进行的审计；专程审计是指审计机构委派审计人员为查明某些问题专程到被审计单位所进行的审计；巡回审计是指审计机构委派审计人员轮流对若干个被审计单位所进行的审计。就地审计既可以减少资料的往返传递，节省审计时间，保证资料的安全，又可以深入现场进行观察、盘点和查询，便于全面了解情况，直接收集和评价审计证据，是目前广泛使用的一种重要的审计方式。

2. 送达审计

送达审计是指被审计单位按照审计机构的要求，将被审查的全部资料送到审计机构接受审计。它主要适用于行政事业单位的定期审计。因报送审计有一定的适用范围，所以使用时要根据具体情况安排。

3. 委托审计

委托审计主要是指国家审计机关委托社会审计组织或内部审计机构代表国家审计机关对被审计单位所进行的审计。接受委托的审计组织和个人应按照审计委托者的要求开展审计工作，审计结束后应向审计委托人提交审计报告。

4. 联合审计

联合审计是指不同类型的审计组织联合对被审计单位所进行的审计。如国家审计机关组织其下级审计机关、内部审计机构和社会审计组织的有关人员，组成联合检查组进行联合审计；或由审计机关会同财政、税务、银行等部门联合进行检查监督，共同完成上级或地方政府交办的审计事项。

（四）按审计时间分类

按审计时间（即实施审计的时期）划分，审计可分为事前审计、事中审计和事后审计。

1. 事前审计

事前审计是指在被审计单位经济活动发生之前所进行的审计，如对计划、预算、定额的审计，对项目可行性研究报告的审计等。事前审计可以达到预防错弊、防患于未然、保证经济活动的合理性和有效性的目的。

2. 事中审计

事中审计是指在被审计单位经济活动发生期间对已经执行部分所进行的审计。这种审计从经济活动已经发生的角度看似乎是事后审计，但从经济活动的整个过程来看，经济活动尚未全部结束，故仍属事中审计。实施事中审计对于保证被审计单位费用预算、消耗定额的执行，以及对工期较长的基建项目、技术复杂的工程项目的合理性及效益性的考核具有积极的意义。

3. 事后审计

事后审计是指在被审计单位经济活动结束之后对经济活动的结果所进行的审计。年度财政决算审计、年度财务决算审计等传统审计都属此列。它的适用范围非常广，主要是对企事业单位的经济活动，对财政、财务收支的合法性、合规性、真实性和有效性进行审计。

随着经济效益审计、管理审计、经营审计的出现，现代审计不断向纵深发展，在审计方法上的一个重要表现就是从传统的以事后审计为主，逐步过渡到事后、事中、事前审计相结合。

（五）按审计的动机分类

按审计的动机划分，审计可分为强制审计和自愿审计。

1. 强制审计

强制审计又称法定审计，是指根据法律规定依法行使审查权的审计。我国国家审计机关根据法律赋予的权力，对国务院各个部门和地方各级人民政府的财政收支，对国家的财政金融机构和企事业单位的财务收支实行的审计监督即为强制审计。

2. 自愿审计

自愿审计又称自定审计或任意审计，是指被审计单位出于自身的需要自行委托审计机构进行的审计。在这种审计形式下，审查目的、审查什么、审查多少均由被审计单位决定。受托进行审计的一方依据委托人的要求进行审计。

（六）按审计的延续性分类

按审计的延续性划分，审计可分为初审、复审和后续审计。

1. 初审

初审是指自确定审计对象开始，到进行审计验证、提出审计报告、作出审计结论和决定为止，所进行的全部审计工作。

2. 复审

所谓复审，就是上一级审计机关根据被审计单位因对原审计机关提出的审计报告、下达的审计结论和决定全部或部分不服或存有异议而提出的申诉予以重新核查，重新下达结论或决定，以达到维护原审计机构和被审计单位的合法权益、纠正工作偏差、明确有关责任、平息双方纠纷之目的的一种审计。被审计单位在对审计结论和决定有异议时，可在收到审计结论和决定后 15 天内，向上一级审计机关申请复审。上级审计机关在接到申请文件之日起 30 天内，要组织力量对被审计单位进行复审。在复审期间，原审计结论和决定照常执行。

3. 后续审计

后续审计是指在作出结论和决定后，相隔一定时间，由原来执行审计的审计机关再派人到被审计单位，对上次审计结论和决定，以及有关改进经营管理的建议和措施的执行情况所进行的审计。它是保证审计结论和决定的贯彻落实、提高审计工作效果的一项重要措施，是审计工作的一个很重要的组成部分。

此外，审计还可以按其他标准进行分类，如按照审计之前是否通知被审计单位划分，可分为预告（通知）审计和突击审计；按审计是否有固定时间划分，可分为定期审计和不定期审计；按审计资料产生的方法划分，可分为手工处理资料审计和电子计算机处理资料审计，等等。

各种审计的划分都是相对的，在实际工作中各种审计往往是有机地结合起来进行的，因而对审计的分类不能片面理解。实际工作中，应根据需要选择合适的审计种类，以便做好审计工作。

三、审计机构和审计人员

（一）审计机构

为了完成审计任务，必须设置相应的审计机构，并配备适当的审计人员。世界各国一般都依据各自的国情，分别建立国家审计机关、内部审计机构和民间审计组织，共同组成国家审计监督体系。

1. 国家审计机关的设置

目前世界各国国家审计机关的设置，从隶属关系上看主要分为三种类型：

(1) 隶属于议会。即由议会直接领导。这种类型的国家审计机关是依照国家法律赋予的权力，对政府的财政经济活动以及国有企事业单位的财务活动实施审计，如美国的审计总署、加拿大的审计总局、英国的审计总署等。它们都是独立行使自己的职权，向议会负责并报告审计工作的。这种隶属关系下审计机构的独立性和权威性最高，也最能充分发挥审计的职能和作用。现在世界上大多数国家的国家审计机关属于此列。

(2) 隶属于政府。即由政府直接领导。这种类型的国家审计机关是依据国家赋予的权限，对各级政府、各部门和各单位的财政预、决算和财务经济活动进行审计。审计机关直接对政府负责，向政府报告工作，其目的是保证政府财经政策、法令、计划、预算的正确实施。这种隶属关系下的国家审计机关，有一定的独立性和权威性。

(3) 隶属于财政部门。即由财政部门直接领导。这种类型的国家审计机关是依照国家的政策、法令、财政预算和规章制度，对各部门、各单位的财政、财务活动进行审计监督，如瑞典的国家审计局、波兰的最高监察院等。它们都是向政府部门负责并报告工作的。这种隶属关系下的审计机关，其独立性和权威性相对较低。

从组织关系上看，各国国家审计机构的设置也主要分为三种类型：

(1) 各级国家审计机关独立行使职权，范围明确，不存在任何直接的领导和被领导关系。在这种情况下，国家审计机关与地方各级审计机关之间既不存在领导关系，也不存在业务指导关系，而是各自独立地对自身审计范围内的事项进行审计监督，向同级议会负责。实行联邦制的美国、德国，实行君主立宪制的英国、日本，实行共和制的法国，以及实行联邦共和制的巴西等国的审计机关均属此列。

(2) 各级国家审计机关之间存在着上下级的领导与被领导关系和业务指导关系。在这种审计体系中，全国各地均设有地方审计机构，由最高审计机关垂直领导。马来西亚、印度及菲律宾等国的审计机关属于此列。

(3) 各级国家审计机关之间只存在着业务指导关系。属于这种关系的有加拿大的审计总署等。它们只负责中央一级的审计监督，与下级国家审计机关之间不存在领导与被领导的关系，但上级审计机关对下级审计机关存在业务上的指导关系。

2. 内部审计机构的设置

纵观世界各国内部审计机构的设置情况，根据它们的隶属关系，主要有下列几种类型：①受本单位总裁或总经理领导；②受单位主管副总经理领导；③受单位主计长（或总会计师）领导；④受单位董事会下设的审计委员会领导。其中，领导内部审计的层次越高，就越能保障内部审计的独立性和权威性，内部审计功能作用发挥的保证程度也就越高。

3. 民间审计组织的设置

民间审计是指由依法批准设立的会计师事务所进行的审计。从世界范围来看，目前会计师事务所的组织形式有四种：①独资会计师事务所。由具有注册会计师执业资格的个人独立开业，承担无限责任。②普通合伙制会计师事务所。是由两位或两位以上注册会计师组成的合伙组织，合伙人以各自的财产对会计师事务所的债务承担无限连带责任。③有限责任公司制会计师事务所。由符合条件的注册会计师认购会计师事务所的股份，并以其所认购的股份为限对会计师事务所承担有限责任。④有限责任合伙制会计师事务所。该种组织形式下无过失的合伙人对其他合伙人的过失或不当执业行为不承担责任，它吸收了普通合伙制和有限责任公司制的优点，又克服了它们各自的缺点，是当今注册会计师职业组织形式发展的一大趋势。

（二）审计人员

为了完成审计任务，各类审计机构都必须配备适当的审计人员。与我国审计机构的设置相适应，我国的审计人员分为国家审计人员、内部审计人员和民间审计人员（注册会计师）三部分。以下就民间审计人员的一些情况作一介绍。

1. 注册会计师考试制度

目前，在我国要取得注册会计师资格，必须参加全国统一考试。有关注册会计师考试制度的情况如下：

（1）报考条件。《中华人民共和国注册会计师法》（以下简称《注册会计师法》）及有关考试制度规定，具有高等专科以上学历，或者具有会计、审计、经济、统计中级（含中级）以上专业技术职称的中国公民，可以报名参加注册会计师全国统一考试。

对外国籍公民，按互惠原则，其所在国允许中华人民共和国公民参加该国注册会计师（或其他相应资格）考试的，中国政府亦允许其公民参加我国注册会计师（或其他相应资格）考试。港澳台地区居民及按互惠原则确认的外国籍公民申请参加中华人民共和国注册会计师考试必须具备下列条件之一：具有教育主管部门认可的境内外高等专科及以上学校的学历；已取得境外法律认可的注册会计师资格（或其他相应资格）。

（2）考试组织。财政部考委会组织全国统一考试工作，确定考试组织工作原则，制定考试组织工作方针、政策，审定考试大纲，确定考试命题，处理考试组织工作中的重大问题，指导地方考试委员会工作。财政部考办负责具体组织、实施考试工作，指导各地方考试办公室的工作。

2. 注册登记制度

根据《注册会计师法》的规定，注册会计师考试全科成绩合格者均可取得注册会计师资格，并可申请加入注册会计师协会，成为非执业会员。要执业则还必须按照规定加入一家会计师事务所，具有两年以上审计工作经验，并符合其他审批条件。只有经过批准注册，发给财政部统一印制的注册会计师证书后，方可执行注册会计师业务。

申请注册者，如果有下列情形之一，受理申请的注册会计师协会不予注册：①不具有完全民事行为能力的；②受到刑事处罚的；③因在财务、会计、审计、企业管理或者其他经济管理工作中犯有严重错误受行政处罚、撤职以上处分的；④自行停止执行注册会计师业务满一年的。

本章小结

（1）审计是一种具有独立性的经济监督活动。审计产生和发展的直接原因（或客观基础）是财产所有权和经营管理权的分离。

（2）审计关系就是参与审计活动的各方之间所形成的关系。审计关系人就是参与审计活动的各有关方面。任何一项审计活动都必须有三方面的关系人参与，即审计授权者（财产所有者)、审计者和被审计者（经营管理者）。

（3）审计职能是指审计本身所固有的功能，是审计所具备的完成特定任务的能力。审计的职能主要应包括经济监督、经济评价和经济鉴证三个方面。

（4）审计对象是指被审计单位有关的经济活动及其信息载体。会计资料和其他有关资料是审计对象的现象，这些资料所反映的被审计单位的财政、财务收支和有关的经济活动是审计对象的本质。

（5）审计的任务是指审计应当承担的基本职责和完成审计目标的具体要求。它受审计对象、审计职能和社会经济发展特定要求的制约。

（6）审计的作用是指审计工作的客观效果。通过执行审计的职能，完成审计的任务，审计的作用就能显现出来。审计的作用有防护性作用和建设性作用。

（7）审计的基本特征包括独立性、客观性、综合性和权威性四个方面。独立性是审计的本质特征，它要求审计者在审计过程中独立于审计利害关系人，保持形式上和实质上的独立。要保证审计的独立性，必须做到组织独立、工作独立和经济独立。

（8）按审计主体划分，审计可分为政府审计、内部审计和社会审计；按审计目的和内容划分，审计可分为财政、财务审计，财经法纪审计和经济效益审计。

关键术语和概念

审计　审计关系　审计关系人　审计职能　审计对象　审计独立性　政府审计
内部审计　注册会计师审计　财政、财务审计　财经法纪审计　经济效益审计
经济监督　经济评价　经济鉴证

拓展阅读

李金华．中国审计史．北京：中国时代经济出版社，2004.
萧英达等．国际比较审计．北京：立信会计出版社，2000.
中国注册会计师协会．审计．北京：经济科学出版社，2011.

第二章 审计程序和审计方法

本章学习要点

审计是一项专业性和技术性很强的工作。为了保证审计质量和提高审计效率，在审计过程中，审计人员必须遵循专业标准，按照规定的程序，采用适当的方法，对被审计项目进行必要的审查与核实。

通过本章学习，应当掌握以下主要内容：

（1）审计程序的基本过程和各阶段的主要内容；

（2）各审计主体审计程序的基本特征和主要区别；

（3）审计判断的要求和审计依据；

（4）审计一般方法的概念和主要内容；

（5）审计技术方法的概念和主要内容。

第一节 审计程序

审计程序是指审计工作应当遵循的步骤和顺序，它体现着审计机构和审计人员对审计业务活动的具体规划和安排，是开展审计业务和控制审计工作进程的有效手段。合理的审计程序能提高审计工作的效率，保证审计工作的质量，更好地发挥审计的职能作用和达到审计的目的。

审计程序一般都包括准备、实施和终结（报告）三个阶段。但是，一方面，从审计主体来看，不同的审计主体有不同的审计程序，主要表现为审计程序各阶段具体内容的差异；另一方面，从审计的其他分类来看，例如以送达审计与就地审计相比，其审计程序也有较大差异，这体现了审计程序的特殊性。

以下仅就政府审计程序、内部审计程序和民间审计程序的基本内容作一阐述。审计程序的详细内容见后续有关章节。

一、政府审计程序的基本内容

政府审计程序一般可分为准备、实施和终结三个阶段，必要时还要进行复审和后续审计。

（一）审计的准备阶段

审计工作能否顺利进行并达到预期的目的，在很大程度上取决于审计的准备工作。审计准备阶段是指从确定审计项目开始，到编制出审计方案、发出审计通知书为止这一阶段的工作。在正式实施审计之前，审计人员必须明确审计对象和审计目的，并收集必要的资料，了解被审计单位的基本情况，在此基础上拟定较为详细的审计实施计划和方案。

1. 确定审计对象，明确审计目的

一项审计工作往往是从审计机构和审计人员接受审计任务或委托人的委托开始的。国家审计机关根据上级审计机关和本级政府交办的事项，根据审计机关的工作计划，以及群众检举揭发的事项等确定审计对象。根据确定的审计对象，明确审计目的和任务，确定审计的性质和范围，这是组织审计工作的出发点。

2. 组织审计力量，熟悉政策法规

要完成审计任务和达到审计目的，必须配备具有专业胜任能力的审计人员。审计项目确定之后，要根据审计项目的情况选派适当的审计人员，组建审计工作组。审计工作组一般由那些对该项审计业务有丰富的知识和经验的会计、审计人员组成，根据审计业务的需要也可以聘请有关专家（如律师、工程师等）。审计工作组应明确分工，协调一致，相互配合。同时还要组织审计小组成员学习有关政策法规，明确相关规定。

3. 收集有关资料，了解基本情况

审计对象一经确定，审计工作组就应及时着手进行初步调查，收集有关资料，了解基本情况。审计工作组可以查阅资料和实地走访，或者听取被审计单位的上级主管部门、财政、税务和银行等业务监督部门的情况介绍，了解被审计单位的经营性质、特点、规模、组织机构、历史和现状等情况，并调阅凭证、账簿等资料，初步了解内部控制制度。

4. 编制审计工作方案

审计工作组初步了解被审计单位的基本情况之后，可以围绕审计对象和目的，确定审计的内容和范围，并结合人员分工，编制审计工作方案（审计计划），作为进一步实施审计工作的具体计划文件。

5. 发出审计通知书

根据审计工作方案，审计机关应及时向被审计单位发出审计通知书。审计通知书是审计机关对被审计单位进行审计的书面通知，也是审计工作组对被审计单位进行审计的依据之一。审计通知书由审计机关签发，内容应包括被审计单位名称、审计时间和内容、审计组成员、对被审计单位的要求等。

（二）审计的实施阶段

审计实施阶段是审计人员按照审计工作方案的规定，采取有效的审计方法，进行取证，查明被审计事项事实真相的阶段。这一阶段是审计工作的关键，一般也是整个审计过程中耗时最多、工作量最大的阶段。审计实施阶段主要有以下工作内容：

1. 了解和评价内部控制制度

在审计准备阶段了解情况的基础上，审计人员应进一步深入了解被审计单位的有关情况。首先应了解被审计单位的内部控制制度是否健全、执行是否有效，找出内部控制制度的薄弱环节，作为进一步审计的重点。测试和评价内部控制制度之后，要把新了解的情况与原定审计方案进行对比，确认原定审计方案是否符合实际情况，并根据实际需要对原定审计方案进行必要的修改、补充。

2. 审查经济业务的内容实质

在了解和评价内部控制制度的基础上，根据审计的目的和要求，审计人员应通过审查有关凭证、账簿、报表等资料，查阅有关文件，进行实地观察，向有关人员询问，进行复核验算等，对被审计单位经济信息的真实性、充分性进行验证，对其财政、财务收支的正确性、合法性、合理性作出评价，并对有关经济活动的合理性和有效性作出评价。

对经济业务的审查应紧密围绕收集和评价审计证据这个中心。审计证据是进行审计判断和作出审计结论的基础。取得充分、适当的审计证据是审计工作的关键环节，从某种意义上说，审计过程就是收集和评价审计证据，最后形成审计意见和审计结论的过程。因此，审计人员在运用各种审计方法对被审计项目进行审查的过程中，尤其是在进行实质性测试过程中，要注意收集审计证据，并加以分析、鉴定和综合，研究审计证据的相关性、重要性和可靠性，使之形成具有足够的数量、能够充分有效地证明被审计项目事实真相的证据组合，从而为撰写审计报告提供充分有效的证明材料。

3. 编写审计工作底稿

在收集审计证据时，审计人员应随时做好必要的审计记录。对已经取得的审计证据应注意妥善保管，并及时编码，按其来源、类别、时间、性质、内容等加以整理，形成完整的审计工作底稿。

（三）审计的终结阶段

审计现场调查取证结束后，审计工作即可转入终结阶段。这一阶段，审计人员要根据已经取得的审计证据，对被审计项目作出审计判断，形成审计意见和结论，写出审计报告，并根据审计报告的情况，作出审计处理决定。

（四）复审和后续审计阶段

被审计单位对审计报告有不同意见时，可以按规定向上一级审计机关申请复审。审计项目完成之后，间隔一定的时间，原审计机关也可以再派人到被审计单位进行后续审计（或称审计回访），以检查审计建议的落实情况，或审计处理决定的执行情况。

二、内部审计程序的基本内容

（一）审计的准备阶段

内部审计程序中审计准备阶段的工作主要有以下几方面：

1. 制定审计计划

内部审计部门应根据本单位工作的情况和审计的要求，制定相应的工作计划。在工作计划中，应当明确审计的目的、审计项目的性质、审计的重点，以及时间、人员和经费预算等。

2. 审计立项

内部审计部门应根据审计计划的安排，确定某一时期具体的审计项目。立项时应明确被审计对象和审计项目内容，立项根据要可靠，立项目的要明确，并根据审计项目成立审计小组，组织实施审计。

3. 编制审计项目计划书

为了有效地控制审计过程，保证审计达到一定的深度和广度，取得预期的效果，审计小组应编制详细的审计项目计划书，报领导批准后执行。

4. 下达审计通知书

有关审计准备工作完成之后，就可以正式向被审计单位下达审计通知书，通知其准备接受审计。

（二）审计的实施阶段

内部审计程序实施阶段的工作主要是了解和评价内部控制制度，制定审计实施方案，进行实质性测试，编制审计工作底稿，收集和评价审计证据等。

（三）审计的终结阶段

审计终结阶段的工作主要是编写审计报告，提出审计意见和建议，以及将之提交单位主要负责人和有关部门据以改进工作。

三、民间审计程序的基本内容

（一）审计的准备阶段

审计准备阶段的工作主要是调查了解被审计单位的基本情况，与被审计单位签署审计业务约定书，下达审计指令，初步评价被审计单位的内部控制制度，确定审计重要性水平，评估审计风险，编制审计计划等。

（二）审计的实施阶段

审计实施阶段是整个审计过程的中心环节，其主要工作包括：了解、测试被审计单位内部控制的建立及遵守情况，根据测试结果修订审计计划；对会计报表项目的数据进行实质性测试，根据测试结果进行评价和鉴定。如果注册会计师认为被审计单位内部控制制度的可信性较高，那么实质性测试的范围就可以相应缩小；反之，实质性测试的范围则要相应扩大。但是，无论在什么情况下，实质性测试工作都是必不可少的。

（三）审计的完成阶段

审计完成阶段的主要工作有：整理、评价审计证据，复核审计工作底稿和审计期后事项；汇总审计差异，并提请被审计单位调整或作适当披露；形成审计意见，编制审计报告。

第二节　审计判断及其依据

一、审计和审计判断

审计要对被审计项目进行审查，取得证据，对照有关规定作出评价，形成审计意见和结论。这表明，在审计中存在着客观事实和主观评价两个命题。

客观事实就是与审计目标和被审计项目相关的客观存在，是审计查证的对象。审计中需要查证的主要是纳入审计范围的被审计单位的经济活动，包括与被审计单位发生经济往来的其他有关单位的经济活动。经济活动事实的信息是通过有关信息载体反映的。只有从有关信息载体入手，进行审查，才能取得有效的证据。

审计中的客观事实有两层含义：一是与被审计项目相关的客观存在的信息（书面信息及其他信息）。在审计前，这些信息处于原始状态，不能据以作出审计判断，形成审计结论。二是审计人员对有关信息审查核实后所取得的审计证据。只有根据这些证据才能作出审计判断，形成审计结论。被审计单位所存在的客观事实只是为审计查证提供了可能，这些客观事实还必须经过审计人员的审查，取得审计证据，才能透过现象看到本质。审计取证过程是一个审查、分析和判断的过程。在审计取证中，审计人员必须明确哪些事实与被审计项目相关，哪些是真实的、哪些是虚假的，哪些重要、哪些不重要，审计证据是否充分、有效，等等。这些都要求审计人员具有良好的职业判断能力。

主观评价就是审计人员对被审计项目所作的估计、推断和价值衡量。估计，就是根据了解的一般情况，对被审计项目情况所作的一般评估，目的是明确审计重点。推断，就是在初步评估的基础上，推测被审计项目发生错弊可能性的大小及可能发生错弊的环节，经过审查取证、对照有关规定加以判断，明确是非。价值衡量，就是审计人员根据职业准则和其他一般公认标准，对有关审计方面的问题，如审查取证到什么程度为止、在多大程度上披露被审计单位所存在的问题等，从利害关系、现实意义等方面进行分析判断，权衡利弊，加以取舍。

在审计的估计和推断中，都包括价值衡量问题。例如，在估计被审项目总体情况、确定审计重点时，就要对先审计哪些环节、后审计哪些环节，哪些问题较易查清、哪些问题不易查清等作出权衡。在推断被审项目情况和下结论时，需要明确哪些问题造成了严重影响，哪些问题没有造成严重影响；哪些需要写入审计报告，哪些只需口头传达，等等。审计中的价值衡量问题是审计策略的一个重要方面。审计取证过程也包含着重要的价值衡量。

审计证据是一种客观事实，但审计取证过程是一种主观评价，是审计人员运用审计方法对被审计项目进行审查、分析和判断的过程。哪些事实是相关的、重要的，证据怎样才算充分、有效，这些问题必须由审计人员作出评价。可见，主观评价也包含两个方面：一是审计取证过程中的主观评价，二是作出审计结论和决定时的主观评价。主观评价本身就是一种分析判断。

审计工作过程可以看作是一种逻辑过程，它离不开逻辑判断。判断是思维的基本形式之一，是肯定或否定某种事物的存在，或指明它是否具有某种属性的思维过程。审计判断是逻辑判断在审计中的应用，它是确定被审计事项是否具有某种属性的思维过程。例如，审计中要确定被审计事项的真实性、合法性。真实是一种属性，不真实也是一种属性；合法是一种属性，不合法也是一种属性。被审计事项是否具有某种属性，必须以事实（审计证据）为根据，以有关规定（审计依据）为准绳，经过审计人员的分析，加以断定。

审计和判断是密不可分的，有审计必然有审计判断。审计判断是审计人员在审计工作中必不可少的思维形式，是确定审计对象、收集审计证据、得出审计结论的重要前提。

二、审计判断的作用

判断在审计中具有普遍的意义。有根据的判断不仅在审计调查中引出审计结论时是重要的，在整个审计过程中的各个方面同样也是重要的。判断贯穿于审计人员工作的全过程。审计判断的作用集中体现在它与审计目标的关系方面。判断是审计取证和得出审计结论所必不可少的。只有取得审计证据，得出审计结论，才能实现审计目标。合理的审计判断是实现审计目标的保证。

审计具有经济监督、经济评价和经济鉴证等职能。审计各职能作用的发挥都离不开审计判断。审计的经济监督，就是监察和督促被审计单位的经济活动，促使其合法、有效。监督和判断密切相关。只有根据审查结果作出恰当的判断，审计才能发挥监督的职能；不作出判断，则无从进行监督。审计的经济评价，就是对审计范围内的有关事项作出评判。审计评价过程，就是肯定成绩表现在何处、有多大，问题出现在哪里、有多少，然后总结取得成绩的经验，查找出现问题的原因，经过综合分析、研究，提出有针对性的改进建议。审计的经济鉴证，就是对被审计事项的真实性、合法性等作出的鉴定和证明。鉴定是证明的前提，只有在对被审计事项进行鉴定后，才能出具鉴定证明。鉴定是一种分析判断过程。

审计工作一般分为准备、实施和终结三个阶段。完成审计各阶段的任务同样离不开审计判断。在审计的准备阶段，要确定审计对象，制定审计计划。确定审计对象时，必须对有关事项进行分析判断，确定对哪些单位或单位的哪些事项进行审计。制定审计计划时，必须对被审计单位的基本情况有所了解，经过分析判断，确定实施审计的进程及各阶段工作的安排。在审计的实施阶段，要确定审计重点，收集审计证据。确定审计重点时，要考虑被审计单位内部控制制度的强弱和经济业务的性质和特点。收集审计证据时，要考虑有关材料和被审计项目的相关性，考虑证据的充分性和有效性。这些都有赖于作出恰当的判断。在审计的终结阶段，要对审计证据进行综合分析研究，对照审计依据作出判断，对问题加以定性，得出审计结论，写出审计报告。

审计终结之后，必要时还要进行复审和后续审计，对原审计结论和有关情况重新作出判断。审计程序是为实现审计目标服务的。审计判断存在于审计过程的始终。

总之，审计判断的作用可概括为以下两方面：

1. 审计判断是认识被审计事项真相的标志

审计判断犹如一把尺子，它显示着审计人员对被审计事项的认识程度。审计人员对被审计事项事实真相的认识，是通过其对被审计项目的各种判断表现出来的。判断是认识过程的纽带，判断结果是认识程度的表现。人们在对事物的认识过程中必然要作出各种判断。有了判断结果，就表明人们对事物有了一定的认识。认识是判断的前提，没有认识就无法作出判断；判断是认识的结果，没有判断就谈不上对事物的认识。

审计人员对被审计事项性质、关系等的认识程度，决定着其对被审计事项判断的程度。只有当审计人员能够对审计项目的事实真相作出各种正确的、深刻的判断时，才可以说其对被审计事项有了正确的、全面的认识。审计判断对审计人员具有重要的指导作用。每一次审计判断，既表明了审计人员对被审计事项的认识现状，又为审计人员下一步的审计工作提供了指导。随着审计工作的逐步进行，审计人员作出的审计判断步步深入，直到能够全面、正确地认识被审计项目的事实真相。审计人员对被审计事项的认识，集中体现在所收集的审计证据方面。判断在审计取证过程中是必不可少的。

2. 审计判断是进行审计推理和得出审计结论的必要条件

判断和推理是相辅相成的。任何审计推理都是由前提和结论组成的，而前提和结论都表现为审计判断。每一次判断的结果，既是上一次推理的结论，又是下一次推理的前提。审计判断是审计工作推理的出发点，又是审计推理的归结点。没有审计判断作为前提，就不可能进行审计推理；没有审计判断作为结果，就无法反映审计推理的结论。审计结论是审计结果的一种表现。得出审计结论的过程，是审计人员根据审计证据，对照审计依据，进行判断和推理的过程。审计人员必须根据审计查证的事实，对照有关法规、制度的要求，判断事实与要求是否一致，然后进行推断，得出审计结论。可见，审计判断在进行审计推理和得出审计结论时是必不可少的。

三、审计依据的意义和特点

（一）审计依据的意义

审计依据是指衡量和判断审计对象真实性、合法性、效益性等的尺度，是审计人员在查明事实真相后，据以判断是非，得出审计结论，提出审计建议，进行审计处理的根据。

审计依据和审计准则不同。审计准则是审计人员的行为指南，解决的是如何进行审计的问题，是用来规范审计主体的；而审计依据解决的是审计人员根据什么提出这样或那样的审计意见，得出这样或那样的审计结论的问题，是用来规范审计客体的。

（二）审计依据的特点

审计依据具有以下特点：

1. 层次性

审计依据因各自适用范围的大小和权威性的差别而表现出不同的层次。最高层次为国际法或国家颁布的宪法、法律和法规；其次为国务院及其所属部门制定的法规、政策；第三层次为地方各级人民政府制定的地区性法规、命令和指令；第四层次为被审计单位主管部门或行业协会制定的各种规章制度、计划和指标；第五层次为被审计单位职工代表大会或股东代表大会、董事会的决议；最后一个层次为被审计单位管理部门制定的计划、决议等。审计依据的层次越高，权威性就越强，其覆盖面就越大。审计中应尽可能选用层次高、权威性强的依据，增强说服力。

2. 相关性

相关性是指审计依据应当与被审计项目相关联，对审计评价事项具有适用性。在选用审计依据时，应该选用那些能切中要害，与被审计项目密切相关的法规、制度等。当有几种审计依据可供选择，而这些依据之间可能会出现相互矛盾的情况时，应以层次高、效力大的依据为准，同时还应深入剖析研究，抓主要矛盾和矛盾的主要方面，揭示被审计事项的本质特征，以便作出恰当的评价。

3. 时效性

有些法规、制度并不是一直有效的，它们的效力往往受时间的限制。这是由于作为审计依据的各种法规、政策均属于上层建筑范畴，需要适应经济基础的不断发展变化而相应地修改。此外，随着经济的迅速发展，各种技术标准和业务规范都将随之修订。因此，在审查过去的经济业务时，应以当时的法规、制度而不是以现行的法规、制度来衡量；反之，审查目前的经济业务时，也不能用已经变化了的、过时的法规、制度来衡量，而应选择适合当前情况的法规、制度等作为评判的依据。

4. 地域性

审计依据在空间上受地域的限制。各国的生产力发展水平和社会制度不同，其审计依据当然也就不同。即使在一国之内，不同地区和不同行业的审计依据也不完全相同。这就要求在审计时，只能选择对被审计单位所在地有效的法规、法令和标准为准绳，这样的审计结果才有意义。

四、审计依据的内容

用于衡量和确认审计事项的审计依据大体上包括以下四个层面：

1. 国家的宪法、法律、法规、政策、条例、标准、指令等

在我国，用作审计依据的除《宪法》外，主要还有《民法》、《公司法》、《经济合同法》、《会计法》、《统计法》等经济法规。此外，还有国务院及地方政府制定的各种法令。

2. 会计准则和会计制度

包括国家制定的有关财务会计方面的各种准则、制度、原则和会计处理方法，还包括国际性的公认会计原则、惯例等。

3. 各种规章制度和业务标准

包括主管部门或上级制定的、被审计单位自己制定的各种规章制度和业务标准，如企业职工代表大会的决议，企业经营目标和方针，经济责任和岗位责任制的各项规定，生产消耗定额、设备利用定额，以及各类技术经济指标，等等。

4. 预算、计划、合同

主要是指国家机关、事业单位编制的总预算和单位预算，如国家财政预算、各项经费预算；企业制定的各项计划，如生产计划、销售计划、成本计划、利润计划；还有被审计单位与其他经济单位签订的合同，如供货合同、销售合同、投资合同。

第三节　审计的一般方法

审计的一般方法是指对各种被审计项目都适用的方法，通常包括对被审计项目审查的顺序要求和范围要求。这类方法有顺查法、逆差法、详查法和抽查法。

一、顺查法

顺查法是指按照和被审事项发生的先后顺序相同的顺序进行审查的方法。它是和逆查法相对而言的。任何经济活动都是在一定的时间和空间条件下发生的，并随着时空的变化

而变化，表现出一定的方向和时序。审查经济业务的发生和延续过程，可以按同方向进行，也可以按逆方向进行。审计中必须先弄清业务循环的方向和处理程序。采用顺查法时，从经济业务发生的起点开始，同向审查，一直查到经济业务的终点，表现为“由原因到结果”的审查。由于结果事先是不知道的，审计中每审查一个业务环节，即使没有发现任何疑点，仍要继续审查，直到全部查完。查完整个业务处理过程，可能会发现错弊，也可能会没有发现错弊，这是两种不同的审计结果。

采用顺查法审查会计账务处理时，先从原始凭证查起，从小处入手，由点到面，由里及表。在审查中要着重于凭证、账簿、报表之间的核对，审查的重点是原始凭证，以确定经济业务的真实性和合法性。只有原始凭证正确无误，下一步的审查才有意义。根据真实、合法的原始凭证，再依次查对记账凭证、账簿和报表。在审查中，如果发现原始凭证有错误，那么，由此可以推断后续的账务处理结果必然是错误的。审查的基本程序如图2－1所示。

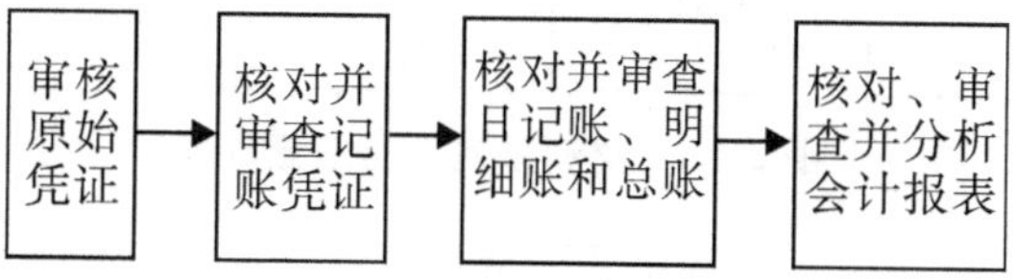

图2－1 会计账务顺查程序

采用顺查法审查其他经济业务时，原理相同。不同的经济业务一般有不同的处理程序，所经过的业务环节和办理的凭证手续不同，审计中必须有针对性地审查。比如对产品成本核算业务的审查，为了查明产品成本核算的正确性，就要从料、工、费发生的原始凭证查起，一直查到成本计算单和成本表。

采用顺查法审查，循序渐进，方法简便，能够较为全面、系统地了解被审项目的情况，审计结果比较精确，一般不会遗漏问题。但顺查法一般不易抓住重点，容易分散审计人员的注意力，不便于按查账业务进行分工，费时费力。该方法一般适用于规模不大、业务较少或账目混乱、基础核算资料不实等单位的审计，也适用于在小范围内进行的审计，但不适用于规模较大或业务较多的单位的审计。

二、逆查法

逆查法指是按照和被审事项发生的先后顺序相反的顺序进行审查的方法。它从经济业务的终点开始，逆着经济业务处理程序的方向进行追溯检查，直至经济业务的起点。审查过程表现为“由结果到原因”。运用逆查法进行审查时，每审查一个业务环节，只有当发现疑点、有必要进一步审查时，才需要审查上一个业务环节；如果没有发现疑点或不必要作进一步的审查，就可终止审查。这样步步追溯，工作量逐渐减少，重点逐渐集中，问题也就逐渐明朗化了。采用逆查法审查时，也必须先明确经济业务的循环方向和处理程序，然后逆着这些方向和程序，从整体和结果入手，在大量观察的基础上找出疑点，追溯检查，查明原因。

采用逆查法审查会计账务处理时，往往是从会计报表开始，从大处入手，由面到点，由表及里。审查中要着重于会计报表的审查分析，根据分析结果，再据以确定进一步审计的重点。审查会计报表时需要注意的重点有数额较大的收支，内部控制制度不够健全的收支，与成本利润关系密切的收支，增减变化异常的项目及其他容易发生错弊的项目。对这些重点项目必须仔细审查分析，找出进一步审计的线索。根据会计报表审查的结果，决定是否再进一步审查账簿、凭证。如果会计报表审计发现了疑点，就要以此为线索，再审查会计账簿或记账凭证、原始凭证，直到查明原因为止。

采用逆查法审查其他业务处理时，原理同上。不同的经济业务有不同的处理程序，审计中应针对具体业务处理程序的特点，逆着这些程序进行审查。例如，用逆查法审查材料采购业务的程序如图 2－2 所示。

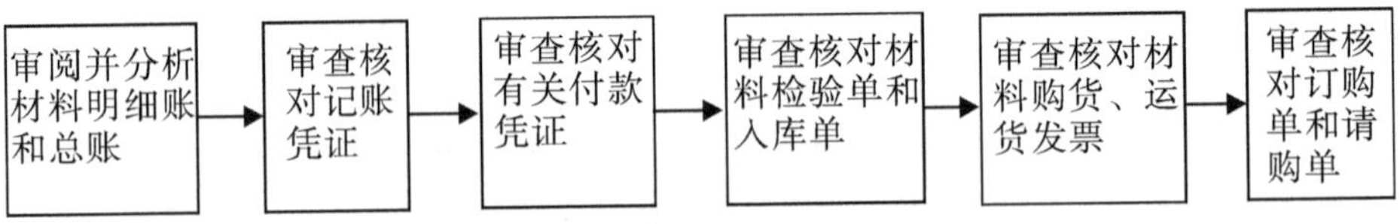

图 2－2　材料采购业务逆查程序

采用逆查法进行审计，先从总体上了解企业生产经营活动的概况和财务收支情况，从被审查事项的结果入手，逐步倒查，便于发现问题，掌握重点，能够提高审计效率，这是其优点。逆查法的缺点是，如果审查判断不正确或缺乏查账经验，往往会遗漏问题。逆查法广泛适用于会计资料的审查，特别是对规模较大、业务较多的被审单位来说，往往只能采用逆查法。采用这种方法要求被审单位的内部控制制度比较健全有效，经济核算基础比较扎实，要求审计人员有丰富的查账经验，否则难以达到预期的目的。

三、详查法

详查法又叫详细审计，是指对纳入审计范围的业务项目进行详尽细致审查的一种方法。它是相对于抽查法而言的。运用详查法进行审计时，首先要收集占有待查的全部业务资料，一般采用顺查程序。详细审计中也应突出重点，粗细适当。

作为一种传统的审计方法，详查法曾起过重要作用。从前企业规模较小，业务数量不多，管理水平低，进行详细审计不仅是必要的，而且也是可能的。现代企业规模越来越大，经济业务越来越多，详查法是否还适用？对此必须有正确的理解。首先应当明确，详细审计不同于全面审计。前者是指对“纳入审计范围的业务项目”进行的详细审查，后者是对“被审单位的所有业务活动”进行的全面审查。对规模大的企业来说，一般不适用于进行全面审计，但是详细审计仍可使用。我们知道，审计结论的可靠程度与审查资料的数量成正比。为了提高审计结论的可靠程度，必须扩大审查面，观察尽可能多的实际资料，而要取得百分之百可靠的审计结论，只能对纳入审计范围内的业务进行详细审计。因此，审计中根据被审项目的实际情况和完成审计任务的需要，在一定条件下仍可采用详查法，特别是对重大案件的审查，必须进行详细审计。可见，现代审计方法并不能排除详细审计。

就现代企业审计来说，详查法的应用有一定的限制，不可能也没必要处处都进行详细审计。详细审计的对象和范围主要有：内部控制制度审计所确认的控制弱点，经济核算的重要环节和重要的、容易发生错弊的资产和收支项目，账目混乱、有贪污盗窃和其他严重不法行为的单位，经济核算基础差、管理和控制薄弱的单位，一些关、停、并、转单位的资产账目，经济业务较少的小型企事业单位和行政机关，一些乡镇企业，合资企业的验资以及解散清算审计等。

总之，运用详查法进行审计，审计结果比较精确，结论比较可靠，一般不会遗漏问题。但这种审计方法的工作量较大，一般不适用于对规模大、业务多的单位的审计。

四、抽查法

抽查法也叫抽样审计，是指从被审项目总体中抽取一部分项目作为样本进行审查，根据样本审查结果推断总体特性的一种审计方法。抽查法的重点有两个方面：一是抽取并审查样本；二是根据样本审查结果推断总体，得出审计结论。抽查的范围、重点和方法应当根据内部控制制度审计的结果来确定。抽查的方法有任意抽样、判断抽样和统计抽样三种。抽查法的具体内容、方法将在第五章专门阐述。

上述审计方法是互相联系的：使用逆查法本身也是一种抽查；进行详细审计一般按顺查程序，而顺查本身也是对业务凭证的详查。各种审计方法只有根据实际需要，相互结合，综合应用，才会收到满意的效果。

第四节　审计的技术方法

审计的技术方法是指根据被审计项目的特点和实际情况，有针对性地选用的审计方法。这类审计方法主要包括审阅法、核对法、复算法、调节法、观察法、盘点法、外调法等。

一、审阅法

审阅法是指审计人员通过阅览、审查各种书面资料，了解审计对象，收集审计证据的方法。审计人员可以通过审阅会计凭证、账簿、报表来了解会计核算资料的真实性、正确性、合规性，也可以通过审阅计划、预算等方面的资料来了解企业管理情况，发现和掌握审计线索。审阅法是一种最基本的审计方法。

对各种书面资料的审阅，应当从两方面入手，即从外观形式上和从内容实质上进行审查。审阅时应仔细查对每一个方面和每一个项目，注意可能存在的问题。从外观形式上主要审阅书面资料本身的完整性和合规性，应注意书面资料的格式是否符合规定；项目的填列和指标的计算是否正确，有无漏填错算；各项手续是否完备，有无漏洞等。从内容实质上主要审阅书面资料所反映的经济活动的真实性、合法性和有效性等，查明经济活动有无虚构；经济活动的发生和处理是否正确，有无违法乱纪行为；经济活动是否取得成效，是否达到预期的目的等。

运用审阅法进行审查，应当在全面审阅的基础上抓住重点。一般应根据内部控制制度评审的结果来确定审阅的重点。审阅会计账簿时，主要应审阅有关明细账、现金日记账和银行存款日记账，对有关总账一般不必多花精力。因为总账是概括地反映企业经济活动的发生情况的，一般采用科目汇总表或汇总记账凭证形式登记，所提供的资料比较简要，无法详细了解经济活动的发生及其处理细节，从中难以发现什么问题。明细账和日记账是详细反映经济活动的发生及其处理情况的，一般按收支性质分类登记，从中容易看出收支事项有无错弊，因此应作为审阅的重点。

下面结合会计账簿的审查，说明审阅法的应用。

对会计账簿的审阅，首先应注意账簿的设置是否正确（这是从整体上对会计账簿的全面审阅），包括：企业是否按规定分别设置有关总账、明细账和日记账，是否采用订本式，有无用银行对账单或其他方法代替日记账的情况；订本式账簿是否连续编号，中间有无跳页、缺号的现象；使用活页式账簿是否按账户顺序编号，是否定期装订成册，装订后是否再按实际使用的账页顺序编定页数，并另加目录说明每个账户的名称和页次等。

对会计账簿的审阅，还应注意账簿的使用是否正确，包括：①账簿的启用手续是否符合规定。会计人员启用账簿时是否在账簿封面上写明单位名称、账簿名称和启用日期等；会计人员调动工作时，双方是否办理交接手续，注明交接日期、接办人员和监交人员姓名。②账簿内容记录是否完整。应注意登记账簿时，是否将会计凭证的日期、编号、业务内容摘要、金额和其他有关资料逐项记入账内，是否做到数字准确、摘要清楚、登记及时。③账簿是否按页次顺序连续登记。应注意有无跳行、隔页的情况。如果发生跳行隔页，是否将空行、空页划线注销，或注明“此页（行）空白”字样，并由记账人员签名或盖章。④账簿记录有无涂改、刮擦，记账错误是否按规定更正。⑤记账人员是否按规定结账。现金日记账和银行存款日记账是否每日结出余额，做到日清月结；结账时是否结出每个账户余额；年度终了是否把各账户的余额结转下年，并在摘要栏里注明“结转下年”字样；下年启用新账簿时，是否在第一页余额栏写明“上年结转”字样，并转记余额等。审阅时应注意上述各项内容。

审计中应针对账簿的具体内容，从不同侧面进行审阅。

二、核对法

核对法是指将两种或两种以上相互关联的数字或记录项目加以核实、相互对照，查明其内容是否一致、计算是否正确的一种方法。它适用于具有勾稽或制约（相关）关系的有关书面资料的审查。审计中，可以在有关书面资料之间或同一书面资料内部，将有关数字、项目等相互对照，查明上下、左右、前后情况是否一致，与事实是否相符。核对法也是一种最基本的审计方法。

经济活动资料的有关数字、项目之间存在一定的联系，特别是在内部控制制度的作用下和在复式簿记核算系统内，有关数字、项目之间的勾稽、制约关系十分丰富。如会计资料中的资金占用与资金来源的平衡关系，总账与明细账的统驭关系，原始凭证与记账凭证的印证关系，再如材料到货量与合同订货量的对照关系等。通过这些关系的核对，可以发现核算与管理中所存在的错弊，或者为发现错弊提供线索。

运用核对法时，可以先确定一个基准方，再与其他有关方面对照。作为基准的一方应当是正确的，否则通过核对难以确定他方是否正确。如材料到货量与合同订货量的核对，应以合同为基准，合同的订货量必须正确无疑，这样才能判定到货量是否正确、合理。有时事先并不知道哪一方是正确的，而是通过核对看各方的情况是否一致，是否符合有关原则、原理，以此判断资料的正确性、合规性。例如，审查银行存款金额的正确性，往往是先从资产负债表中的“货币资金”项目查起，然后将该项目的余额与“银行存款”、“现金”等总账和“总分类账户期初期末余额和本期发生额试算表”中的余额核对，再将企业银行存款日记账与银行对账单核对（经过一定的调节计算）。如果这几方面的情况核对一致，一般说明银行存款余额是正确的，否则就是错误的。但是，对于因相关前提的错误而导致的后续连带性错误，仅靠核对法无法查明。例如，因原始凭证错误而导致的记账凭证和账面记录的错误，仅凭账证、证证核对就无法查明，还必须采用其他方法。

运用核对法时，首先应确定核对关系和核对内容。以会计账务为例，核对关系和内容主要有以下几方面：

1. 证证核对

证证核对是指有关凭证之间核对。包括：①原始凭证与原始凭证核对。如材料订购单与材料请购单核对，查明有无盲目采购；材料入库单与检验单、供应单位发票核对，查明入库数量是否真实等。②原始凭证与记账凭证核对。如报销凭证与现金付款凭证核对，查明有无多报支出；银行付款凭证与采购合同、购货发票、收料单等核对，查明有无多付或少付采购货款等。③记账凭证与记账凭证核对。如产品销售收款凭证与销售产品成本结转凭证核对，查明销售收入是否真实。

2. 证内核对

证内核对是指同一凭证内部有关项目的核对。包括同一原始凭证内部有关项目的核对和同一记账凭证内部有关项目的核对。如将限额领料单中的限额数、请领数、实发数核对，查明是否遵守领料制度和消耗限额。

3. 账证核对

账证核对是指记账凭证或原始凭证与有关账簿记录的核对，包括与总账和明细账的核对。如审查应收账款明细账所记债权是否真实，可将账户中的记录与产品销售凭证、产品出库单等核对。

4. 账账核对

账账核对是指有关账簿记录之间的核对。包括总账之间的核对，总账与明细账的核对，明细账之间的核对。总账与明细账的核对应把握其平行登记关系，即总账与明细账的记账方向应相同、记录金额应相等、记账日期应一致。例如，核对总账中各账户期末的借方发生额、余额总计数与贷方发生额、余额总计数是否相等；核对会计有关财产物资明细账的余额与财产物资保管部门、使用部门经营的明细记录的余额是否相符等。

5. 账内核对

账内核对是指同一账户内部有关项目的核对。包括同一总账内部有关项目的核对和同一明细账内部有关项目的核对。

6. 账表核对

账表核对是指账簿记录与有关会计报表的核对。如资产负债表中“待处理流动资产净损失”项目可以同“待处理财产损溢”所属“待处理流动资产损溢”明细账户的余额相核对。

7. 账单核对

账单核对是指账簿记录与有关表（非会计报表）单的核对。例如，科目汇总表与记入总账的金额、记账方向核对，查明有无记账错误；企业银行存款日记账与银行对账单核对，查明有无未达账项或记账错误；固定资产折旧计算表与应计折旧的固定资产账户核对，查明有无多提或少提折旧等。

8. 表表核对

表表核对指会计报表之间有关项目的核对。如财务状况变动表中流动资金各项目反映的流动资产增减和流动负债增减情况应与资产负债表中各项流动资产、流动负债的年初数和年末数的差额核对一致等。

9. 表内核对

表内核对是指同一会计报表内部有关项目之间的核对。如资产负债表中有关各项目的小计、合计的核对等。

在核对有关资料时，必须耐心细致。为了帮助查明问题，防止遗漏或重复核对，核对人员应作有关标记。

三、复算法

复算法是指审计人员通过实际操作，重新计算被审项目的有关数字，验证其是否正确的一种方法。比如，为了验证被审单位的销售成本是否正确，可以根据销售数量的多少，按一定方法重新计算，将重新计算的销售成本和原来的销售成本比较，看是否相等。如果二者相等说明销售成本是正确的，如果不相等说明存在问题，对此要进一步审查。

复算法是审查书面资料时常用的一种方法。复算法不是简单的重复计算，而是在内部控制制度评审的基础上，经全面分析衡量，有目的、有重点地复核验算。运用复算法只要认真细致地进行复核验算，计算上的错误一般都能查出。在复算中也可能会发现一些疑点，指出进一步审计的方向。根据被审事项的性质和特点，复算主要有以下两种：

1. 全面复算

全面复算即根据内部控制制度评审结果，对控制薄弱的重要被审事项的计算记录逐笔进行全面复核验算。例如，对企业材料成本差异分摊正确性的审计，如果被审单位常常不按规定分摊成本差异，为了查明其影响，就需要对材料成本差异的分摊情况进行全面复算。首先，要复算材料成本差异分配率的计算是否正确，包括对材料成本期初差异、本期差异的复核，以及对期初计划成本和本期计划成本的复核。其次，要复核企业是否按规定分摊差异，包括对生产耗用材料计划成本的复核。把复核计算的结果与被审单位的计算对照检查，以查明是否存在问题。

2. 重点复算

重点复算就是只对选定的复算资料的某一部分进行复算。需要复算的部分往往是容易出现错弊的，或者是影响比较大的。例如对工资结算单的复核，往往只需要复算工资结算单的"本页合计"数以及总的合计数，或者再抽验个别人员工资的计算，而不必全面复算。重点复算还包括对有关数字之间的勾稽对应关系的复核验算。在棋盘式对照表以及财务报表中，只要将具有勾稽对应关系的数字加以复核验算，就可以判断整个资料的计算是否有误。

复算法直观、简便、实用，适用于对所有具有计算记录的书面资料的审查，如材料、在产品、产成品、折旧费等的计算。运用复算法必须耐心细致，熟悉被审事项的计算技术，确定复算重点。

四、调节法

调节法就是对影响被审项目的有关因素，根据其内在联系，按照一定的方法进行调整计算，以验证其是否正确的一种方法。书面资料与实际情况之间，以及有关书面资料之间，由于时空条件不同，会出现一定的差异。时间口径的差异通常发生在书面数据与实物数据之间，如现金账面结存额与实际库存额之间的差异；空间口径的差异往往发生在两种书面资料之间，如企业银行存款日记账上的存款余额与银行对账单上的存款余额之间的差异。这些差异有些属实质性的差异，有些只是计算技术上的差异。审计人员必须在排除了技术上的差异之后，才能确定有无实质性差异，并决定如何对其进行审查处理。调节法就是通过调整计算消除资料的技术性错误。运用调节法的步骤如下：

首先，确定调节的对象和调整的标准，即调节什么，根据什么进行调整。调节的对象和调整的标准决定着调节的方向，影响调节的结果，因此，对其进行明确是正确运用调节法的重要一环。例如，银行存款余额的调节，就要根据银行对账单和企业银行存款日记账的账面记录，确定未达账项，并把未达账项调整为已达账项，从而判定存款余额的正确性。其中"未达账项"就是调节对象，"已达账项"就是调整标准。

其次，确定调节方法和公式。不同的调节对象所用的调节方法和公式也会有所不同。审计中应考虑调节对象的性质和特点，根据有关因素之间的关系选择调节公式。例如对书面资料数据的调节一般可按下列公式进行：

$$\text{调整前资料数额} \pm \text{调整数额} = \text{调整后资料数额}$$

书面资料数据与有关实物实际数据的调节，如库存现金、原材料、产成品、在产品等账实数字的调节可按下列公式进行：

$$\text{审查日实际数额} = \text{盘点日实际数额} + \text{审查日到盘点日减少数额} - \text{审查日到盘点日增加数额}$$

"审查日"就是被审时点，"盘点日"就是实施审计的时间。

最后，计算调整数额，并将调整后的资料数额与标准资料数额核对，或将推算出的审查日数额与审查的账面数额核对，确定有关实质性差异，根据差异情况再决定是否需要进一步审计。

五、鉴定法

鉴定法就是由审计人员或由审计人员聘请的有关专家，对被审事项进行鉴定判别，以查明事实真相的方法。鉴定法分两种，一种是对书面资料的鉴定，一种是对实物的鉴定。

1. 书面资料鉴定法

书面资料鉴定法就是对反映被审事项的有关书面资料进行鉴定，以查明有无弄虚作假的方法。常规审计中，对书面资料的鉴定可从以下几方面入手：

（1）有无添写、改写。凡是添写、改写的书面资料，一般文字分布不正常，字间、笔划间比例失调，往往带一些不必要的修饰、重描和不正常的交叉笔划。通过以上几方面的仔细辨认，可以发现一些线索。

（2）有无刮擦和消退字迹。可以迎光观察，书面资料被刮擦的部位纸光消失，且纸张变薄。使用化学品消退字迹后，纸面多少都有被腐蚀的痕迹，且消退部位纸光消失，纸质变脆。

（3）有无伪造。如果发现某些书面资料有伪造的嫌疑，可拿正常使用的凭证等与其对比，看其格式、纸质、印刷字体、图章是否一致。也可从盖章、书写的先后顺序进行鉴别。如果用钢笔书写，先写后盖章，字迹笔划和印章交叉处色泽黑浓；先盖章后书写，则字迹和印章交叉处笔划不贯通。如果用圆珠笔书写，先写后盖章，字迹笔划和印章交叉处不贯通；先盖章后书写，字迹笔划和印章交叉处色泽黑浓。这些情况只有仔细辨认，才能查明。正常情况下，书面资料应当是先书写后盖章。对书面资料进行鉴定，必要时还可请有关专家，借助仪器设备进行鉴定。

2. 实物鉴定法

实物鉴定法就是通过对有关实物从物理或化学方面进行检验分析，以查明事实真相的方法。比如对库存材料进行检验，查明其是否霉烂变质；对要报废的机器设备进行检验测试，查明其是否符合报废条件；对基建项目进行检验，查明工程进度和质量是否达到计划和设计要求等。实物鉴定一般要请有关专家帮助进行，鉴定完毕后，出具书面鉴定证明。

六、盘点法

盘点法就是通过盘点实物来验证账实是否相符从而查明事实真相的一种方法。书面资料是经济活动的反映，实物的书面记录与实物之间必然存在对照关系。审计中可以用账面记录来验证实物的正确性，也可以用实物存量来验证账面记录的正确性。这种方法主要适用于对有关实物资产，如现金、固定资产、原材料等的验证。

在运用盘点法时，可以以对书面资料的审查为基础，通过对账簿的审查，使所有错误记录都得到纠正后，再盘点实物。在书面资料不全、无法查对时，也可以先进行盘点。审计盘点按盘点的范围划分，可分为全面盘点和抽样盘点。前者是指对列入检查范围的所有实物资产全部逐一盘点。当盘点项目不多或特别重要时，可全面盘点。后者是指对列入检查范围的实物资产只抽取重点项目（如价值大、收支频繁的项目）进行盘点，当盘点项目较多或不太重要时，可抽样盘点。按盘点方式划分，可分为直接盘点和监督盘点。前者是指由审计人员亲自进行盘点，其适用于对体积小、数量少、价值大的物资的盘点；后者是指由被审单位的有关人员进行盘点，审计人员只在一旁监督察看，其适用于对库存现金及大宗材料物资的盘点。

审计盘点法的应用可分为三个阶段：第一，准备阶段。主要是选择盘点的具体对象，确定盘点的截止日期及参加人员（一般应由审计人员、实物保管人员和被审单位的主管人员参加），并检查账面记录，纠正计算错误，还要准备好盘点所用的计量器具和有关表格。第二，实施阶段。即开始对有关实物进行盘点。盘点中要了解有关实物的存放地点和存放规则，认真清点实物量，将不同实物区分清楚，并做好清点记录。第三，总结评价阶段。盘点完毕要现场编制盘点表，全面反映盘点情况，由有关人员签字或盖章。然后将盘点数与账面数核对，查明盈亏情况，并进一步分析盈亏的原因，据此对被审单位财产物资的完整性和会计记录的真实性作出评价，并提出改进建议。

运用盘点法可以验证各项实物资产及其账面记录的真实性，有助于发现贪污盗窃、投机倒把等非法行为，可以为核实经济指标提供资料，这种方法用途很广。但盘点法所花费的时间、人力一般较多，审计中应有重点地选用。

七、观察法

观察法就是审计人员亲自到被审单位的有关工作现场、财产物资存放及保管现场进行实地察看，调查了解情况的方法。如去车间了解工人的生产情况，到科室了解管理人员的工作情况及各方面工作的协调情况等。审计人员应当察看具体细节，注意任何有问题或效率低下的现象，比如工作停顿、场地混乱、办事没有条理、财产物资胡乱堆放等。根据这些情况，对被审单位的生产经营管理、遵纪守法等情况作出判断。

观察法的应用可以分为两种情况。一种情况是从审查书面资料所发现的线索出发，或者为了更全面地了解被审项目的情况，进一步确证书面资料的可信性而深入现场实地观察。这种程序目的明确，重点突出，范围集中，效率较高。当被审单位的内控制度完善、书面资料健全时，可以采用这一程序。另一种情况是在审查书面资料之前，先到现场观察，重点了解制度执行情况，对大量的观察材料加以分析归纳，从而确定需要重点审查的书面资料。这种程序涉及面广，所费人力、时间多，效率相对较低。当被审单位的内控制度不完善、核算管理基础差、书面资料不全时往往需要采用这种程序。

通过实地观察，可以发现书面资料审查中没有发现的问题，找出进一步审计的线索，把审计工作进一步引向深入。例如，对材料物资核算与管理的审计，通过审阅材料物资明细账，可能会发现一些核算中的问题，但材料物资管理情况怎样，仅从书面资料上无法全面了解，必须进行实地观察。到材料物资存放和保管地点观察，了解物资的存放是否有条理，不同物资有无混同存放，材料品种、规格、货架层次是否标列清楚，仓库防火、防盗、防灾措施是否严密等。只有结合实地观察，才能对其核算与管理情况有全面的了解，才能进一步确证书面资料审查中所收集的审计证据的可靠性。例如，审计人员在审查某厂的应收账款时，发现年末有一笔应收款系售给某单位的产品货款，觉得可疑，经到产成品仓库实地查看，发现该批产品还存放在仓库，进一步审查，也没有发现销售发票和产品出库单存根，原来该笔应收款是该厂为了完成销售任务而虚构的。

观察法是一种常用的审计方法，其灵活性强，适应面广，各种审计都适用，尤其适用于对内部控制制度、财产物资保管情况的调查等。进行现场观察时，应多看、多问、多记、多想，尤其要随时做好书面记录，必要时可现场拍照或录像，取得第一手资料。

八、询查法

询查法就是通过向有关人员口头询问来调查了解情况的方法。审计人员可以深入被审单位内部，向各层次管理人员和职工群众询问，同他们座谈了解情况，了解管理人员所关心的问题及管理中所存在的问题，了解职工群众对企业领导和对企业生产经营管理的意见及其所反映的问题，掌握进一步审计的线索。审计中是否运用询查法，取决于书面资料的审查结果能否满足得出审计结论的需要。由于书面资料的局限性，审计中常常要结合运用询查法。

询查法可以和观察法结合使用，边观察，边询问。也可以在观察的基础上，向有关人员重点询问，或者采取开座谈会的方式调查询问。审计人员要拟定调查提纲，召集知情人员，亲自询问调查，做好调查记录。询查完毕，应由被询查人员核对记录，并签章证明，审计人员应代为保密。调查提纲中所提的问题应简洁明确，便于回答。询问应突出重点，针对书面资料审查和观察中的疑点询问。通过询问，力求查明原因，确证事实，或进一步发现更多的审计线索。

九、外调法

外调法就是向被审单位以外的有关单位或人员调查了解情况、收集审计证据的方法。任何一个单位的经济活动都必然要同外部发生联系，其经济核算记录与外部有关单位的核算记录之间必然存在一定的勾稽、制约关系，通过向外部有关单位调查，可以了解或进一步证实被审单位的情况。如向税务机关调查，了解被审单位税金的交纳情况；向供应或购买单位调查，了解被审单位遵守经济合同的情况等。

外调有两种方法：一种是直接派人去调查。另一种是以信件的形式进行调查，即函查，也可以通过其他方式（如电话、电报等）调查。如果要调查的问题比较重要，或被调查单位与审计机关和被审单位相距不远，可以直接派人去调查。如果被调查单位与审计机关、被审单位相距较远，或要调查的属于一般性问题，可以发函调查。函件有两种格式：一种是答复式（积极式）。另一种是默认式（消极式），即在函件中写明所要了解的问题，并说明审计人员对此问题的看法，如果被调查者认为审计人员的意见正确，就不必回函；反之，如果被调查者认为审计人员的看法不对，就要在限期内回函说明自己的看法。发函询证时，函件要附对账单，由审计人员亲自邮寄，不能交给被审单位代为寄送，以防被人扣留或改动。函件上应注明审计机关、审计人员的详细通信地址，以便能如期收到回函。

审计中，应有目的、有重点地使用外调法。应选择对审计目标有价值的疑点进行调查，当问题比较重大、不外调无法查明情况时也必须外调。如对应收账款的审计，当发现货款拖欠时间长，或者货款金额大，货款结算中大量使用了现金，以及作出了坏账损失注销等情况时，都应进行外调。

十、对比分析法

对比分析法就是通过对有关指标、数字、情况的对比和分析来了解被审项目情况的方法。可以横向对比，也可以纵向对比，可以是绝对数之间的对比，或者是相对数之间的对比，或者是有关事实情况之间的对比。例如，被审单位产品成本与生产同类产品的其他企业产品成本对比，了解其成本水平；库存现金的实际结余额与银行核定的限额对比，了解有无超限额存放现金的情况；企业现在的劳动生产率与从前的劳动生产率对比，了解企业劳动生产率的提高情况等。

绝对数的对比分析就是通过对有关项目指标的比较，从绝对量上揭示差异。采用这种方法，一方面可以确定计划的完成情况及经济效益的高低，另一方面可以判断情况的变化是否正常，为进一步审计提供线索。相对数的对比分析就是通过计算有关指标性质和变化趋势来了解被审项目情况，这是一种比率分析法。这种分析又可分为相关比率分析、动态比率分析和结构比率分析。相关比率分析就是对一个项目的情况进行分析，如产值与利润对比，求出产值利润率进行分析。动态比率分析就是将几个时期同类指标数字进行对比，求出比率，然后用以分析该项指标的增减速度，从而判断被审单位某一方面业务的发展变化趋势，从变化中找出经验教训。结构比率分析就是计算某一经济指标各个组成部分占总体的比重，观察其内容和变化，从而了解被审单位经济活动的特点和变化趋势。

一般来说，经济指标的对比主要有以下几个方面：①实际指标与计划指标对比。这是最主要的对比方法。对企业经济活动的分析首先应将实际指标与计划指标对比，为进一步分析指明方向。分析时，必须先检查计划指标的科学性和实际指标的真实性，使分析建立在合理的基础上。②本期实际指标与前期实际指标对比。通过对比，观察企业经济活动的发展变化趋势，以便总结经验教训，改进今后的工作。③本期实际指标与本企业历史最高水平对比。通过对比，找出差距，进一步挖掘潜力。④本期实际指标与同行业指标和国际先进水平对比。通过对比，扩大视野，分析其现行条件和欲达到水平，在更大的范围内发现先进与落后的差距，进一步促进被审单位提高经营管理水平和经济效益。

对比分析法简便易行，适用范围广。实际应用中应先确定对比指标、对比形式和对比方法，据此收集整理对比材料，并对材料进行可比性处理，剔除不可比因素，然后计算有关指标的差异额和差异率，分析产生差异的原因，对被审项目作出判断。

运用对比分析法必须遵循下列原则：①互相对比的指标口径要一致，具有可比性，所包括的内容、范围及其计算方法要相互适应、彼此协调。②要把绝对数指标和相对数指标综合运用，并注意多项指标的综合运用。③应结合经济指标的内容进行考察，不能仅凭指标数量上的变化作出判断，必须透过现象看本质，根据经济指标的内容实质，作出恰当的分析判断。

本章小结

（1）审计程序是指审计工作应当遵循的步骤和顺序。审计程序一般都包括准备、实施和终结（报告）三个阶段。审计准备阶段是指从确定审计项目开始，到编制出审计方案、发出审计通知书为止这一阶段的工作。审计通知书是审计机关对被审计单位进行审计的书面通知，也是审计工作组对被审计单位进行审计的依据之一。审计实施阶段是审计人员按照审计工作方案的规定，采取有效的审计方法，进行取证，查明被审计事项事实真相的阶段。审计的终结阶段是指审计人员根据已经取得的审计证据，对被审计项目作出审计判断，形成审计意见和结论，写出审计报告，并根据审计报告的情况，作出审计处理决定的阶段。

（2）审计和判断是密不可分的。有审计必然有审计判断。审计判断是审计人员在审计工作中必不可少的思维形式，是确定审计对象、收集审计证据、得出审计结论的重要前提。

（3）审计依据是指衡量和判断审计对象真实性、合法性、效益性等的尺度，是审计人员在查明事实真相后，据以判断是非，得出审计结论，提出审计建议，进行审计处理的根据。

（4）审计的一般方法是指对各种被审计项目都适用的方法，通常包括对被审计项目审查的顺序要求和范围要求。这类方法有顺查法、逆查法、详查法和抽查法。

（5）审计的技术方法是指根据被审计项目的特点和实际情况，有针对性地选用的审计方法。这类审计方法主要包括审阅法、核对法、复算法、调节法、观察法、盘点法、外调法等。

关键术语和概念

审计程序　审计通知书　审计结论　审计报告　审计处理　复审　后续审计
审计判断　审计依据　审计方法　审计的一般方法　审计的技术方法

拓展阅读

李凤鸣．审计学原理．上海：复旦大学出版社，2008.

［加］阿立森·萨特克利夫等．审计中的职业判断．王富利译．北京：经济科学出版社，2005.

中国注册会计师协会．审计．北京：经济科学出版社，2011.

第三章　审计职业规范和审计责任

本章学习要点

审计职业规范是审计人员执行审计业务应当遵循的专业标准。政府审计、内部审计和注册会计师审计都有各自的职业规范体系，在职业规范的具体内容上有所差异。一般来说，审计职业规范体系包括四个方面的内容：审计职业道德准则、业务准则、审计质量控制准则和审计人员职业后续教育准则。本章主要介绍我国注册会计师审计职业规范体系的基本内容。

通过本章学习，应当掌握以下主要内容：

（1）审计职业道德准则的意义和基本内容；

（2）鉴证业务准则的作用和框架；

（3）鉴证业务基本准则的内容；

（4）审计质量控制准则的作用和基本内容；

（5）审计人员职业后续教育准则的作用和基本要求；

（6）注册会计师审计责任的内容和起因。

第一节　审计职业道德准则

一、审计职业道德的意义

职业道德是由某一职业组织所制定的、由其成员自愿接受的职业行为规范。审计职业道德是由审计职业组织所制定的，对审计人员职业品德、职业纪律、专业胜任能力和职业责任等作出的规定。

审计职业道德的内容由审计职业道德准则所规定。审计职业道德准则是整个审计职业界在为社会提供各种服务时都应遵守的行为规范，属于社会道德规范的范畴。任何一项职业的从业者为社会提供服务时都必须对社会负责，这是一种社会道德的约束。审计职业道德是审计职业界提供各种服务时所应遵守的行为规范，是保证审计职业取信于社会公众的基本条件之一。

二、中国注册会计师审计职业道德准则

1996 年 12 月，中国注册会计师协会制订了《中国注册会计师职业道德基本准则》，

于1997年1月1日起施行。2002年6月，中国注册会计师协会又制订了《中国注册会计师职业道德规范指导意见》，对提高注册会计师行业的职业道德水准、加强行业诚信建设起到了良好的促进作用。本部分主要介绍上述规定的基本内容。

（一）独立、客观与公正性要求

1. 独立性原则

独立性原则要求注册会计师在执行审计业务时应当与委托单位和其他有关方面不存在特定利害关系。独立性原则要求实质上的独立和形式上的独立。实质上的独立要求注册会计师在执行审计业务时保持客观的态度，不受其他任何人意见的左右。形式上的独立要求注册会计师回避各种利害关系，使人确信他不受各种利害关系的影响，以便保证审计工作的客观公正性。保持实质上和形式上的独立，是注册会计师审计赢得社会公众信任的重要保证。

《中国注册会计师职业道德规范指导意见》指出，注册会计师和会计师事务所应当考虑经济利益、自我评价、关联关系和外界压力等方面因素对独立性的损害。

经济利益是指可能损害会计师事务所和注册会计师独立性的有关经济因素。这些情况可能包括：与鉴证客户存在专业服务收费以外的直接经济利益或重大的间接经济利益；收费主要来源于某一鉴证客户；过分担心失去某项业务；与鉴证客户存在密切的经营关系；对鉴证业务采取或有收费的方式；可能与鉴证客户发生雇佣关系等。

可能损害独立性的自我评价情形主要包括：鉴证小组成员曾是鉴证客户的董事、经理、其他关键管理人员，或能够对鉴证业务产生直接重大影响的员工；为鉴证客户提供直接影响鉴证业务对象的其他服务；为鉴证客户编制属于鉴证业务对象的数据或其他记录等。

关联关系是指与鉴证客户存在社会亲密关系或其他密切联系。可能损害独立性的关联关系主要包括：与鉴证小组成员关系密切的家庭成员在客户组织内部担任能对鉴证业务产生直接重大影响的职位；客户中能对鉴证业务产生直接重大影响的董事、经理等曾是会计师事务所的高级管理人员；会计师事务所的高级管理人员或签字注册会计师与鉴证客户长期交往；曾接受鉴证客户或其董事、经理、其他关键管理人员或能够对鉴证业务产生直接重大影响的员工的贵重礼品或超出社会礼仪的款待等。

可能损害独立性的外在压力主要有：与鉴证客户在重大会计、审计、收费等问题上存在意见分歧而受到解聘威胁；受到有关单位或个人不恰当的干预；受到鉴证客户降低收费的压力而不恰当地缩小工作范围等。

2. 客观性和公正性原则

客观性原则要求注册会计师对有关事项的调查、判断和表述意见应当基于客观的立场，以客观事实为依据，实事求是，不以个人好恶为取舍，也不被委托单位或第三方的意见所左右。公正性原则要求注册会计师应当具备正直、诚实的品行，公平合理地对待利益相关方。

（二）专业胜任能力要求

专业胜任能力是注册会计师向社会公众提供高质量服务的基本保证。《中国注册会计师职业道德基本准则》和《中国注册会计师职业道德规范指导意见》对专业胜任能力的要求主要包括两方面：一是对注册会计师业务素质的要求，二是对注册会计师后续教育的要求。

注册会计师职业是高智力行业，知识性和专业性都很强。要保持足够的专业胜任能力，注册会计师要系统和全面地掌握会计、审计、财务管理、经济法、税法等学科的知识与技能，还要具备一定的分析和判断能力。注册会计师应当不断通过教育、培训和执业实践保持和提高专业胜任能力。对不能胜任的业务，会计师事务所和注册会计师不能承接。注册会计师应当对业务助理人员的工作给予必要的指导，对聘请专家的工作也应当保持应有的职业谨慎。

（三）执业技术规范要求

执业技术规范是对注册会计师工作程序和工作方法等方面应当遵守的技术标准所作的基本规定。《中国注册会计师职业道德基本准则》强调，注册会计师应当遵守独立审计准则等审计职业规范，合理运用会计准则和会计制度。此外，执业技术规范的要求还包括：注册会计师不得对未来事项的可实现程度作出保证，不得代行委托单位的管理决策职能。

（四）对客户的责任

注册会计师职业道德准则在强调注册会计师应当维护公众利益的同时，也规定了注册会计师应当承担的对客户的责任。主要包括：保证按时按质完成委托业务，保守客户的商业秘密等。

注册会计师应当按照业务约定书的要求，在规定的时间内，根据专业标准的要求完成所承接的业务。注册会计师对在执业过程中所掌握的客户资料和有关情况应当严格保守秘密，除非得到委托单位的书面允许或法律、法规要求公布，否则不得提供给任何第三方，也不能将其用来为自己或他人谋取不正当的利益。

（五）对同行业的责任

对同行业的责任是指会计师事务所、注册会计师在处理与同行业的关系时所应遵循的道德标准。注册会计师行业是一个竞争激烈的行业，同时又是一个需要同行业之间相互尊重、相互合作的行业。《中国注册会计师职业道德基本准则》和《中国注册会计师职业道德规范指导意见》对同行业的责任规定如下：

1. 禁止垄断业务

会计师事务所和注册会计师可以跨地区、跨行业执业，不得搞地区封锁或行业垄断，任何一方不得以任何理由、通过任何方式对到本地区、本行业执业的会计师事务所进行阻挠和排斥。

2. 前任与后任注册会计师的关系

在客户变更委托的情况下，前任与后任注册会计师应当处理好相互之间的关系。一般来说，后任注册会计师在接受审计业务委托前，应当向前任注册会计师咨询客户有关的情况，并关注前任注册会计师与审计客户之间在重大会计、审计等问题上可能存在的意见分歧。如果审计客户拒绝授权，或限制前任注册会计师作出答复的范围，后任注册会计师应当向审计客户询问原因，并考虑是否接受业务委托。前任注册会计师应当根据所了解的情况对后任注册会计师的询问给予及时、充分的答复。

3. 对同行业的其他责任

对同行业的其他责任包括：与同行业保持良好的工作关系，配合同行工作；不诋毁同行，不损害同行利益；注册会计师不得以个人名义同时在两家或两家以上的会计师事务所执业；会计师事务所不得以不正当的手段与同行争揽业务等。

（六）业务承接的规定

《中国注册会计师职业道德基本准则》和《中国注册会计师职业道德规范指导意见》对业务承接的规定如下：

1. 不得以个人名义承接业务

注册会计师承办的各项业务必须以会计师事务所的名义统一接受委托，注册会计师及其他有关人员不得以个人名义承接业务。

2. 业务委托应当实行双向自愿选择原则

会计师事务所与委托单位之间的业务委托关系，应当实行双向自愿选择原则，任何一方不得以任何方式加以限制或干预。

3. 禁止虚假广告

会计师事务所不得在电台、电视台、报纸、杂志等新闻媒体上，直接或间接地诋毁同业或发布自我标榜、内容虚假、容易引起误解的广告，也不能向委托单位或其他组织散发具有上述倾向的函件。但介绍会计师事务所与注册会计师的名称或姓名、地址、电话、业务范围、开业、迁址之类的广告不在此限制范围内。

4. 禁止回扣或佣金

会计师事务所不得以任何名义向帮助其取得委托业务的其他单位或个人支付介绍费、佣金、手续费或回扣，也不能向得到本所帮助取得委托业务的其他会计师事务所收取上述费用，更不得向客户或通过客户收取服务费之外的任何费用。

5. 禁止利益分成式的业务合作

对于注册会计师的法定审计业务，会计师事务所不得与其他机构进行利益分成式的业务合作，也不得向其他任何方面“承包”或“转包”业务。但会计师事务所聘请其他机构有关专业人员协助工作，以及会计师事务所之间的业务合作不在此限制范围内。

第二节　鉴证业务准则

一、鉴证业务准则的意义

审计人员执行的业务包括鉴证业务和非鉴证业务。鉴证业务又包括会计报表审计业务、会计报表审阅业务和其他鉴证业务（以下简称审计业务、审阅业务和其他鉴证业务）。在鉴证业务中，审计业务是最核心的业务。因此，本章重点对审计准则进行初步介绍。至于国外鉴证业务准则，本章只对公认审计准则进行介绍。

鉴证业务准则是指审计人员在从事鉴证业务工作时必须遵循的行为规范。它是审计机构为取信于社会，在长期的实践中，从一般公认为公正、妥当的惯例中概括出来的用于约束其成员的一种规范。它不仅是组织和开展鉴证业务工作的指南，而且也是衡量鉴证业务工作质量的尺度，是社会公认的审计工作必须遵循的纲领性文件。

鉴证业务准则的作用可以归纳为以下几个方面：

1. 增强社会公众对鉴证业务的信任度

鉴证业务准则规定了审计人员的任职条件及其在业务上应当遵循的行为规范，为提高工作效率、保证鉴证工作质量和赢得社会公众对审计职业的信任奠定了基础。

2. 为评价鉴证业务工作提供依据

鉴证业务准则作为审计人员的工作规范，可以约束审计人员履行其应尽的职责，保持应有的职业谨慎。审计人员在执行鉴证业务的全过程中，只要按照鉴证业务准则的要求规范自己的行为，就基本上可以保证鉴证业务的质量。应当明确，鉴证业务准则只是规定了鉴证业务工作质量标准的下限，达到这一要求是审计人员应尽的最基本的职责。鉴证业务准则的遵循情况是评价鉴证业务质量、考核鉴证业务工作的基本依据。

3. 维护审计人员的正当权益

鉴证业务准则的公布，有利于维护审计组织和审计人员的正当权益，使他们免受不公正的指责和控告。审计人员的责任是有限的，只要审计人员按照鉴证业务准则规定的工作范围和要求实施了鉴证业务，便算是尽到了职责。当鉴证业务委托人或有关利害关系人与审计人员发生纠纷，并诉诸法律时，鉴证业务准则便成为判断是非、确认责任界限的重要依据。

另外，鉴证业务准则反映了审计专业的水平，为审计教育明确了方向，从而为审计专业教育和在职教育确立了努力的目标。

二、国外独立审计准则概况

鉴于审计准则在鉴证业务准则中的核心地位，本部分对国外审计准则的发展情况进行初步的介绍。

审计准则的制定和发展是一个漫长的过程。20 世纪初期，西方经济出现过几次大的衰退，其原因之一便是过度投资。为此，投资者愈加需要依赖经过执业会计师鉴证的财务报表来了解公司的财务状况，以便作出正确的决策。为此，西方一些国家的会计职业组织便开始制定统一的职业道德准则和工作规范。美国注册会计师协会（AICPA）1917 年发布的《资产负债表审计》，1918 年修订后的《关于编制资产负债表的标准手续》，1934 年提出的《股份公司会计的审计》，1936 年发布的《财务报表的检查》等文件，都从审计作业方面对审计人员提出了技术要求。在此之前，审计职业组织的注意力始终放在审计技术和审计工作程序上，审计人员也主要是依据审计惯例和自己的工作经验进行审计。

1938 年，美国发生麦克逊·罗宾斯药材公司事件（Mckesson and Robbins lnc. Case）。该公司十余年来一直由美国著名的普莱斯·沃特豪斯会计师事务所进行审计。对该公司虚构的 2 100 万美元的资产，会计师事务所一直未能发现，对其财务报告发表了“正确、适当”的意见，结果使众多股东蒙受了巨大的经济损失。股东指控审计人员与经理人员共谋，从而在很大程度上损害了审计人员的形象，导致美国社会对注册会计师职业的一场信任危机。这一事件使人们意识到，审计准则作为审计机构和审计人员应当遵守的行为规范，不仅要从手续、技术方面考虑，还要对审计人员的从业资格及审计报告的编写等方面提出更严格的要求。于是，在社会的压力下，证券交易委员会指令美国注册会计师协会设立一个高级技术委员会——审计程序委员会，专事公认审计准则的制订工作，并享有对该类准则的解释权及对违反该准则的会员的制裁权。经过数年的实际调查、理论研究及全国范围内的大讨论，该委员会终于于 1947 年草拟出第一份报告，即《审计准则暂行声明——公认审计准则的意义和范围》，并于次年 9 月经由美国注册会计师协会讨论通过生效。

紧随其后，一些发达的西方国家（如加拿大、澳大利亚、日本、法国、德国），以及一些发展中国家和地区（如巴西、马来西亚、菲律宾和我国的台湾地区），都相继公布各自的审计准则，以指导本国（地区）的审计实践。不过，这些准则都是以美国的审计准则为蓝本的。

下面以美国为例，介绍国外独立审计准则的基本内容。

美国是一个审计职业高度发达的国家，其审计准则颇具代表性。现行的《一般公认审计准则》（Generally Accepted Auditing Standard ，简称 GAAS）是由美国注册会计师协会于 1947 年制定、1948 年正式通过并公布实施的。它是针对社会审计而制定的，其内容包括审计的一般准则、现场工作准则和报告准则三个方面，共 10 条。1954 年修订时，在其报告准则中又增加了一条，共 11 条。“安然事件”后，美国国会颁布了《萨班斯 - 奥克斯利法案》，要求成立公众公司会计监督委员会（Public Company Accounting Oversight Board，简称 PCAOB），并授权其制定审计准则。尽管如此，该委员会仍然确认了一般公认审计准则的适用性。因此，一般公认审计准则从产生开始，经过完善，其基本内容一直沿用至今，并成为制定其他审计准则的指导性原则。

一般公认审计准则的主要内容如下：

第一部分，一般准则。包括：

（1）审计工作应由经过专门训练、并且具有熟练技能的人员去执行。

（2）审计人员在从事审计工作时，务必保持独立的意志和态度。

（3）在执行审计工作并撰写审计报告时，必须保持职业人员应有的严谨作风。

第二部分，外勤（现场）工作准则。包括：

（1）对各项审计工作必须进行妥善的安排并列有计划。如有助理人员参与，还应给予适当的指导和监督。

（2）对实施中的内部控制制度应加以适当的研究和评价，以确定其可信度，并据以确定抽查范围，制定审计程序。

（3）采用检视、视察、询问和函证等方法，获取充分而适当的证据，作为对审核的财务报表发表意见的合理根据。

第三部分，报告准则。包括：

（1）审计报告应说明财务报表是否符合公认会计准则。

（2）审计报告应说明本期所采用的会计准则是否与上期一致。

（3）除报告中另有说明外，财务报表应被视为已作了充分、合理的表述。

（4）审计报告应对整个财务报表表示意见，或断然表明不能表示意见；如系后者，应说明理由。在任何情况下，财务报表一经审计人员签署，即应在报告中明确表示审核的性质及其所负责任的程度。

三、中国鉴证业务准则概况

我国注册会计师审计起步虽然较晚，但在鉴证业务准则的制定方面已迈出可喜的步伐，取得了引人注目的成绩。

（一）鉴证业务准则的制定依据与目标

中国注册会计师鉴证业务准则是依据《注册会计师法》制定的。我国鉴证业务准则的目标包括以下几方面：①建立执行鉴证业务的权威性标准，规范注册会计师的执业行为，促使注册会计师恪守独立、客观、公正的基本原则，有效地发挥注册会计师的鉴证和服务作用。②促使会计师事务所和注册会计师按照统一的执业准则执行鉴证业务，提高鉴证业务的工作质量、业务素质和执业水平。③明确注册会计师的职业责任，维护社会公众利益，保护投资者和其他利害关系人的合法权益，促进社会主义市场经济的健康发展。④建立与国际鉴证业务准则相衔接的中国注册会计师执业准则。

（二）鉴证业务准则体系

鉴证业务准则是中国注册会计师职业规范体系的重要组成部分。我国的鉴证业务准则体系由鉴证业务基本准则，审计准则、审阅准则与其他鉴证业务准则以及执业规范指南三个层次组成（如图3－1所示）。

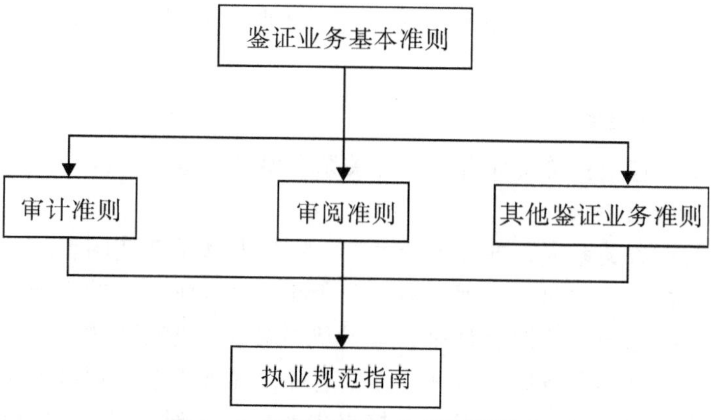

图3－1　我国的鉴证业务准则体系

1. 鉴证业务基本准则

鉴证业务基本准则是鉴证业务准则的总纲，是对注册会计师执行鉴证业务的基本要求，是制定审计准则、审阅准则、其他鉴证业务准则以及执业规范指南的基本依据。

2. 审计准则、审阅准则与其他鉴证业务准则

独立审计具体准则是依据独立审计基本准则制定的，是对注册会计师执行一般目的审

计业务，出具审计报告的具体规范。独立审计实务公告是依据独立审计基本准则制定的，是对注册会计师执行特殊行业、特殊目的、特殊性质的审计业务，出具审计报告的具体规范。在整个鉴证业务准则体系中，审计准则居于核心地位。

3. 执业规范指南

职业规范指南是根据鉴证业务基本准则、审计准则和审阅准则等制定的，是鉴证业务准则框架的有机组成部分。指南是对注册会计师执业准则的细化、深化和具体化，为注册会计师正确理解和运用准则提供可操作性的指导意见。指南发挥其体例相对灵活的特点，针对具有概念框架功能的准则，指南进一步系统阐述其理论基础、规范的理由和对执业的影响，指导注册会计师理解执业理念和方法；针对具有实务操作功能的准则，指南重点阐述其核心程序和具体方法，通过大量的解释、说明、举例和图示，指导注册会计师正确运用程序和具体方法。

四、鉴证业务基本准则

《鉴证业务基本准则》主要阐述鉴证业务的要素，明确鉴证业务的定义，并界定审计准则、审阅准则和其他鉴证业务准则适用的鉴证业务类型。下面从鉴证业务的定义、要素和目标三方面，对鉴证业务基本准则的内容进行介绍。

（一）鉴证业务的定义

按照《鉴证业务基本准则》的定义，鉴证业务是指注册会计师对鉴证对象信息提出结论，以增强除责任方之外的预期使用者对鉴证对象信息信任程度的业务。

鉴证对象信息是按照标准对鉴证对象进行评价和计量的结果。例如，责任方（会计主体及其相关方）按照会计准则和相关会计制度（标准），对其财务状况、经营成果和现金流量（鉴证对象）进行确认、计量和列报（包括披露，下同），而形成财务报表（鉴证对象信息）。

（二）鉴证业务的要素

鉴证业务的要素包括：鉴证业务的三方关系、鉴证对象、标准、证据和鉴证报告。

1. 鉴证业务的三方关系

鉴证业务涉及三方关系人，即注册会计师、责任方和预期使用者。

注册会计师是指取得注册会计师证书并在会计师事务所执业的人员，有时也指其所在的会计师事务所。根据中国注册会计师执业准则的要求，鉴证报告要由注册会计师签名、盖章，同时要载明会计师事务所的名称、办公地址，并加盖会计师事务所公章。

责任方是指下列组织或人员：①在直接报告业务中，对鉴证对象负责的组织或人员；②在基于责任方认定的业务中，对鉴证对象信息负责并可能同时对鉴证对象负责的组织或人员。例如，在会计报表审计业务中，管理层应对会计报表中反映的信息承担会计责任，是会计报表信息的责任人。责任方可能是鉴证业务的委托人，也可能不是委托人。为了明确责任方应负担的责任，注册会计师通常提请责任方提供书面声明，表明责任方已按照既定标准对鉴证对象进行确认和计量。

预期使用者是指预期使用鉴证报告的组织或人员。责任方可能是预期使用者，但不是唯一的预期使用者。注册会计师可能无法识别使用鉴证报告的所有组织和人员，尤其在各种可能的预期使用者对鉴证对象存在不同的利益需求时。注册会计师应当根据法律、法规的规定或与委托人签订的协议识别预期使用者。在可行的情况下，鉴证报告的收件人应当明确为所有的预期使用者。在可行的情况下，注册会计师应当提请预期使用者或其代表，与注册会计师和责任方（如果委托人与责任方不是同一方，还包括委托人）共同确定鉴证业务约定条款。当鉴证业务服务于特定的使用者，或具有特定目的时，注册会计师应当考虑在鉴证报告中注明该报告的特定使用者或特定目的，对报告的用途加以限定。

2. 鉴证对象

鉴证对象具有多种表现形式，主要包括财务和非财务的业绩或状况、物理特征、系统和过程以及行为等。例如，在对历史财务信息的审计中，鉴证对象就是被审计单位的财务状况、经营成果和现金流量；设备的生产能力是物理特征的一个例子；如果对企业的内部控制或信息技术系统的有效性进行鉴证，则鉴证对象就属于系统和过程；当要对某单位遵守法律、法规的情况进行鉴证时，鉴证对象就是一种行为。

3. 标准

标准是指用于评价或计量鉴证对象的基准，当涉及列报时，还包括列报的基准（列报包括披露）。例如：编制财务报表所使用的会计准则和相关会计制度；某些非正式的规定，如单位内部制定的行为准则或确定的绩效水平。

标准是鉴证业务必不可少的要素。运用职业判断对鉴证对象作出评价或计量必须以适当的标准为依据。如果没有适当的标准，任何个人的解释甚至误解都可能对结论产生影响，从而使结论缺乏可信性，也无法就鉴证业务信息应当达到的质量要求在注册会计师、责任方以及广大的预期使用者之间达成一致性。基于这样的原因，注册会计师在承接鉴证业务时应当考虑是否有适当的标准。

根据《鉴证业务基本准则》的规定，适当的标准应当同时具备如下特征：①相关性。相关的标准有助于得出结论，便于预期使用者作出决策。②完整性。完整的标准不应忽略业务环境中可能影响得出结论的相关因素，当涉及列报时，还包括列报的基准。③可靠性。可靠的标准能够使能力相近的注册会计师在相似的业务环境中，对鉴证对象作出合理一致的评价或计量。④中立性。中立的标准有助于得出无偏向的结论。⑤可理解性。可理解的标准有助于得出清晰、易于理解、不会产生重大歧义的结论。

此外，《鉴证业务基本准则》明确指出，注册会计师基于自身的预期、判断和个人经验对鉴证对象进行的评价和计量，不构成适当的标准。

4. 证据

获取充分、适当的证据，是注册会计师提出鉴证结论的基础。

5. 鉴证报告

鉴证报告是注册会计师以书面报告的形式，就鉴证对象信息是否在所有重大方面符合适当的标准而提出的鉴证结论。例如，在历史财务信息的审计业务中，注册会计师就被审计单位的会计报表是否在所有重大方面符合会计准则和相关会计制度的要求而提出的审计报告，就是一种鉴证报告。

（三）鉴证业务的目标

鉴证业务的保证程度分为合理保证和有限保证。合理保证的保证水平要高于有限保证的保证水平。两种保证程度下的鉴证业务的目标是不同的。

合理保证的鉴证业务的目标是注册会计师将鉴证业务风险降至该业务环境下可接受的低水平，以此作为以积极方式提出结论的基础。如在历史财务信息审计中，要求注册会计师将审计风险降至该业务环境下可接受的低水平，对审计后的历史财务信息提供高水平保证（合理保证），在审计报告中对历史财务信息采用积极方式提出结论。

有限保证的鉴证业务的目标是注册会计师将鉴证业务风险降至该业务环境下可接受的水平，以此作为以消极方式提出结论的基础。如在历史财务信息审阅中，要求注册会计师将审阅风险降至该业务环境下可接受的水平（高于历史财务信息审计中可接受的低水平），对审阅后的历史财务信息提供低于高水平的保证（有限保证），在审阅报告中对历史财务信息采用消极方式提出结论。

第三节　质量控制准则

一、质量控制的意义和作用

2006 年财政部颁布的鉴证业务准则中，有两个准则直接就质量控制作出了规定。其中，《会计师事务所质量控制准则第 5101 号——业务质量控制》准则是对审计、审阅和其他鉴证业务以及相关服务业务进行规范的文件；《中国注册会计师审计准则第 1121 号——历史财务信息审计的质量控制》准则是专门就审计业务质量控制进行规范的文件。加强质量控制是会计师事务所生存和发展的基本条件。会计师事务所必须进行质量控制，以便使其执行的鉴证业务和相关服务业务符合业务准则的要求，保证业务的质量。

质量控制准则的作用表现在两个方面：第一，合理保证会计师事务所及其从业人员职业行为的合法性。会计师事务所及其从业人员在执行业务时，必须遵守相关法律、法规，遵守中国注册会计师职业道德规范，遵守中国注册会计师审计准则、审阅准则、其他鉴证业务准则和相关服务准则的规定。第二，合理保证会计师事务所和项目负责人根据具体情况出具恰当的报告。质量控制是会计师事务所内部控制的基本内容，只有加强质量控制，会计师事务所才能为客户提供满意的服务，才能在竞争中立于不败之地。

二、业务质量控制

为了规范会计师事务所的质量控制，保证执业质量，《会计师事务所质量控制准则第 5101 号——业务质量控制》准则要求会计师事务所必须建立质量控制制度。质量控制制度是为了合理保证会计师事务所及其人员遵守相关的法律法规、中国注册会计师职业道德规范以及业务准则（包括审计准则、审阅准则、其他鉴证业务准则和相关服务准则）而制定的政策，以及为执行这些政策和监控这些政策的遵守情况而实施的程序。

根据第5101号准则的规定，会计师事务所的质量控制制度包含以下七个要素：对业务质量承担的领导责任，职业道德规范，客户关系和具体业务的接受与保持，人力资源，业务执行，业务工作底稿，监控。

1. 对业务质量承担的领导责任

（1）会计师事务所应当制定相关的政策和程序，培育以质量为导向的内部文化。主任会计师应当对质量控制制度承担最终责任。

（2）鉴于会计师事务所的领导层及其作出的示范对会计师事务所的内部文化有重大影响。因此，会计师事务所各级管理层应当通过清晰、一致及经常的行动示范和信息传达，强调质量控制政策和程序的重要性。

（3）会计师事务所的领导层应当树立质量至上的意识。会计师事务所应当通过合理确定管理责任以避免重商业利益、轻业务质量的倾向；建立以质量为导向的业绩评价、薪酬及晋升的政策和程序，并投入足够的资源制定和执行质量控制政策和程序，实现质量控制的目标。

（4）会计师事务所的主任会计师应当委派具有适当经验和能力的人员承担质量控制制度的运作责任，并授予其必要的履行责任所需要的权限。

2. 职业道德规范

（1）会计师事务所应当制定相关的政策和程序，以合理保证会计师事务所及其人员遵守职业道德规范，恪守独立、客观、公正的原则，保持专业胜任能力和应有的职业关注，并对执业过程中获知的信息保密。通过会计师事务所领导层的示范、教育和培训、监控，以及对违反职业道德规范行为的处理等途径，可以强化员工对遵守职业道德规范的重要性的认识。

（2）由于独立性对于鉴证业务非常重要，会计师事务所应当通过制定以下政策和程序保证注册会计师的独立性：

①会计师事务所应当制定相关的政策和程序，向相关人员传达独立性要求，识别和评价对独立性造成威胁的情况和关系，并采取适当的防护措施，以消除对独立性的威胁，或将其降至可接受的水平；必要时，解除业务约定。通过这些措施，合理保证会计师事务所及其人员（包括聘用的专家和其他需要满足独立性要求的人员）保持职业道德规范要求的独立性。

②会计师事务所制定的政策和程序应当要求项目负责人向会计师事务所提供与客户委托业务相关的信息，以使会计师事务所能够评价这些信息对保持独立性的总体影响；要求会计师事务所的从业人员及时向会计师事务所报告对独立性造成威胁的情况和关系，以便会计师事务所采取适当行动。同时，会计师事务所也要收集相关信息，并向适当人员传达，以帮助会计师事务所及其人员确定是否满足独立性要求，这样有助于会计师事务所保持并更新有关独立性的记录，并针对已识别的对独立性造成威胁的情况采取适当的行动。

③会计师事务所应当制定相关的政策和程序，以合理保证能够获知违反独立性要求的情况，并采取适当行动予以解决。所有应当保持独立性的人员，应当将注意到的违反独立性要求的情况立即告知会计师事务所；会计师事务所将已识别的违反这些政策和程序的情况，应当立即传达给需要与会计师事务所共同处理这些情况的项目负责人，以及需要采取

适当行动的会计师事务所内部其他相关人员和受独立性要求约束的人员；项目负责人、会计师事务所内部的其他相关人员，以及需要保持独立性的其他人员，在必要时，应当立即向会计师事务所告知他们为解决有关问题采取的行动，以便会计师事务所能够决定是否应当采取进一步的行动。

④会计师事务所应当为需要保持独立性的人员提供关于独立性政策和程序的培训。

⑤会计师事务所应当每年至少一次向所有受独立性要求约束的人员获取其遵守独立性政策和程序的书面确认函。

⑥会计师事务所应通过项目负责人轮换等制度，防范同一高级人员由于长期执行某一客户的鉴证业务而可能对独立性造成的威胁。

3. 客户关系和具体业务的接受与保持

在作出承接新的客户或保持现有客户的决策时，会计师事务所应当收集相关信息，对客户的诚信状况进行评价，并考虑事务所及其人员是否具有执行业务所需的素质、专业胜任能力、时间和资源。

4. 人力资源

会计师事务所应当建立相应的人力资源管理政策，从员工的招聘、职业发展、培训、业绩评价和晋升等环节入手，培养以质量为导向的企业文化。

5. 业务执行

（1）在业务执行过程中，应通过适当的指导、监督和复核，合理保证项目组成员遵守职业道德规范的要求，遵守各项业务准则，并按具体情况出具适当的报告。

（2）项目负责人应当识别需要咨询的事项，并向会计师事务所内部或外部适当的人员进行咨询。

（3）会计师事务所应当制定相应的政策和程序，以处理和解决项目组内部、项目组与被咨询者之间以及项目负责人与项目质量控制复核人员之间的意见分歧。在意见分歧问题未得到解决之前，项目负责人不得出具报告。

（4）会计师事务所应当制定相应的政策和程序，要求对特定业务实施项目质量控制复核，以客观评价项目组作出的重大判断以及在准备报告时得出的结论。

6. 业务工作底稿

会计师事务所应当制定相应的政策和程序，以使项目组在出具业务报告后及时将工作底稿归整为最终业务档案，并按规定对这些档案进行保管。

7. 监控

会计师事务所应当制定监控政策和程序，以合理保证质量控制制度中的政策和程序是相关、适当的，并正在有效运行。这些监控政策和程序应当包括持续考虑和评价会计师事务所的质量控制制度，如定期选取已完成的业务进行检查。

三、历史财务信息审计的质量控制

历史财务信息审计是鉴证业务的一种。财政部颁布的《中国注册会计师审计准则第1121号——历史财务信息审计的质量控制》是为了规范包括财务报表在内的历史财务信息审计的质量控制程序而专门制定的准则，是业务质量控制准则在历史财务信息审计领域的具体化。该准则的主要内容包括：

（1）项目负责人应当对会计师事务所分派的每项审计业务的总体质量负责。

（2）在整个审计过程中，项目负责人应当对项目组成员违反职业道德规范的迹象保持警惕。如果发现项目组成员违反职业道德规范，项目负责人应当与会计师事务所的相关人员商讨，以便采取适当的措施。项目负责人应当记录识别出的违反职业道德规范的问题，以及这些问题是如何得到解决的。

（3）项目负责人应当确信，有关客户关系和具体审计业务的接受与保持的质量控制程序已得到恰当遵守。项目负责人在确定客户关系和具体审计业务的接受与保持是否适当时，应当考虑：①被审计单位的主要股东、关键管理人员和治理层的诚信情况；②项目组是否具有执行审计业务的专业胜任能力以及必要的时间和资源；③会计师事务所和项目组能否遵守职业道德规范。

（4）在项目组的工作委派方面，项目负责人应当确信项目组整体具有适当的素质、专业胜任能力以及必要的时间，能够按照法律法规、职业道德规范和审计准则的规定执行审计业务，并根据具体情况出具恰当的审计报告。

（5）在审计业务的执行过程中，项目负责人要对项目组成员进行适当的指导、监督，并对项目组成员的工作进行适当的咨询。项目负责人要识别应予咨询的事项，并向事务所内部或外部的合适人员进行咨询。此外，项目组还须就意见分歧进行恰当的处理。

（6）会计师事务所应当通过定期选取已完成的审计业务进行检查等方式，对会计师事务所的质量控制制度进行持续考虑和评价，以使会计师事务所能够合理保证其质量控制制度正在有效运行。

第四节　职业后续教育准则

一、职业后续教育的意义

职业后续教育是指注册会计师为保持和提高其专业胜任能力与执业水平，掌握和运用相关新知识、新技能、新法规而进行的学习和研究。职业后续教育应当贯穿于注册会计师的整个职业生涯。

职业后续教育的目的是保持和提高注册会计师的专业胜任能力与执业水平。注册会计师的职业后续教育要围绕与执业相关的新知识、新技能、新法规进行。通过职业后续教育，要向社会传递合理的信息，即注册会计师具有为社会提供专业服务的知识和技能。

二、我国注册会计师职业后续教育基本准则的内容

《中国注册会计师职业后续教育基本准则》于1997年1月1日起实行。中国注册会计师协会的执业会员（即注册会计师）应当遵守职业后续教育基本准则；协会的非执业会员，在中国注册会计师协会未对其职业后续教育作出其他相应规定、制定其他办法或其他

要求的情况下，也应当遵守职业后续教育基本准则。

（一）职业后续教育的内容与形式

1. 职业后续教育的内容

《中国注册会计师职业后续教育基本准则》规定，注册会计师职业后续教育的内容主要包括：会计准则及国家其他有关财务会计法规；业务准则及其他职业规范；与执业相关的其他法规；执业所需的其他知识与技能。

2. 职业后续教育的形式

注册会计师的职业后续教育一般应当采用以下形式：

（1）参加中国注册会计师协会及其地方组织举办或认可的各种培训活动；

（2）参加中国注册会计师协会认可的有关大专院校的专业课程进修；

（3）参加中国注册会计师协会组织或认可的相关专题研讨会；

（4）职业后续教育也可采用中国注册会计师协会认可的以下形式：参加各会计师事务所自行组织的专业研讨与培训，公开出版专业著作或发表专业论文，承担专业课题研究，个人专业学习与实务研究等。

（二）职业后续教育的组织与实施

《中国注册会计师职业后续教育基本准则》规定，职业后续教育由中国注册会计师协会及其地方组织负责组织、实施。中国注册会计师协会组织实施职业后续教育的主要职责是：制定全国性职业后续教育制度、办法；组织全国性职业后续教育活动；制定全国性年度职业后续教育大纲；组织全国性职业后续教育教材的编写、选定；组织全国性职业后续教育的检查、考核。

中国注册会计师协会各地方组织应当根据职业后续教育准则及其他相关要求，严格组织、实施各地区的职业后续教育，其主要职责是：制定各地区职业后续教育制度、办法；组织各地区职业后续教育活动；制定各地区年度职业后续教育大纲；组织各地区职业后续教育的检查、考核。

注册会计师、会计师事务所应当根据职业后续教育准则及其他相关要求，合理制定并有效实施职业后续教育计划。

（三）职业后续教育的检查与考核

中国注册会计师协会负责检查、考核全国注册会计师的职业后续教育情况，中国注册会计师协会各地方组织负责检查、考核该地区注册会计师的职业后续教育情况。会计师事务所则应当按照有关规定，检查并如实填报注册会计师的职业后续教育情况。职业后续教育时间按学时数计算，其要求由中国注册会计师协会确定。注册会计师在接受检查、考核时，应当提交由中国注册会计师协会统一制发的职业后续教育考核手册。注册会计师未能提供职业后续教育有效记录或无故未达到职业后续教育要求的，考核时不予通过。

我国规定，注册会计师接受职业后续教育的时间三年累计不得少于 180 学时，其中每年接受职业后续教育的时间不得少于 40 学时。注册会计师接受脱产教育的时间三年累计不得少于 120 学时，其中每年接受脱产职业后续教育的时间不得少于 20 学时。

第五节　注册会计师审计责任的内容

一、审计责任的分类

（一）责任的分类

按《现代汉语词典》的解释，“责任”有两层含义：一是“分内应做的事”，如尽责任；二是“没有做好分内应做的事，因而应当承担的过失”，如追究责任。责任感，也叫责任心，是指人们自觉地把分内的事做好的心境。在现代社会生活中，责任的内涵非常丰富，可以从不同的方面加以分类。如根据责任的性质划分，可以分为政治性责任、经济性责任等；根据责任有无限度划分，可以分为有限责任和无限责任；而根据责任的归属划分，又可以分为社会责任、团体责任和个人责任等。根据责任的内容划分，从一般意义上讲，可以将责任分为道德责任、纪律责任和法律责任三个方面。

道德责任是以社会心理意识约束力为表现形式的一种责任。道德观念的产生是作为社会责任的一种形式而存在的，道德的能动作用也是履行社会责任的一种手段。道德责任的履行是通过道德的认识、调节和教育功能来实现的。通过认识，提高人们的觉悟，培养人们履行道德责任的自觉性；通过调节，指导人们处理个人与各方面的关系，促使道德责任的正确履行；通过教育，提高人们的道德水准和精神境界，促进社会的和谐与进步。道德责任是人们社会性的自觉实现，是个人在既定社会状况中自我规范的一种形式，是一种最高层次的责任境界。

纪律责任是以单位或社会团体约束力为表现形式的一种责任。纪律责任是政党、机关、部队、团体、企业等为了维护集体利益并保证工作的正常进行而制定的要求每个成员遵守的规章、条文。任何一个单位或团体的成员，都负有遵守本单位或团体纪律的责任。纪律是增强单位或团体凝聚力、促进实现单位或团体目标的一种重要手段。单位或团体的纪律越严明，其成员遵守纪律的责任心就越强，单位或团体的目标就越容易实现。从纪律责任的内容来看，纪律责任主要涉及工作纪律和相应的工作责任。纪律责任的落实具有两面性：一方面它要靠人们遵守纪律的自觉性，另一方面还要靠维护纪律的强制性。纪律责任不具有以暴力为后盾的强制性，也不具有道德责任所能达到的自觉性。纪律责任是属于中间层次的责任境界。

法律责任是以国家强制力为保障的一种责任，是行为人因有违法行为或违约行为或仅因法律规定而承担的某种不利的法律后果。法律责任是人的社会性的强制实现，它既规范人们的积极行为，又强令限制人们的消极行为，从而达到维护社会秩序、保护社会成员的利益、促进社会发展的目的。法律责任在责任体系中是一种最低层次的责任境界，是一种最基本的、最具约束力的责任形式。

（二）审计责任的分类

一般来讲，审计责任专指审计人员在承办审计业务中应履行的职责，以及因工作失误造成公众的损失而应向社会公众承担的法律责任。要正确地把握审计责任的概念，必须区分两种不同的审计责任观，一种是广义的审计责任观，一种是狭义的审计责任观。广义的审计责任观是站在全社会的立场上，去观察和认识会计师事务所与注册会计师应当承担的审计责任及相关责任。狭义的审计责任是站在审计职业的立场上，去观察和认识会计师事务所与注册会计师应当承担的审计责任。广义的审计责任涉及以下六个方面的内容：对客户的责任；对同行的责任；对社会公众的责任；对政府的责任；对资源、环境和社会可持续发展的责任；对社会公益事业的责任。狭义的审计责任主要涉及前三项内容。

从总体上看，审计责任分为职业责任和法律责任两个方面，审计职业责任可再分为审计职业道德责任和审计职业工作责任（专业职责）；审计法律责任则分为行政责任、民事责任和刑事责任。

（三）审计职业责任和审计法律责任的关系

审计职业责任和审计法律责任之间具有密切的关系。二者之间的联系主要体现在以下几方面：首先，从概念结构上讲，审计职业责任和审计法律责任同属于审计责任概念的范畴，这两种责任都是与注册会计师的执业行为有关的。其次，未尽专业职责是导致注册会计师承担法律责任的重要原因之一。也就是说，当注册会计师良好地履行了审计职业责任时，就会减少承担审计法律责任的可能性；反之，就会增加承担审计法律责任的可能性。最后，法律责任是促使注册会计师有效履行专业职责的一种社会强制手段。也就是说，良好的审计法律责任制度会促使注册会计师保持应有的职业谨慎，认真履行各项职责，如果审计法律责任制度不健全，注册会计师在专业职责的履行方面就失去了约束力，就会造成专业职责的履行流于形式。

审计职业责任和审计法律责任之间的区别主要体现在以下几方面：一是二者的属性不同。审计职业责任是审计职业所固有的，是一种内在的责任，只要有审计职业，就有审计职业责任。审计职业责任决定了审计职业的性质和地位。审计法律责任是外在的，是由社会强制的，它是在审计职业和社会发展到一定时期之后产生的。二是二者发生的情况不同。审计职业责任的发生是必然的，即只要注册会计师执行审计业务，就必须承担和履行审计职业责任，承担和履行审计职业责任的过程，也就是完成审计任务的过程。审计法律责任的发生则具有或然性，即并非每一次审计或对每一个审计项目的审计都会发生法律责任问题。审计法律责任的发生只有在特定的情况下（如审计人员有重大过失或欺诈）才会出现。三是二者履行的情况不同。审计职业责任是在审计执业过程中，通过执行一定的审计程序、遵循一定的执业标准加以履行的，其履行既有自觉自愿的一面，又有强制的一面。审计法律责任通过法定的程序加以确认之后，则必须强制履行。四是二者确认的依据不同。确定审计职业责任的依据是审计执业规范（独立审计准则）。审计法律责任的确认，除了考虑审计执业规范之外，还必须考虑实际的执业情况和有关法律的规定等。

二、会计责任与审计责任

注册会计师的审计责任与被审计单位的会计责任之间关系甚为密切。通过对会计责任和审计责任相互关系的研究，可以更好地明确如何合理界定和正确处理注册会计师的审计责任。

（一）财务会计与审计的关系

1. 财务会计与审计的联系

财务会计与审计的联系主要体现在以下几方面：

（1）工作内容的交叉性。会计工作和审计工作的内容都涉及企业的会计资料和内部控制等方面。企业财务会计对日常发生的经济业务进行会计处理，形成会计资料（会计信息），这些会计资料（会计信息）是注册会计师审计的直接对象。在会计工作中，企业要制定并实施严格的内部控制制度，以保证会计信息的真实性与完整性；注册会计师在审计中，通常需要先了解和评价会计信息赖以生成的内部控制制度的可靠性和执行的有效性，以便合理确定审计的范围和重点，提高审计工作的效率和效果。另外，财务会计和审计都需要对企业的经营管理活动进行监督。

（2）工作标准的结合性。财务会计的工作标准包括财务会计法规、会计准则和会计制度等，审计的工作标准包括审计法规、审计准则和审计制度等。财务会计工作标准和审计工作标准之间的结合性集中体现在两方面：一是标准内容的结合性。会计工作标准和审计工作标准的内容在不少方面具有同一性和一致性。同一性是指两种标准在规范内容上具有相同的地方，一致性是指两种标准在规范的要求上具有某些相同的地方。如会计法规、会计准则对会计人员的素质、工作方法、会计责任等作出了规定；审计法规、审计准则也同样对审计人员的素质、工作方法和审计责任等作出了规定。这两个方面又相互影响。二是标准运用上的结合性。在审计判断和审计评价时，审计人员除了要遵照审计法规和审计准则的要求外，还要遵照会计法规和会计准则的规定，对被审计单位的有关会计事项作出评判，以便得出审计结论。

（3）工作结果的促进性。主要是指财务会计工作和审计工作可以相互促进。一方面，财务会计工作做得好，会计资料健全，会计信息的可信性强，审计工作的难度便会减少，审计风险就会降低，最终审计效率和审计效果就会提高；反之，就会影响审计成效，增加审计风险。另一方面，审计工作做得好，又可以对财务会计工作起促进作用，促进提高会计信息的可信性，使会计信息的效能得到更好的发挥；反之，如果审计工作做不好，会计信息的可信性就失去了一道保障防线，最终会影响会计信息效能的发挥。

（4）根本目的的一致性。财务会计与财务审计的最终目的都是为市场决策人提供有用的会计信息，会计是对这种信息的认定（Assertion），审计是对这种信息的再认定（Reassertion）。会计工作和审计工作最终都是要促使企业和有关方面改善经营管理，提高经济效益。

2. 财务会计与审计的区别

财务会计与审计的区别主要表现在以下几方面：

（1）基本职能不同。会计的基本职能包括会计核算（反映）和会计监督（控制），就财务会计来讲，其最基本的职能应当是会计核算。从总体上讲，审计的基本职能包括经济监督、经济评价和经济鉴证。就注册会计师审计来说，其基本职能应该是经济鉴证。

（2）工作方法不同。从具体方法来看，会计方法和审计方法是不同的。财务会计的基本方法包括设置账户、复式记账、填制和审核会计凭证，一直到编制会计报表，在方法的运用上强调连续性、系统性和完整性。审计的方法从技术性上讲，主要是指收集审计证据的方法，包括检查、监盘、函证等。现代审计在方法的运用上侧重于评审内部控制制度和进行抽样审计。从方法的作用来看，会计方法和审计方法也是不同的。会计方法的作用主要是整理和传递会计信息，审计方法的作用主要是收集审计证据和评价会计信息。

（3）直接目的不同。企业财务会计工作最直接的目的在于为企业内部的管理和决策提供相关的会计信息，旨在搞好企业的经营管理，实现企业的经营目标；其次才是为外部会计信息使用人提供与他们决策有关的各种会计信息，其目的在于增强外部投资人对企业的信心，增强企业在资本市场上的吸引力，为企业的发展创造良好的环境。可见，企业财务会计的直接目的具有显著的对内服务倾向，对外服务只是达到对内服务目的的一种手段。注册会计师审计的直接目的是对被审计单位会计报表的合法性、公允性发表意见，以合理保证会计信息的可信性。由审计关系所决定，注册会计师审计首先应当是服务于审计委托人，然后才是服务于被审计人。

此外，企业财务会计和审计的区别还表现在各自的责任不同。

（二）会计责任和审计责任的区别

1. 承担责任的主体不同

从承担责任的主体（责任承担人）考察，企业会计责任的承担者是被审计单位的会计人员及其管理当局。各项经营活动的发生及其会计处理和提供会计信息是被审计单位的内部职责。审计责任的承担者是接受审计委托的会计师事务所和承办审计业务的注册会计师。会计师事务所和注册会计师一旦接受审计委托，就应当对受托审计业务的完成情况承担相应的责任。

2. 承担责任的内容不同

从承担责任的内容来看，企业会计责任的核心是被审计单位及其管理当局应当对其所提供的会计报表及与会计报表相关的资料的真实性、合法性和完整性负责。会计所提供的会计信息要真实、合法与公允地反映企业的财务状况、经营成果和资金变动情况。其所承担的责任主要是正确地选择、运用会计政策和会计方法，以及其他相关责任。审计责任的核心是会计师事务所及其注册会计师应当对其所出具的审计报告负责。审计的目标是评价会计信息，因此也必须相应地评价被审计单位对会计政策、会计方法的选择和运用是否恰当，从而确定会计信息的公允性、合法性。由此可见，审计所承担的责任主要是评价和鉴证，以及其他相关责任。

3. 责任的履行不同

从责任的履行过程来看，会计责任的履行是与被审计单位的生产经营行为和管理当局的管理行为相联系的。各项制度的制定、决策的作出和经营管理活动的发生，以及随后的会计处理和会计报表的编制等，都是企业自身行为的结果。审计责任的承担则是与会计师事务所的活动和注册会计师的执业行为相联系的。是否接受客户的委托，承办哪些审计事项，如何编制审计计划，如何收集审计证据，以及出具什么样的审计报告等，都是会计师事务所及其注册会计师自身行为的结果。当事人的行为及其结果决定了其应当承担的责任的内容。

4. 责任的客体不同

从责任客体（责任对象）来看，被审计单位（经营管理者）向会计信息使用人（财产所有者）承担受托经济责任。这种受托经济责任的主要内容之一就是要求被审计单位提供真实、合法与公允的会计信息。为了增强所提供会计信息的可信性，被审计单位（或会计信息使用人）委托会计师事务所对会计信息进行鉴证。对提交给注册会计师审计的会计资料的真实性、完整性，被审计单位应承担责任。即被审计单位既要对会计信息使用人负责，又要对会计信息鉴证人（注册会计师）负责。会计师事务所接受委托之后（无论直接委托人是被审计单位，还是财产所有者），必须按照专业标准和有关法规的要求，对会计信息作出鉴证，并出具真实、合法的审计报告。注册会计师对被审计单位承担的责任主要是按时、保质地完成受托业务，不收取或有收费，并对在审计过程中了解的被审计单位的商业秘密保密等。会计师事务所和注册会计师对其他有关方面承担的责任主要是按专业标准出具审计报告。

5. 责任的判断标准不同

从责任的判断标准来看，判断被审计单位及其管理当局是否履行了会计责任，主要应依据财务会计法规和会计准则的规定加以确认。当被审计单位会计工作的各个方面严格遵守了财务会计法规和会计准则的规定，并恰当地提供了会计报表和有关资料时，应当认定其履行了会计责任。同样，判断会计师事务所及其注册会计师是否履行了审计责任，主要应依据审计法规和审计准则加以确认。当会计师事务所和注册会计师严格遵守了审计法规和审计准则的规定，并出具了恰当的审计报告时，应当认定其履行了审计责任。

（三）区分会计责任和审计责任的要求

在审计业务中，严格区分会计责任和审计责任具有十分重要的意义。通过区分会计责任和审计责任，可以使审计者和被审计者明确各自的职责，有利于审计工作的正常开展；可以有效保护审计者和被审计者的合法权益，也能够使会计报表（审计报告）使用人更好地保护自己的合法权益。

会计责任和审计责任不能相互替代和减免。注册会计师承担的审计责任不能替代、减轻或免除被审计单位应当承担的会计责任；同样，被审计单位承担的会计责任也不能替代、减轻或免除注册会计师应当承担的审计责任。审计者和被审计者都必须严格履行各自的职责。

在审计工作中，应当采取必要的措施对注册会计师的审计责任和被审计单位的会计责任加以明确界定，以便使双方更好地明确和履行各自的职责，保证审计工作的正常进行和达到预期的目的。通常要在审计业务约定书里面对审计者和被审计者双方的责任作出明确的规定。对会计师事务所来说，应当就其完成审计业务和出具审计报告的时间、保密事项等作出明确规定；对被审计单位来说，应当就其提供的资料、提供的工作条件和对注册会计师审计工作的协助等事项作出明确的规定。这些分别属于审计责任和会计责任的重要内容。另外，为了更进一步明确被审计单位的会计责任，通常要求被审计单位管理当局出具书面声明，就其所承担的会计责任作出明确的承诺。通过上述措施，可以避免在审计工作中出现责任不清的现象，一旦发生审计纠纷，也可以有明确的处理依据。

在执业过程中，注册会计师必须牢记自己所承担的审计责任，而不可代替承担被审计单位的会计责任。如在年度会计报表审计中，注册会计师往往要根据审计查证的结果，要求被审计单位调整某些会计事项。有时，根据被审计单位的情况，可能会由注册会计师替被审计单位调整账项，或者调整会计报表，或者编制报表补充资料等。此时，虽然具体的工作由注册会计师代为完成，但是最终还必须由被审计单位加以签字确认，即注册会计师不可在其代为完成的会计资料上签字，否则便会留下代行会计责任的痕迹。

同样，注册会计师也决不能因为有被审计单位就其会计责任的书面声明，而省略或减少必要的审计程序。被审计单位对会计责任所作的书面声明，不能作为注册会计师判断被审事项情况的直接证据。注册会计师还必须根据审计目标和被审项目的情况，进行必要的审计取证，然后才能得出审计结论。这是审计执业规范的基本要求。注册会计师应当根据审计的需要，要求被审计单位提供相关的资料，并对这些资料进行必要的审计，以便作出正确的判断。在要求被审计单位提供资料时，要按规定办理资料的交接手续，以便明确责任。

第六节　注册会计师审计法律责任的起因

一、注册会计师承担审计法律责任的内部原因

导致注册会计师承担审计法律责任的内部原因，包括行业内部原因及会计师事务所和注册会计师方面的原因。行业内部原因主要是指行业规范及行业监管等方面的原因。在此着重说明可能会导致注册会计师承担审计法律责任的会计师事务所和注册会计师方面的原因。

（一）违约

违约（Breach of Contract），亦称违反合同，是指合同当事人没有履行或者没有适当履行应当履行的合同义务。会计师事务所在接受有关方面的委托之后，应当按照规定与审计委托人签订审计业务约定书。审计业务约定书一经签订，会计师事务所便负有按照审计约定出具审计报告、完成审计任务的责任，否则就构成违约。

在审计过程中，注册会计师违反审计业务约定书中规定的任何一方面都构成违约。但是，并非所有的违约行为都会导致会计师事务所和注册会计师承担审计法律责任。从主要方面讲，可能会导致会计师事务所和注册会计师承担审计法律责任的违约事件应当具有下列特征：一是违约方面主观上有过错。根据《合同法》的原则，在审计过程中如果注册会计师有违约行为，并且没有免责事由，注册会计师又不能证明自己没有过错，那么便可以断定注册会计师主观上有过错。二是由于违约方的过错造成合同另一方的财产损失。损害事实的发生是注册会计师违约行为的必然结果。违约责任的承担是以财产损失的赔偿为限的。因此，当注册会计师违约，并且给合同的另一方造成了财产损失时，会计师事务所或注册会计师应当承担相应的赔偿责任。违约行为和财产损失事实之间存在的因果关系是判定注册会计师承担审计法律责任的必备条件。

根据《合同法》的基本原理，违约行为人在特定情况下可以免除民事责任。违约行为免责的法定事由包括：不可抗力事件，双方都有过错，以及情势变更等。不可抗力是指当事人在订立合同时不能预见或者即使预见也无法避免的事由。如会计师事务所在审计某个单位时，由于被审计单位的一个重要客户出现问题，使得注册会计师不能及时获取审计证据，以致无法按时出具审计报告。此种情况应属于不可抗力事件导致的违约，会计师事务所不应当因此而承担责任。双方都有过错是指造成违约的原因合同当事人双方都有责任。如在审计过程中，如果被审计单位没有按照注册会计师的要求及时而完整地提供审计所需的资料，注册会计师也没有采取其他可以替代的办法，从而造成不能按时出具审计报告。这种情况下应当在某种程度上对注册会计师进行免责。情势变更是指在合同签订之后，发生了在立约时无法预见的客观情况的变化，如果继续履行合同的全部条款，会导致显失公平的结果。此时，当事人一方可以请求变更或解除约定，以维护双方利益的平衡。在签订审计业务约定书时，对于有关的免责事项，会计师事务所可以和审计委托人在合同中加以约定。

一般而言，违约事项发生最终会导致会计师事务所承担民事责任。违约方面的指控通常表现为客户指控会计师事务所泄密或没有按约定完成审计任务。在这方面国外著名的审计案例有“康索利戴塔服务公司案”（Consolidata Services In.）和“范德有限公司案”（Fund & Fund Limited）等。现将“康索利戴塔服务公司案”的基本事实引介说明如下：

康索利戴塔服务公司对亚历山大·格兰特公司案（1981）

——对客户的责任

康索利戴塔服务公司是一家工资服务公司，提供填开工资支票并将货币工资分发给客户职工等服务。会计师事务所与康索利戴塔服务公司的关系只涉及税务方面，没有会计服务和审计方面的联系，双方互相介绍客户。在一次由双方代表出席的会议上，确定康索利戴塔服务公司已资不抵债。会计师事务所在与法律顾问商讨后，要求康索利戴塔服务公司向其客户通报资不抵债这一情况，但遭到该公司管理当局的拒绝，总裁随即通知会计师事务所他已辞职。会计师事务所旋即告知该公司管理当局，该所准备向其客户通报康索利戴塔服务公司资不抵债的消息，后者要求事务所推迟十天再通报，以便它能借款解决资不抵债问题。

在会计师事务所的客户中，有12家同时是康索利戴塔服务公司的顾客，会计师事务所决定召集这12家客户开会，建议他们不要再向康索利戴塔服务公司拨款，没有任何人向康索利戴塔服务公司的另外24家客户通告上述情况。

康索利戴塔服务公司控告会计师事务所过失和违约泄密，因为它未能履行保密责任。法庭判决康索利戴塔服务公司胜诉，获得130万美元的赔偿金。

上述案例清楚地说明，会计师事务所和注册会计师在决定是否披露客户的有关信息，以及在什么时候、在多大程度上和多大范围内披露这些信息时，必须考虑独立审计准则的要求和审计业务约定书的规定。即使是独立审计准则和审计业务约定书规定应当披露的信息，会计师事务所和注册会计师在披露这些信息时，也必须考虑披露的时机、程度和范围。在上述案例中，会计师事务所仅仅是向客户提供税务服务，而不提供会计和审计方面的服务，客户资不抵债的情况不属于其业务范围内应当披露的事项。此外，会计师事务所在没有征得客户同意的情况下，擅自在部分客户范围内披露了有关资不抵债的情况，即其披露这一信息的时机和范围都不适当。以上两点是法庭判决会计师事务所过失和违约泄密的原因所在。

（二）过失

过失（Negligence），是指在一定条件下缺少人们认为应当具有的合理谨慎。保持应有的职业谨慎（Due Professional Care）是对注册会计师执业的基本要求。它要求注册会计师在执业过程中时刻关注业内情况的变化，不断掌握新知识及新技术；严格按照审计准则执业，合理地制定审计计划和收集审计证据，作出恰当的审计判断。评价审计人员是否有过失，是以其他合格审计人员在相同条件下能够做到的谨慎为标准的。

根据过失程度的不同，可以将过失分为普通过失（Ordinary Negligence）和重大过失（Gross Negligence）。普通过失是指没有保持职业上应有的合理的谨慎，或者说是指没有给予应有的职业关注，即正常人应该具有的一般谨慎水平。而重大过失是指连起码的职业谨慎都未能保持，在审计过程中有重大疏漏。此外还有一种过失概念，被称之为共同过失（Contributory Negligence），即对于他人的过失，受害方自己未能保持合理的谨慎因而蒙受损失。在审计诉讼中，共同过失这一概念是注册会计师用来反击诉讼的有力手段。

在判断注册会计师有无过失以及过失的程度时，必须同时考虑重要性和内部控制这两个概念。审计中的重要性是指会计报表中错报或漏报的程度及其对有理性的会计报表使用人决策的影响。当会计报表中存在的错报或漏报影响报表使用人的决策时，便可以认为这种错报或漏报是重要的；反之，就是不重要的。如果错报或漏报事项不具有重大性，可以认定为无过失。虽然错报或漏报事项是重大的，但因被审计单位的内部控制制度失效，而注册会计师按执业标准进行了制度遵守性检查，这种检查又不能必然揭示这种错报或漏报，尽管可能或已经给委托人及第三方造成损失，仍应认定为无过失。即当注册会计师没有检查出的会计报表中的错报或漏报不重要时，应认定为没有过失；当因内部控制失效而使注册会计师无法检查出重大的错报或漏报时，也应认定为没有过失（也可能会认定为具有普通过失）。

如果注册会计师因为工作疏忽而没有能够检查出会计报表中存在的重大错报或漏报，这就属于重大过失。或者虽然内部控制失效，但是如果注册会计师能够适当地调整实质性测试的性质、时间和范围，一般就能发现会计报表中所存在的重大错报或漏报，而注册会计师没有做到这一点，就属于重大过失。

下列情况应当认定为普通过失：如果会计报表中有多处错报或漏报事项，且每一处都不算重大，但是各处错报或漏报综合起来就会产生较大影响，有可能导致会计报表整体严重失实，这种情况下应认定注册会计师具有普通过失，因为按照标准审计程序发现每处较小错报的可能性很小；内部控制制度本身设计良好，但是由于串通作弊导致内部控制失效，注册会计师尽管保持了应有的职业谨慎，仍然没有能够检查出会计报表中存在的重大错报或漏报，此时应认定注册会计师具有普通过失（也可能会认定注册会计师没有过失）。

一般来说，因过失可能会导致注册会计师承担行政责任或民事责任。在已经发生的审计诉讼案例中，指控注册会计师犯有过失的案件占相当大比重。在美国，这方面的著名案例有 1967 年发生的“1136 租户案”（1136 Tenants Case），1968 年发生的“埃斯科特公司对巴·克里斯建筑公司案”（Escott V. Bar Chris Construction Corp.），1979 年发生的“麦克莱恩对亚历山大案”（Mclean V. Alexander）。在“1136 租户案”中，会计师事务所因为没有能够发现未经审核的财务报表中的欺诈行为而被判负民事责任，赔偿租户 235 000 美元。会计师事务所被认定为具有过失的主要原因是，法院认为会计师事务所已经对此进行了审计，因为审计人员编制了一张题为“失踪发票”的工作底稿，但审计人员又没有对此继续追查。法院认为假如审计人员继续追查失踪的发票，也许就能够发现报表中的欺诈行为。

“1136 租户案”给人们以重要启示：审计人员应当严格按照业务约定书的规定进行相应的工作，工作范围的任意缩小或扩大都是不可取的；工作底稿所记录的内容应当是与完成约定的工作和实现既定的目标相关的，不能任意缩小或扩大工作底稿记录的内容。在“1136 租户案”中，会计师事务所之所以败诉，原因就在于会计师事务所的工作人员在经办业务过程中，任意扩大了工作范围（本来提供的是会计服务业务，实际上却进行了部分审计工作），并且工作底稿中又作了不应有的记录（与会计服务业务不相关的记录），而对已发现和已记录的事实又没有作进一步的审查。

（三）欺诈

从一般意义上讲，欺诈（Fraud），又称舞弊，是以坑害他人为目的的一种故意行为。从注册会计师审计的角度讲，欺诈是指注册会计师在审计过程中故意隐瞒被审计单位的重大错弊事项或捏造数据，出具虚假审计报告的行为。如在审计过程中，注册会计师发现被审计单位有大批存货账实不符，存货实际金额有重大短缺，但注册会计师却不加以揭示，并出具了无保留意见的审计报告，这就构成了欺诈行为。

与欺诈相关的另一个概念称之为“推定欺诈”（Constructive Fraud），是指虽无故意欺骗或坑害他人之动机，却存在极端（Extreme）的或异常（Unusual）的过失。在美国，如果注册会计师在审计过程中没有遵守公认的审计准则，即使他并非故意要欺骗财务报表使用人，然而一旦出现问题，人们仍然可以指控他犯有推定欺诈罪。欺诈和过失，其行为性质和结果是不相同的，因而只有加以明确的区分，才能正确地确定注册会计师应当承担的审计法律责任。

综上所述，在审计过程中注册会计师的欺诈行为具有以下特征：一是主观故意性。即明知故犯，明知被审计单位的会计报表存在重大问题，却不予指出。二是合谋串通性。不少案例或判例表明，注册会计师的欺诈行为一般都是与被审计单位串通合谋、共同作弊。三是损人利己性。即在审计过程中，注册会计师的欺诈行为一方面会使自己获得不当利益，并保护被审计单位的不当利益，另一方面则会损害财务报表使用人的正当权益。

《注册会计师法》第二十一条指出，注册会计师执行审计业务出具审计报告时，不得有下列行为：明知委托人对重要事项的财务会计处理与国家有关规定相抵触，而不予指明；明知委托人的财务会计处理会直接损害报告使用人或者其他利害关系人的利益，而予以隐瞒或者作不实报告；明知委托人的财务会计处理会导致报告使用人或者其他利害关系人产生重大误解，而不予指明；明知委托人的会计报表的重要事项有其他不实的内容，而不予指明。《注册会计师法》的这一规定，一方面指出了欺诈的重要特征（即明知故犯），另一方面指出了审计中注册会计师欺诈行为表现的主要方面（法律禁止性行为）。

一般来说，因欺诈可能会使会计师事务所或注册会计师承担行政责任、民事责任，情况严重的可能还会承担刑事责任。

二、注册会计师承担审计法律责任的外部原因

注册会计师承担审计法律责任的外部原因，是指注册会计师和会计师事务所以外的其他方面的原因。这些原因又可分为被审计单位方面的原因、法律（法庭）方面的原因，以及存在期望差距等。

（一）被审计单位方面的原因

注册会计师的审计质量如何，不仅与注册会计师自身的执业行为有关，而且还与被审计单位的某些行为有关。可能会导致注册会计师承担审计法律责任的被审计单位方面的原因有：被审计单位的错误、舞弊、违反法规的行为以及经营失败等。

错误是指会计报表中存在的非故意的错报或漏报。对会计报表中存在的重大错报或漏报，注册会计师负有审查责任。如果由于某种原因（无论是主观原因或者是客观原因），注册会计师未能发现会计报表中存在的重大错报或漏报，并由此使有关方面遭受损失，注册会计师可能要对此承担相应的责任。所以，被审计单位会计报表中存在的重大错报或漏报是可能导致注册会计师承担审计法律责任的重要原因。

舞弊是导致会计报表产生不实反映的故意行为。这种行为是被审计单位的管理当局及其雇员为了企业或自身利益而作出的。被审计单位舞弊的手法是多种多样的，比如伪造、变造记录或凭证，侵占资产，隐瞒或删除交易或事项等。这些不同方面或不同形式的舞弊都会在一定程度上造成会计的虚假反映，会给注册会计师的审计造成不利影响，并有可能会导致注册会计师承担审计法律责任。

违反法规是指被审计单位故意或非故意违反除《企业会计准则》及其他有关财会法规之外的国家的法律、法规的行为，如违反税法及违反工商行政法规等的行为。在审计过程中，注册会计师对被审计单位的违反法规的行为要区别不同情况加以考虑。美国审计准则说明书第 54 号（SAS No. 54）将客户违反法律和规章的行为（通常称之为违法行为——Illegal Acts）分作两大类：第一类是对财务报表的余额有直接和重要影响的非法行为。注册会计师对这种错误和非法行为负有察觉责任。即注册会计师应通过审计工作，提供一种合理的保证，使财务报表中的金额免受由于这些非法行为的直接影响而产生的重大虚报。第二类是对财务报表有间接影响的非法行为。注册会计师对揭露有间接影响的非法行为不提供保证。根据公认审计准则（GAAS）的规定，通常并不要求注册会计师专门为此而进行审计。当有情况表明这些行为或许已经发生时，注册会计师才应对这些行为进行适当的查证和评价。当注册会计师应当发现而没有发现这些违法行为，并导致有关方面遭受损失时，就可能要因此而承担责任。

被审计单位的经营失败也是导致注册会计师承担审计法律责任的可能原因。这一问题前已述及。

总之，被审计单位的上述行为对注册会计师审计法律责任的影响可以概括为以下三个

方面：第一，上述行为的发生会导致审计固有风险的增加，从而增加审计法律责任问题发生的可能性。上述行为愈严重，审计法律责任问题发生的可能性就愈大。第二，当注册会计师没有能够检查出对会计报表金额正确性产生重大影响的错误、舞弊和违法行为，并给有关方面造成了损失时，就可能会受到指控，并可能会承担相应的法律责任。第三，被审计单位的经营形势越严峻，其经营活动和会计处理中发生错误、舞弊和违法行为的可能性就越大，如果恶性循环下去，导致经营失败的可能性也就越大，并最终会连累到注册会计师承担审计法律责任。

财务报表使用人指控注册会计师，往往是由于被审计单位存在错误、舞弊或违法行为，而注册会计师又没有进行适当的审计，因而未能发现这些错误、舞弊或违法行为。20世纪80年代初发生在美国的“道提斯食品有限公司审计案例”就是一个典型。该案例的案情十分简单：道提斯食品有限公司食品分部的总经理为了达到预期的利润，以便得到上司的奖励，采取了虚增存货、降低销售成本的手法（舞弊）。该公司的存货（食品）在冰库中存放。审计中由于注册会计师惧怕冰库中的恶劣环境，因而在存货的盘点上流于形式（过失），以致未能发现上述舞弊行为。最后当事的注册会计师受到了美国证券交易委员会（SEC）的处罚。

该案件给人们的重要启示是：审计中必须充分考虑重要性原则，对重要项目的审计一定要深入细致。存货的盘点作为一项重要的审计程序，绝不能轻易放弃或者碍于困难马虎从事，因为在这方面的过失通常会导致重大不良后果。

（二）法律（法庭）方面的原因

可能导致注册会计师承担审计法律责任的法律（法庭）方面的原因，主要包括法律环境的变化、审计方面的专业性规定与相关法律规定方面的差异、法庭判决中对专业性问题的理解，以及“深口袋责任概念”（Deep－pocket Concept of Liability）的影响等。

1. 法律环境的变化

随着社会的进步，社会各方面的法律意识在不断增强，表现在与注册会计师审计相关的方面，就是财务报表使用者对注册会计师审计责任的了解在增加，政府及有关部门保护市场投资人利益的意识在不断增强，与注册会计师审计相关的审计法规在不断完善。从世界各国的情况来看，与注册会计师审计相关的法律都在朝着强化注册会计师审计责任的方向变化，并由此导致了审计诉讼的增加，出现了所谓的“诉讼爆炸”（The Litigation Boom）。职业界也为此付出了艰苦的努力。在我国，近年来法律环境的变化对注册会计师审计法律责任的强化也是十分突出的。《注册会计师法》、《公司法》、《证券法》等都对注册会计师的审计法律责任问题作了比较充分的规定，社会有关方面的审计法律责任意识也在不断增强，近年我国发生的针对注册会计师的法律诉讼也有了明显的增多。

法律环境的变化对注册会计师审计法律责任的影响集中在两方面：一是有关方面审计法律责任意识的增强会使他们自觉地运用法律武器保护自己的合法权益，注册会计师在审计过程中若有失职，就可能会被指控，引起诉讼纠纷。二是法律规定的完善和对注册会计师审计法律责任的强化使得有关针对注册会计师的审计诉讼变得更加容易，注册会计师承担审计法律责任的可能性大大增加。

2. 法庭判决的影响

有关法庭判决对注册会计师承担（或可能承担）审计法律责任的影响可从三方面加以分析：一是法庭判决中法官对有关审计专业性问题的理解问题，二是“深口袋责任概念”问题，三是法庭判决的示范效应问题。

在注册会计师的审计法律责任问题上，会计界和法律界在不少方面存在分歧，其中包括对有关专业术语的理解、对审计责任范围和程度的确认等。这些分歧反映到审计诉讼案件的处理中，往往表现为法庭作出不利于注册会计师的判决，或者说是显失公正的判决。在专业方面，会计界和法律界的分歧是多方面的，如对注册会计师审计专业特性的理解问题，审计准则的权威性问题，对审计后会计报表正确性的保证程度问题等，这些都会影响到对注册会计师审计法律责任问题的判决。

“深口袋责任概念”是指社会日益赞同受伤害的一方向有能力提供补偿的一方提出诉讼，而不问错在哪方。在国外审计案件的诉讼判决中，法官不少时候是倾向于判决会计师事务所向因使用审计后的财务报表而遭受损失的人提供赔偿，而不管会计师事务所有无过错；或者当主要的过失人不能支付可能的赔款，次要过失人（会计师事务所）作为被告将要承担部分或全部责任。

此外，在对已经发生的审计案件的审理中，很多情况下法庭都判决会计师事务所败诉，并令其向原告支付高额赔款，从而形成了审计案件的示范效应。律师在或有收费的基础上提供法律服务，若原告胜诉，可获得巨额潜在利益，而在败诉时受到的损失却极小。甚至一些会计师事务所为了节省法律费用，或者不愿使对自己不利的问题张扬出去，而宁愿赔款私了。这些情况都助长了针对会计师事务所的诉讼。

（三）期望差距

从注册会计师审计的角度来看，期望差距（Expectation Gap）是指公众期望注册会计师做到的与注册会计师限于能力或其他原因实际上能够做到的二者之间的差距。期望差距的存在，一方面反映出公众对注册会计师审计需求的扩大和对其要求的提高，另一方面反映出注册会计师行业自身及社会相关方面在满足公众需求方面有待进一步改善，这两个方面交织作用对推动注册会计师职业的发展起着重要的作用。

审计期望差距的存在主要表现在以下几方面：一是在舞弊审计方面，公众要求注册会计师承担更多的审查、发现和报告被审计单位舞弊的责任，而在现有的条件下注册会计师很难完全满足公众在这方面的要求。二是在财务报表的可信性方面，公众要求注册会计师应当保证审计后的财务报表真实可信，没有差错，而实际上注册会计师只能为财务报表的可信性提供“合理保证”，而不能提供“绝对保证”或作出“担保”。三是在信息的提供方面，公众要求注册会计师提供或披露更多的有用信息，而注册会计师只能在法律、审计准则和审计约定书限定的范围内提供有关的信息。最后是在审计效率方面，公众要求注册会计师进一步提高审计效率，减少审计费用，而注册会计师必须首先保证审计质量，然后再考虑提高审计效率，而在现有的审计技术和社会环境条件下，审计效率的提高受到诸多因素的制约，并且审计成本在不断上升，因此很难满足公众在这方面的要求。

审计期望差距的成因是多方面的，既有行业内部原因，又有行业外部原因，还有内外交织作用的原因。行业内部原因首先表现在行业目标和行业规范方面。确定的行业目标要求必须是切合实际的，否则，可能会适得其反。行业规范方面同样如此。行业规范方面的规定也必须切实可行，不能要求过高，否则不仅难以实际执行，还会导致对各方面都不利的结果。其次表现在行业能力方面。即受审计技术、审计人员素质和审计管理能力等方面的限制，注册会计师只能提供目前所能够提供的服务，服务能力的提高还需要一个过程。

导致审计期望偏差的行业外部的原因主要表现在公众的要求和外部审计环境方面。公众的要求有些是合理的、切合实际的，而有些则是不合理或不切合实际的。对不合理或不切合实际的要求，审计职业界便无法（或不能）加以满足。审计环境方面的原因主要是指不具备必要的外部审计条件，导致注册会计师无法在特定方面开展工作，因而难以满足公众的特殊需要。英国的审计实务委员会（APC）认为期望差距主要源自公众对审计业务的三个误解：对财务报告审计性质的误解，对审计师执行工作类型及范围的误解，对审计保证水准的误解。

内外交织作用的原因是指注册会计师行业和社会公众及法律界相互之间由于缺乏沟通，造成对一些问题认识上的差距，从而造成对注册会计师审计期望上的偏差。审计期望差距的存在是导致审计诉讼纠纷的主要原因之一。当注册会计师的审计结果未能满足有关方面的某些期望时，注册会计师就有可能受到指控而成为被告。

防范注册会计师审计责任的发生，从内部来讲要健全注册会计师的审计职业规范体系，会计师事务所和注册会计师要严格按专业标准执业，强化审计质量控制，防止审计失败与欺诈，保证执业质量。从外部来讲，要加强与被审计单位和社会有关方面的沟通，增强相互了解，避免由于审计期望差距的存在而导致不应有的纠纷等。

本章小结

（1）审计职业规范是审计人员执行审计业务应当遵循的专业标准。包括四个方面的内容：审计职业道德准则、业务准则、审计质量控制准则和审计人员职业后续教育准则。

（2）职业道德是由某一职业组织所制定的、由其成员自愿接受的职业行为规范，包括对审计人员职业品德、职业纪律、专业胜任能力和职业责任等作出的规定。独立性原则要求注册会计师在执行审计业务时应当与委托单位和其他有关方面不存在特定利害关系。独立性原则要求实质上的独立和形式上的独立。专业胜任能力是注册会计师向社会公众提供高质量服务的基本保证。主要包括两方面：一是对注册会计师业务素质的要求，二是对注册会计师职业后续教育的要求。

（3）鉴证业务准则是指审计人员在从事鉴证业务工作时必须遵循的行为规范。它是组织和开展鉴证业务工作的指南，也是衡量鉴证业务工作质量的尺度，是社会公认的审计工作必须遵循的纲领性文件。我国的鉴证业务准则体系由鉴证业务基本准则、审计准则、审阅准则和其他鉴证业务准则以及执业规范指南三个层次组成。

（4）会计师事务所的质量控制制度包含以下七个要素：对业务质量承担的领导责任，职业道德规范，客户关系和具体业务的接受与保持，人力资源，业务执行，业务工作底稿，监控。

（5）职业后续教育是指注册会计师为保持和提高其专业胜任能力与执业水平，掌握和运用相关新知识、新技能、新法规而进行的学习和研究，目的是保持和提高注册会计师的专业胜任能力与执业水平。

（6）从总体上看，审计责任分为职业责任和法律责任两个方面。审计职业责任可再分为审计职业道德责任和审计职业工作责任（专业职责）；审计法律责任则分为行政责任、民事责任和刑事责任。导致注册会计师承担审计法律责任的内部原因包括行业内部原因、会计师事务所和注册会计师方面的原因；外部原因包括被审计单位方面的原因、法律（法庭）方面的原因以及存在期望差距等。

关键术语和概念

审计职业规范　审计准则　审计职业道德准则　鉴证业务准则　审计质量控制准则
后续教育准则　审计独立性　审计质量控制　审计责任　审计职业责任
审计法律责任　期望差距

拓展阅读

中国注册会计师协会．审计．北京：经济科学出版社，2011.
胡春元．审计案例——源于中国证券市场．大连：大连出版社，2010.
刘国常．注册会计师审计责任问题研究．北京：中国科学文化出版社，2001.

第四章　审计风险评估与审计测试

本章学习要点

在风险导向审计模式下，对审计风险的评价贯穿于审计工作的全过程，它要求审计人员围绕重大错报风险的识别、评估和应对，计划和实施审计工作。

通过本章学习，应当掌握以下主要内容：

（1）风险评估的总体要求及风险评估程序；

（2）被审计单位及其环境的内容、内部控制的内容；

（3）识别和评估财务报表层次和认定层次的重大错报；

（4）掌握针对报表层次重大错报风险的总体应对措施、针对认定层次重大错报风险的进一步审计程序；

（5）掌握如何确定作为进一步审计程序的控制测试程序的性质；

（6）掌握如何确定作为进一步审计程序的实质性程序的性质、时间、范围；

（7）评价列报的适当性和审计证据的充分性、适当性。

第一节　风险评估程序

一、风险评估程序概述

在风险导向审计中，了解被审计单位及其环境是必要的审计程序。审计人员为了解被审计单位及其经营环境而实施的程序称为风险评估程序。审计人员应当依据实施这些程序所获取的信息来评估重大错报风险。

安然事件后，国际会计师联合会下属的国际审计和保证准则委员会紧紧围绕如何提高审计人员评估风险、发现舞弊的能力，适时对现行审计准则进行了修订，于 2003 年 10 月发布了 3 个新的国际审计风险准则，引入“重大错报风险”，并重建审计风险模型；改进审计业务流程，增强实施审计程序的效果；区分评估的财务报表整体层次和认定层次的重大错报风险，采取不同应对措施，力保所获取审计证据的充分、适当性；强调对与重大判断事项相关的特别风险的识别及评估，并警惕仅实施实质性程序无法获取充分、适当审计证据的风险。受国际审计准则和欧美等国家审计准则的影响，我国相关审计准则也提出了注册会计师应当了解被审计单位及其环境，并评估重大错报风险，针对财务报表层次的重大错报风险确定总体应对措施，针对认定层次的重大错报风险采取进一步的审计程序。

在我国注册会计师审计准则框架体系中，审计风险相关准则包括：《中国注册会计师鉴证业务基本准则》，《中国注册会计师审计准则第 1101 号——财务报表审计的目标和一般原则》，第 1201 号《计划审计工作》，第 1211 号《了解被审计单位及其环境并评估重大错报风险》，第 1212 号《对被审计单位使用服务机构的考虑》，第 1221 号《重要性》，第 1231 号《针对评估的重大错报风险实施的程序》等。这些准则均强调对被审计单位及其环境的了解、对重大错报风险的评估和应对。

二、审计风险准则的重大变化及其对审计程序的影响

在新的审计准则体系中，审计风险准则的重大变化主要表现在以下几方面：

（1）明确风险评估程序与信息来源，要求注册会计师在审计过程中组织审计项目组讨论财务报表存在重大错报的可能性。

（2）要求注册会计师加强对被审计单位及其环境的了解。具体应从行业状况，监管环境以及其他外部因素，被审计单位性质，会计政策的选择和运用，被审计单位的目标、战略以及相关经营风险，被审计单位财务业绩的衡量和评价，内部控制等方面了解被审计单位及其环境。同时应当实施程序，更广泛和更深入地了解被审计单位及其环境的各个方面，包括了解被审计单位的内部控制，以便为识别财务报表层次以及各类交易、账户余额、列报和披露认定层次的重大错报风险提供更好的基础。

（3）要求注册会计师在审计的所有阶段都要实施风险评估程序。注册会计师应当将识别的风险与认定层次可能发生错报的领域相联系，实施更为严格的风险评估程序，而不能直接将重大错报风险设定为高水平。

（4）要求注册会计师将识别和评估的风险与实施的审计程序挂钩。在设计和实施进一步审计程序（控制测试和实质性程序）时，注册会计师应当将审计程序的性质、时间和范围与识别、评估的风险相联系，以防止机械地利用程序表从形式上迎合审计准则对程序的要求。

（5）要求注册会计师针对重大的各类交易、账户余额、列报和披露实施实质性测试。注册会计师对重大错报风险的评估是一种判断，被审计单位的内部控制存在固有缺陷，无论评估的重大错报风险结果如何，注册会计师均应当针对重大的各类交易、账户余额、列报和披露实施实质性程序，不得将实质性程序仅集中在例外事项上。

（6）要求注册会计师将识别、评估和应对风险的关键程序形成审计工作记录，以保证执业质量，明确执业责任。

审计风险准则要求强化对重大错报风险的识别、评估和应对，需要注册会计师适时调整配备审计资源的思路，同时也应关注可能增加的审计成本，在确定审计收费时加以考虑，以保证准则得到执行。有关风险识别、评估和应对的程序包括：实施风险评估程序，通过实施审计程序了解被审计单位及其环境，包括内部控制；从财务报表层次和各类交易、账户余额、列报和披露认定层次评估重大错报风险；针对财务报表层次的重大错报风险，采取总体应对措施；针对各类交易、账户余额、列报和披露认定层次，实施控制测试和实质性程序；评估所获取审计证据的充分性和适当性。

三、风险评估的总体要求

1. 风险评估是必要程序和规定动作

风险导向审计的基本理念，就是审计的实施要以评估风险为切入点，将对审计风险的识别、评估和应对贯穿于整个审计过程，将审计风险降低至可接受的低水平以下，为经审计的财务报表不存在重大错报提供合理保证。风险评估是现代审计必不可少的重要程序。

注册会计师执行企业财务报表审计业务时，了解被审计单位及其环境是必须要实施的程序，它能够为注册会计师在以下六个关键环节作出合理职业判断，有效实施审计程序和实现审计目标提供重要基础：

（1）确定重要性水平，并随着审计工作的进程评估对重要性水平的判断是否仍然适当；

（2）考虑会计政策的选择和运用是否恰当，以及财务报表的列报（包括披露，下同）是否适当；

（3）识别需要特别考虑的领域，包括关联方交易、管理层运用持续经营假设的合理性，以及交易是否具有合理的商业目的等；

（4）确定在实施分析程序时所使用的预期值；

（5）设计和实施进一步审计程序，以将审计风险降至可接受的低水平；

（6）评价所获取审计证据的充分性和适当性。

2. 风险评估是一个连续和动态地收集、更新和分析信息的过程

了解被审计单位及其环境是一个连续和动态地收集、更新和分析信息的过程，贯穿于整个审计过程的始终。注册会计师应当运用职业判断确定对被审计单位及其环境了解的程度。对被审计单位及其环境了解的程度应以是否满足识别和评估财务报表重大错报风险为判断标准，如果获取的信息足以识别和评估重大错报风险，说明了解的程度是适宜的。要求注册会计师对被审计单位的了解程度等同于管理层未必可取，因为获取更多的信息通常会伴随着审计成本的增加。

第二节　了解被审计单位及其环境

一、了解被审计单位及其环境的主要内容

《中国注册会计师审计准则第 1211 号——了解被审计单位及其环境并评估重大错报风险》第十九条规定，注册会计师应当从下列方面了解被审计单位及其环境：①行业状况、法律环境与监管环境以及其他外部因素；②被审计单位的性质；③被审计单位对会计政策的选择和运用；④被审计单位的目标、战略以及相关经营风险；⑤被审计单位财务业绩的衡量和评价；⑥被审计单位的内部控制。

注册会计师针对上述六个方面实施的风险评估程序的性质、时间和范围取决于审计业

务的具体情况，如被审计单位的规模和复杂程度，以及注册会计师的相关审计经验，包括以前对被审计单位提供审计和相关服务的经验和对类似行业、类似企业提供审计服务的经验。此外，识别被审计单位及其环境发生的重大变化，对充分了解被审计单位及其环境以识别和评估重大错报风险尤为重要。

本章第二节讲述前五项内容，第三节专门讲述内部控制的问题。

二、行业状况、法律环境与监管环境以及其他外部因素

行业状况、法律环境与监管环境以及其他外部因素会对被审计单位的经营活动乃至财务报表产生影响，因此，注册会计师应当对这些外部因素进行了解。

（一）行业状况

了解行业状况有助于注册会计师识别与被审计单位所处行业有关的重大错报风险。

《中国注册会计师审计准则第1211号——了解被审计单位及其环境并评估重大错报风险》第二十条规定，注册会计师应当了解被审计单位的行业状况，主要包括：①所处行业的市场供求与竞争；②生产经营的季节性和周期性；③产品生产技术的变化；④能源供应与成本；⑤行业的关键指标和统计数据。

（二）法律环境及监管环境

注册会计师应当了解被审计单位所处的法律环境及监管环境，主要包括：①适用的会计准则、会计制度和行业特定惯例；②对经营活动产生重大影响的法律法规及监管活动；③对开展业务产生重大影响的政府政策，包括货币、财政、税收和贸易等政策；④与被审计单位所处行业和所从事经营活动相关的环保要求。

（三）其他外部因素

注册会计师应当了解影响被审计单位经营活动的其他外部因素，主要包括：①宏观经济的景气度；②利率和资金供求状况；③通货膨胀水平及币值变动；④国际经济环境和汇率变动。

注册会计师可通过表4－1所示调查提纲了解行业状况、法律环境与监管环境以及其他外部因素。

（四）风险评估程序

1. 查阅以前年度的审计工作底稿

对于连续审计业务，以前年度的工作底稿有助于注册会计师了解与特定经营活动和行业相关的一些因素。注册会计师应根据本年度发生的变化，在适当时对以前年度工作底稿予以更新，并用于本年度的审计工作中。

2. 询问被审计单位管理层和员工

通过询问被审计单位管理层，了解其权责范围内涉及的重要外部因素及其对被审计单位产生的影响，注册会计师可以对管理层作出的重大决策及采取的行动有进一步的了解。通过询问负责市场和销售的人员，了解被审计单位所处行业的市场供求和竞争情况，可以增强或更新注册会计师对被审计单位所处环境的了解。

表4－1　行业状况、法律环境与监管环境以及其他外部因素调查提纲

被审计单位名称		编制人		部门经理		审核部	
会 计 期 间		日 期		日期		日 期	
项　目				说明及评价		证据及索引	
1. 关于行业状况 1.1 被审计单位所处行业的总体发展趋势是什么？ 1.2 处于哪一发展阶段，如起步、快速成长、成熟/产生现金流入或衰退阶段？ 1.3 所处市场的需求、市场容量和价格竞争如何？ 1.4 该行业是否受经济周期波动的影响，以及采取了什么行动使波动产生的影响最小化？ 1.5 该行业受技术发展影响的程度如何？ 1.6 是否开发了新的技术？ 1.7 谁是被审计单位最重要的竞争者，以及他们所占的市场份额是多少？ 1.8 被审计单位及其竞争者主要的竞争优势是什么？ 1.9 被审计单位业务的增长率和总体的财务业绩与行业的平均水平及主要竞争者相比如何，以及存在重大差异的原因是什么？ 1.10 竞争者是否采取了某些行动，如购并活动、降低销售价格、开发新技术等，从而对被审计单位的经营活动产生影响？ 2. 关于法律环境及监管环境 2.1 国家对于某行业的企业是否有特殊的监管要求？ 2.2 是否存在新出台的法律法规（如新出台的有关产品责任、劳动安全或环境保护的法律法规等），这些法律法规对被审计单位有何影响？ 2.3 国家货币、财政、税收和贸易等方面政策的变化是否会对被审计单位的经营活动产生影响？ 2.4 与被审计单位相关的税务法规是否发生了变化？ 3. 关于其他外部因素 3.1 当前的宏观经济状况以及未来的发展趋势如何？ 3.2 目前国内或本地区的经济状况（如增长率、通货膨胀、失业率、利率等）怎样影响被审计单位的经营活动？ 3.3 被审计单位的经营活动是否受到外币汇率波动或全球市场力量的影响？							

对于连续审计业务，注册会计师询问的重点通常是以前年度了解到的情况是否在本期发生了变化。注册会计师对最新动态的关注应当贯穿于整个审计过程中。

3. 查阅内部与外部的信息资料

内部信息资料主要包括中期财务报告（包括管理层的讨论和分析）、管理报告、其他特殊目的报告，以及股东大会、董事会会议、高级管理层会议的会议记录或纪要。外部信息资料包括外部顾问、代理机构、证券分析师等编制的关于被审计单位及其所处行业的报告，政府部门或民间行业组织发布的行业报告、宏观经济统计数据、行业统计数据，以及贸易和商业杂志等信息资料。

通常，被审计单位管理层基于经营管理的需要会保存上述信息资料，或自己编写有关说明材料和分析材料。为了提高工作效率，注册会计师可以将询问管理层作为查找此类信息及确定信息来源的起点，考虑尽可能利用被审计单位保存的这些资料。注册会计师可以向被审计单位管理层和员工了解他们认为重要的外部信息来源，以及被审计单位如何收集、编制和保存这类信息。值得注意的是，注册会计师需要核实被审计单位提供的资料。此外，通过互联网查阅相关信息也能提高资料收集工作的效率。

4. 与项目组成员或熟悉被审计单位所处行业的其他人员讨论

与项目组成员特别是经验较多的人员进行讨论，有助于注册会计师获知和利用他人积累的有关被审计单位经营活动以及行业状况的经验与知识。与会计师事务所内熟悉被审计单位所处行业的其他人员讨论，也有助于注册会计师深入、快捷地了解其所处行业当前面临的外部因素与重大事项及其对被审计单位的影响。

5. 分析程序

分析程序是注册会计师在了解被审计单位及其环境时运用的重要程序之一。在许多情况下，运用分析程序可以帮助注册会计师评价被审计单位在行业中的经营状况和竞争环境。例如：将被审计单位的关键业绩指标与同行业平均数据或同行业中规模相近的其他单位的数据相比较，可以了解被审计单位在市场中的相对表现，并识别存在重大错报风险的迹象；利用从外部获取的市场份额变化趋势信息，可以识别被审计单位竞争能力的重大变化；按业务分部或地区分部分类计算的销售和毛利变动趋势，可以揭示经营业绩随时间推移而发生的变化，将这一业绩与以前年度比较，可以获得对经营业绩趋势的了解。

三、被审计单位的性质

了解被审计单位的性质有助于注册会计师理解预期在财务报表中反映的各类交易、账户余额和列报。《中国注册会计师审计准则第1211号——了解被审计单位及其环境并评估重大错报风险》规定，注册会计师应当主要从下列方面了解被审计单位的性质：所有权结构；治理结构；组织结构；经营活动；投资活动；筹资活动。

（一）所有权结构

对被审计单位所有权结构的了解有助于注册会计师识别关联方关系，并了解被审计单位的决策过程。注册会计师应当了解所有权结构以及所有者与其他人员或单位之间的关系，考虑关联方关系是否已经得到识别，以及关联方交易是否得到恰当核算。例如，注册会计师应当了解被审计单位是属于国有企业、外商投资企业、民营企业，还是属于其他类型的企业，还应当了解其直接控股母公司、间接控股母公司、最终控股母公司和其他股东的构成，以及所有者与其他人员或单位，如控股母公司控制的其他企业之间的关系。注册会计师应当按照准则的规定，了解被审计单位识别关联方的程序，获取被审计单位提供的所有关联方信息，并考虑关联方关系是否已经得到充分识别、关联方交易是否得到恰当记录和充分披露。

必要时，注册会计师还需要对被审计单位控股母公司（股东）的情况作进一步的了解，包括控股母公司的所有权性质、管理风格及其对被审计单位经营活动及财务报表可能产生的影响；控股母公司与被审计单位在资产、业务、人员、机构、财务等方面是否分开，是否存在非公平交易、占用资金等情况；控股母公司是否施加压力，要求被审计单位达到其设定的财务业绩目标等。

（二）治理结构

良好的治理结构可以对被审计单位的经营和财务运作实施有效的监督，从而降低财务报表发生重大错报的风险。准则规定注册会计师应当了解被审计单位的治理结构。例如：董事会的构成情况、董事会内部是否有独立董事，治理结构中是否设有审计委员会或监事会及其运作情况。注册会计师应当考虑治理层是否能够在独立于管理层的情况下对被审计单位事务（包括财务报告）作出客观判断。

（三）组织结构

复杂的组织结构可能导致某些特定的重大错报风险。准则规定注册会计师应当了解被审计单位的组织结构，考虑复杂组织结构可能导致的重大错报风险，包括财务报表合并、商誉摊销和减值、长期股权投资核算以及特殊目的实体核算等问题。

例如，对于在多个地区拥有子公司、合营企业、联营企业或其他成员机构，或者存在多个业务分部和地区分部的被审计单位，不但编制合并财务报表的难度增加，而且还存在其他可能导致重大错报风险的复杂事项，包括对于子公司、合营企业、联营企业和其他股权投资类别的判断及其会计处理，商誉在不同业务分部间的摊销及减值测试，以及对特殊目的实体的会计处理。

（四）经营活动

了解被审计单位的经营活动有助于注册会计师识别预期将在财务报表中反映的主要交易类别、重要账户余额和列报。注册会计师应当了解被审计单位的经营活动，主要包括：主营业务的性质，与生产产品或提供劳务相关的市场信息，业务的开展情况，联盟、合营与外包情况，从事电子商务的情况，地区与行业分布，生产设施、仓库的地理位置及办公地点，关键客户，重要供应商，劳动用工情况，研究与开发活动及其支出，关联方交易等。

（五）投资活动

了解被审计单位的投资活动有助于注册会计师关注被审计单位在经营策略和方向上的重大变化。注册会计师应当了解被审计单位的投资活动，主要包括：近期拟实施或已实施的并购活动与资产处置情况，包括业务重组或某些业务的终止；证券投资、委托贷款的发生与处置；资本性投资活动，包括固定资产投资和无形资产投资，近期发生或计划发生的变动，以及重大的资本承诺等；不纳入合并范围的投资等。

（六）筹资活动

了解被审计单位的筹资活动有助于注册会计师评估被审计单位在融资方面的压力，并进一步考虑被审计单位在可预见未来的持续经营能力。注册会计师应当了解被审计单位的筹资活动，主要包括：债务结构和相关条款，包括担保情况及表外融资；固定资产的融资租赁；关联方融资；实际受益股东；衍生金融工具的运用等。

四、被审计单位对会计政策的选择和运用

注册会计师应当了解被审计单位对会计政策的选择和运用是否符合适用的会计准则和相关会计制度，是否符合被审计单位的具体情况。

（一）了解被审计单位对会计政策的选择和运用是否适当的具体内容

1. 重要项目的会计政策和行业惯例

重要的会计政策包括收入确认、存货的计价方法、投资的核算、固定资产的折旧方法、坏账准备、存货跌价准备和其他资产减值准备的确定、借款费用资本化方法、合并财务报表的编制方法等。除会计政策以外，某些行业可能还存在一些行业惯例，注册会计师应当熟悉这些行业惯例。当被审计单位采用与行业惯例不同的会计处理方法时，注册会计师应当对此予以重点关注。

2. 重大和异常交易的会计处理方法

某些企业可能存在与其所处行业相关的重大交易，如银行向客户发放贷款、证券公司对外投资、医药企业的研究与开发活动、本期发生的企业合并等，注册会计师应特别关注其会计处理方法。

3. 在新领域和缺乏权威性标准或共识的领域，采用重要会计政策产生的影响

例如，对于互联网上的收入确认问题，在有关会计处理缺乏权威性的标准或共识时，注册会计师应当关注被审计单位选用了哪些会计政策，为什么选用这些会计政策以及选用这些会计政策产生的影响。

4. 会计政策的变更

如果被审计单位变更了重要的会计政策，注册会计师应当考虑会计政策变更的原因及其适当性，即：①会计政策的变更是否符合法律、行政法规或者适用的会计准则和相关会计制度的规定；②会计政策的变更能否提供更可靠、更相关的会计信息。除此之外，注册会计师还应当关注会计政策的变更是否得到恰当披露。

5. 被审计单位何时采用以及如何采用新颁布的会计准则和相关会计制度

注册会计师应考虑被审计的上市公司是否已按照新会计准则的要求，做好衔接调整工作，并收集执行新会计准则需要的信息资料。

除上述与会计政策的选择和运用相关的事项外，注册会计师还应对被审计单位下列与会计政策运用相关的情况予以关注：是否采用激进的会计政策、方法、估计和判断；财会人员是否拥有足够的运用会计准则的知识、经验和能力；是否拥有足够的资源支持会计政策的运用，如人力资源及培训、内部系统、信息技术的采用、数据和信息的采集等。

（二）风险评估程序

在了解被审计单位对会计政策的选择和运用时，注册会计师实施的风险评估程序包括：查阅以前年度的审计工作底稿；询问被审计单位管理层和员工；查阅被审计单位的财务资料和内部报告（如会计手册和操作指引）等。

需要强调的是，注册会计师应当关注被审计单位本期会计政策的选择和运用与前期相比发生的重大变化，包括对本期新发生的交易或事项选用的会计政策，对前期不重大而本期重大的交易或事项选用的会计政策，重要会计政策的变更以及新会计准则发布施行的影响等。

五、被审计单位的目标、战略以及相关经营风险

注册会计师应当了解被审计单位的目标和战略，以及可能导致财务报表发生重大错报的相关经营风险。

（一）了解目标、战略与经营风险的具体内容

目标是企业经营活动的方向。经营风险源于对被审计单位实现目标和战略产生不利影响的重大情况、事项、环境和行动，或源于不恰当的目标和战略。不能因环境的变化而作出适应性调整固然可能产生经营风险，但是，适应变化而作出调整也可能导致经营风险。例如，为应对消费者需求的变化，企业开发新产品，但是，新产品的缺陷可能导致企业遭受声誉风险和承担产品赔偿责任的风险。

注册会计师应当了解被审计单位的目标和战略，并考虑相应的经营风险，具体内容包括：行业发展及其可能导致的被审计单位不具备足以应对行业变化的人力资源和业务专长等风险；开发新产品或提供新服务及其可能导致的被审计单位产品责任增加等风险；业务扩张及其可能导致的被审计单位对市场需求的估计不准确等风险；新颁布的会计法规及其可能导致的被审计单位执行法规不当或不完整，或会计处理成本增加等风险；监管要求及其可能导致的被审计单位法律责任增加等风险；本期及未来的融资条件及其可能导致的被审计单位由于无法满足融资条件而失去融资机会等风险；信息技术的运用及其可能导致的被审计单位信息系统与业务流程难以融合等风险。

（二）经营风险对重大错报风险的影响

经营风险比财务报表重大错报风险的范围更广。注册会计师了解被审计单位的经营风险有助于其识别财务报表重大错报风险。多数经营风险最终都会产生财务后果，从而影响财务报表。但并非所有的经营风险都会导致重大错报风险。经营风险可能对各类交易、账户余额以及列报认定层次或财务报表整体层次带来直接影响。例如，企业合并导致客户群的减少可能使信贷风险集中，由此产生的经营风险可能增加与应收账款计价认定有关的重大错报风险。同样的风险，在经济紧缩时，可能会造成更为长期的后果，注册会计师在评估持续经营假设的适当性时需要考虑这一问题。

六、被审计单位财务业绩的衡量和评价

（一）了解被审计单位财务业绩的衡量和评价的具体内容

被审计单位主要管理人员会经常复核关键业绩指标（包括财务和非财务的）、预算及差异分析、分部信息和分支机构、部门或其他层次的业绩报告以及与竞争对手的业绩比较。此外，外部机构也会衡量和评价被审计单位的财务业绩。

被审计单位内部或外部对财务业绩的衡量和评价可能对被审计单位管理层产生压力，调动其积极性，促使其采取行动改善财务业绩或歪曲财务报表。因此，注册会计师应当了解被审计单位财务业绩的衡量和评价情况，考虑这种压力是否可能导致管理层采取行动，以至于增加财务报表发生重大错报的风险。其具体内容包括：关键业绩指标，业绩趋势，预测、预算和差异分析，管理层和员工业绩考核与激励性报酬政策，分部信息与不同层次部门的业绩报告，与竞争对手的业绩比较，外部机构提出的报告。

（二）了解过程中注册会计师应当关注与考虑的事项

1. 关注内部财务业绩衡量的结果

内部财务业绩衡量可能显示未预期到的结果或趋势。在这种情况下，管理层通常会进行调查并采取纠正措施。注册会计师应当关注被审计单位内部财务业绩衡量所显示的未预期到的结果或趋势、管理层的调查结果和纠正措施，以及相关信息是否显示财务报表可能存在重大错报。

2. 考虑财务业绩衡量指标的可靠性

如果注册会计师拟利用被审计单位内部信息系统生成的财务业绩衡量指标，应当考虑相关信息是否可靠，以及利用这些信息是否足以实现审计目标。许多财务业绩衡量中使用的信息可能由被审计单位的信息系统生成。如果被审计单位管理层在没有合理基础的情况下，认为这些衡量财务业绩的信息是准确的，则信息可能有误。如果注册会计师计划在审计中（如实施分析程序中）利用财务业绩指标，应当考虑相关信息是否可靠，以及在实施审计程序时利用这些信息是否足以发现重大错报。

注册会计师应当综合对上述情况的了解，实施风险评估程序，包括进一步询问被审计单位管理层、查阅被审计单位的内部报告和外部报告以及实施分析程序。

第三节　了解被审计单位的内部控制

一、内部控制的概念

内部控制是被审计单位为了合理保证财务报告的可靠性，保证经营的效率、效果及合法性，而制定和实施的政策及程序。1992 年 COSO 委员会所作的题为《内部控制——整合框架》的研究（COSO 报告）以及《审计准则说明书第 94 号》对内部控制进行了详细的描述。该文件认为内部控制框架包含五个要素：控制环境、风险评估、控制活动、信息和

沟通、自我评估和内部监督。

2008年5月22日，我国财政部联合五部委发布了《企业内部控制基本规范》。2010年4月26日，五部委发布了《内部控制配套指引》，包括18项《应用指引》、《审计指引》、《评价指引》，连同此前发布的《基本规范》，标志着适应我国企业实际情况、融合国际先进经验的中国企业内部控制规范体系建成。

（一）内部控制的目标

根据我国《企业内部控制基本规范》，管理当局在设计有效的控制制度时，通常关注（或将宽泛的目标设定为）以下五个方面：①企业经营管理的合法合规；②资产安全；③财务报告及相关信息真实完整；④提高经营效率和效果；⑤促进企业实现发展战略。

（二）与了解内部控制和评价控制风险有关的重要概念

要正确地理解内部控制的概念，必须明确以下几个问题：

1. 内部控制的主体

内部控制的主体，即由谁来进行内部控制。内部控制是企业重要的管理制度，实施内部控制是企业重要的管理活动。企业拥有制定和执行内部控制的一切权力。管理当局（而不是注册会计师）必须建立并贯彻实施企业的内部控制制度。这一概念与管理当局（而不是注册会计师）有责任按照公认会计原则的要求编制财务报表的要求相一致。

内部控制的具体执行人分为两个方面：一是企业的管理者。管理者是企业管理方针、管理制度和经营目标的制定者，要贯彻方针、执行制度、实现目标，企业的管理者必须对企业各方面的活动进行合理的组织，实施有效的控制。二是企业的生产经营者。生产经营者是企业方针和制度的具体执行者，他们通过自身的活动，执行企业的内部控制，完成管理者规定的各项任务，实现企业的目标。

2. 合理保证

公司应建立能够合理（而非绝对）保证财务报表公允列示的内部控制。管理当局在权衡了控制的成本与效益之后建立内部控制制度。由于建立和实施十分完善的内部控制制度成本过高，管理当局常常难以建立和实施非常完善的内部控制制度。

3. 固有的局限性

内部控制固有的局限性主要指来自成本效益因素的制约、无法防止串通作弊等。不管企业在设计和实施内部控制时如何努力，注册会计师也不能认为内部控制是完全有效的。即使负责内部控制的人员可以设计出十分完善的制度，内部控制制度的有效性还取决于实施这些制度的人的胜任能力和可靠性。

（三）内部控制与现代审计的关系

内部控制与现代审计的关系可概括为五个方面：①内部控制制度是现代审计的重要对象。内部控制制度的建立和完善使审计的程序和对象发生了重大变化。审计由传统的面向数据结果的详细审计，转变为面向制度兼顾数据结果的现代审计。对内部控制制度的审查和评价成了现代审计的一项重要内容。②内部控制制度审计是现代抽样审计的前提。内部控制制度审计的产生，使抽样审计和制度审计结合起来。先审查测试会计数据赖以产生的内部控制制度，再根据制度审计的结果决定抽样审计的范围和抽样规模，从而使抽样审计的质量有了保证。对内部控制制度的审查和评价成为现代抽样审计的前提。③内部控制与审计相互促进。企业内部控制是否健全和有效，客观上需要审计来进行监督检查；审计判断的正确与否，以及审计范围和审计重点的确定，又取决于内部控制的完善程度及对控制风险的评价。④内部审计是实施内部控制的重要手段。内部审计可以促进单位建立和健全内部控制，并监督内部控制的执行。内部审计是实施内部控制的重要手段，同时也是内部控制的一个重要组成部分。⑤了解和评价内部控制是制定审计计划的基础。审计人员在制定审计计划、拟定具体的审计程序时，必须先了解和评价被审计单位的内部控制制度。

二、内部控制要素

内部控制包括管理当局设计和实施的、为实现管理当局的控制目标提供合理保证的五类控制。这些控制称为内部控制要素，具体包括：控制环境，风险评价，控制活动，信息与沟通，监督。图 4－1 将控制环境作为其他四个要素的伞。如果没有有效的控制环境，无论其他四个要素的质量如何，都不可能实现有效的内部控制。

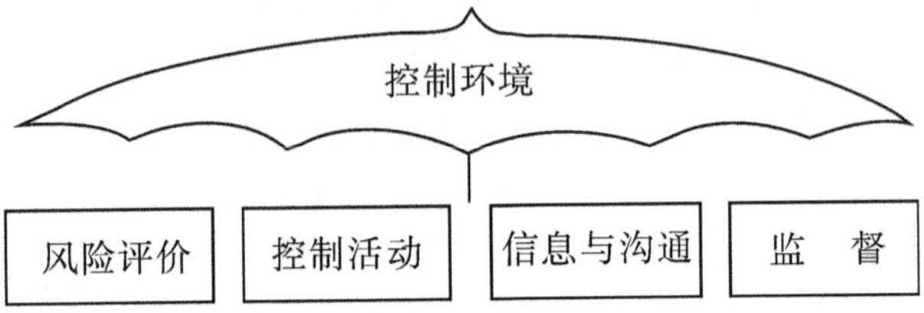

图 4－1　内部控制五要素

每个内部控制要素都包含有大量的控制措施。注册会计师主要关注的是旨在防止或者发现财务报表重大错报的那些控制。

（一）控制环境

控制环境包括对内部控制的制定和实施产生影响的所有行为、政策和程序。具体内容包括：

1. 对道德价值观念的沟通与落实

企业的道德和行为准则以及在实务中如何传达和推行这些准则决定了企业内部能否产生诚信和道德的行为，进而影响了内部控制的有效性。对道德价值观念的沟通与落实既包括管理层如何处理不诚实、非法或不道德行为，也包括在被审计单位内部，通过行为规范以及高层管理人员的身体力行，对诚信和道德价值观念的营造和保持。

2. 组织结构

企业的组织结构确定了组织内部责任和职权分配的格局。通过了解客户的组织结构，注册会计师可以获悉业务的管理和职能架构，并对内部控制的实施情况有所了解。

3. 对胜任能力的重视

胜任能力是完成一项工作所需具备的知识和技能。对胜任能力的重视包括管理当局对各项工作所需的胜任能力水平的设定以及对如何将这些胜任能力水平转换为必要的技能和知识的看法。

4. 董事会和审计委员会

在现代公司治理结构中，董事会负责制定并监督管理当局实施内部控制。为了协助董事会履行其监督职能，董事会下应设立审计委员会。审计委员会有责任与外部审计师和内部审计师经常进行沟通，这使得注册会计师有机会和董事讨论那些与管理当局诚信或行为有关的事项及其他事项。

5. 管理哲学和经营风格

管理当局通过其管理活动可以向职员清楚地表明内部控制的重要性。了解与管理哲学和经营模式有关的内容以及其他一些相关方面，可以使注册会计师感受到管理当局对内部控制的态度。例如，管理当局是偏好风险还是回避风险？销售和利润目标是否是不切实际的，职员是否被鼓动通过激进措施来达到这些目标？管理当局是否照章办事？等等。

6. 权利、职责分工

关于权责以及类似的、与控制相关事项的正式沟通方法非常重要。这类方法包括高层管理人员关于控制重要性及与控制相关事项的备忘录、正式的组织和经营计划、职员工作职责说明及相关政策等。

7. 人力资源政策和实务

内部控制最重要的因素是人。如果企业职员都是称职的、值得信任的，即使不存在其他的控制，仍然会产生可靠的财务报表。即使没有其他的控制来监督，那些诚实的、有效率的人的表现仍然会是出色的。即使存在数量众多的其他控制，不称职或者不诚实的人也会降低内部控制制度的有效性，导致企业管理混乱。因此，人员聘用、评价、培训、提升和薪酬给付的方法就成为内部控制的一个重要内容。

（二）风险评价

财务报告的风险评价是指管理当局确定、分析那些与遵循公认会计原则编制的财务报表相关的风险。例如，如果由于技术变革速度快，公司常常需要按照低于存货成本的价格出售产品，公司就有必要建立充分的控制来降低高估存货的风险。无论规模、结构、性质或行业的具体情况如何，企业均面临来自外部和内部的风险。由于经济、行业、监管和经营条件的不断变化，管理当局需要建立适应变化的风险确认和处理机制。

风险的确定和分析是一个持续的过程，也是有效的内部控制的一个关键因素。管理当局必须侧重于那些影响企业各层面的风险，并采取必要的措施来管理这些风险。风险分析的步骤包括：①评估风险的重要性；②评估风险发生的可能性（或发生的频率）；③考虑如何管理风险，即评估应采取何种行动。

管理当局应当确认那些增加风险的因素，评价风险发生的可能性，并确定将风险降低至可接受水平所需采取的措施。管理当局必须从审慎的角度评价可接受的风险水平，并努力将风险控制在该水平之内。

（三）控制活动

控制活动是指有助于确保企业采取必要措施来化解那些影响企业目标实现的风险因素的政策和程序（已包括在其他四要素中的相关政策和程序除外）。企业潜在的这类控制活动有很多，既有手工控制，也有自动控制。美国《审计准则说明书第 94 号》和 COSO 报告指出，控制活动通常与以下几方面的政策和程序有关：①职责分离；②信息处理；③实物控制；④复核执行情况。与这些政策和程序相关的控制活动一般分为以下五种：

1. 充分的职责分离

不同人员或部门之间的职责分工可以通过一系列制度措施加以明确和实施。具体内容包括：①避免独立个人同时负责一项完整的交易的发生、授权和记录。例如，不应由同一个人既授权按照发票金额支付供应商的货款，同时又签发付款支票。由同一个人负责业务的授权和相关资产的处理会增加企业资产被挪用的可能性。②避免独立个人在保管资产的同时负责记录其变动。③通过岗位轮换，使更多的高级管理者参与日常运营的主要活动，以外部视角来观察各个部门的运营。

当然，职责分离的实施情况在很大程度上取决于公司的规模。对于很多小公司来说，按照上述建议进行职责分离是不现实的。在这种情况下，注册会计师需要调整审计证据的数量。

2. 业务和活动的恰当授权

活动授权控制是指在经济活动发生之前，按照规定的标准，对经济活动的合理性、合规性和有效性作出评判，以决定是否从事该项活动的一种控制。它是一种事前控制，可分为一般授权控制和特殊授权控制。一般授权控制是指企业内部各级管理人员，在其职权范围内，按照既定的标准，对常规性经济活动实施授权；特殊授权控制是指企业内部有关管理人员对非常规性的经济活动在报请上级同意后作出授权。

对经济活动的授权控制，应做到既能加快业务进程、提高效率，又能堵塞漏洞、避免损失。一般来说，完善的授权控制应做到以下几点：①企业所有人员不经合法授权，不能行使批准权。这是最基本的要求。企业应当按照责、权、利相结合的原则，在合理分工的基础上，规定各部门的职责权限，避免职责不清、拖拉推诿、无人负责的现象；同时又要防止超越职权范围、越级越权批准的行为。②企业所有的经济活动，未经批准，不能执行。企业每一项经济活动在发生之前，必须有管理部门的授权证明，未经授权批准的经济活动不能执行，以保证全部经济活动按照既定的方针和程序进行。③经济业务一经批准，就必须执行，并且要按照规定的期限完成，不允许无故拖而不办。④被批准的经济业务，在实际执行中必须按照批准的方案进行，任何人不得擅自做主违背原定方案行事。

3. 完整的凭证和记录

完整的凭证和记录是输入和汇总业务的具体对象，包括销售发票、购货订单、明细记录、销售日记账、职员考勤卡等。除了出于特殊目的打印的凭证和记录外，这些凭证和记录大多以计算机文件的形式保存。有关原始分录的凭证和输入的业务记录都是非常重要的，但是，漏记凭证通常会引起更严重的控制问题。

良好的凭证系统应当能够满足下列要求：企业发生的所有经济业务都必须填制或取得合法的原始凭证；设计良好的凭证格式，保证凭证内容能够完整地反映出经济业务的全貌；规定必要的凭证份数和合理的传递程序；所有的凭证都连续编号；所有凭证在入账前都经严格审查，无效的业务凭证一律不得入账；所有的凭证都得到妥善保管，以备查考等。

4. 资产接触和记录使用控制

资产接触和记录使用控制是指为了保证资产和记录的安全完整而进行的控制，主要是限制对实物和记录的接近，即任何人没有经过授权批准，不能接近限制接近的资产和记录。它包括三方面的内容：①对直接接触资产实体的限制；②对接触资产的使用或支配的批准文件的限制；③对接近重要经济核算记录的限制。限制对资产和记录接近的控制，可以减少或杜绝资产被盗、记录被毁的可能性，是划分责任、保证资产和记录安全完整的重要措施。就企业来说，应当限制接近的资产主要有现金、有价证券、存货、精密仪器和其他容易转作个人使用的材料，应当限制接近的记录主要是有关经济核算资料和其他保密资料。

5. 独立检查

独立检查是指由执行经济业务以外的单位或人员检查内部控制执行的有效性，检查经济业务的执行情况及其结果。独立检查是保证各项内部控制措施贯彻执行的重要手段。通过独立检查，当发现控制对象和外部环境发生变化时，可以及时调整控制措施；当发现控制薄弱、不能适应需要时，能及时查明原因，采取补救措施；当控制系统本身出现错误时，可以及时发现，对其加以修正和完善。

执行情况的独立检查，就是不间断地对其他四类控制活动进行仔细复核。企业只有建立一个经常复核的机制，才能避免随着时间的推移内部控制在执行过程中出现偏差。如果没有人监督和评价控制的执行情况，人们可能会忘记有关程序或者故意不按照程序行事或者变得漫不经心。此外，无论控制的质量如何，都有可能发生舞弊性的错报和非故意的错报。

在很多审计业务中，注册会计师了解控制环境和评价风险的方式是类似的，但是了解控制活动的方式却可能存在很大差异。对于规模较小的客户，注册会计师发现客户存在很少或几乎没有控制活动是正常的，由于其人力有限，其控制往往是不太有效的。在这种情况下，注册会计师可以将控制风险设定为高水平。对于存在大量有效控制的客户，注册会计师可以在了解内部控制阶段确定这些控制的内容，也可能在了解内部控制阶段只发现了数量有限的控制，在随后的审计过程中又发现了另外一些控制。确定内部控制的内容属于审计判断。

（四）信息与沟通

企业会计信息与沟通系统的目的是生成、记录、处理和报告企业的各项业务，并履行对相关资产的经营管理责任。会计信息与沟通系统通常按业务类型（如销售、销售退回、收款、资产购置等）分为若干个方面。

对于每一类业务，会计信息系统必须满足以下信息质量特征：①内容相关——是不是所需要的信息？②提供及时——是不是在需要时可以及时提供？③时效性——是不是最新的？④正确性——数据是不是正确的？⑤可获得性——是不是可以从正常渠道轻松获得？

良好的会计信息系统应当能够满足下列要求：①确认并记录单位发生的各项经济业务，保证记录的真实性；②及时并详细地记录各项经济业务，为经济业务在会计报表上的适当分类提供详尽的资料；③根据经济业务的发生时间确认交易记录的正确期间；④正确计量各项经济业务的价值，确认应在会计报表上反映的金额；⑤正确编制会计报表，恰当地披露会计信息。会计信息系统中交易记录的适当性是有效实施其他各项内部控制的基本前提，也是有效实施各项审计的基本依据。

为了了解会计信息系统的设计，注册会计师需要确定：①企业的主要业务类型；②这些业务如何发生、如何进行记录；③企业存在怎样的会计记录以及会计记录的性质；④系统如何反映那些对财务报表非常重要的其他事项，如资产价值的下跌；⑤财务报告程序的性质和具体内容，包括输入业务和调整总账的程序。通常情况下，注册会计师通过会计信息系统的文字描述或者流程图，就可以了解上述内容并形成审计记录。审计人员往往通过追溯一个或多个业务在整个会计信息系统的处理（称为业务穿行测试），来确定会计信息系统的运行情况。

（五）监督

监督活动是指管理当局持续或定期地评价内部控制的执行质量，其目的是确定内部控制的执行是否符合预期情况、是否随着条件的变化作了相应的调整。

企业可以通过两种方式对风险管理进行监控：持续监控和个别评估。持续监控是对企业日常的、重复的经营活动的监控，是在实时的基础上进行的，是对不断变化的环境的动态反应，应在企业内部彻底地贯彻和执行。如果执行得好，持续监控比个别评估更为有效。持续监控的方法包括：管理者审阅管理信息，比较内部信息与外部信息，设置适当的组织结构和监督责任，比较信息与实务，利用内外部审计师的工作，要求员工定期声明自省行为等。

个别评估是在事情发生之后才进行评估，而持续监控则使得问题一发生就能很快被发现。虽然如此，许多使用持续监控的企业仍旧进行风险管理的个别评估。在决定个别评估的频率时，管理者应考虑企业内部和外部事项变化的性质和程度以及相应的风险、企业员工进行风险应对和相应控制的能力和经验、持续监控的结果等因素。通常，将持续监控和个别评估进行一定的结合可以保证企业风险管理的长期有效性。

对很多公司（尤其是那些规模较大的公司）来说，内部审计部门是实现有效的监督必须设立的一个部门。内部审计人员除了履行监督内部控制的职责以外，还可以通过直接协助外部审计师的方式来降低外部审计成本。外部审计师可以在很多方面利用内部审计师的工作成果。

三、对内部控制的调查

注册会计师对内部控制的了解和评价一般分三个步骤：调查、了解和描绘制度；分析和评价制度；测试和报告制度。调查内部控制制度的方法主要有问题调查表法、文字说明书法和业务流程图法。

对内部控制的组织检查，可以以业务循环为基础，也可以以经营单位或财务报表的分类为基础来进行。业务循环一般分为销售与收款循环、购货与付款循环、生产循环、筹资与投资循环四类。会计制度是由几种循环相互联系而组成的一个综合体，有些账户和经济业务要涉及多个循环，如现金通常要涉及几乎所有的业务循环，存货则涉及销售与收款循环、购货与付款循环等。在内部控制制度审计中，对于涉及几个循环的活动，应当划归一个循环，通常划归该种活动发生最频繁的那个循环，在该循环内检查其活动的一切主要方面，以便对该循环的内部控制制度进行测试和评价。

（一）调查和了解内部控制制度的一般方法

1. 审阅制度文件

在经营管理水平比较高的单位，大多都制定有详尽的内部管理文件，这些文件是实施企业内部控制的重要依据。在调查和了解内部控制制度时，首先应调阅企业有关管理制度文件、工作手册，查明有关的管理和控制要求；其次根据制度文件的要求，查证是否采取了相应的控制措施，有无完整的内部控制程序手册；最后根据内部控制文件和有关操作规程，详细了解被审计单位内部控制制度的情况，查明被审单位有哪些制度，各项制度是如何规定的，制度规定是否符合单位的实际等。

2. 观察和询问

审计人员应结合审阅制度文件的情况，进行实地观察，并向有关人员调查询问。通过实地观察，了解内部控制制度在各个方面的应用概况，查明制度的环节及控制措施在实践中的作用，并与制度文件对照，以确定这些制度是否确实存在，有无形同虚设。通过向有关方面查询，了解其对单位内部控制制度的看法。一些单位在实践中可能会有某种控制措施，但书面文件中没有反映，通过实地观察和向有关人员询问，可以更全面了解内部控制的情况。

3. 问题调查表法和业务流程图法

问题调查表法是调查、了解内部控制制度的一种主要方法。通常的做法是把印有内部控制问题的调查表发给被审计单位的有关人员，要求有关人员根据表中所提问题如实填写，并限期收回，收回调查表后，详细分析对表中问题的答复情况，据以了解单位的内部控制制度。了解内部控制制度的另一种常用的方法是业务流程图法，即通过绘制和审阅被审计单位有关内部控制的流程图，据以了解内部控制程序，辨别关键控制点和控制弱点，从而更有效地掌握内部控制的情况。

4. 追踪审核

追踪审核就是审计人员通过对挑选出来的某一内部控制子系统中的一笔或几笔业务的审核，追踪或穿行该系统，以印证文字记录和业务流程图的真实性和正确性，查找审计线索。例如，追踪查核采购业务发生时所作的记录，以了解谁批准、谁订货、谁验收、谁付款、办什么手续、有什么凭证等，一环扣一环地查证，就可以掌握采购方面内部控制的实际情况。通过追踪审核，可以解决记录不准确的问题，消除文字说明中的差异，保证审计人员能够对内部控制系统有准确的理解。

通过调查，审计人员应当对下列方面有明确的了解：①被审计单位内部机构的设置情况，各部门的职责分工以及主要负责人和会计人员的基本素质；②内部管理制度的建设情况，内部审计机构的工作情况以及有关规章制度，包括岗位责任制、职务分工等情况；③各类经济业务的处理程序、会计控制流程和各种手续制度等。

在调查了解的基础上，审计人员应把了解到的被审计单位内部控制制度的情况完整地描绘下来，以供评审之用。在描绘制度时，如果是初次对被审计单位进行审计，那么应根据调查了解所掌握的材料，对审计范围内的内部控制制度作出详尽的描述；如果前期进行过审计，有制度资料，那么可以利用前期了解描绘的制度资料，结合本期有关情况的变化，加以适当修正，这样可以节省很多工作时间。描绘制度所采用的方法主要有问题调查表法、文字说明书法和业务流程图法。

（二）问题调查表法

问题调查表是针对审计对象和审计目的提出问题而制成的一种调查表。问题调查表法就是审计人员利用事先设计好的表格调查和描绘被审计单位内部控制情况的一种方法。例如，以企业为调查对象时，可以把企业各生产经营环节的控制点及其主要问题列出，编制一套标准格式的调查表进行调查。这种方法适用于对所有类型经济业务内部控制问题的调查和描绘。问题调查表的格式如表4－2所示。

表4－2 材料采购内部控制问题调查表

被审计单位：__________ 索引号__________页次__________

被审计期间：__________ 填表人__________日期__________

复核人__________日期__________

调查项目	调查结果							备注
	健全情况				执行情况			
	是	否		不合适	好	中	差	
		较轻	较重					
1. 所有材料的采购是否都由授权人员提出和批准？								
2. 供应商的选择和供货条件的确定是否符合商业惯例和法规的规定？								
3. 收到的所有材料是否与订单一一核对？								
4. 与订单不符的材料是否及时提出异议或退货？								
5. 材料入库前是否经过严格检验？								
6. 所有授权支付的发票是否根据已经验收的货物和双方认定的价格开出？								
7. 所有退货是否及时追索货款？								
8. 材料采购应付款是否及时结算？								
9. 货款的计算和支付事后是否有专人核对？								
10. 所有采购业务是否经过正确的分类、核计并全部记入总账？								
11. 材料采购总账和明细账是否定期核对？								
12. 是否只有经过授权的人员才能接触材料账和实物？								

问题调查表设计的好坏直接影响以后的测试评价工作。在设计问题调查表时，应当明确以下几方面的问题：

1. 问题调查表设计的针对性

就某一次审计来说，问题调查表应在审计对象确定之后、正式进行审计之前设计好。因为问题调查表主要是针对被审计单位的，表中提出的问题要结合被审计单位的实际，具有一定的适用性。如果调查表中提出的问题大部分不适用，调查也就失去了意义。当然，表中所提的问题也要具有共性和先进性，不能单纯因为被审计单位有就提问，没有就不提问，被审计单位没有的东西或许正是其缺点，正是需要了解的方面。

2. 问题的提问方式

问题调查表的提问，最好采用一般疑问句的格式，用“有无”或“是否”提问，尽量不用特殊疑问句的格式，如用“什么”、“哪里”提问。这样提问的好处是问题简单明了，便于回答，避免繁琐和含混不清的答案。一句一问，即一个问题一个句子，一个句子只问一个问题，不要把两个以上的问题挤在一个句子里提问，给回答者造成困难。表中应留有备注栏，使回答者对那些不适于用“是”、“否”、“有”、“无”回答，或仅用这些字回答无法答全的问题，能写上一些简单的说明。

3. 问题调查表的标准与非标准

一般情况下可以编制标准化的问题调查表，审计时利用现成的调查表进行调查。但是在实际应用时，要处理好问题调查表的标准与非标准问题。由于审计对象各异，各方面的情况千差万别，即使是同一行业、同一类型的企业，也有各自不同的情况，按照同一模式很难行得通，因此，审计人员必须根据被审计单位的具体情况，根据审计的目标和任务，在标准化的基础上对问题调查表进行适当修正，以适应特定单位和具体审计业务的需要。

4. 调查问题的详与简

问题调查表中所提问题是详细还是简要，应由具体情况决定。对于内部控制的主要环节和关键控制点要详细调查，所提问题应从详从深；对于一般性的控制环节或次要的控制点，可以简要调查，有些问题可以不列入调查表，口头询问了解即可。

问题调查表法的优点是简便易行，省时省力，不易漏掉问题，便于审计标准化操作。问题调查表法的缺点是：同是肯定或否定的回答，由于企业的性质、规模、经营特点各不相同，肯定或否定的程度也会有所不同，问题调查表中的备选答案（是或否）缺乏对控制系统有效程度强弱的认识，会影响评价的客观公正性和正确性。另外，大小企业差异悬殊，小企业一般没有大企业那种严格的职责划分，但测试题目的设计，特别是标准化的问题调查表的设计，往往是建立在分门别类、详细分工基础上的，因而在小企业中的运用受到限制，需要对标准化的问题调查表作较大修改才能在小企业中运用。

（三）文字说明书法

内部控制文字说明书是审计人员通过调查了解，将被审计单位内部控制情况加以记录整理而形成的一种书面文件。文字说明书法也叫记录式调查法，是审计人员用文字说明来描绘被审计单位内部控制制度的一种方法。具体格式如下所示：

南方机械厂材料内部控制

南方机械厂采用实际成本法进行材料核算，不设“材料采购”账户。材料采购由供应科负责，采购有两种情况：(1) 各车间填写请购单一式两联。第二联存根，留车间备查；第一联送材料供应科，审核批准后据以填写订购单。订购单一式三联。第一联送材料供应厂商订货；第二联通知仓库准备收料；第三联存供应科备查。(2) 仓库发现库存量达到订购点时填写订购单一式三联。第一、第三联存供应科备查；第二联送仓库准备收料。供应厂商将材料发来时，直接由仓库根据对方寄来的发票、提货单和本厂订购单核对验收数量、规格和质量，并填写收料单一式三联。第一联由保管员据以登记材料吊卡和材料明细账，并存材料仓库；第二联送供应科通知材料已收到；第三联送财务科据以登记总账并付款。

审计员：王治彬

20××年××月××日

编写文字说明书应明确以下几个问题：

(1) 文字说明书一般是对制度所涉及的主要经济业务处理程序、凭证传递程序和职务分工等作连贯的文字叙述。如现金收支的控制，一般应对现金收支的批准手续，由何人填制何种凭证，凭证经过哪些传递程序，作何账务记录，有无核对制度，以及现金出纳与有关记账职务如何分工等问题进行说明。

(2) 采用文字说明书法时，审计人员应根据各项经济业务的性质，沿着每一主要经济业务的流程，向有关人员逐一询问，并逐笔记录，将他们的回答综合在一份叙事性的文字说明书里。需要询问的主要是有关人员所完成的工作内容、经办业务的具体要求和所负的责任。

(3) 文字说明书的提问可以参考调查表法的调查提纲，也可以查阅各种组织系统图、各种管理制度文件，参考会计处理程序。在参考、查阅过程中要作出摘要，以供评价研究之用。

(4) 文字说明书一般应按不同的业务环节，有充分调查根据地分别写明各个岗位的主要工作内容和控制情况。对制度的文字描述应当简明扼要，既能说明问题，又不繁琐。

文字说明书法的优点是适用范围广，方法简便，能系统连贯地对制度作完整的描述，并可根据实际情况灵活提问，自由地选择调查内容。文字说明书法的缺点是：对业务经营环节较多的大型单位来说，记录内部控制状况耗费的时间多，文字说明也会显得冗长，难以很快地将各种内部控制中的薄弱环节筛选出来，并且记述中往往会遗漏问题，使说明不全面。另外，由于审计人员的文字表达水平不同，常常会出现理解上的差异或含糊不清的情况，从而会给其他审计人员审核或复核制度说明造成困难。

(四) 业务流程图法

业务流程图法是用一定的符号表示企业内部控制的运行状况，将内部控制的各种程序和手续用特定符号描绘出来而形成的一种图式。业务流程图法就是利用流程图式来描绘和直观地反映有关内部控制情况的一种方法。用流程图可以描绘内部控制步骤的顺序和性质、权责的划分、文件的来源和去向，以及会计记录和会计档案的种类、存放的地点等。所有的业务处理都可以用流程图表示。

在实际工作中，有时调查、了解制度和描绘制度是连带进行的。如采用问题调查表法时，根据有关人员对表中问题的回答情况来了解制度，有关人员的回答同时也就对制度情况作了描绘。审计人员在调查中，一般要边调查、边记录，调查完之后，完备的记录就是制度的说明。有时只需要对原记录稍加完善，就可以作为制度文字说明书。有些被审计单位内部控制制度比较完善，制度的各项书面文件齐全，审计人员只要直接审查这些书面文件就可进行评价，而不必再去描绘制度。只有当被审计单位有关内部控制制度的书面文件不全面，或不能适应审计需要时，才需要重新描绘。

大多数内部控制制度都是延续性的，各年之间一般不会发生重大变化。因此，审计人员以往对内部控制制度的描述，在制度没有发生变化时，可以继续使用；在制度发生了较大的变化时，应对以往的描述作出相应的修正。但是，无论制度是否发生变化，对一些关键的内部控制，每一次审计时都要重新进行评价；对于变化不大的制度，可以按要求对其进行相应的评价。如果发现某一内部控制发生了重大变化，就要重新进行全面评价。

第四节　评估和应对重大错报风险

一、识别和评估财务报表层次和认定层次的重大错报风险

（一）识别和评估重大错报风险的审计程序

注册会计师应当识别和评估财务报表层次以及各类交易、账户余额、列报认定层次的重大错报风险。在识别和评估重大错报风险时，注册会计师应当实施下列审计程序：①通过了解被审计单位及其环境识别风险，并考虑各类交易、账户余额、列报；②将识别的风险与认定层次可能发生错报的领域相联系；③考虑识别的风险是否重大；④考虑识别的风险导致财务报表发生重大错报的可能性。

风险评估程序获取的信息，包括在评价控制设计和确定其是否得到执行时获取的审计证据，是注册会计师支持风险评估结果的审计证据。注册会计师应当根据风险评估结果，确定实施进一步审计程序的性质、时间和范围。

（二）可能表明被审计单位存在重大错报风险的情况

注册会计师应当关注以下可能表明被审计单位存在重大错报风险的事项和情况：在经济不稳定的国家或地区开展业务；在高度波动的市场开展业务；在严厉、复杂的监管环境中开展业务；持续经营和资金流动性出现问题，包括重要客户流失、融资能力受到限制；行业环境发生变化；供应链发生变化；开发新产品或提供新服务，或进入新的业务领域；开辟新的经营场所；发生重大收购、重组或其他非经常性事项；拟出售分支机构或业务分部；复杂的联合或合资；运用表外融资、特殊目的实体以及其他复杂的融资协议；重大的关联方交易；缺乏具备胜任能力的会计人员；关键人员变动；内部控制薄弱；信息技术战

略与经营战略不协调；信息技术环境发生变化；安装新的与财务报告有关的重大信息技术系统；经营活动或财务报告受到监管机构的调查；以往存在重大错报或本期期末出现重大会计调整；发生重大的非常规交易；按照管理者特定意图记录的交易；应用新颁布的会计准则或相关会计制度；会计计量过程复杂；事项或交易在计量时存在重大不确定性；存在未决诉讼和或有负债等。

（三）识别两个层次的重大错报风险

注册会计师在对重大错报风险识别和评估的基础上，应进一步确定识别的重大错报风险是与特定的某类交易、账户余额、列报的认定相关，还是与财务报表整体广泛相关，进而影响多项认定。

1. 控制环境对评估财务报表层次重大错报风险的影响

财务报表层次的重大错报风险很可能源于薄弱的控制环境，这些风险可能对财务报表产生广泛影响，难以限于某类交易、账户余额、列报，注册会计师应当采取总体应对措施。

2. 控制对评估认定层次重大错报风险的影响

在评估重大错报风险时，注册会计师应当将所了解的控制与特定认定相联系。控制与认定直接或间接相关，关系越间接，控制对防止或发现并纠正认定错报的效果越小。注册会计师可能识别出有助于防止或发现并纠正特定认定发生重大错报的控制。在确定这些控制是否能够实现上述目标时，注册会计师应当将控制活动和其他要素综合考虑。

（四）对内部控制的了解和审计意见的关系

如果通过对内部控制的了解发现以下两种情况，并对财务报表局部或整体的可审计性产生疑问，注册会计师应当考虑出具保留意见或无法表示意见的审计报告：第一，被审计单位会计记录的状况和可靠性存在重大问题，不能获取充分、适当的审计证据以发表无保留意见；第二，对管理层的诚信存在严重疑虑。必要时，注册会计师应当考虑解除业务约定。

二、需要特别考虑的重大错报风险

（一）确定特别风险应当考虑的事项

需要特别考虑的重大错报风险称为特别风险。在确定哪些风险是特别风险时，注册会计师应当在考虑识别出的控制对相关风险的抵消效果前，根据风险的性质、潜在错报的重要程度和发生的可能性，判断风险是否属于特别风险。

在确定风险的性质时，注册会计师应当考虑六个方面的事项：风险是否属于舞弊风险；风险是否与近期经济环境、会计处理方法和其他方面的重大变化有关；交易的复杂程度；风险是否涉及重大的关联方交易；财务信息计量的主观程度，特别是对不确定事项的计量存在较大区间；风险是否涉及异常或超出正常经营过程的重大交易。

（二）非常规交易和判断事项

特别风险通常与重大的非常规交易和判断事项有关。非常规交易是指由于余额或性质异常而不经常发生的交易。与重大非常规交易相关的特别风险可能导致更高的重大错报风险。非常规交易具有四个特征：①管理层更多地介入会计处理；②数据收集和处理涉及更多的人工成分；③复杂的计算或会计处理方法；④非常规交易的性质可能使被审计单位难以对由此产生的特别风险实施有效控制。

判断事项通常包括作出的会计估计。由于对涉及会计估计、收入确认等方面的会计原则存在不同的理解，加之判断具有主观性和复杂性，或需要对未来事项作出假设，因此，与重大判断事项相关的特别风险可能导致更高的重大错报风险。

（三）评价与特别风险相关控制的设计和执行

对特别风险，注册会计师应当评价相关控制的设计情况，并确定其是否已经得到执行。与重大非常规交易或判断事项相关的风险很少受到日常控制的约束，注册会计师应当了解被审计单位是否针对该特别风险设计和实施了控制。如果管理层未能实施控制以恰当应对特别风险，注册会计师应当认为内部控制存在重大缺陷，并考虑其对风险评估的影响。

三、仅通过实质性程序无法应对的重大错报风险

作为风险评估的一部分，如果认为仅通过实质性程序获取的审计证据无法将认定层次的重大错报风险降至可接受的低水平，注册会计师应当评价被审计单位针对这些风险设计的控制，并确定其执行情况。

在被审计单位对日常交易采用高度自动化处理的情况下，审计证据可能仅以电子形式存在，其充分性和适当性通常取决于与自动化信息系统相关控制的有效性，注册会计师应当考虑仅通过实施实质性程序不能获取充分、适当审计证据的可能性。例如，某企业通过高度自动化的系统确定采购品种和数量，生成采购订单，并通过系统中设定的收货确认和付款条件进行付款。除了系统中的相关信息以外，该企业没有其他有关订单和收货的记录。在这种情况下，如果认为仅通过实质性程序不能获取充分、适当的审计证据，注册会计师应当考虑依赖的相关控制的有效性，并对其进行了解、评估和测试。

四、对风险评估的修正

注册会计师对认定层次重大错报风险的评估应以获取的审计证据为基础，并可能随着不断获取审计证据而作出相应的变化。例如，注册会计师对重大错报风险的评估可能基于预期控制运行有效这一判断，即相关控制可以防止或发现并纠正认定层次的重大错报。但在测试控制运行的有效性时，注册会计师获取的证据可能表明相关控制在被审计期间并未有效运行。同样，在实施实质性程序后，注册会计师可能发现错报的金额和频率比在风险评估时预计的金额和频率要高。

如果通过实施进一步审计程序获取的审计证据与初始评估获取的审计证据相矛盾，注册会计师应当修正风险评估结果，并相应修改原计划实施的进一步审计程序。因此，评估重大错报风险与了解被审计单位及其环境一样，也是一个连续和动态地收集、更新与分析信息的过程，并贯穿于整个审计过程的始终。

五、针对财务报表层次重大错报风险的总体应对措施

在财务报表重大错报风险的评估过程中，注册会计师应当确定识别的重大错报风险是与特定的某类交易、账户余额、列报的认定相关，还是与财务报表整体广泛相关，进而影响多项认定。如果是后者，则属于财务报表层次的重大错报风险。注册会计师在确定总体应对措施以及设计和实施进一步审计程序的性质、时间和范围时，应当运用职业判断，以确定适当的总体应对措施和进一步审计程序的总体方案。

注册会计师应当针对评估的财务报表层次重大错报风险确定以下总体应对措施：①向项目组强调在收集和评价审计证据过程中保持职业怀疑态度的必要性。②分派更有经验或具有特殊技能的审计人员，或利用专家的工作。由于各行业在经营业务、经营风险、财务报告、法规要求等方面具有特殊性，审计人员的专业分工细化成为一种趋势。③提供更多的督导。④在选择进一步审计程序时，应当注意使某些程序不被管理层预见或事先了解。⑤对拟实施审计程序的性质、时间和范围作出总体修改。

财务报表层次重大错报风险很可能源于薄弱的控制环境。如果控制环境存在缺陷，注册会计师在对拟实施审计程序的性质、时间和范围作出总体修改时应当考虑：①在期末而非期中实施更多的审计程序。控制环境的缺陷通常会削弱期中获得的审计证据的可信赖程度。②主要依赖实质性程序获取审计证据。良好的控制环境是其他控制要素发挥作用的基础。控制环境存在缺陷通常会削弱其他控制要素的作用，导致注册会计师可能无法信赖内部控制，而主要依赖实施实质性程序获取审计证据。③修改审计程序的性质，获取更具说服力的审计证据。修改审计程序的性质主要是指调整拟实施审计程序的类别及组合，比如原先可能主要限于检查某项资产的账面记录或相关文件，而调整审计程序的性质后可能意味着更加重视实地检查该项资产。④扩大审计程序的范围。例如，扩大样本规模，或采用更详细的数据实施分析程序。

六、针对认定层次重大错报风险的进一步审计程序

（一）进一步审计程序的内涵和考虑因素

进一步审计程序是指注册会计师针对评估的各类交易、账户余额、列报认定层次重大错报风险实施的审计程序，包括控制测试和实质性程序。注册会计师应当针对评价的认定层次重大错报风险设计和实施进一步审计程序，包括审计程序的性质、时间和范围。

在设计进一步审计程序时，注册会计师应当考虑下列各个方面的因素：

（1）风险的重要性。风险的后果越严重，注册会计师就越要予以关注并精心设计具有针对性的进一步审计程序。

（2）发生重大错报的可能性。发生重大错报的可能性越大，注册会计师越要设计被审计单位意料之外的进一步审计程序，以提高审计的效果。

（3）涉及的各类交易、账户余额、列报的特征。不同的交易、账户余额、列报，产生的认定层次的重大错报风险存在差异，因而适用的审计程序也有差别，要求注册会计师设计具有针对性的进一步审计程序。

（4）被审计单位采用的特定控制的性质。由于人工控制或自动化控制在许多方面存在差异，对注册会计师设计进一步的审计程序具有重大影响，要求注册会计师针对特定的控制类型，设计适宜的进一步审计程序。

（5）注册会计师是否拟获取审计证据，以确定内部控制在防止或发现并纠正重大错报方面的有效性。

（二）实质性方案和综合性方案

注册会计师设计和实施的进一步审计程序的性质、时间和范围，应当与评估的认定层次重大错报风险具备明确的对应关系。在应对评估的风险时，合理确定审计程序的性质是最重要的。注册会计师应当根据对认定层次重大错报风险的评估结果，恰当选用实质性方案或综合性方案。无论选择何种方案，注册会计师都应当对所有重大的各类交易、账户余额、列报设计和实施实质性程序。

（三）对小型被审计单位的考虑

小型被审计单位可能不存在能够被注册会计师识别的控制活动，注册会计师实施的进一步审计程序可能主要是实质性程序。在缺乏控制的情况下，注册会计师应当考虑仅通过实施实质性程序是否能够获取充分、适当的审计证据。

（四）进一步审计程序

1. 进一步审计程序的性质

进一步审计程序的性质是指进一步审计程序的目的和类型。进一步审计程序的目的是通过实施控制测试以确定内部控制运行的有效性，通过实施实质性程序以发现认定层次的重大错报。进一步审计程序的类型包括检查、观察、询问、函证、重新计算、重新执行和分析程序，不同的审计程序应对特定认定错报风险的效力不同。

注册会计师应当根据认定层次重大错报风险的评估结果选择进一步审计程序。评估的认定层次重大错报风险越高，对通过实质性程序获取的审计证据的相关性和可靠性的要求越高，从而可能影响进一步审计程序的类型及其综合运用。在确定拟实施的审计程序时，注册会计师应当考虑评估的认定层次重大错报风险产生的原因，包括考虑各类交易、账户余额、列报的具体特征以及内部控制。如果在实施进一步审计程序时，注册会计师拟利用被审计单位信息系统生成的信息，则应当就信息的准确性和完整性获取审计证据。

2. 进一步审计程序的时间

进一步审计程序的时间是指注册会计师何时实施进一步审计程序，或审计证据适用的期间或时点。注册会计师可以在期中或期末实施控制测试或实质性程序。当重大错报风险较高时，注册会计师应当考虑在期末或接近期末时实施实质性程序，或采用不通知的方式，或在管理层不能预见的时间实施审计程序。

注册会计师在确定何时实施审计程序时应当考虑下列几项重要因素：

（1）控制环境。良好的控制环境可以抵消在期中实施进一步审计程序的局限性，使注册会计师在确定实施进一步审计程序的时间时有更大的灵活度。

（2）何时能得到相关信息。例如，某些控制活动可能仅在期中（或期中以前）发生，而之后可能难以再被观察到；再如，某些电子化的交易和账户文档如未能及时取得，可能会被覆盖。在这些情况下，注册会计师如果希望获取相关信息，则需要考虑能够获取相关信息的时间。

（3）错报风险的性质。例如，被审计单位可能为了保证盈利目标的实现，而在会计期末以后伪造销售合同以虚增收入，此时注册会计师需要考虑在期末（即资产负债表日）这个特定时点获取被审计单位截至期末所能提供的所有销售合同及相关资料，以防范被审计单位在资产负债表日后伪造销售合同虚增收入。

（4）审计证据适用的期间或时点。注册会计师应当根据需要获取的特定审计证据，确定什么时间实施进一步的审计程序。如为获取资产负债表日存货余额的证据，就不宜在与资产负债表日间隔过长的期中时点或期末以后时点实施存货监盘等相关审计程序。

3. 进一步审计程序的范围

进一步审计程序的范围是指实施进一步审计程序的数量，包括抽取的样本、对某项控制活动的观察次数等。

在确定审计程序的范围时，注册会计师应当考虑下列三个因素：

（1）确定的重要性水平。重要性水平与审计程序的范围呈反方向变化。确定的重要性水平越高，注册会计师实施进一步审计程序的范围越小；反之，范围越大。

（2）评估的重大错报风险。评估的重大错报风险与审计程序的范围呈同方向变化。评估的重大错报风险越低，对拟获取审计证据的相关性、可靠性要求也越低，注册会计师实施进一步审计程序的范围就越小；反之，评估的重大错报风险越高，实施进一步审计程序的范围就越大。

（3）计划获取的保证程度。计划获取的保证程度是指注册会计师计划通过所实施的审计程序对测试结果可靠性所获取的信心。计划获取的保证程度越高，对测试结果可靠性要求就越高，实施进一步审计程序的范围也就越大；反之，范围越小。

值得强调的是，随着重大错报风险的增加，注册会计师应当考虑扩大审计程序的范围。但是，只有当审计程序本身与特定风险相关时，扩大审计程序的范围才是有效的。

第五节 控制测试与实质性程序

一、控制测试

（一）控制测试的含义和要求

1. 控制测试的含义

控制测试指的是测试控制运行的有效性。在实施风险评估程序以获取控制是否得到执行的审计证据时，注册会计师应当确定某项控制是否存在，被审计单位是否正在使用。

在测试控制运行的有效性时，注册会计师应当从下列方面获取关于控制是否有效运行的审计证据：①控制在所审计期间的不同时点是如何运行的；②控制是否得到一贯执行；③控制由谁执行；④控制以何种方式运行（如人工控制或自动化控制）。

控制运行有效性强调的是控制能够在各个不同时点按照既定设计得以一贯执行。因此，在了解控制是否得到执行时，注册会计师只需抽取少量的交易进行检查或观察某几个时点，但在测试控制运行的有效性时，注册会计师需要抽取足够数量的交易进行检查或对多个不同时点进行观察。

2. 控制测试的要求

控制测试并非在任何情况下都需要实施。控制测试的目的是评价控制是否有效运行。当存在下列两种情形之一时，注册会计师应当实施控制测试：

（1）预期控制的运行是有效的。如果在评估认定层次重大错报风险时，预期控制的运行是有效的，注册会计师应当实施控制测试，就控制在相关期间或时点的运行有效性获取充分、适当的审计证据。只有认为控制设计合理、能够防止或发现并纠正认定层次的重大错报，注册会计师才有必要对控制运行的有效性实施测试。

（2）仅实施实质性程序不足以提供认定层次充分、适当的审计证据。如果认为仅实施实质性程序获取的审计证据无法将认定层次重大错报风险降至可接受的低水平，注册会计师应当实施相应的控制测试，以获取控制运行有效的审计证据。

某些情况下，对有些重大错报风险，注册会计师仅通过实施实质性程序是无法应对的。例如，在被审计单位对日常交易或与财务报表相关的其他数据（包括信息的生成、记录、处理、报告）采用高度自动化处理的情况下，审计证据可能仅以电子形式存在，此时审计证据是否充分和适当通常取决于与自动化信息系统相关控制的有效性，如果信息的生成、记录、处理和报告均通过电子格式进行而没有适当有效的控制，则生成不正确信息或信息被不恰当修改的可能性就会大大增加。在认为仅通过实施实质性程序不能获取充分、适当的审计证据的情况下，注册会计师必须实施控制测试，且这种测试已经不再是单纯出于成本效益的考虑，而是必须获取的一类审计证据。另外，被审计单位在所审计期间内可能由于技术更新或组织管理变更而更换了信息系统，从而导致在不同时期使用了不同的控制。如果被审计单位在所审计期间内的不同时期使用了不同的控制，注册会计师应当考虑不同时期控制运行的有效性。

（二）控制测试的性质

1. 控制测试性质的含义

控制测试的性质是指控制测试所使用的审计程序的类型及其组合。控制测试与了解内部控制采用审计程序的类型通常相同，包括询问、观察、检查、穿行测试和重新执行。

询问本身并不足以测试控制运行的有效性，注册会计师应当将询问与其他审计程序结合使用，以获取有关控制运行有效性的审计证据。将询问与检查或重新执行结合使用，通常能够比仅实施询问和观察获取更高的保证。观察提供的证据仅限于观察发生的时点，本身不足以测试控制运行的有效性。

2. 确定控制测试性质的要求

（1）考虑特定控制的性质。注册会计师应当根据特定控制的性质选择所需实施审计程序的类型。例如，某些控制可能存在反映控制运行有效性的文件记录，在这种情况下，注册会计师可以检查这些文件记录以获取控制运行有效的审计证据；某些控制可能不存在文件记录（如一项自动化的控制活动），或文件记录与能否证实控制运行有效性不相关，注册会计师应当考虑实施检查以外的其他审计程序（如询问和观察）或借助计算机辅助审计技术，以获取有关控制运行有效性的审计证据。

（2）考虑测试与认定直接相关和间接相关的控制。在设计控制测试时，注册会计师不仅应当考虑与认定直接相关的控制，还应当考虑这些控制所依赖的与认定间接相关的控制，以获取支持控制运行有效性的审计证据。例如，被审计单位可能针对超出信用额度的例外赊销交易设置报告和审核制度（与认定直接相关的控制），在测试该项制度的运行有效性时，注册会计师不仅应当考虑审核的有效性，还应当考虑与例外赊销报告中信息准确性有关的控制（与认定间接相关的控制）是否有效运行。

（3）如何对一项自动化的应用控制实施控制测试。对于一项自动化的应用控制，由于信息技术处理过程的内在一贯性，注册会计师可以利用该项控制得以执行的审计证据和信息技术一般控制（特别是对系统变动的控制）运行有效性的审计证据，作为支持该项控制在相关期间运行有效性的重要审计证据。

3. 双重目的测试

控制测试的目的是评价控制是否有效运行，实质性测试的目的是发现认定层次的重大错报。尽管两者目的不同，但注册会计师可以考虑针对同一交易同时实施两种测试，以实现双重目的。如果拟实施双重目的测试，注册会计师应当仔细设计和评价测试程序。

（三）控制测试的时间

1. 控制测试时间的含义

控制测试的时间包括：何时实施控制测试，测试所针对的控制适用的时点或期间。如果测试特定时点的控制，注册会计师仅得到该时点控制运行有效性的审计证据；如果测试某一期间的控制，注册会计师可获取控制在该期间有效运行的审计证据。因此，注册会计师应当根据控制测试的目的确定控制测试的时间，并确定拟信赖的相关控制的时点或期间。

根据控制测试的目的确定控制测试的时间时，如果仅需要测试控制在特定时点运行的有效性（如对被审计单位期末存货盘点进行控制测试），只需要获取该时点的审计证据。如果需要获取控制在某一期间有效运行的审计证据，仅获取与时点相关的审计证据是不充分的，注册会计师应当辅以其他控制测试，包括测试被审计单位对控制的监督。

2. 对期中审计证据的考虑

对于控制测试，注册会计师在期中实施测试程序具有更积极的作用。但是，即使注册会计师已获取有关控制在期中运行有效性的审计证据，仍然需要考虑如何能够将控制在期中运行有效性的审计证据合理延伸至期末，为此就必须针对期中至期末这段剩余期间获取充分、适当的审计证据。因此，如果已获取有关控制在期中运行有效性的审计证据，并拟利用该证据，注册会计师应当实施下列审计程序：①获取这些控制在剩余期间变化情况的审计证据；②确定针对剩余期间还需获取的补充审计证据。

如果这些控制在剩余期间没有发生变化，注册会计师可能决定信赖期中获取的审计证据；如果这些控制在剩余期间发生了变化（如信息系统、业务流程或人事管理等方面发生变动），注册会计师需要了解并测试控制的变化对期中审计证据的影响。

3. 对以前获取的审计证据的考虑

对以前审计获取的有关控制运行有效性的审计证据，注册会计师应当了解以前审计中测试的控制在本期是否发生变化，以决定合理调整拟在本期获取的有关控制运行有效性的审计证据。

如果拟信赖以前审计获取的某些控制运行有效性的审计证据，注册会计师应当在每次审计时从中选取足够数量的控制，测试其运行有效性。不应将所有拟信赖的控制集中于某一次审计进行测试，而在之后的两次审计中不进行任何测试。这主要是为了尽量降低审计风险，毕竟注册会计师可能难以充分识别以前审计中测试过的控制在本期是否发生变化。此外，在每一次审计中选取足够数量的控制进行测试，除了能够提供这些以前审计中测试过的控制在当期运行有效性的审计证据外，还可提供控制环境持续有效性的旁证，从而有助于注册会计师判断其信赖以前审计获取的审计证据是否恰当。

鉴于特别风险的特殊性，对于旨在减轻特别风险的控制，不论该控制在本期是否发生变化，注册会计师都不应依赖以前审计获取的证据。因此，如果确定评估的认定层次重大错报风险是特别风险，并拟信赖旨在减轻特别风险的控制，注册会计师不应依赖以前审计获取的审计证据，而应在本期审计中测试这些控制的运行有效性。也就是说，如果注册会计师拟信赖针对特别风险的控制，那么所有关于该控制运行有效性的审计证据必须来自当年的控制测试。相应地，注册会计师应当在每次审计中都测试这类控制。

（四）控制测试的范围

控制测试的范围主要是指某项控制活动的测试次数。注册会计师应当设计控制测试，以获取控制在整个拟信赖的期间有效运行的充分、适当的审计证据。

注册会计师在确定某项控制的测试范围时通常考虑下列因素：

（1）被审计单位执行控制的频率。控制执行的频率越高，控制测试的范围越大。

（2）注册会计师拟信赖控制运行有效性的时间长度。拟信赖控制运行有效性的时间长度不同，在该时间长度内发生的控制活动次数也不同。注册会计师需要根据拟信赖控制的时间长度确定控制测试的范围。拟信赖期间越长，控制测试的范围越大。

（3）为证实控制能够防止或发现并纠正认定层次重大错报，所需获取审计证据的相关性和可靠性。对审计证据的相关性和可靠性要求越高，控制测试的范围越大。

（4）通过测试与认定相关的其他控制获取的审计证据的范围。

（5）在风险评估时拟信赖控制运行有效性的程度。注册会计师在风险评估时对控制运行有效性的拟信赖程度越高，需要实施控制测试的范围越大。

（6）控制的预期偏差。预期偏差可以用控制未得到执行的预期次数占控制应当得到执行次数的比率加以衡量（也可称为预期偏差率）。考虑该因素，是因为在考虑测试结果是否可以得出控制运行有效性的结论时，不可能只要出现任何控制执行偏差就认定控制运行无效，所以需要确定一个合理水平的预期偏差率。控制的预期偏差率越高，需要实施控制测试的范围越大。如果控制的预期偏差率过高，注册会计师应当考虑控制可能不足以将认定层次的重大错报风险降至可接受的低水平，从而针对某一认定实施的控制测试可能是无效的。

需要强调的是，信息技术处理具有内在一贯性，除非系统发生变动，一项自动化控制系统应当一贯运行。注册会计师通常不需要增加自动化控制的测试范围，仅需要考虑执行下列测试以确定该控制是否持续有效运行：①测试与该应用控制有关的一般控制的运行有效性；②确定系统是否发生变动，如果发生变动，是否存在适当的系统变动控制；③确定对交易的处理是否使用授权批准的软件版本。

二、实质性程序

（一）实质性程序的含义和要求

实质性程序又称为实质性测试，是指注册会计师根据重大错报风险的评估情况而实施的用以发现认定层次重大错报的审计程序。实质性程序包括对各类交易、账户余额、列报的细节测试以及实质性分析程序。

注册会计师实施的实质性程序包括：①将财务报表与其所依据的会计记录相核对；②检查财务报表编制过程中作出的重大会计分录和其他会计调整。

注册会计师对会计分录和其他会计调整检查的性质和范围，取决于被审计单位财务报告过程的性质和复杂程度以及由此产生的重大错报风险。由于注册会计师对重大错报风险的评估是一种判断，可能无法充分识别所有的重大错报风险，并且由于内部控制存在固有局限性，无论评估的重大错报风险结果如何，注册会计师都应当针对所有重大的各类交易、账户余额、列报实施实质性程序。

（二）针对特别风险实施的实质性程序

注册会计师应当专门针对评估的认定层次重大错报风险实施实质性程序。例如，如果认为管理层面临实现盈利指标的压力而可能提前确认收入，在设计询证函时除了考虑函证应收账款的账户余额之外，还应当考虑询证销售协议的细节条款（如交货、结算及退货条款）；还可以考虑在实施函证的基础上，针对销售协议及其变动情况询问被审计单位的非财务人员。如果针对特别风险仅实施实质性程序，注册会计师应当使用细节测试，或将细节测试和实质性分析程序结合使用，以获取充分、适当的审计证据。

（三）实质性程序的性质

1. 实质性程序性质的含义

实质性程序的性质是指实质性程序的类型及其组合。细节测试是对各类交易、账户余额、列报的具体细节进行测试，目的在于直接识别财务报表认定是否存在错报。细节测试被用于获取与某些认定相关的审计证据，如存在、准确性、计价等。

实质性分析程序从技术特征上讲仍然是分析程序，主要是通过研究数据间关系评价信息，只是将该技术方法用作实质性程序，即用以识别各类交易、账户余额、列报及相关认定是否存在错报。实质性分析程序通常更适用于在一段时间内存在可预期关系的大量交易。

2. 细节测试和实质性分析程序的适用性

由于细节测试和实质性分析程序的目的和技术手段存在一定差异，因此各自有不同的适用领域。注册会计师应当根据各类交易、账户余额、列报的性质选择实质性程序的类型。细节测试适用于对各类交易、账户余额、列报认定的测试，尤其是对存在或发生、计价认定的测试。对在一段时期内存在可预期关系的大量交易，注册会计师可以考虑实施实质性分析程序。注册会计师需要根据不同认定层次的重大错报风险设计有针对性的细节测试。

3. 设计实质性分析程序时应考虑的因素

注册会计师在设计实质性分析程序时应当考虑的因素包括：①对特定认定使用实质性分析程序的适当性；②对已记录的金额或比率作出预期时，所依据的内部或外部数据的可靠性；③作出预期的准确程度是否足以在计划的保证水平上识别重大错报；④已记录金额与预期值之间可接受的差异额。

在实施实质性分析程序时，如果使用被审计单位编制的信息，注册会计师应当考虑测试与信息编制相关的控制，以及这些信息是否在本期或前期经过审计。

（四）实质性程序的时间

实质性程序的时间选择与控制测试时间选择的共同点在于，两类程序都面临着对期中审计证据和对以前审计获取的审计证据的考虑。两者的差异在于：（1）在控制测试中，期中实施控制测试并获取期中关于控制运行有效性审计证据的做法更具有一种“常态”；而由于实质性程序的目的在于更直接地发现重大错报，在期中实施实质性程序时更需要考虑其成本效益的权衡。（2）在本期控制测试中拟信赖以前审计获取的有关控制运行有效性的审计证据，已经受到了很大的限制；而对于以前审计中通过实质性程序获取的审计证据，则采取了更加慎重的态度和更严格的限制。

1. 期中实质性程序问题

在期中实施实质性程序，一方面消耗审计资源，另一方面获取的审计证据又不能直接作为期末财务报表认定的审计证据，注册会计师仍需要进一步的审计使期中审计证据能够合理延伸至期末。因此，期中实施实质性程序的成本效益是注册会计师需要权衡的。

注册会计师在决定是否实施期中实质性程序时应当考虑以下因素：

（1）控制环境和其他相关的控制。控制环境和其他相关的控制越薄弱，注册会计师越不宜在期中实施实质性程序。

（2）实施审计程序所需信息在期中之后的可获得性。如果实施实质性程序所需信息在期中之后可能难以获取（如系统变动导致某类交易记录难以获取），注册会计师应考虑在期中实施实质性程序；但如果实施实质性程序所需信息在期中之后的获取并不存在明显困难，该因素不应成为注册会计师在期中实施实质性程序的重要影响因素。

（3）实质性程序的目标。如果针对某项认定实施实质性程序的目标就包括获取该认定的期中审计证据（从而与期末比较），注册会计师应在期中实施实质性程序。

（4）评估的重大错报风险。注册会计师评估的某项认定的重大错报风险越高，针对该认定所需获取的审计证据的相关性和可靠性要求也就越高，越应当考虑将实质性程序集中于期末（或接近期末）实施。

（5）各类交易或账户余额以及相关认定的性质。例如，某些交易或账户余额以及相关认定的特殊性质（如收入截止认定、未决诉讼）决定了注册会计师必须在期末（或接近期末）实施实质性程序。

（6）针对剩余期间，能否通过实施实质性程序或将实质性程序与控制测试相结合，降低期末存在错报而未被发现的风险。如果针对剩余期间注册会计师可以通过实施实质性程序或将实质性程序与控制测试相结合，较有把握地降低期末存在错报而未被发现的风险

（如注册会计师在10月份实施预审时考虑是否使用一定的审计资源实施实质性程序，从而形成的剩余期间不是很长），注册会计师可以考虑在期中实施实质性程序；但如果针对剩余期间注册会计师认为还需要消耗大量审计资源才有可能降低期末存在错报而未被发现的风险，甚至没有把握通过适当的进一步审计程序降低期末存在错报而未被发现的风险（如被审计单位于8月份发生管理层变更，注册会计师接受后任管理层邀请实施预审时，考虑是否使用一定的审计资源实施实质性程序），注册会计师就不宜在期中实施实质性程序。

2. 期中审计证据问题

如果在期中实施了实质性程序，注册会计师应当针对剩余期间实施进一步的实质性程序，或将实质性程序和控制测试结合使用，以将期中测试得出的结论合理延伸至期末。在如何将期中实施的实质性程序得出的结论合理延伸至期末时，注册会计师有两种选择：一是针对剩余期间实施进一步的实质性程序；二是将实质性程序和控制测试结合使用。

如果拟将期中测试得出的结论延伸至期末，注册会计师应当考虑针对剩余期间仅实施实质性程序是否足够。如果认为实施实质性程序本身不充分，注册会计师还应测试剩余期间相关控制运行的有效性或针对期末实施实质性程序。

对于舞弊导致的重大错报风险（作为一类重要的特别风险），注册会计师更应慎重考虑能否将期中测试得出的结论延伸至期末。因此，如果已经识别出由于舞弊导致的重大错报风险，为将期中得出的结论延伸至期末而实施的审计程序通常是无效的，注册会计师应当考虑在期末或者接近期末时实施实质性程序。

3. 以前审计获取的审计证据问题

在以前审计中实施实质性程序获取的审计证据，通常对本期只有很弱的证据效力或没有证据效力，不足以应对本期的重大错报风险。只有当以前获取的审计证据及其相关事项未发生重大变动时，这些审计证据才可能用作本期的有效审计证据。如果要利用以前审计中实施实质性程序获取的审计证据，注册会计师应当在本期实施审计程序，以确定这些审计证据是否具有持续相关性。

（五）实质性程序的范围

注册会计师在确定实质性程序的范围时，需要考虑的重要因素包括评估的认定层次重大错报风险和实施控制测试的结果。注册会计师评估的认定层次的重大错报风险越高，需要实施实质性程序的范围就越大。如果对控制测试结果不满意，注册会计师应当考虑扩大实质性程序的范围。

实质性分析程序的范围有两层含义：首先是对什么层次上的数据进行分析。注册会计师可以选择在高度汇总的财务数据层次进行分析，也可以根据重大错报风险的性质和水平调整分析层次。例如，按照不同产品线、不同季节或月份、不同经营地点或存货存放地点等实施实质性分析程序。其次是需要对什么幅度或性质的偏差展开进一步调查。实施分析程序可能会发现偏差，但并非所有的偏差都值得展开进一步调查。可容忍或可接受的偏差（即预期偏差）越大，作为实质性分析程序一部分的进一步调查的范围就越小。于是确定适当的预期偏差幅度同样属于实质性分析程序的范畴。因此，在设计实质性分析程序时，注册会计师应当确定已记录金额与预期值之间可接受的差异额。在确定该差异额时，注册会计师应当主要考虑各类交易、账户余额、列报及相关认定的重要性水平和计划的保证水平。

本章小结

（1）注册会计师的审计方法或者审计模式总是随着社会经济的发展、社会需求的变化和被审计单位及其环境的改变而不断改变的。

（2）现代社会的发展要求注册会计师从宏观层面了解被审计单位及其环境，以充分识别和评估财务报告重大错报风险。

（3）识别和评估财务报告重大错报风险，使得审计程序更加具有针对性，包括针对评估的财务报表层次重大错报风险采取总体应对措施，以及针对评估的认定层次重大错报风险实施进一步审计程序，规范了审计程序的性质、时间和范围的具体含义及其应用，明确了必须实施控制测试或实质性程序的情形，强调了注册会计师实施的审计程序与评估的风险之间的联系性，对注册会计师更好地评估重大错报风险、改进审计程序、提高审计质量和降低审计风险起到了重大作用。

关键术语和概念

风险评估　内部控制　控制环境　重大错报风险　控制测试　实质性程序

拓展阅读

李凤鸣．审计学原理．上海：复旦大学出版社，2008.
中国注册会计师协会．审计．北京：经济科学出版社，2011.
袁小勇，陈郡．审计学．北京：首都经济贸易大学出版社，2007.

第五章　审计抽样

本章学习要点

审计方法的发展和演变，经历了从详细审计、抽样审计、制度基础审计再到风险导向审计的过程。传统审计方法的代表就是详细审计。在企业规模比较小、管理水平比较低、内部控制制度不健全的情况下，进行详细审计不仅是必要的，而且也是可能的。随着经济的发展和企业规模的扩大，审计对象的范围越来越广，详细审计逐渐不能适应整个审计工作的需要，为此，抽样审计和制度基础审计相继产生。

通过本章学习，应当掌握以下主要内容：

（1）抽样审计的理论基础和基本概念；

（2）判断抽样审计的要求和特点；

（3）统计抽样的特征和基本方法；

（4）统计抽样规模的确定和样本的抽取；

（5）抽样误差和风险。

第一节　审计抽样的基本原理

一、抽样审计的理论基础

现代审计方法是以抽样审计和制度基础审计为主要内容的。所谓抽样审计，就是从被审项目总体中抽取若干具有代表性的项目作为样本进行审查，根据样本审查结果推断总体特性的一种审计方法。现代审计方法和传统审计方法的主要区别有两点：第一，传统审计主要是对被审计对象进行详细审计，现代审计主要是对被审计对象进行抽样审计；第二，传统审计是直接审查数据或行为结果本身，现代审计则是先审查数据或行为结果赖以产生的内部控制制度，根据审查制度的情况，确定审计范围和重点，再进行深入审计。

（一）实行抽样审计的必要性

首先，实行抽样审计是适应经济发展对审计要求的需要。随着社会经济的发展，商品交易日渐增多，企业规模越来越大，企业之间的经济技术协作和交流日益扩展，被审计单位的经济业务及其经济核算也越来越繁杂。同时，在商品经济的发展过程中，各种不法事件不断发生，因而需要加强审计监督，提供审计公证，维护各方面的正当权益，这就对审计工作提出了更高的要求。审计对象不断增加，审计范围不断扩展，审计的内容也日益复杂，审计人员所面临的任务十分繁重，而审计方面的人力、财力和物力等资源都相对有限，从审计工作的整体来看，已经不可能对被审单位进行详细审计了。为适应社会经济发展对审计的要求，必须实行抽样审计。抽样审计能够解决审计资源有限与审计工作量不断增大的矛盾，使审计人员在现有审计条件下能够保质保量地完成审计的任务。

其次，实行抽样审计是提高审计工作效率的需要。审计要从被审对象中搜集必要的资料，并对这些资料进行审查、核实，取得审计证据。审计工作当然要讲求效率，要求以最少的耗费取得满意的结果。在审计过程中，运用适当的审计抽样方法，能够以较少的人力、时间和费用，取得充分而有效的审计证据，满足评价被审项目的需要，从而提高审计工作的效率。

（二）实行抽样审计的可能性

实行抽样审计，不仅是必要的，而且也是可能的。

首先，企业管理水平的提高、内部控制制度的建立使抽样审计具有可靠性。经济的发展、企业管理水平的提高使得在20世纪40年代，美国的一些公司开始建立内部控制制度，在此基础上又开展了内部审计，并产生了制度基础审计。企业管理水平的提高、内部控制制度的建立使抽样审计方法成为具体、可靠、科学的一种审计方法。进行抽样审计的一个首要条件，就是要求被审计对象（被审项目总体）内的各个项目具有相同的特性，或者说具有相关性。由于内部控制制度的作用，企业的一切经济活动及其经济核算、会计处理，都要按照规定的流程，经过有关环节，相互牵制，相互制约，核算记录相互勾稽。经济活动之间是具有内在联系的。内部控制制度适应这一内在联系的要求，对其加以制约和维持，力求使经济活动合理、合法、有效，通过有关记录加以反映，使记录资料真实、可靠。在良好的内部控制制度下，被审项目总体内的各个项目相互关联，具有共同的特性。根据样本审查结果推断总体特性，结论就比较可靠。

其次，概率论和数理统计学的应用使抽样审计具有科学性。抽样审计的理论基础是“大数定律”。该定律表明：由许多个别项目所组成的总体（被审项目总体），如果存在某一共同标志方面的规律性及其共同特征，那么只要观察足够数量的总体中的部分项目，就可以得知总体中某一标志的共同特性。因为从总体中抽取的一部分样本项目来看，各个项目既有本质上的共同特征，又有各自偶然性的差异，经过综合平衡，会相互抵消，从而显示出总体中某一标志方面的规律性的共同特征。统计抽样正是根据这一定律，科学地确定抽样规模和选用抽样方法，审核评价样本项目，根据样本审查结果，推断总体的特性，而且还能控制抽样审计风险，以一定的可靠程度，保证达到预定的审计目标。

二、审计抽样的分类

（一）审计抽样的基本分类

审计抽样有三种类型，即任意抽样、判断抽样和统计抽样。

任意抽样就是审计人员主观随意地抽取样本进行审查。任意抽样是审计抽样的最初形式。由于受当时审计实践和审计理论研究的限制，抽取多少样本、怎样抽查，均无一定的规则可循，往往由审计人员主观随意决定，因此，抽样工作带有很大的盲目性，目的仅仅是为了减少审计工作量，很难保证审计的质量。为了克服这些缺点，任意抽样逐渐被判断抽样所取代。

判断抽样也叫重点抽样，是审计人员根据被审单位的实际情况，对被审项目总体先进行分析判断，根据判断结果，有目的、有重点地抽取样本进行审查的方法。判断抽样较之任意抽样有很大进步，它克服了任意抽样的盲目性，增强了审计抽样的针对性，在一定程度上，既能减少审计工作量，又能保证审计的质量。

统计抽样也叫随机抽样或概率抽样，是根据概率论和数理统计学的原理，按照随机原则抽取一定数量的样本进行审查的方法。统计抽样从抽样的客观性或随机性来说，较判断抽样有很大进步，它能较科学地确定抽样规模，能够以一定的可靠程度满足评价被审项目的需要。

统计抽样方法的优点主要有：①能够科学地确定抽样规模；②总体各项目具有同等被抽中的机会，可以防止人为的偏见；③能够保证审计结论在规定的可靠程度之上和在一定的精确限度之内。统计抽样方法的缺点主要有：①统计抽样对总体的要求比较严格，要求总体具有同质性，只适用于资料比较健全的单位；②统计抽样技术性较强，使用比较复杂、比较机械；③统计抽样的审计结论只能是接近实际，总会存在误差。

（二）判断抽样的基本要求

在判断抽样中，审计人员要充分运用自己的经验和判断能力，对被审单位的内部控制制度情况、经济活动的发生及其业务处理情况等进行分析判断，从而确定抽查的重点和抽样规模。在进行判断抽样时，为了合理地确定抽查的重点和抽样规模，审计人员应当考虑以下因素：

1. 被审单位的内部控制制度

“良好的内部控制制度可以减少错误和舞弊”。这一审计假设是内部控制制度审计的理论基础。判断抽样中，必须先考虑被审单位内部控制制度的设计及执行情况，对内部控制制度的好坏作出评价，明确内部控制的强处和弱点。内部控制的弱点，就是审计的重点。内部控制越差，相应的审计所要求的样本数量就越多，抽样中要多抽查，必要时甚至可以进行详细审计。

2. 被审项目的重要性

判断抽样中，确定样本规模以及选取样本项目时，还必须考虑被审项目的重要性。审计中要根据审计的目标和任务，对被审项目的有关情况进行分析判断，分清重要项目、一般项目、次要项目。还要进行必要的调查研究，听取各方面的意见，全面权衡被审项目各方面的情况，将问题分类排队，分别轻、重、缓、急，有目的、有重点地抽样审查。一般来说，与审计目标的关系越密切、金额越大，被审项目就越重要。被审项目越重要，抽取的样本应当越多。

3. 被审项目的风险

被审项目的风险是指其发生错误和舞弊的可能性，以及对不同的项目进行审计，得出审计结论可能带来的审计风险。一般来说，被审项目发生错弊的风险越大，相应地对其审计的风险也越大。为了降低审计风险，增强审计结论的可靠性，就要求从中抽取更多的样本项目进行审查。比如，审查被审单位的财产物资，主要有固定资产、原材料、银行存款、库存现金等，这些财产物资相比较而言，发生错弊的风险是不同的，因而对审计的要求也有所不同。在这些财产物资中，固定资产方面发生错弊的风险最小，而库存现金方面发生错弊的风险最大。因此，对库存现金审计的风险就比对固定资产审计的风险大，对固定资产的抽样审计完全有可能以更少的样本规模达到满意的结果。

4. 样本项目的代表性

样本项目的代表性就是样本能够代表被审项目的程度。只有能够代表被审项目总体的样本，才是有意义的样本。如果样本项目不能代表总体，那么抽样工作将是徒劳的，甚至是错误的。所以，判断抽样中必须充分考虑样本项目的代表性。

为了增强样本项目的代表性，应当做到以下几点：①样本要尽可能地从所有被审对象中抽取，使人们相信不再有任何未被审查的环节。②审查会计业务时，要尽可能地抽取被审项目总体中金额大的项目作为样本，从金额上扩大样本对总体的覆盖面。③要充分重视被审项目发生错弊的风险及其重要性，增强抽样工作的针对性，尽量抽取可能存在错弊的项目。

5. 样本数量与审计效率和审计质量的关系

抽样审计主要有两个目的：一是减少审计工作量，提高审计效率；二是保证审计工作的质量。一般来说，样本数量与审计结论的可靠性是正向关系，样本数量与审计效率则是反向关系。可见，提高审计效率与保证审计质量两者之间有一定的矛盾。因此，在判断抽样中，必须注意样本数量与审计效率和审计质量的关系，以保证质量为前提，尽量做到既能保证审计工作的质量，使审计结论可靠，又能提高审计效率，以较少的审计资源耗费，达到满意的审计结果。

判断抽样法具有以下优点：在一定程度上克服了任意抽样的盲目性，使抽样工作具有针对性，能够突出审计重点，抓住主要问题；在一定程度上既能减少审计工作量、提高审计效率，又能保证审计质量；使用比较方便、灵活，能够充分发挥审计人员的实践经验和判断能力。判断抽样法的缺点主要有：判断抽样法对审计人员的素质要求较高，要求审计人员经验丰富、判断能力强，否则很难达到预期的目的；判断抽样中，审计人员没有客观的方法去确定抽样规模，或者表明他们所抽取的样本是适当的，抽取多少样本、如何抽取，完全取决于审计人员的主观判断，容易产生主观偏见；审计人员没有客观的方法来评价他们可能发现的错误所造成的影响，不能定量估计审计风险。为了克服判断抽样法的这些缺点，就有必要结合运用统计抽样法。

三、审计抽样的几个概念

1. 被审项目总体

被审项目总体简称总体，是由一些至少具有某一标志方面共同特性的个体（项目）所组成的被抽查对象的全体。即要从这一全体（被审项目总体）中，抽取若干个体（样本项目）进行审查，并得出与其有关的结论。总体中所包含的个体（项目）数叫总体容量或总体规模。例如，审查某厂 2010 年 1 月 1 日到 3 月 31 日的现金收支业务凭证共 2 000 张，这 2 000 张现金收支业务凭证就是一个被审项目总体，其包含 2 000 个项目，即总体规模为 2 000。这一总体中各个项目的共同特性就是他们都与现金收支业务有关。无论是采用判断抽样，还是采用统计抽样，都必须合理确定被审项目总体。

2. 样本

样本是指按照一定的要求和方法，从被审项目总体中所抽取的一部分项目。样本是由总体中的一部分个体所组成的，是审计人员直接实施审计的对象。如前所述，被审项目总体包含2 000张现金收支凭证，假定从中抽取100张进行审查，那么这100张现金收支凭证就是样本。样本内所包含的项目（个体）数就叫样本数量（或样本规模）。样本内的每一项目统称样本项目。

3. 抽样

抽样是指从被审项目总体中抽取样本的过程。可以采用判断抽样，也可以采用统计抽样。

表5－1　随机数表

行＼栏	1	2	3	4	5	6
1	01409	36148	82091	87298	40397	71012
2	87988	82363	07934	52793	17641	19502
3	57583	06043	69502	12601	82698	32343
4	74647	73120	96981	68729	21054	56082
5	96436	17871	21823	76403	87277	32593
6	85123	20945	70255	22806	32530	98883
7	41439	22012	51811	04651	45119	97921
8	75357	55888	83430	96917	73978	07884
9	49573	65278	61493	44032	88720	73050
10	23392	50200	39055	15529	53404	33973
11	51184	31339	60009	66595	64358	14985
12	23370	25190	37842	44387	00420	42965
13	63835	86859	00678	58210	59820	24710
14	09875	51058	29958	61220	61330	79958
15	15069	06328	26905	34454	53965	66617
16	68436	60301	28620	91920	96081	27281
17	20924	76152	54090	88239	80732	20778
18	96458	13918	52375	57457	00084	64274
19	08917	21614	71008	20255	39891	75337
20	26466	39890	26362	86817	48193	33492

4. 随机性

随机性是指没有偏见或固定模式的状况。随机性是统计抽样或随机抽样的一个基本要求。按照随机性原则抽样时，总体中的每一个项目具有同等被抽中的机会。

5. 随机数表

随机数表也叫乱数表，是按照随机原则所产生的一个数表。它由 0 到 9 的阿拉伯数字组成，一般通过编排程序，由计算机系统输出。随机数表可以是两位数、三位数，也可以是四位数或五位数等，根据需要进行选用。表 5－1 是五位数随机数表的一部分。审计人员可以从随机数表的任何一行（栏）的某一点开始，往任何一个方向（上、下、左、右或对角线）开始选择。根据情况可以采用随机数表的全部位数，也可以采用其中的几位（前几位、后几位或中间几位），保证抽样的随机性。随机数表主要适用于统计抽样审计，它是统计抽样的基本抽样表之一。

第二节　统计抽样规模的确定

一、统计抽样审计的基本步骤

（一）确定被审项目总体

确定被审项目总体也就是确定具体的抽审对象。审计抽样中，总体确定得是否恰当，直接影响到审计目标的实现。为了合理地确定被审项目总体，必须注意以下几点：

1. 确定被审项目总体必须围绕审计的目标

围绕审计的目标确定被审项目总体，有利于完成审计的任务。例如，审计的目标是要查明被审单位货币资金的核算与管理是否合理、合法，那么有关货币资金收、发、存的业务及其记录资料，包括银行存款、库存现金和其他货币资金等，就应当纳入被审项目总体，作为审计对象进行抽查。这一总体还可以再分为若干子体（小总体），即“银行存款”子体、“库存现金”子体、“其他货币资金”子体，针对这些小的总体分别进行抽样审计，这样总体内项目之间的差异会更小，相关性会更强。

2. 组成被审项目总体的所有项目（个体）必须具有某一标志方面的共同特性

总体中的所有项目在内涵上必须具有共性，并且这一共性是与审计目标相关联的。例如，审查被审单位现金收支业务的合理性、合法性，总体为 2 000 张现金收支凭证，“与现金收支业务有关”就是一个标志，决定了它们具有共同特性。现金收支业务凭证能够反映现金的收支情况，它们可以组成一个反映现金收支情况的被审项目总体，通过对这一总体中一部分项目的审计，就可以推断一定时期内现金收支的合理性、合法性。

3. 被审项目总体的范围要有明确的界限

被审项目总体的范围是指总体的外延，它包括时间和空间两个方面。从时间上讲，总体应当包括什么时间或哪个期间的有关经济业务资料，必须有明确的界限。比如，审查某厂 2010 年第四季度的产成品收发保管情况，那么总体的时间界限应当是从 2010 年 10 月 1

日起到12月31日止，即只有在这一期间内发生的产成品收发存业务，才是这一总体的项目，而2010年9月10日或2011年1月5日发生的产成品收发存业务就不是这一总体的项目。从空间上讲，被审项目总体应当包括哪些内容，也应当有明确的界限。如上所述，审查某厂2010年第四季度的产成品收发保管情况，那么该期内发生的有关产品的收入、发出和结存的业务都是这一总体的内容，而材料方面的收发存业务则不是这一总体的内容。另外，企业的产成品又分为库存的产成品、送外展览展销的产成品、在本厂附设门市部待销的产成品、已经开出销售发票但购买单位尚未提货的产成品等，抽查时就应明确应当包括哪些方面的产成品。

4. 被审项目总体内的各个项目要有明确的区分标志

被审项目总体是由许多个体项目所组成的，总体内的各个项目必须有各自特殊的标志，以便区分。统计抽样中，一般是通过编号来区分总体内各个项目的。如审查销售发票共4 000张，这是一个被审项目总体，可以分别把这4 000张销售发票加以连续编号，即编号从1～4000，通过编号就可以把多个项目加以区分。抽样中，如果总体内的各个项目有编号，并且编号连续，就可以直接利用这些编号；如果总体内的各个项目没有编号，或因编号不连续等原因不能使用时，就应重新进行编号。

（二）确定样本规模

确定样本规模就是确定应当从被审项目总体中抽取多少个项目作为样本进行审查。统计抽样规模的确定可以采用两种方法，一种是查表确定，另一种是计算确定。这两种方法详见下文。

（三）抽取样本项目

抽取样本项目就是根据确定的样本规模，采用一定的方法，从被审项目总体中抽取所需要的样本项目。统计抽样的基本方法有随机数表抽样、等距抽样、元单位抽样、整群抽样和分层抽样等。这些方法将在第三节进行阐述。

（四）审查评价样本项目

从总体中抽取样本项目之后，审计人员要仔细审查这些样本项目，查明其中可能存在的错误和舞弊行为，确定样本项目对总体的代表性，并作好审计记录，详细反映审查结果。确定样本项目对总体的代表性时，要根据审查情况，先计算出样本项目的实际差错率：

$$\text{实际差错率}=\frac{\text{有差错的样本项目数}}{\text{样本项目总数}}\times 100\%$$

然后把实际差错率和预计差错率对比。通过对比可能会发现下列三种情况之一：①实际差错率和预计差错率相等或基本一致。这表明抽查的样本数量能够代表总体，可以满足审计需要。②实际差错率明显小于预计差错率。这表明抽查的样本数量过多，但能代表总体，也可以满足审计需要。③实际差错率明显大于预计差错率。这表明抽查的样本数量过少，不能代表总体，不能满足审计的需要。此时应按实际差错率重新抽样，并审查重新抽取的样本项目，直到能够满足审计需要为止。如果几经扩大样本规模后，实际差错率仍有升高的趋势，审计人员应考虑扩大差错率抽查，或者进行详细审计。

（五）推断被审项目总体

通过对样本项目的审查评价，确证样本项目能够代表被审项目总体后，就可以根据样本审查结果推断被审项目总体，并据以得出抽查结论。

二、确定统计抽样规模必须考虑的因素

（一）预计差错率

预计差错率就是事先估计的被审项目总体发生差错的百分比。确定预计差错率可以采用以下三种方法：一是根据被审单位的历史资料估计。比如，审查当前的销售发票，如果以前审查过这方面的问题，可以根据以前审查的情况来估计当前发生差错的百分比，或者把以前审计的实际差错率作为现在的预计差错率。如果以前没有审查过这方面的问题，可以通过调查来了解以前销售方面存在及发现的问题，根据历史资料估计其当前发生差错的可能性，得出一个预计差错率。二是根据被审单位内部控制制度的情况估计。如果被审项目总体方面企业的内部控制制度比较健全，并且执行有效，那么其发生错误和舞弊的可能性就小，此时预计差错率可低一些；反之，如果内部控制制度不健全，或者虽有内部控制制度，但没有认真执行，那么发生错误和舞弊的可能性就大，此时预计差错率应高一些。三是抽查确定。即从被审项目总体中抽取若干项目进行审查，根据审查结果确定预计差错率。比如被审项目总体为2 000个项目，从中抽取20个项目进行审查，其中一个项目有差错，那么预计差错率可以定为5%左右。

预计差错率一般用百分数表示，如5%、8%等。预计差错率与抽样规模呈正向关系。因此，预计差错率确定得是否恰当，对审计效率、审计质量有很大影响。

（二）精确限度

精确限度是指样本结果的允许误差范围，或者说是样本差错率与总体实际差错率的偏离程度。确定精确限度要充分考虑被审项目的重要性。一般来说，被审项目越重要，精确限度应越高。精确限度反映了样本特性与总体特性之间的关系。精确限度越高，要求的样本特性与总体特性之间的差异越小。

精确限度与抽样规模呈正向关系。精确限度一般用百分数表示，分为上限和下限。如总体的差错率为4%，允许误差±1%，那么精确限度在3%和5%之间，其中3%为精确限度下限，5%为精确限度上限。在确定统计抽样规模时，一般只考虑精确限度上限，这样可以留有更大的余地，既能减少抽样规模，又能使审计结论在可接受的范围内。

（三）可靠程度

可靠程度就是抽样审计结论的可靠性。即在一定的精确限度范围内，预期样本结果能够代表总体的百分比，它说明审计人员有多大的把握使被审项目总体的特性在确定的精确限度区间内。比如，用精确限度4%±1%估计被审项目总体的误差，它并不表明审计人员能完全保证总体的误差恰好在3%和5%之间，审计人员对此可能只有90%或95%的把

握，90%或95%就代表可靠程度。

确定可靠程度要充分考虑被审单位内部控制制度的情况。一般来说，被审项目总体方面的内部控制制度良好，可靠程度可低一些；反之，可靠程度应高一些。可靠程度常用百分数表示。统计抽样审计中，可靠程度一般采用90%、95%或99%。可靠程度与抽样规模呈正向关系。

（四）总体规模

总体规模就是被审项目总体中包含的个体数量。总体规模与抽样规模呈正向关系。但统计抽样中，抽样规模的大小往往并不直接与总体规模有关，在确定诸如精确限度等因素时，要考虑总体规模，而在查表确定抽样规模时，样本数量的多少与总体规模无关。只有在采用不返回抽样计算抽样规模时，总体规模与抽样规模才是直接呈正向关系的。

三、确定统计抽样规模的方法

（一）查表确定

查表确定就是利用样本数量确定表来查找、确定所需要的样本数量的一种方法。样本数量确定表是根据不同的精确限度、可靠程度和预计差错率所需要的样本数量，加以对照排列所编成的一种抽样表。表5－2、5－3、5－4分别为90%、95%和99%三种可靠程度的样本数量确定表。

例：审计人员审查某企业的现金收支业务凭证共5 000张，预计差错率为7%，要求的可靠程度为95%，精确限度为±3%，精确限度上限为10%（7%＋3%）。查表确定所需要的样本规模。

查可靠程度为95%的样本数量确定表（表5－3），找到精确限度上限10%这一栏，从此往下查，再找到预计差错率为7%这一行，从此往右查，二者交叉处的样本数量为300，这就是所需要的样本数量。

（二）计算确定

计算确定就是利用确定抽样规模的公式来计算所需要的样本数量的方法。在计算确定样本数量时，有两种公式，一种是返回抽样的计算公式，另一种是不返回抽样的计算公式。返回抽样是指从被审项目总体中每抽取一个样本项目后，把该项目的编号记下，然后再把其放回总体中，在总体容量不变的情况下，依次抽取样本项目，直到满足需要为止。不返回抽样是指依次从被审项目总体抽取样本项目，样本项目一经抽取，不再放回总体中，在总体容量不断减少的情况下，依次抽取样本项目，直到满足需要为止。当被审项目总体为无限总体时，可采用返回抽样。因为返回抽样时往往会造成重复抽样，即总体中的一些项目会不止一次地被抽中，所以在同样的情况下，用返回抽样公式计算出的样本数量要大于用不返回抽样公式所计算出的样本数量。审计抽样中，被审项目总体多属有限总体，为了提高样本项目的代表性，常采用不返回抽样。

表 5－2　样本数量确定表（可靠程度 90%）

样本数量 \ 精确限度上限 / 预计差错率（%）	0.5%	1%	2%	3%	4%	5%	6%	7%	8%	9%	10%	12%
0.00	460	230	120	80	60	50	40	40	30	30	25	* *
0.25	*	400	200	140	100	80	70	60	50	50	40	40
0.50		800	200	140	100	80	70	60	50	50	40	40
1.0			400	180	100	80	70	60	50	50	40	40
1.5			*	320	180	120	90	60	50	50	40	40
2.0				600	200	140	90	80	50	50	40	40
2.5				*	360	160	120	80	70	60	40	40
3.0					800	260	160	100	90	60	60	50
3.5					*	400	200	140	100	80	70	50
4.0						900	300	200	100	90	70	50
4.5						*	550	220	160	120	80	60
5.0							*	320	160	120	80	60
5.5								600	280	160	120	70
6.0								*	380	200	160	80
6.5								*	600	260	180	90
7.0									*	400	200	100
7.5									*	800	280	120
8.0										*	460	160
8.5										*	800	200
9.0											*	260
9.5											*	380
10.0												500
11.0												*

* 大于 1 000.

* * 小于 25.

表 5－3　样本数量确定表（可靠程度 95%）

精确限度上限 样本数量 预计差错率（%）	0.5%	1%	2%	3%	4%	5%	6%	7%	8%	9%	10%	12%
0.00	600	300	150	100	80	60	50	50	40	40	30	30
0.25	*	650	240	160	120	100	80	70	60	60	50	40
0.50		*	320	160	120	100	80	70	60	60	50	40
1.0			600	260	160	100	80	70	60	60	50	40
1.5			*	400	200	160	120	90	60	60	50	40
2.0				900	300	200	140	90	80	70	50	40
2.5				*	550	240	160	120	80	70	70	40
3.0					*	400	200	160	100	90	80	60
3.5					*	650	280	200	140	100	80	70
4.0						*	500	240	180	100	90	70
4.5						*	800	360	200	160	120	80
5.0							*	500	240	160	120	80
5.5							*	900	360	200	160	90
6.0								*	550	280	180	100
6.5								*	1000	400	240	120
7.0									*	600	300	140
7.5									*	*	460	160
8.0										*	650	200
8.5										*	*	280
9.0											*	400
9.5											*	550
10.0												800
11.0												*

*大于 1 000.

表 5－4 样本数量确定表（可靠程度 99%）

预计差错率（%）＼ 样本数量 ＼ 精确限度上限	0.5%	1%	2%	3%	4%	5%	6%	7%	8%	9%	10%	12%
0.00	920	460	230	160	120	60	80	70	60	50	50	40
0.25	*	*	340	240	180	140	120	100	90	80	70	60
0.50		*	500	280	180	140	120	100	90	80	70	60
1.0			*	400	260	180	140	100	90	80	70	60
1.5			*	800	360	200	180	120	120	100	90	60
2.0				*	500	300	200	140	140	100	90	70
2.5				*	1000	400	240	200	160	120	100	70
3.0					*	700	360	260	160	160	100	90
3.5					*	*	550	340	200	160	140	100
4.0						*	800	400	280	200	160	100
4.5						*	*	600	380	220	200	120
5.0							*	900	460	280	200	120
5.5							*	*	650	380	280	160
6.0								*	1000	500	300	180
6.5								*	*	800	400	200
7.0									*	*	600	240
7.5									*	*	800	280
8.0										*	*	400
8.5										*	*	500
9.0											*	700
9.5											*	1000
10.0												*
11.0												*

* 大于 1 000.

计算样本数量时，要把可靠程度根据正态分布换算成可靠程度系数。常用的可靠程度系数见表5－5。

表5－5　常用可靠程度系数表

可靠程度（%）	70	75	80	85	90	95	95.45	99
可靠程度系数（t）	1.04	1.15	1.28	1.44	1.64	1.96	2	2.58

下面结合实例说明样本数量的计算确定。

例：审计人员审查某企业的现金收支凭证共5 000张，可靠程度为95%，可靠程度系数 $t=1.96$，预计差错率 $P=7\%$，精确限度 $\pm2\%$，$\Delta=0.02$，被审项目总体 $N=5\ 000$。

则返回抽样时的样本数量为：

$$N'=\frac{t^2P(1-P)}{\Delta^2}=\frac{(1.96)^2\times0.07\times(1-0.07)}{(0.02)^2}\approx 625$$

不返回抽样时的样本数量为：

$$n=\frac{t^2P(1-P)N}{N\Delta^2+t^2P(1-P)}=\frac{(1.96)^2\times0.07\times(1-0.07)\times5\ 000}{5\ 000\times(0.02)^2+(1.96)^2\times0.07\times(1-0.07)}\approx 556$$

第三节　统计抽样的基本方法

一、随机数表抽样

随机数表抽样就是根据确定的样本规模，按照随机原则，从随机数表中抽取所需要的样本号码的方法。采用随机数表抽样的基本步骤与前面讲的相同。首先要确定被审项目总体，并对总体的各个项目加以编号。然后再确定抽样规模，可以查表或计算确定。抽样规模确定之后，要确定使用哪几位随机数，即根据总体编号的数字位数，确定使用随机数表数字的位数。随机数表有不同的情况，有三位、四位或五位等，根据需要选用。如果已有随机数表的数字位数大于总体编号的最大位数，可以选用随机数表中数字的一部分（比如前面几位数或后面几位数）。总之，必须符合下列要求：使用随机数表数字的位数等于被审项目总体最大编号的位数。

确定使用随机数表数字的位数之后（这是随机数表抽样的规则之一），还要规定其他抽样规则，即规定从随机数表的哪一栏、哪一行开始，往哪一个方向（上、下、左、右）选择，这些都可以任意规定。这些规则都确定之后，就可以选取所需要的样本号码。选取的样本号码必须符合下列要求：被审项目总体的最小编号≤抽取的样本号码≤被审项目总体的最大编号。

选取样本号码之后，要一一作出记录，把从随机数表中选出的样本号码与被审项目总体中各个项目的编号对照，把总体中与编号对应的项目抽出，这些就是要抽取的样本项目。比如，有一个样本号码为45，总体中有一张凭证的编号是45，那么这张凭证就是要抽取的样本项目。

例：审计人员审查某企业的销售发票 4 000 张，预计差错率为 2%，要求的可靠程度为 90%，精确限度为 ±3%，精确限度上限为 5%（2% +3%），试抽取样本号码并确定样本项目。

第一步，确定总体并编号。总体为 4 000 张销售发票，编号从 1 ~4000。

第二步，确定样本规模。查可靠程度为 90% 的样本规模确定表（表 5 –2），找到精确限度上限 5% 这一栏，从此往下查，再找到预计差错率 2% 这一行，从此往右查，二者交叉处的 140 即为要确定的样本数量。

第三步，确定抽样规则。本例假定从随机数表（表 5 –1）的第一栏、第一行开始往下选，使用前四位数。如果第一栏、第一行选不够，可以从第二栏、第一行开始再往下选，依此类推，直到选够为止。

第四步，选取样本号码。1≤选取的样本号码≤4000。从第一栏、第一行开始，从上往下选：140，2339，2337，987，1506，2092，891，2646。第二栏、第一行再选：3614，604，1787，2094，2201，3133，2519，632，…这样一直选下去。也可以改变抽样规则再选，选够 140 个为止。选样过程中，遇到重复的号码时要扣除，只保留一个。

第五步，确定样本项目。总体中编号为 140，2339，…的销售发票就是样本项目，要把它们抽出来进行审查。

采用随机数表抽样，较好地贯彻了随机原则，能够保证总体中的所有项目具有同等被抽中的机会，抽取的样本项目比较客观，当总体特性分布比较均匀时，样本项目的代表性也较强，这是其优点。但是，当总体特性分布不均匀时，随机数表抽样所抽取的样本项目的代表性就较差，并且当总体容量较大，样本数量也较多时，编号工作量和抽样工作量都较大，这是其缺点。随机数表抽样是最基本的随机抽样方法，其他随机抽样方法都要与之结合使用。

二、等距抽样

等距抽样也叫系统抽样，就是先将被审项目总体编号排定顺序，然后按一定的间隔距离抽取样本的一种抽样方法。等距抽样的步骤与随机数表抽样的步骤相似。采用等距抽样，关键在于确定抽样间隔和随机起始点。抽样间隔就是相邻两个样本之间的间隔距离。其计算公式如下：

$$\text{抽样间隔}=\frac{\text{被审项目总体规模}}{\text{样本规模}}\times\text{随机起始点的个数}$$

随机起始点是等距抽样中计算全部样本号码所依靠的初始样本号码。随机起始点有两种，即单个随机起始点和多个随机起始点。相应地，等距抽样也就分为单个随机起始点等距抽样和多个随机起始点等距抽样。无论哪一种等距抽样，随机起始点号码必须符合下列要求：0≤随机起始点号码≤抽样间隔。即随机起始点必须在抽样间隔范围内。下面结合实例分别介绍单个随机起始点和多个随机起始点等距抽样。

（一）单个随机起始点等距抽样

单个随机起始点是指等距抽样中计算全部样本号码所依靠的初始样本号码只有一个。单个随机起始点等距抽样，就是从抽样间隔范围内，选定一个数作为初始样本号码，然后从该初始样本号码开始，依次加抽样间隔，计算出所有样本号码的一种抽样方法。

例：审查某企业的材料明细账共1 000户，确定的抽样规模为40，试用等距抽样，采用一个随机起始点，确定所有样本号码。

$$\text{抽样间隔} = \frac{1\ 000}{40} = 25$$

从1～25之间选定一个数作为随机起始点。假定选15，那么所有的样本号码如下：15，40（15+25），65，90，115，140，…，940，965，990。采用单个随机起始点，抽样工作简捷，计算简单，便于掌握。但所抽取的样本号码随机性较小，当总体特性分布不均匀时，其代表性较差。为了克服这一缺点，可以采用多个随机起始点。

（二）多个随机起始点等距抽样

多个随机起始点是指等距抽样中计算全部样本号码所依靠的初始样本号码不是一个，而是多个（两个或两个以上）。多个随机起始点等距抽样，就是在抽样间隔范围内，选出确定的随机起始点个数，从小到大排列，作为初始样本号码，然后分别依次加抽样间隔，计算出所有样本号码的一种抽样方法。此时，样本的随机性较大，代表性较强。

例：审查某企业的材料明细账共1 000户，确定的抽样规模为40，试用等距抽样，采用6个随机起始点，确定所有样本号码。

$$\text{抽样间隔} = \frac{1\ 000}{40} \times 6 = 150$$

从1～150之间确定6个数作为随机起始点（可查随机数表确定）。假定有下列号码作为初始样本号码：14，98，150，89，20，61。由此可计算出所有的样本号码如下：

1～6个样本号码：14，20，61，89，98，150，

7～12个样本号码：164（14+150），170，211，239，248，300，

……

37～40个样本号码：914，920，961，989。

采用等距抽样简便易行，确定样本号码的工作十分方便，能够比较均匀地抽取总体内的项目。一般来说，其抽样分布比随机数表抽样均匀，样本的代表性也较强，特别是采用多个随机起始点时，因为随着随机起始点的增多，抽样间隔相应扩大，抽样分布的随机性就增加，从而就提高了样本项目的代表性，这是其优点。但这种抽样方法的编号工作量较大，样本项目的代表性对总体特性的分布及个体差异情况的依赖性较强，这是其缺点，也是各种随机抽样方法所面临的问题。在随机抽样中，相对其他抽样方法，等距抽样应用得比较多。当要抽取的样本项目较多时，常采用这种方法。

三、元单位抽样

元单位抽样就是把被审项目总体的金额（以元为单位）作为抽查对象来抽取样本的方

法。在元单位抽样中，被审项目总体不再是以凭证、账户等来表示，而是以金额“元”来表示。如被审项目是2 000张领料单，总金额是1 800 000元。元单位抽样中，总体容量应是1 800 000个（元），而不是2 000张（领料单）。

元单位抽样可以分为以下几步：①确定被审项目总体；②确定样本规模；③将总体项目按金额的大小顺序编号排列（金额为零和负数的项目剔除）；④计算总体的累计金额；⑤从随机数表中选取所需要的样本号码；⑥查找样本号码在累计金额表中的位置，与此相对应的项目就是样本项目。

在元单位抽样中，被审项目总体中某一项目的金额越大（元单位越多），被抽中的机会越大，能够以较少的样本审查较多的金额，便于抓住重点，也易于发现金额扩大的错误。如某一项目的实际金额为520元，记账时误记为5 200元，扩大了9倍，金额被扩大，该项目被抽中的机会就增加，错误也就容易被发现，这是其优点。但是，采用元单位抽样计算比较复杂，特别是累计金额表的编制，总体项目多时工作量较大，并且不易发现金额缩小的错误，特别是对总体中金额为零或负数的项目，根本不可能抽到，会造成一定的疏漏，这是其缺点。如果账户的余额为零或负数，采用元单位抽样时，为了减少疏漏，可以将其作为当然的样本项目进行审查，因为这些项目一般不多，并且存在舞弊的可能性也较大，通过审计便于发现问题。

四、分层抽样

分层抽样就是将被审项目总体分为若干子总体，然后在各个子总体中抽取适当数量的样本项目进行审查判断，并据以推断总体结果的一种方法。采用分层抽样必须明确应当将总体分为多少层次（子总体），分层界限如何确定，每个层次应抽取多少样本等问题。

分层抽样中层数的确定，应当从总体容量、总体特性、样本规模和审计费用等方面去考虑。一般来说，总体容量越大，层数相应也越多。层数分得越多，各个层次总体之间的差异就越小，相应地也能缩小抽样规模，因为总体各项目的差异越小，样本的代表性就越强，从而能以较少的样本代表总体。但层数越多，计算工作量越大，审计费用就会增加。因此，在纯手工处理情况下常把总体分成五至十层，只有当使用计算机系统辅助进行分层抽样时，才将总体分为十层以上，这样能较好地达到分层抽样的目的。

分层界限确定得是否恰当，对能不能缩小总体内有关项目之间的差异有较大影响。确定分层界限一般有三种方法：第一，主观确定法。即审计人员根据对总体项目情况的分析判断来确定分层界限。第二，等值法。就是把总体中账项的最大记录除以确定的分层数，从而得到各层间隔相等的分层界限。第三，累计等值频率平方根法。它是按照各层规模乘上标准差要大致相同这一设想来确定分层界限的。与前两种方法相比，其能明显地缩小各层项目之间的差异。这种方法比较复杂，不再细说。

综上可知，分层抽样把被审项目总体按照一定的界限分层排列，区分不同项目的重要性来决定抽样规模，这样既增强了抽样工作的针对性，又能缩小各子总体内项目之间的差异，增强样本项目的代表性，能够把判断抽样和统计抽样有机地结合起来，这是其优点。但是运用分层抽样，要求分层数与分层界限必须适当，工作量较大，这是其缺点。抽样工作中，应尽量把分层抽样方法与其他抽样方法结合使用，这样可以更好地达到抽样的目的。

五、整群抽样

整群抽样就是按照一定的标志，把被审项目总体分为一定数量的子总体（群体），然后从这些子总体中抽取若干子总体作为样本的一种抽样方法。它和分层抽样的主要区别在于：分层抽样是以各层的项目作为抽查对象，有些层次的项目可能全部被抽中，有些层次的项目可能只被抽中一部分，每一个层次都有项目被抽中；整群抽样是以各个子总体为抽查对象，某一子总体若被抽中，那么该子总体内的所有项目都是样本，没有被抽中的子总体内的项目都不是样本，并非每一子总体都有项目被抽中。其实，分层抽样中的“层”和整群抽样中的“群”是一样的，二者都是子总体。

采用整群抽样方法时，抽取的样本项目比较集中，能够突出查明某一群体（或某一时期）项目的详细情况，也简化了审计工作，这是其优点。但是，由于整群抽样所抽取的样本项目比较集中，因而影响了抽样分布的均匀性，样本项目的代表性往往较差，这是其缺点。当要抽取的样本项目较多时，可以采用这种方法。

第四节　属性抽样和变量抽样

一、属性抽样和变量抽样的含义

如前所述，组成被审项目总体的所有项目，都必须具有某一标志方面的共同特性。这些标志是多方面的，有的可以用数量、金额表示，如账户的余额、产成品的数量等；有的则不能用数量、金额表示，而只能用文字来描述，如支出现金是否经过批准，有无坐支现金等。统计抽样审计中，把能够用数量、金额表示的标志叫变量标志，与之相应的被审项目总体称为变量总体；不能用数量、金额表示，只能用文字描述的标志叫属性标志，与之相应的被审项目总体称为属性总体。根据总体特性的不同，统计抽样又可分属性抽样和变量抽样。在这两种抽样审计方法中，要用到前面所讲的样本规模的确定方法和样本项目的选取方法。

属性一般是指事物所固有的某种性质。审计工作中，总体的属性是指该总体中项目发生错误或舞弊的特性。所谓属性抽样，就是用来估计被审项目总体的符合性测试，即用于评价被审单位是否认真执行内部控制制度、执行是否有效，根据错弊的发生情况来确定是否可以信赖和依靠内部控制制度。

运用属性抽样时，必须明确总体的属性标志。例如，制度规定付款凭证必须经过审核人签章才能支付。那么有签章是一种属性，没有签章也是一种属性。前者表现为符合制度，后者表现为不符合制度，这是一种“例外”。属性抽样中都是以“不符合”作为属性标志的。对内部控制制度进行符合性测试，就是要测试制度的执行情况，如果制度执行中的“例外”不超过一定的限度，就认为制度执行良好，可以信赖；反之，不可信赖。制度执行中的“例外”往往会造成错误或舞弊，因此可用属性抽样去估计总体发生错弊的可能性。常用的属性抽样方法有两种，一种是属性估计抽样，一种是属性发现抽样，这两种方法将在下面详细介绍。

变量抽样是用于对被审项目总体进行定量估计，并描述总体数量特征的一种抽样方法。这种方法常用于对被审单位账户余额和业务发生额的实质性测试，即检查有关账户、报表的数据是否真实、完整、正确。常用的变量抽样方法有：变量估计抽样、比率估计和差异估计、元单位抽样等。下文主要介绍变量估计抽样、比率估计和差异估计。

二、属性估计抽样

属性估计抽样是用于估计被审项目总体特性发生率的一种属性抽样审计方法。它主要是通过对抽取样本的审查，确定样本差错发生率是否超过预先规定的限度，并据以推断总体特性，从而确定内部控制制度是否可以信赖。下面结合实例说明属性估计抽样方法。

（一）确定总体的属性范围

进行属性抽样，必须先确定被审项目总体的属性范围。例如，审计的目标是测试现金核算与管理是否符合内部控制制度，根据这一目标可以规定，凡有下列情况之一的都应视作不符合制度，可能存在错误或舞弊行为：以不合法的原始凭证办理现金收付业务；现金收付款凭证没有审核人签章；超过现金使用范围使用现金；现金收付额计算错误等。

（二）确定样本规模

假如现金收付凭证共有 5 000 张，确定的可靠程度为 90%，预计差错率为 5%，精确限度为 ±2%，精确限度上限为 7%，则查表 5－2 可知，样本规模为 320。

（三）抽取并审查样本项目

确定了样本规模之后，就可以采用前面所讲的方法（如随机数表抽样、等距抽样等）抽取样本项目。抽取样本项目之后，可采用一定的方法对样本项目进行审查，根据审查结果计算出样本的实际差错率，并把实际差错率与预计差错率对比，通过对比确定样本规模的适当性，看样本结果能否代表总体，能否满足审计的需要。在上例中，如果通过对 320 个样本项目的审查，发现其中有 13 张凭证存在错弊，那么样本项目的实际差错率为 4%（13/320 ×100%），小于预计差错率 5%，表明样本能够满足需要。

（四）根据样本审查结果推断总体

通过审查样本项目，得出样本的实际差错率后，就可以据此推断总体的差错率。但是，因为存在抽样误差，所以不能简单地以样本差错率代替总体的差错率，而应当以规定的可靠程度去推断总体的差错率。

属性抽样审计中只使用精确限度上限。属性抽样审计结论通常以一定的可靠程度来确信总体的差错率不超过某一百分数，这个百分数就是样本的实际差错率加上精确限度所形成的精确限度上限。精确限度上限可以通过计算求出。如本例，计算出的样本实际差错率为 4%，确定的精确限度为 ±2%，那么精确限度上限就为 6%（4% +2%）。只要样本的实际差错率在可接受的范围内，那么精确限度也必然在可接受的范围内，这样就可以对总体作出推断，并得出审计结论。

为了得出属性抽样审计的结论，也可以根据所确定的可靠程度、已审查的样本规模和审查出的样本实际差错数，直接查样本结果评价表来确定精确限度上限。表5-6、5-7、5-8分别为90%、95%和99%三种可靠程度的样本结果评价表。使用样本结果评价表时，如果审查的样本规模处于两行之间，这时要利用表中较小的样本规模那一行；如果样本中发现的差错数处在两栏之间，这时要用表中较高差错数那一栏，以保证审计结论的可靠性。本例中确定的可靠程度为90%，样本规模为320，查出的样本差错数为13，查表5-6可知，精确限度上限为6%，与前面的计算结果相同，在可接受的范围内。

因此，审计人员可以得出结论：以90%的把握确信现金收付凭证的差错率不超过6%，在可接受的范围内，被审单位现金收付业务方面的内部控制制度是可以信赖的。

三、属性发现抽样

属性发现抽样就是通过对样本项目中是否存在一个差错项目的测定，来推断总体特性的一种方法。在属性发现抽样中，审计人员的目标不是估计总体的差错发生率，而是提供一种保证。在事先规定的总体可靠程度下，按照一定的差错发生率，样本中将至少发现有一个差错项目；如果样本中没有发现差错项目，审计人员将保证总体的差错发生率不会超过限定的水平，从而确立其可信性。

属性发现抽样中，可以根据样本数量确定表来确定所需要的样本数量，但此时预计差错率一律取零。例如，审计人员审查某企业的销售发票共3 000张，确定的可靠程度为95%，预计差错率为0，精确限度上限为2%。查表可知样本数量为150。通过审查样本项目，一旦发现有一个项目存在错弊，就达到了抽样审计目的，此时应停止一切抽样工作，对总体进行详细审查。如果通过对150张销售发票的审计，没有发现任何项目有错弊，审计人员就可以得出结论：以95%的保证程度确信被审项目总体的差错发生率不超过3%。但并不能完全肯定总体项目没有任何错弊。

属性发现抽样中，样本中是否存在一个有错弊的项目也可不通过审查，而通过查属性发现抽样表来估计。属性发现抽样表例示见表5-9。如上例，审查3 000张销售发票，审计人员要求以95%的保证程度，确信总体的差错发生率不超过2%，那么从140个（150靠140）样本项目发现有一个错弊项目，总体差错发生率会超过2%。抽样目标达到，要对总体进行详细审查。

属性发现抽样比较简便，如果总体的差错发生率不超过或超过了审计人员所规定的最大限度，能很快确立其可信性（不超过是可信的，超过了是不可信的），因为一旦在样本中发现有一个存在错弊的项目，测试的目标就已达到，其余的样本项目就不需要审查了。当然，如果审计人员想估计总体的差错发生率，也可以审查完所有的样本项目。当怀疑总体中存在错弊，并且被测试的控制环节比较重要时，可运用属性发现抽样。

表 5－6　样本结果评价表（可靠程度 90%）

样本数量 \ 样本差错数 \ 精确限度上限	0.5%	1%	2%	3%	4%	5%	6%	7%	8%	9%	10%	12%
25										0		
30									0			
40							0			1		
50						0			1			2
60					0			1		2		3
70					0		1		2		3	4
80				0		1		2		3	4	5
90				0		1	2		3	4		6
100				0	1		2	3	4		5	7
120			0		1	2	3	4	5	5	7	9
140			0	1	2	3	4	5	6	7	9	11
160			0	1	2	4	5	6	8	9	10	13
180			0	2	3	4	6	7	9	10	12	15
200			1	2	4	5	7	8	10	12	14	17
220			1	2	4	6	8	10	12	13	15	19
240		0	1	3	5	7	9	11	13	15	17	21
260		0	1	3	5	8	10	12	14	17	19	24
280		0	2	4	6	8	11	13	16	18	21	26
300		0	2	4	7	9	12	14	17	20	22	28
320		0	2	5	7	10	13	16	18	21	24	30
340		0	3	5	8	11	14	17	20	23	26	32
360		0	3	6	9	12	15	18	21	25	28	34
380		0	3	6	9	13	16	19	23	26	30	37
400		1	4	7	10	14	17	21	24	28	31	39
420		1	4	7	11	14	18	22	26	29	33	41
460	0	1	4	8	12	16	20	24	28	33	37	45
500	0	1	5	9	13	18	22	27	31	36	40	50
550	0	2	6	10	15	20	25	30	35	40	45	55
600	0	2	7	12	17	22	28	33	39	44	50	61
650	0	2	8	13	19	24	30	36	42	48	54	66
700	0	3	8	14	20	27	33	39	46	52	59	72
800	0	4	10	17	24	31	38	46	53	61	68	83
900	0	4	12	20	28	36	44	52	61	69	78	95
1 000	1	5	13	22	31	40	49	59	68	77	87	106

表5－7　样本结果评价表（可靠程度95%）

样本数量 \ 样本差错数 \ 精确限度上限	0.5%	1%	2%	3%	4%	5%	6%	7%	8%	9%	10%	12%
25												0
30									0			
40								0				1
50							0				1	
60						0			1			2
70						0		1		2		3
80					0		1		2		3	4
90					0		1	2		3	4	5
100				0		1		2	3	4		6
120				0	1		2	3	4	5	6	8
140				0	1	2	3	4	5	6	7	10
160			0	1	2	3	4	5	8	8	9	12
180			0	1	2	3	5	6	8	9	11	14
200			0	1	3	4	6	7	9	11	12	16
220			0	2	3	5	7	8	10	12	14	18
240			1	2	4	6	8	10	12	14	16	20
260			1	3	4	7	9	11	13	15	17	22
280			1	3	5	7	10	12	14	17	19	24
300		0	1	3	6	8	11	13	16	18	21	26
320		0	2	4	6	9	11	14	17	20	22	28
340		0	2	4	7	10	12	15	18	21	24	30
360		0	2	5	8	10	13	17	20	23	26	32
380		0	2	5	8	11	14	18	21	24	28	34
400		0	3	6	9	12	15	19	22	26	29	37
420		0	3	6	9	13	16	20	24	27	31	39
460		0	4	7	11	15	18	22	26	31	35	43
500		1	4	8	12	16	21	25	29	34	38	47
550		1	5	9	14	18	23	28	33	38	43	53
600	0	1	6	10	15	20	26	31	36	42	47	58
650	0	2	6	12	17	23	28	34	40	46	52	64
700	0	2	7	13	19	25	31	37	43	50	56	69
800	0	3	9	15	22	29	36	43	51	58	65	80
900	0	4	10	18	26	34	42	50	53	66	74	91
1 000	1	4	12	20	29	38	47	56	65	74	84	102

表 5-8　样本结果评价表（可靠程度 99%）

精确限度上限 样本差错数 样本数量	0.5%	1%	2%	3%	4%	5%	6%	7%	8%	9%	10%	12%
25												
30												
40												0
50											0	
60										0		1
70									0		1	2
80								0		1		2
90							0		1		2	3
100						0		1		2	3	4
120					0		1	2		3	4	6
140					0	1	2	3		4	5	7
160				0		1	2	3	5	6	7	9
180				0	1	2	3	4	6	7	8	11
200				0	1	3	4	5	7	8	10	13
220				0	2	3	5	6	8	10	11	15
240			0	1	2	4	6	7	9	11	13	17
260			0	1	3	5	6	8	10	12	14	19
280			0	2	3	4	7	9	12	14	16	21
300			0	2	4	6	8	10	13	15	18	23
320			0	2	4	7	9	11	14	17	19	24
340			1	3	5	7	10	13	15	18	21	26
360			1	3	6	8	11	14	16	19	22	28
380			1	3	6	9	12	15	18	21	24	30
400			1	4	7	10	13	16	19	22	26	32
420			2	4	7	10	14	17	20	24	27	35
460		0	2	5	8	12	15	19	23	27	31	39
500		0	3	6	10	13	17	21	26	30	34	43
550		0	3	7	11	15	20	24	29	34	38	48
600		0	4	8	13	17	22	27	32	37	43	53
650		0	4	9	14	19	25	30	36	41	47	58
700		1	5	10	16	21	27	33	39	45	51	64
800		1	7	13	19	25	32	39	46	53	60	74
900		2	8	15	22	29	37	45	53	61	69	85
1 000	0	2	9	17	25	34	42	51	60	69	78	96

表5－9　被审项目总体在2 000和5 000之间的属性发现抽样

从样本中发现只有一个差错的概率（%）／差错发生率／要求的样本规模	0.3%	0.4%	0.5%	0.6%	0.8%	1%	1.5%	2%
50	14	18	22	26	33	40	53	64
60	17	21	26	30	38	45	60	70
70	19	25	30	35	43	51	66	76
80	22	28	33	38	48	56	70	80
90	24	31	37	42	52	60	75	84
100	26	32	40	46	56	64	78	87
120	31	39	46	52	62	70	84	91
140	35	43	51	57	68	76	88	94
160	39	48	56	62	73	80	91	96
200	46	56	64	71	81	87	95	98
240	52	63	71	77	86	92	98	99
300	61	71	79	84	92	96	99	99 +
340	65	76	83	88	94	97	99 +	99 +
400	71	81	88	92	96	98	99 +	99 +
460	77	86	91	95	98	99	99 +	99 +
500	79	88	93	96	99	99	99 +	99 +
600	85	92	96	98	99 +	99 +	99 +	99 +
700	90	95	98	99	99 +	99 +	99 +	99 +
800	93	97	99	99	99 +	99 +	99 +	99 +
900	95	98	99	99 +	99 +	99 +	99 +	99 +
1 000	97	99	99 +	99 +	99 +	99 +	99 +	99 +

注：99 + 表示99.5或更大的概率；本表省略了最接近1%的概率。

表5－10　d2系数表（部分）

组数	6	7	8
d2系数	2.534	2.704	2.847

四、变量估计抽样

变量估计抽样，也叫每单位平均数估计抽样，是利用样本的平均值来估计总体的平均值，再据以推断总体金额的一种变量抽样审计方法。这种方法的基本假定是：在一定的精确限度和可靠程度下，样本的平均值能够代表总体的真实平均值。这一假定的理论基础是正态分布理论。

运用变量估计抽样时，审计人员的主要目标是：根据样本情况估计总体全部价值的真实性，并将估计的总体价值与被审项目总体的记录总值进行对比。在对总体价值进行估计时，要考虑一定的可靠程度、精确限度和总体的标准偏差。总体的标准偏差是指总体中的个体数值与总体平均数值的平均偏离程度，它在变量抽样中是重要的，并且与抽样规模直接相关。总体的标准偏差可按下式计算：

$$s=\sqrt{\frac{\sum\ (x-\bar{x})^2}{N}}$$

公式中：s——总体的标准偏差；x——总体中个体的数值；$\bar{x}$——总体的平均值，$\bar{x}=\frac{\sum x}{N}$；N——总体规模。统计抽样中，总体规模往往较大，根据上述公式手工计算总体的标准偏差是十分繁琐的，运用计算机操作才比较简便。如果用人工估计总体的标准偏差，可以随机从总体中抽取30到50个项目作为样本，计算这些项目的标准偏差，用计算结果作为总体的标准偏差。另外还可以用下列简要方法计算总体的标准偏差：第一，随机选取50个样本项目，按抽取的顺序将其分成6组或7组；第二，计算出各组中样本最高额和最低额之间的差额；第三，用组数去除计算出的各组差额之和，得出平均差额；第四，根据组数（包括样本数）确定d2系数（见表5－10）；第五，用d2系数去除平均差额，以推算出总体标准差。上述方法虽然不够精确，但很简便。下面结合实例来说明变量估计抽样方法。

例：审计人员对某企业的应收款账户进行实质性测试，有关情况如下：总体账面余额2 567 800元；总体有1 862个账户，$N=1\ 862$；精确限度$p=\pm 55\ 000$；可靠程度为90%，可靠程度系数$t=1.64$；估计的总体标准偏差$s=210$。

第一步，确定样本规模。返回抽样时的样本规模：

$$n'=\left(\frac{tsN}{p}\right)^2=\left(\frac{1.64\times 210\times 1\ 862}{55\ 000}\right)^2\approx 136$$

将返回抽样时的样本规模调整为不返回抽样时的样本规模：

$$n=\frac{n'}{1+\frac{n'}{N}}=\frac{136}{1+\frac{136}{1\ 862}}\approx 127$$

变量抽样中对样本规模的确定与属性抽样有所不同。属性抽样规模可以查表，也可以按前面所讲的公式来确定。变量抽样中抽样规模的确定既不能查表，也不能直接运用前面所讲的公式计算，而必须按上述公式计算，变量抽样中精确限度要以金额表示，并且还要用到精确限度下限，因为变量总体中的错误可能是扩大了总体金额，也可能是缩小了总体金额。变量抽样要用总体标准偏差来表示总体内各项目之间的差异，而不用总体预计差错率。

第二步，抽取样本项目。为了满足所要求的可靠程度和精确限度，审计人员必须从总体中抽样取127个样本项目。假定采用等距抽样，使用一个随机起始点。

$$抽样间隔 = \frac{1\ 862}{127} \approx 15$$

假定随机起始点为8，那么样本号码为：8，23，38，53，68，83，98，113，…

第三步，评审样本项目。抽取样本项目之后，要对样本项目进行审查评价，查明账户余额的真实性，检查销售收入记录，对影响账户余额真实性的记录要进行调整，确定每一账户的真实余额，得出样本的审定价值，并估计总体价值。假定本例审查127个账户，得出其真实余额为174 655元，这时应先计算出每一样本账户的平均余额，再估计总体价值。

$$每一样本账户的平均值 = \frac{174\ 655}{127} = 1\ 375$$

$$总体估计值 = 1\ 375 \times 1\ 862 = 2\ 560\ 250$$

第四步，确定总体账面价值是否在达到的精确限度内。如前所述，要求的精确限度是±55 000元，由于确定样本规模时所估计的标准偏差与实际标准偏差之间可能存在差异，达到的精确限度可能不同。为了确定达到的精确限度，还应当计算样本项目审定价值的标准偏差，假定计算结果是 $s=205$，那么达到的精确限度是：

$$p' = \frac{tsN}{\sqrt{n}} = \frac{1.64 \times 205 \times 1\ 862}{\sqrt{127}} = \frac{626\ 004.40}{11.27} = 55\ 546$$

因为运用的是不返回抽样，这一结果还必须按照限定的总体乘法公式调整，调整后的精确限度是：

$$p'' = p'\sqrt{1 - \frac{n}{N}} = 55\ 546 \times \sqrt{1 - \frac{127}{1\ 862}} = 55\ 546 \times 0.965\ 4 = 53\ 624$$

只要调整后达到的精确限度小于要求的精确限度，就是可以接受的。本例调整后达到的精确限度为±53 624，没有超出要求的精确限度，所以是可以接受的。

第五步，推断总体。根据调整后达到的精确限度确定总体的精确限度区间，如果总体账面价值在该区间内，那么其就是真实的、可信的；反之，就是不真实、不可信的。

本例中总体的精确限度区间为2 560 250±53 624，或者说在2 506 626和2 613 874之间。总体账面价值为2 567 800，在推断的精确限度内。因此，审计人员可以得出结论：以90%的保证程度，确信总体的记录额在2 506 626元和2 613 874元之间。被审计单位应收账款方面的账务记录是真实的。

如果总体的账面价值不在计算后确定的精确限度区间内，审计人员必须重新抽取样本项目进行审查，审查完后，与原先的样本审查结果结合起来，重新计算精确限度区间。此时，如果总体账面价值在新达到的精确限度区间内，审计人员可以接受这一总体。如果仍在可接受的范围外，审计人员可再重复前述步骤。重复几次后，如果总体的账面价值仍然在可接受的范围以外，就有必要对总体进行详细审计，或者要求被审单位纠正总体内的有关项目，以便再进行测试。

运用变量估计抽样能够获得被审项目总体中有错弊项目的资料，并能对总体的差错额、正确额作出定量估计。当被审项目总体中有可能存在较大错弊时，往往可以采用这种方法。如果总体中差错很小，总体的标准偏差也会很小，计算出的样本规模也将较小，这样就会降低审计结论的可靠性。如果总体中没有差错，总体的标准偏差就为零，所需的样本规模就无法计算，变量估计抽样审计也就无法使用。

五、比率估计和差异估计

比率估计和差异估计方法与变量估计方法是建立在同一统计概念基础上的。但在某些情况下，比率估计和差异估计更有效。变量估计抽样的主要缺点是，当总体标准偏差大时，样本规模就大。为了减少样本规模，在很多情况下可以运用分层抽样，但分层抽样在一定情况下也难以提高效率。为了解决这一问题，可以采用比率估计和差异估计，因为这些比率和差异的总体标准偏差比单个项目总体标准偏差可能要小，所计算出的样本规模比变量估计抽样中的样本规模要小。

下面结合实例说明这两种方法。

（一）比率估计

比率估计是用样本的审定价值与账面价值的比率来估计总体正确价值的一种方法。

例：审计人员审查某企业的材料明细账共4 000户，其账面总金额为3 200 000元，审计人员希望用比率估计去测试材料明细账记录的真实性，要求的精确限度为±65 000元，可靠程度为95%。

第一步，确定样本规模。审计人员可随机选取50个项目作为初始样本，并审查这些项目的账面记录的真实性，得出审定价值，根据审定价值与账面价值的差异对总体标准偏差作出比率估计。本例假定在50个项目中发现有11个项目存在差异，并据此估计总体标准偏差比率为96。$p=\pm 65\ 000$，$t=1.96$，$s=96$，$N=4\ 000$，这时可计算样本规模：

$$n'=\left(\frac{tsN}{p}\right)^2=\left(\frac{1.96\times 96\times 4\ 000}{65\ 000}\right)^2=134$$

$$n=\frac{n'}{1+\frac{n'}{N}}=\frac{134}{1+\frac{134}{4\ 000}}=130$$

第二步，抽取并审查样本。计算出样本规模后，审计人员应再选取80（130－50）个样本项目进行审查，得出审定价值。假如本例130个样本项目的账面价值为100 000元，审定价值为102 000元。

第三步，计算比率。

$$比率=\frac{样本的审定价值}{样本的账面价值}=\frac{102\ 000}{100\ 000}=1.02$$

第四步，估计总体的正确价值。

估计的总体正确价值＝总体账面价值×比率＝3 200 000×1.02＝3 264 000

第五步，确定达到的精确限度并推断总体。方法与变量估计抽样的第四步、第五步相同，不再赘述。

（二）差异估计

差异估计是通过确定样本审定价值与其账面价值之间的平均差额来估计总体正确价值的一种方法。按照前例数字，计算如下：

$$样本平均差额=\frac{样本的审定价值-样本的账面价值}{样本规模}=\frac{102\ 000-100\ 000}{130}=15.39$$

总体差额 = 样本平均差额 × 总体规模 = 15.39 × 4 000 = 61 560

总体的正确价值 = 总体账面价值 + 总体差额 = 3 200 000 + 61 560 = 3 261 560

上述情况说明总体的账面价值被低估了 61 560 元。

由上述可知，比率估计和差异估计方法十分相似，所不同的是：在差异估计中，样本审定价值与账面价值之间的平均差额被用于估计总体的正确价值；在比率估计中，是用样本审定价值与账面价值的比率来估计总体的正确价值的。变量抽样审计中，是用比率估计还是用差异估计，这取决于被审项目总体差错的特性。

如果总体差错与总体规模无关，此时宜采用差异估计；如果总体差错与总体规模成比例变化，此时宜采用比率估计。使用比率估计和差异估计需具备下列条件：已知总体中每一个项目的账面价值；这些账面价值的总和等于有关分类账的余额；总体差错较多，这是一个需要考虑的重要因素，因为只有当差错较多时，才要求大量的样本项目，运用比率估计和差异估计才能减少样本规模。

第五节　抽样审计中的误差和风险

在统计抽样中，审计人员可以对被审项目总体的审计误差进行定量估计，把握审计误差的范围，并且能够控制审计风险。审计误差和审计风险对审计结论的可靠性有重要的影响，对此必须有清醒的认识。审计误差是指审计结论中所描述的有关被审项目总体的情况与实际情况之间的差异。根据审计误差产生的原因不同，可以将审计误差分为抽样误差和非抽样误差。

一、抽样误差

抽样误差是指抽样审计中，根据样本特性推断的总体特性与总体实际特性之间的差异。抽样审计必然产生抽样误差，因为抽样审计中只抽取总体的一部分项目作为样本进行审查，根据样本审查结果推断总体，推断出的总体特性与审查总体全部项目所得的结论之间必然存在差异，这就是抽样误差。

影响抽样误差的因素主要有：

（1）样本规模。样本规模的大小与抽样分布直接有关，因而就与样本对总体的代表性直接有关。样本规模越大，样本对总体的覆盖面就越大，样本的代表性就越强，样本与总体的差异就越小，抽样误差就越小；反之，抽样误差就越大。

（2）抽样方式。对同一被审项目总体，在样本规模相同的情况下，采用不同的抽样方式，所产生的抽样误差是不同的。因为返回抽样所抽取的样本项目会有重复，所以在同样的情况下，返回抽样的抽样误差要大于不返回抽样的抽样误差。

（3）总体的标准偏差。总体的标准偏差是指总体中的个体数值与总体平均数值的平均偏离程度。样本是从总体中抽取的，总体的标准偏差直接影响抽样误差。因为总体标准偏差的大小反映了总体内各项目之间差异的大小，从而影响到样本的代表性，也就影响抽样误差。总体的标准偏差与抽样误差呈正向关系。只要总体内各项目之间存在差异，总体的标准偏差就存在，抽样误差也必然存在，并受其影响。另外，随机抽样方法也影响抽样误差。

抽样误差是可以控制的。抽样误差是有一定规律的，所有可能的样本抽样误差均服从正态分布，可以利用大数定律的原理来确定其数量界限，也可以通过把握抽样误差产生的原因及其影响因素，根据抽样审计的需要加以控制，将抽样误差控制在最小限度内，或者控制在可以接受的范围内。例如，可以通过扩大样本规模、改变抽样方式等来缩小抽样误差。

抽样审计中应尽可能减少抽样误差。因为抽样误差影响审计结论的可靠性，所以为了提高审计质量，抽样审计中审计人员应采取各种措施，尽可能减少抽样误差。一般来说，抽样误差越小越好。当然，在尽可能减少抽样误差时，还应注意审计效率和审计费用，应先把抽样误差控制在可以接受的范围内，然后再在不影响审计效率和不额外增加审计费用的情况下，尽可能缩小抽样误差。

二、非抽样误差

非抽样误差是指由于抽样审计以外的其他原因所产生的所有审计误差。造成非抽样误差的原因主要有以下几方面：一是被审项目总体确定得不恰当。确定总体要围绕审计的目标和任务，总体内的各个项目要具有相关性，总体要有明确的时空界限等。如果没有满足上述任何一方面的要求，就会使总体确定不当，从而造成审计误差。二是审计计划不周密。周密而科学的审计计划有利于审计工作效率和审计质量的提高。如果审计计划制定得不周密、不科学，必然会给审计工作造成混乱，产生审计误差。三是被调查人回答不当。如果被调查人对问题的回答不恰当甚至不正确，由此而收集的审计证据就不可靠，审计结论也必然有误差。四是被审单位提供的资料不真实、不充分。如果被审单位为了掩盖问题，向审计人员提供虚假的资料，或者没有向审计人员提供反映被审项目的所有重要资料，审计人员对此也没有发觉，那么根据这些资料所作出的审计结论必然有误差。此外，还有审计人员主观上的原因。例如：审计人员对有关问题认识不足、重视不够，或者判断失误；审计人员业务素质较低，漏掉重大差错；审计人员徇私舞弊，掩盖或夸大差错等，都会造成审计误差。

总之，造成非抽样误差的原因是多方面的，它不是抽样审计所特有的，在抽样审计和详细审计中都有可能出现。非抽样误差可能存在于审计过程的各个环节，但它并不是不可避免的。审计人员应当从造成非抽样误差的各种原因入手，采取有针对性的措施，尽可能地减少以至消除非抽样误差。

三、审计风险

审计风险是指由于重大审计误差而导致有关被审项目总体结论错误的可能性。无论是抽样审计还是详细审计，审计人员所进行的工作并非总是完美无缺的，都会存在误差，这些误差达到一定的程度，就会影响审计结论的可靠性，带来审计风险。与审计抽样有关的审计风险主要有以下四种：

（一）信赖不足险

信赖不足险是指对被审单位的内部控制制度应该信赖而不予信赖时所产生的审计风险。当被审单位的内部控制制度事实上可以信赖时，由于审计误差的存在，抽查样本之后，审计人员可能得出其不可信赖的结论（而事实上是可以信赖的），这就是信赖不足导致的审计风险。

（二）信赖过度险

信赖过度险是指对被审单位的内部控制制度不应当信赖而予以信赖时所产生的审计风险。如果审计人员审查了有关内部控制制度的一些情况，取得了一些证据，但这些证据还不充分，不能证明内部控制制度是否可以信赖，此时审计人员却得出了内部控制制度是可以信赖的结论（而事实上是不可信赖的），这就是信赖过度导致的审计风险。信赖过度险是一种比较严重的审计风险，在此情况下会漏掉重要差错事项，审计中应力求避免。

审计人员对被审单位的内部控制制度进行符合性测试，确定其可信程度时，可能会出现信赖不足或信赖过度，从而形成信赖不足险或信赖过度险。上述两种风险可综合如表5－11所示。

表5－11　符合性测试情况表

根据符合性测试的结果	根据被审单位内控制度总体的事实	
	应信赖制度	不应信赖制度
认为应信赖制度	结论正确	信赖过度险
认为不应信赖制度	信赖不足险	结论正确

（三）α 风险

α 风险是指当被审项目总体实质上是正确时，审计人员却得出被审项目总体存在重大差错结论的风险。α 风险是错误地拒绝了接受正确的总体，因而也叫误拒险。

（四）β 风险

β 风险是指当被审项目总体存在重大差错时，审计人员却得出被审项目总体是正确的结论的风险。β 风险是错误地接受了有重大差错的总体，因而也叫误受险。这是一种比较严重的审计风险，会导致审计报告出现严重错误，审计中应尽量避免。

审计人员在对被审单位的财务报表进行实质性测试，确定其是否真实、正确时，有可能错误地拒绝或接受报表，从而导致 α 风险或 β 风险。这两种风险可综合如表5－12所示。

表 5－12　实质性测试情况表

根据实质性测试的结果	根据被审单位财务报表总体的事实	
	不存在重大差错事项	存在重大差错事项
认为应当接受报表	结论正确	β 风险
认为不应当接受报表	α 风险	结论正确

在上述四种审计风险中，信赖不足险和 α 风险均属保守型风险，当总体可以接受而不接受时，为了达到审计的目标，就要再审查更多的项目，在一定程度上会增加审计费用和降低审计工作效率，但却能获得较正确的审计结论。信赖过度险和 β 风险均属激进型风险，它们直接影响审计质量，导致审计结论错误，是后果严重的审计风险。

审计风险会导致审计结论错误，给有关方面造成不良后果。为了控制审计风险，保证审计结论正确可靠，必须先测定风险度。审计风险控制的重点是 α 风险和 β 风险。在确定可接受的 α 风险和 β 风险时，必须明确：如果被审项目总体存在重大差错或样本结果不能接受，要把审计风险控制在可接受的范围内，需要额外耗费多少审计资源。

α 风险可以通过可靠程度的选择加以控制。比如确定的可靠程度为 95%，则 α 风险可自动控制到 5%。β 风险受精确限度及总体重要差错的影响，其可以通过缩小精确限度区间来加以控制。要求的精确限度越高，在其他因素不变的情况下，样本规模就越大，样本对总体的代表性就越强，β 风险就会相对降低；反之，β 风险会随着精确限度的降低而提高。β 风险与精确限度呈反向关系。

本章小结

（1）现代审计方法是以抽样审计和制度基础审计为主要内容的。所谓抽样审计，就是从被审项目总体中抽取若干具有代表性的项目作为样本进行审查，根据样本审查结果推断总体特性的一种审计方法。

（2）在判断抽样中，审计人员要充分运用自己的经验和判断能力，对被审单位的内部控制制度情况、经济活动的发生及其业务处理情况等进行分析判断，从而确定抽查的重点和抽样规模。

（3）确定被审项目总体必须围绕审计的目标，组成被审项目总体的所有项目（个体）必须具有某一标志方面的共同特性，被审项目总体的范围要有明确的界限，被审项目总体内的各个项目要有明确的区分标志。

（4）确定统计抽样规模时，必须先考虑和确定下列因素：预计差错率、精确限度、可靠程度、总体规模。

（5）统计抽样审计中，把能够用数量、金额表示的标志叫变量标志，与此相应的被审项目总体称为变量总体；不能用数量、金额表示，只能用文字描述的标志叫属性标志，与此相应的被审项目总体称为属性总体。根据总体特性的不同，统计抽样可分为属性抽样和变量抽样。

（6）抽样误差是客观存在的。只要采用抽样审计，就必然会产生抽样误差。影响抽样误差的因素主要有样本规模、抽样方式和总体的标准偏差。抽样误差是可以控制的。

（7）审计风险是指由于重大审计误差而导致有关被审项目总体结论错误的可能性。抽样审计中的风险是不可避免的。这些风险包括信赖不足险、信赖过度险、α 风险和 β 风险。

关键术语和概念

审计抽样　判断抽样　统计抽样　属性抽样　变量抽样　被审项目总体　可靠程度　预计差错率　精确限度　随机数表抽样　等距抽样　分层抽样　整群抽样　审计误差　审计风险

拓展阅读

李凤鸣．审计学原理．上海：复旦大学出版社，2008.

中国注册会计师协会．审计．北京：经济科学出版社，2011.

袁小勇，陈郡．审计学．北京：首都经济贸易大学出版社，2007.

第六章　审计证据与审计工作底稿

本章学习要点

要实现审计目标，必须收集和评价审计证据，由此而形成的审计结论和审计意见才会真实可靠，也才能被公众所接受。因此，审计证据是审计中的一个核心概念。收集、整理和分析审计证据的过程，也就是审计工作底稿的编制过程。审计工作底稿的全部内容，是注册会计师形成审计结论和审计意见的直接依据。

通过本章学习，应当掌握以下主要内容：

（1）审计证据的概念和分类；

（2）审计证据的特征及其判断标准；

（3）收集审计证据的基本方法及其应用；

（4）审计工作底稿的分类、编制和审核要求；

（5）管理层声明书、律师声明书的性质和内容。

第一节　审计证据的分类和特征

审计工作的中心任务就是围绕审计项目，通过恰当的方式，设计和实施审计程序，获取充分、适当的审计证据，以得出合理的结论，作为形成审计意见的基础。因此，审计证据在审计活动中居于举足轻重的地位。2010 年修订的《中国注册会计师审计准则第 1301 号——审计证据》对审计证据的定义是：审计证据，是指注册会计师为了得出审计结论和形成审计意见而使用的信息。审计证据包括构成财务报表基础的会计记录所含有的信息和其他信息。准则还具体规定了审计证据数量和质量的要求和可靠程度的标准，体现了审计证据对审计意见的重要性。

构成财务报表基础的会计记录所含有的信息和其他信息共同构成了审计证据，两者缺一不可。如果没有前者，审计工作将无法进行；如果没有后者，可能无法识别重大错报风险。只有将两者结合起来，才能将审计风险降至可接受的低水平，为注册会计师发表审计意见提供合理基础。

在审计实务中，审计证据种类繁多，它们的功能、取得途径、可靠程度等都有所不同，注册会计师要采用不同的审计程序和方法，针对每项会计报表的认定来获取审计证据，并根据审计证据的特征来确定其数量和质量。

一、审计证据的分类

（一）审计证据按重要程度分类

按照审计证据的重要程度划分，审计证据可分为基本证据和佐证证据。

1. 基本证据

基本证据是指能够用来直接证实被审查事项的会计记录和其他有关信息资料。这些证据具有较强的证明力，是审计证据的主要部分，也表现为直接证据和正式证据。如支票、电子资金转账记录、发票和合同；各种总账、明细账、日记账和记账凭证；各种成本费用分配表、成本计算表、盘点表等书面证据和相关实物证据。

2. 佐证证据

佐证证据是指对基本证据起辅助作用的证据。佐证证据必须真实、可靠，否则就无法发挥其证明作用。基本证据与佐证证据一起构成了充分证据。审计人员依据这两种证据就可以得出合理的审计结论。

（二）按审计证据的外形特征分类

按照审计证据的外形特征划分，审计证据可分为实物证据、书面证据、口头证据、环境证据和视听证据。

1. 实物证据

实物证据是指注册会计师通过实地观察或监盘所取得的、用以确定某些实物财产是否确实存在的证据。例如，通过监盘可以验证库存现金的数额，可以证实各种存货、固定资产的存在。实物证据通常是证明实物资产是否存在的非常有说服力的证据，是一种基本证据。但实物证据不能完全证实被审计单位对实物资产拥有所有权，也不能完全判断实物资产的质量好坏。

2. 书面证据

书面证据是指注册会计师所获取的各种以书面文件为形式的证据。如会计记录，各种会议记录和文件，各种合同、通知书及函件等。在审计过程中，注册会计师往往要大量获取和利用书面证据。因此，书面证据是审计证据的主要组成部分，是最基本的审计证据。

根据书面证据的来源不同，书面证据又分为外部证据和内部证据。

外部证据是指由被审计单位以外的组织机构或人士编制的书面证据，一般具有较强的证明力。外部证据往往是直接递交给注册会计师，而未经过被审计单位有关人员之手，从而排除了被伪造、更改的可能性，因而其证明力最强。这一类证据有应收账款函证回函、保险公司及证券经纪人的证明等。而有些外部证据虽然也由被审计单位以外的机构或人士编制、但经被审计单位持有并提交给注册会计师，在评价其可靠性时，应考虑被涂改或伪造的可能性。这一类证据有银行存款对账单、购货发票、应收票据、顾客订购单、有关的契约和合同等。此外，由注册会计师为证明某个事项而自行编制的各种计算表、分析表，也是证明力较强的外部证据。

内部证据是指由被审计单位内部机构或职员编制和提供的书面证据，包括被审计单位的会计记录、被审计单位管理层声明书，以及其他各种由被审计单位编制和提供的有关书面文件。这一类证据的可靠性取决于被审计单位内部控制的健全性和有效性。如果内部控制健全、有效，则内部证据具有较强的可靠性；如果内部控制不太健全，或执行不力，注册会计师就应对被审计单位内部自制书面证据的可靠性进行充分的审查。

3. 口头证据

口头证据是指被审计单位职员或其他有关人员对注册会计师的提问作口头答复所形成的证据。一般来说，口头证据本身并不足以证明事情的真相，且可能带有个人成见和片面观点，但注册会计师往往可以通过口头证据发现一些重要线索，从而有利于追踪调查，便于取得更可靠的审计证据。必须注意的是，注册会计师应将各种重要的口头证据尽快做成记录，并注明是何人、何时、在何种情况下所作的口头陈述，必要时还应获得被询问者的签名确认。从口头证据的性质来看，它只能是一种佐证证据。

4. 环境证据

环境证据也称状况证据，是指对被审计单位产生影响的各种环境事实。具体来说，环境证据主要涉及被审计单位的内部控制、管理人员素质以及各种管理条件和管理水平等环境事实。必须明确，环境证据一般不属于基本证据，但它可帮助注册会计师了解被审计单位及其经济活动所处的环境，是注册会计师进行判断所必须掌握的资料。

5. 视听证据

视听证据是指以录音、录像或计算机储存、处理的证明审计事项的视听材料。随着科学技术的发展，企业越来越广泛地应用电子技术为其生产经营服务，会计电算化也使凭证、账簿和报表复杂化。因此，视听证据的重要性日益明显，是作为证实书面证据的一种不可缺少的佐证证据。

审计证据除了以上分类之外，还可以按审计证据与被证实事项的关系，分为直接证据和间接证据；按审计证据的传输渠道，分为正式证据和非正式证据等。总之，不同的证据可用来实现各种不同的具体审计目标。但对每一具体账户及其相关的认定来说，注册会计师应选择能以最低成本实现全部审计目标的证据，即要考虑收集审计证据的成本效益原则，力求做到证据的收集既有效又经济。

二、审计证据的特征

根据《中国注册会计师审计准则第 1101 号——注册会计师的总体目标和按照审计准则执行审计工作的要求》，注册会计师应当保持职业怀疑态度，运用职业判断，评价审计证据的充分性和适当性。审计证据的充分性是对审计证据数量的衡量。注册会计师需要获取的审计证据的数量受其对重大错报风险评估的影响，并受审计质量的影响。审计证据的适当性是对审计证据质量的衡量，即审计证据在支持审计意见所依据的结论方面具有的相关性和可靠性。充分性和适当性是审计证据的两个重要特征，二者缺一不可，只有充分且适当的审计证据才具有证明力。

（一）审计证据的充分性

审计证据的充分性是指审计证据的数量足以支持注册会计师形成审计意见。它表现为注册会计师为形成审计意见所需审计证据的最低数量要求。客观公正的审计意见必须建立在有足够数量的审计证据基础之上，但这并不意味着审计证据的数量越多越好。为了进行有效率、有效益的审计，注册会计师通常需要把足够数量审计证据的范围降低到最低限度。

审计证据的数量与注册会计师确定的样本量有关，因此，审计证据的数量还与总体的规模和特征密切相关。总体规模是指包括在总体中的项目数量，如应收账款明细账数量、账户余额的金额数量、赊销数量等。抽样的总体规模越大，所需证据的数量就越多。总体的特征是指总体中各组成项目的同质性或变异性。不同质的总体可能比同质的总体需要更大的样本量和更多的证据信息。注册会计师进行控制测试和实质性程序时都可采用抽样方法来收集审计证据。因此，样本量是体现审计证据充分性的重要依据。注册会计师应根据总体规模和总体特征来确定样本量，使样本量既满足充分性要求，又能体现不同总体的代表性。

在判断审计证据的充分性时，注册会计师应考虑审计证据的经济性。审计证据的经济性就是要求注册会计师必须考虑审计证据规模、成本、收益之间的关系。由于审计工作受到成本效益原则的限制，注册会计师常常面临增加时间和成本能否使审计证据的数量带来相应效益的问题。因此，注册会计师必须考虑获取审计证据的成本效益因素，以合理的时间和成本取得充分的证据。

（二）审计证据的适当性

审计证据的适当性是指审计证据在支持审计意见所依据的结论方面具有的相关性与可靠性。前者是指审计证据应与审计目标相关联，后者是指审计证据应能如实地反映客观事实。适当性是对审计证据质量的基本要求。

1. 审计证据的相关性

审计证据的相关性是指审计证据应与被审计事项存在一种内在的逻辑关系，并与针对这些被审计事项形成审计意见这一目标存在密切的关系。评价审计证据的相关性在于保证审计证据的质量。因此，注册会计师只能利用与审计目标相关联的审计证据来证明或否定被审计单位所认定的事项。

注册会计师通过控制测试获取审计证据时，应当考虑三个具体控制测试的目标：相关内部控制制度是否存在，相关内部控制制度是否有效，相关内部控制制度在所审计期间是否一贯得到遵循。

注册会计师通过实质性程序获取审计证据时，应当考虑八个具体实质性审计目标：①资产、负债在某一特定时日是否存在；②资产、负债在某一特定时日是否归属被审计单位；③经济业务的发生是否与被审计单位有关；④是否有未入账的资产、负债或其他交易事项；⑤资产、负债的计价是否恰当；⑥收入与费用是否归属当期，并相互配比；⑦会计记录是否正确；⑧会计报表项目的分类反映是否适当并前后一致。

2. 审计证据的可靠性

审计证据的可靠性是指审计证据的可信赖程度。审计证据的可靠性是注册会计师对应审计事项进行判断的基础，表明审计证据具有对被审计事项的证明能力。审计证据种类繁多，来源渠道不同，其可靠性也就不同。注册会计师通常按照下列原则考虑审计证据的可靠性：

第一，从被审计单位外部独立来源获取的审计证据比从其他来源获取的审计证据更可靠。

例如，审计人员在审计中获取了以下的审计证据：①被审计单位的销货发票副本；②与银行对账单同时退回的已付款通知书；③注册会计师直接收自顾客的应收账款询证函，以证实结账日结欠客户的款项；④客户提供的“一切负债均已入账”的声明书；⑤注册会计师自己计算的每股盈余。在这些审计证据中，哪些审计证据的可靠性最强？

分析起来，第②项的与银行对账单同时退回的已付款通知书的可靠性最强。因为它虽然是内部证据，但经收款人审核并由无利害关系的银行支付，故其可靠性强。第③项的注册会计师直接收自顾客的应收账款询证函的可靠性也较强，因为它是由被审计单位以外的第三者签发，且直接寄交注册会计师。第⑤项的注册会计师自己计算的每股盈余，是注册会计师自行计算得出的数字，应属于比较可靠的审计证据，若和被审计单位损益表中所列金额相符，证据力更强。其他的证据的可靠性，则应视被审计单位内部控制制度的健全情况而定。

第二，相关控制有效时内部生成的审计证据比控制薄弱时内部生成的审计证据更可靠。

例如，被审计单位的会计凭证未连续编号，那么其职员利用职务之便伪造、窜改凭证等行为发生的可能性会增大。又如，一人同时兼做总账和明细账，那么即使两者相符，也无法保证这两者的正确性。

第三，直接获取的审计证据比间接获取或推论得出的审计证据更可靠。

第四，以文件记录形式（无论是纸质、电子或其他介质）存在的审计证据比口头形式的审计证据更可靠。

第五，从原件获取的审计证据比从复印、传真或通过拍摄、数字化或其他方式转化成电子形式的文件获取的审计证据更可靠。

（三）影响审计证据充分性和适当性的因素

审计证据的充分性和适当性密切相关。一般来说，当审计证据的相关性与可靠程度较高时，所需审计证据的数量较少；反之，所需审计证据的数量较多。尽管审计证据的充分性和适当性相关，但如果审计证据的质量存在缺陷，注册会计师仅靠获取更多的审计证据可能无法弥补审计证据质量上的缺陷。注册会计师判断审计证据是否充分、适当，应当考虑下列主要因素：

1. 审计风险

审计风险是客观存在的，而且普遍存在于所有审计业务和整个审计过程之中。注册会计师需要获取的审计证据的数量和质量受重大错报风险评估和控制测试的影响：当评估的重大错报风险越高和对控制有效性的信赖程度越高时，应当获取越有说服力的审计证据。为此，注册会计师可以增加审计证据的数量或者获取更相关、更可靠的审计证据，或将两种方式结合使用。

当被审计单位出现项目具有投机性质、经济业务复杂、财务状况不佳、管理层的可信赖程度较差，以及经常更换会计师事务所的情况时，说明注册会计师会冒很大的风险进行审计。此时，就要注意提高审计证据的质量，增加审计证据的数量。因为在这种情况下，即使能收集到很多也很有力的审计证据，也难以证实情况的本质。

在审计实务中，注册会计师最为关注的就是被审计单位内部控制制度的健全性。一般而言，内部控制越健全，审计的相对风险就越小；反之，审计的相对风险就越大。当被审计单位的内部控制出现重要弱点乃至失控时，注册会计师必须加倍注意，不仅注意收集数量足够的审计证据，而且更要注意审计证据的质量，以降低因其内部控制存在缺陷所带来的控制风险。

另外，注册会计师还必须重视会计信息失真的现象，以防止收集到不真实的审计证据，增加审计风险。会计信息失真的原因很多，但主要有：①法制不健全，执法不严格，法制观念淡薄；②企业内部控制力度不够，经营管理不善；③企业管理层受经济利益的驱使而弄虚作假，置国家利益于不顾。因此，注册会计师在了解和评价企业的内部控制时，应当关注会计信息的真实性，做好审计风险的防范工作。

2. 具体审计项目的重要性

一般而言，越是重要的审计项目，注册会计师就越需要获取充分的审计证据，以支持得出的审计结论或意见。因为只要出现判断错误，就会影响注册会计师对审计的整体判断，从而造成整体判断失误；相反，对于不太重要的审计项目，即使出现判断上的偏差，也不会引起整体判断失误，因此可以相应减少审计证据的数量。

3. 注册会计师及其业务助理人员的审计经验

丰富的审计经验是注册会计师及其助理人员进行专业判断的基础。具有丰富经验的审计人员往往可以从一些蛛丝马迹中看出存在的错误和舞弊行为。有了这一基础，就可减少对审计证据数量的依赖程度，即从较少的审计证据中就可判断出是否存在错误或舞弊行为。否则，就要增加审计证据的数量。

4. 审计证据的类型与获取途径

如果审计证据是直接从被审计单位以外得到的，不易伪造，质量较高，可靠性较强，那么，注册会计师所需获取的审计证据的数量就可减少；反之，审计证据的数量就应增加。

第二节　审计证据的形成

一、审计证据的收集

审计过程的核心就是收集和评价审计证据。要获取充分、适当的审计证据，必须采用一定的方法或程序。根据中国注册会计师审计准则的要求，注册会计师应采用检查记录或文件、监盘有形资产、观察、询问、函证、重新计算、重新执行和分析程序 8 种程序获取审计证据。这些方法或程序的选用，应服从于实现特定审计目标和获取特定审计证据的需要。为此，注册会计师应以收集充分、适当的审计证据为目的，既可单独采用某一种方法或程序，又可同时采用多种方法或程序收集审计证据。

在审计实务中，注册会计师是通过风险评估程序、控制测试和实质性程序来收集审计证据的。

1. 检查记录或文件

检查记录或文件是指注册会计师对被审计单位内部或外部生成的，以纸质、电子或其他介质形式存在的记录或文件进行审查。检查记录或文件可提供可靠程度不同的审计证据，审计证据的可靠性取决于记录或文件的来源和性质。检查内部生成的记录或文件，主要是指包括会计凭证、会计账簿和会计报表在内的会计记录。其中，检查的重点应放在原始凭证、明细账、日记账、资产负债表、利润表和现金流量表上。检查时，应从真实性、合法性两方面展开。

注册会计师除了检查上述内容外，还应注意检查从外部生成的记录或文件，并且注意检查各种书面文件是否一致，必要时还应进行证证核对、账证核对、账账核对和账表核对。

2. 监盘有形资产

监盘有形资产是指注册会计师对实物资产进行的监督盘点。监盘有形资产可为其存在性提供可靠的审计证据，但不一定能够为权利和义务或计价认定提供可靠的审计证据。

在审计实务中，监盘有形资产是注册会计师通过实地观察、监督被审计单位各种实物资产及现金、有价证券的盘点而实现的。通过监盘，查明有无贪污、盗窃和毁损的行为和其他责任事故，以便向被审计单位提出意见和建议，督促其建立和健全必要的规章制度，以加强对财产物资的管理和控制。

3. 观察

观察是指注册会计师察看相关人员正在从事的活动或执行的程序，比如，观察被审计单位的经营场所、实物资产和有关业务活动及其内部控制的执行情况等。观察提供的审计证据仅限于观察发生的时点，并且在相关人员已知被观察时，因此，相关人员从事活动或执行程序如与日常的做法不同，会影响注册会计师对真实情况的了解和判断。观察程序往往可以与监盘有形资产结合进行。

4. 询问

询问是指注册会计师以书面或口头方式向被审计单位内部或外部的知情人员获取财务信息和非财务信息，并对答复进行评价的过程。知情人员对询问的答复可能为注册会计师提供尚未获悉的信息或佐证证据，也可能提供与已获悉信息存在重大差异的信息。注册会计师应当根据询问结果考虑修改审计程序或实施追加的审计程序。询问本身不足以发现认定层次存在的重大错报，也不足以测试内部控制运行的有效性，注册会计师还应当实施其他审计程序以获取充分、适当的审计证据。

5. 函证

函证是指注册会计师为了获取影响财务报表或相关披露认定的项目的信息，通过直接来自第三方对有关信息和现存状况的声明，获取和评价审计证据的过程。在审计实务中，注册会计师不仅应当对应收账款等结算账户进行函证，还需要对银行存款、有价证券等项目进行函证。通过函证获取的证据可靠性较高，因此，函证是受到高度重视并经常被使用的一种重要程序。

6. 重新计算

重新计算是指注册会计师以人工方式或使用计算机辅助审计技术，对记录或文件中的数据计算准确性进行核对。

在审计实务中，注册会计师往往需要对被审计单位的凭证、账簿和报表中的数字进行计算，以验证其是否正确。计算时，可以采用另外的形式和顺序进行。在计算的过程中，还要注意有可能出错的地方，如账簿中的承前和续后的合计数，横向加总数和纵向加总数等。在会计报表审计中，注册会计师往往需要大量地运用计算及加总技术来获取必要的审计证据。

7. 重新执行

重新执行是指注册会计师以人工方式或使用计算机辅助审计技术，重新独立执行作为被审计单位内部控制组成部分的程序或控制。在审计实务中，重新执行这一程序往往可以使注册会计师发现被审计单位内部控制的缺陷。比如，利用被审计单位的银行存款日记账和银行对账单，重新编制银行存款余额调节表，并与被审计单位编制的银行存款余额调节表进行比较。

8. 分析程序

分析程序是指注册会计师通过研究不同财务数据之间以及财务数据与非财务数据之间的内在关系，对财务信息作出评价。分析程序还包括调查识别出的与其他相关信息不一致或与预期数据严重偏离的波动和关系。

分析程序常用的具体方法有比较分析法、比率分析法和趋势分析法三种。比较分析法是通过对某一会计报表项目与既定标准（计划数、预算数、同业标准等）进行比较，以获取审计证据的一种技术方法；比率分析法是通过对会计报表中的某一项目同与其相关的另一项目相比所得的值进行分析，以获取审计证据的一种技术方法；趋势分析法是通过对连续若干期间某一会计报表项目的变动金额及其百分比的计算，分析该项目的增减变动方向和幅度，以获取有关审计证据的一种技术方法。

经济环境、法律环境和科技环境的变化，必然会影响审计证据的收集方法。随着信息技术的发展，对审计证据的收集提出了更高的要求，即必须采用与电子信息相适应的取证方法。在市场风险存在的情况下，各种经济诈骗、舞弊案件不断发生，事件真假更加难辨，虚实并存现象更加突出，审计风险加大，获取审计证据越来越依靠高科技，特别是对于某些综合性问题，需要综合运用计算、验算和分析来解决，必要时，还需通过电子计算机来进行。注册会计师不仅需要有丰富的专业经验，还需具备理性思维并善于利用先进的工具去收集、形成审计证据。

二、审计证据的整理和分析

（一）审计证据整理与分析的作用

由于审计证据数量众多，来源广泛，形式多样，内容复杂，因此需要采用一定的方法对其进行整理和分析，使之条理化、系统化。通过对审计证据的重要性和相关性进行评价、分析，把审计证据与审计目标联系起来，有利于注册会计师对被审计单位的各个方面形成一个较完整的认识，依据充分、适当的审计证据，形成正确的审计意见。在整理过程中，如发现证据不足，还可以进行补充收集，以便获取新的证据材料，把审计工作引向深入。

经过整理分析，还可以获得一些很有价值的新的审计证据，从而得出较为恰当的结论。因为，通过注册会计师的进一步分析、研究和计算后，往往会得出一些数据，形成新的证据，为作出正确判断提供依据。应该指出，审计证据的收集与整理、分析并非是互不相关的独立的环节，它们往往是交叉进行的。

（二）审计证据整理与分析的方法

审计证据的整理、分析没有固定的模式，应根据审计目标的不同、审计证据种类的不同采用不同的方法。一般来说，常用的整理分析方法有：

（1）分类。分类是指将各种审计证据按其证明力的强弱，或按与审计目标的关系是否直接等，分门别类排列成序。

（2）计算。计算是指按照一定的方法对数据方面的审计证据进行计算，并从计算中得出所需的新的证据。

（3）比较。比较主要包括两方面的内容：一方面，要将各种审计证据进行反复比较，从中分析出被审计单位经济业务的变动趋势及其特征；另一方面，还要将各种审计证据与审计目标进行比较，判断其是否符合要求，若不符合要求，则应补充收集有关新的审计证据。

（4）小结。小结是指在上述分类、计算和比较的基础上，注册会计师对审计证据进行归纳、总结，得出具有说服力的局部审计结论。

（5）综合。综合是指注册会计师对各类审计证据及其所形成的局部审计结论进行综合分析，最终形成整体的审计意见。

例：注册会计师对某种库存材料进行监盘，实物证据（盘点表）上列示的数字为55 000元，而书面证据（材料明细账）上记载的数字为70 000元。这表明实存数小于账存数，即盘点短缺15 000元。根据仓库保管员陈述（口头证据），其中5 000元系材料损耗，但尚未履行报损手续；其余10 000元的短缺数，原因尚未查清。根据对上述资料进行综合分析，注册会计师应对该监盘得出如下结论："该仓库管理混乱，保管不善，内部控制不严，材料短缺，损耗严重。"

（三）审计证据整理与分析中应注意的有关问题

总体来说，审计过程就是通过对审计证据的收集整理、鉴定判别和综合分析，最后形成审计意见和结论的过程，也就是对审计对象的认识不断深化的过程。因此，在整理分析审计证据的过程中，应注意以下事项：

1. 审计证据的取舍

注册会计师没有必要也不可能收集所有的审计证据，也不可能把所有审计证据反映的情况都记录到审计报告之中。因此，注册会计师应该对反映不同内容的审计证据作适当的取舍，只选择那些具有代表性的重要的审计证据事项在审计报告中加以反映。

审计证据取舍的标准有两个：一是金额的大小，二是问题性质的严重程度。具体来说，可从以下几方面综合取舍：应当选取那些金额较大、足以对被审计单位的财务状况或经营成果的反映产生重大影响的证据，对于那些金额小、又不足以形成重大影响的证据或无关紧要的证据，在整理筛选时应予舍弃；应当选取那些与审计目标密切联系的证据，对于那些与审计目标无关的审计证据，在整理筛选时应予剔除；应当选取那些金额并不大，但反映的性质较为严重，可能导致其他问题的产生或可能存在其他重要问题的审计证据。

2. 排除伪证

应鉴定、判别审计证据是否能客观地证明审计事项的真实情况，防止采纳审计证据提供者出于某种动机，或是有关方面基于某种主观或客观原因而提供的伪证。这些证据或因精心炮制而貌似真实，或与被审计事项之间存在某种巧合，如不认真排除，往往会鱼目混珠，以假乱真。

第三节　审计工作底稿

一、审计工作底稿概述

（一）审计工作底稿的定义

审计过程是审计证据的收集过程，也是审计工作底稿的形成过程。2010 年新修订的《中国注册会计师审计准则第 1131 号——审计工作底稿》指出，审计工作底稿是指注册会计师对制定的审计计划、实施的审计程序、获取的相关审计证据，以及得出的审计结论作出的记录。

审计工作底稿应如实反映审计计划的制定及其实施情况，包括与形成和发表审计意见有关的所有重要事项，以及注册会计师的专业判断。具体来说，审计工作底稿应包括三大方面的内容：一是注册会计师在制定和实施审计计划时直接编制的、用以反映其审计思路和审计过程的工作记录；二是注册会计师从被审计单位或其他有关方面取得的、用作审计证据的各种原始资料；三是注册会计师接受并审阅他人代为编制的审计记录。

审计工作底稿是审计证据的载体，审计证据的收集过程，也是审计工作底稿的形成过程，两者存在着不可分割的关系：审计业务的性质决定着审计证据的数量，审计证据的数量决定着审计工作底稿的繁简；审计证据的充分性和适当性决定着审计工作底稿的质量，也决定着审计业务的质量。但是，审计证据并不能代替审计工作底稿。只有经过整理分析、形成审计工作底稿记录的审计证据才能作为发表审计意见的依据。

（二）审计工作底稿的形式

审计工作底稿可以以纸质、电子或其他介质形式存在。审计工作底稿通常包括总体审计策略、具体审计计划、分析表、问题备忘录、重大事项概要、询证函回函、管理层声明书、核对表、有关重大事项的往来信件（包括电子邮件），以及对被审计单位文件记录的摘要或复印件等。已被取代的审计工作底稿草稿或财务报表的草稿、对不全面或初步思考的记录、存在印刷错误或其他错误而作废的文本，以及重复的文件记录等，不应作为审计工作底稿。对每项具体审计业务，注册会计师应当将其审计工作底稿归整为审计档案。

（三）审计工作底稿的作用

审计工作底稿的作用主要有以下几方面：

1. 审计工作底稿是连结整个审计工作的纽带

在进行审计业务时，根据被审计项目的情况要组成若干个审计项目小组，而在项目小组内又要进行合理的分工。因此，不同的审计程序，不同的会计账项审计往往由不同的人员执行，而最终形成审计结论和发表审计意见时，则主要针对被审计单位的会计报表进行。通过审计工作底稿，可以把不同人员的审计工作连结起来，以便对整体财务报表发表意见。另一方面，审计工作底稿记录了审计的步骤和方法、被审计单位的基本情况以及审计的重点和存在的薄弱环节，审计人员在今后对被审计单位进行审计时，只要查阅审计工作底稿，就可以了解这些基本情况，从而减少有关证据的收集，并可明确审计的重点。

2. 审计工作底稿是注册会计师形成审计结论、发表审计意见的直接依据

审计结论和审计意见是根据注册会计师获取的各种审计证据，在一系列专业判断的基础上形成的。注册会计师所收集的审计证据和所作出的专业判断，都完整地记载于审计工作底稿中。因此，审计工作底稿的质量决定着审计报告的质量，也直接影响着审计结论和审计意见。同时，审计人员针对被审计单位的内部控制制度的缺陷提出管理建议，也是以审计工作底稿的资料为依据的。

3. 审计工作底稿是评价和考核注册会计师专业能力与工作业绩的依据

注册会计师专业能力的高低、工作业绩的好坏，主要体现在对审计程序的选择、执行和具体的专业判断上，而这些都通过审计工作底稿来体现和衡量。具体来说，在审计的各个阶段，审计工作多由助理人员执行，注册会计师可以通过审计工作底稿检查各助理人员的工作是否达到要求，审计计划是否得到执行，审计程序是否实施，方法运用是否合理，以便控制审计工作的质量。

4. 审计工作底稿是进行质量控制与质量检查的依据

由于审计工作底稿记载着审计工作的全过程，会计师事务所、注册会计师协会或其他有关单位通过复核或检查审计工作底稿，就能对注册会计师的工作进行质量控制和质量检查。当出现审计质量纠纷、面对诉讼时，注册会计师只要依照审计准则实施了必要的审计程序，审计工作底稿就能证明审计报告的公允性和合理性，就能免除或减少注册会计师的审计法律责任。

二、审计工作底稿的形成

审计工作底稿的形成主要有直接编制和取得两种方式。无论哪种方式形成的审计工作底稿都应符合规定。

（一）审计工作底稿的基本要素

按照中国注册会计师审计准则的要求，审计工作底稿应使人容易理解，并记录测试的特定项目或事项的识别特征。因此，审计工作底稿一般应包括如下基本要素：被审计单位名称，审计项目名称，审计项目地点或时间，审计过程记录，审计标识及其说明，审计结论，索引号及页次，编制者姓名及编制日期，复核者姓名及复核日期，其他应说明事项。

审计工作底稿的基本要素如表6－1所示。

对于从被审计单位、其他第三方提供或代为编制的资料，即取得的审计工作底稿，注册会计师应按基本要素要求注明资料来源，并实施必要的审计程序，应将审计轨迹连同其专业判断记录在审计工作底稿上。

表6－1　抽查盘点存货的工作底稿

原材料抽查盘点表

客户：H公司　　页次：45 H/P　索引：E－2

结账日：2010－12－31　　编制人：方明　日期：2010－12－31

复核人：李同　日期：2011－1－5

盘点标签号码	存货表号码	存货		盘点结果		差异
		号码	内容	客户	审计结果	
123	3	1～25	A	100√	150	50千克
224	20	1～90	B	50√	50	
367	25	2～30	C	2 000√	2 000	
485	31	3～20	D	1 200√	1 500	300千克
497	60	4～5	E	60√	60	
503	71	6～23	F	1 100√	1 100	
610	80	6～26	G	230√	230	
720	88	7～15	H	70√	70	

以上差异已由客户纠正。纠正差异后使审计单位存货账户增加500元，抽查盘点的存货总价值为50 000元，占全部存货价值的20%。经追查至存货汇总表没有发现其他例外。我们认为错误并不重要。

√ ＝已追查至被审计单位存货汇总表（E－5），并已纠正所有差异。

（二）审计工作底稿的基本结构及格式

审计工作底稿的基本结构包括三个方面：一是被审计单位的未审情况。包括被审计单位的内部控制情况，有关会计账项的未审发生额及期末余额。二是审计过程的记录。一个完整的审计过程记录应包括注册会计师实施的审计测试性质、审计测试项目、抽取的样本及检查的重要凭证、审计标识及其说明、审计调整及重分类事项等。三是具体项目的审计结论。工作底稿上的局部审计结论应包括注册会计师对被审计单位内部控制情况的研究与评价结果、有关会计账项的审定发生额及审定期末余额。

审计工作中使用的工作底稿，由于内容不同可呈现各种不同的格式，但归结起来主要有两类格式：专用审计工作底稿和通用审计工作底稿。专用审计工作底稿具有特定的用途，他们往往在审计工作开始前就被设计好具体的格式，供注册会计师在实施某一审计项目时使用。专用审计工作底稿在设计时，应力求简明实用、便于编制。通用审计工作底稿一般不预先设计好特定的格式，而是由注册会计师根据具体情况，或用文字记录，或临时设计表格，或以图表反映。在使用通用审计工作底稿时，一般按一事一单的原则编制，以便按类整理归集。

在审计工作中，注册会计师应同时使用这两种工作底稿，这样一方面可以提高审计工作的效率，另一方面可根据具体情况设计需要的格式。不论是使用专用的工作底稿还是使用通用的工作底稿，都应具备上述规定的基本要素，并且按照规定的要求编制。表 6－2、6－3 列示了有关工作底稿的参考格式。

表 6－2　控制测试工作底稿

被审计单位名称＿＿＿＿＿＿
审计项目名称＿＿＿＿＿＿
会计期间＿＿＿＿＿＿＿＿

	签名	日期	索引号
编制人			
复核人			页次

序号	样本	样本的主要内容			测试内容			备注
结论：								

编制说明：

1. 本表用于测试某项业务内部控制制度的实际执行情况。
2. 样本应根据审计程序及公司业务特点抽取。
3. 测试内容应根据该项业务相关内部控制的关键控制点设置。
4. 结论为对该项业务相关内部控制制度执行情况作出的评价，应明确其是否可以信赖，并说明对实质性测试的影响。

表6-3　分析程序工作底稿——比率分析

被审计单位名称__________

会计期间或截止日__________

	签名	日期	索引号
编制人			
复核人			页次

项　目	20××年	20××年	20××年
（按有关比率列示） 流动比率 速动比率 …			
结论：			

编制说明：

1. 通过分析程序工作底稿初步判断审计约定事项的重点区域及风险。

2. 分析程序选取的比率项目根据要求及判断确定。

3. 分析程序数据的审计当年度为第一栏，上年度为第二栏，以此类推，可选择若干年作对比，金额可根据实际情况以百元、千元为单位。

4. 选取以前年度数据作为对比数时，如有审计应以审定数为准。

5. 完成分析程序后应初步评估重点审计区域，并对异常项目作出初步分析。

（三）形成审计工作底稿的基本要求

1. 编制审计工作底稿的基本要求

注册会计师在编制审计工作底稿时，在内容上应做到资料翔实、重点突出、繁简得当、结论明确；在形式上应做到要素齐全、格式规范、标识一致、记录清晰，以便其他审计人员在复核、检查或使用审计工作底稿时，能够理解和接受审计工作底稿的内容。具体来说，在编制审计工作底稿时，应当遵循以下要求：

（1）保证工作底稿的完整性。工作底稿的完整性应包括资料的完整性和要素的完整性。首先，注册会计师应将自行编制的审计计划、流程图、内部控制调查表、时间预算、计算表、试算平衡表、账户分析表、管理意见书、审计报告等全部工作底稿收编起来，缺一不可，并通过这些工作底稿反映审计的全过程。其次，审计工作底稿是按规定的要素组成的，注册会计师应保证要素编写齐全，不得有重复或遗漏。

（2）保证工作底稿的重要性。资料的重要性程度取决于它与审计报告及审计结论的相关程度。因此，审计工作底稿应包括被审计单位所有的重要事项、所用的审计技术以及其他发表审计意见所必需的证据材料。而那些与审计事项没有必要联系的资料不应列入工作底稿中。

（3）保证工作底稿的结构性。工作底稿的结构性应从形式结构和内容结构两方面要求。首先，专用的审计工作底稿的格式设计要适用、具体和方便，要有利于装订存档，要使用统一的标识符号表达审计证据。良好的形式结构，旨在节省审计时间，提高审计工作效率。其次，从工作底稿之间的关系看，各个工作底稿的内容应该有一致的结构，以防止重复或遗漏，并且各个工作底稿之间的统驭与被统驭的关系要明确，以形成一个合理的控制结构。良好的内容结构，旨在提高审计质量和效果。

（4）保证工作底稿的保密性。为了对被审计单位的会计报表作出公正的评价，注册会计师可以大量地接触被审计单位的资料，包括机密性的资料，如即将进行的企业合并、筹集资金的规划、股利变更等。因此，相当数量的机密资料被编入审计工作底稿，使工作底稿具有保密性，这就要求注册会计师要以正直的品质恪守职业道德，保护工作底稿的机密性，不得将工作底稿提供给外界机构和人士，要保护好工作底稿，以防失窃。

2. 获取审计工作底稿的基本要求

注册会计师可直接从被审计单位或其他单位取得工作底稿，也可以要求被审计单位代为编制有关会计账项的明细分类或汇总底稿，还可以要求被审计单位就有关事项提供声明书。除此之外，还可从被审计单位取得有关法律性文件、合同与章程等。对于这些审计资料，注册会计师必须做到：①注明资料来源；②实施必要的审计程序，如审阅有关法律性文件的复印件并同原件核对一致；③形成相应的审计记录，注册会计师在审阅或核对后，应形成相应的文字记录并签名，方能形成审计工作底稿。

注册会计师在形成审计工作底稿时，应注意编索引号和顺序编号。同时，相关的审计工作底稿之间，应保持清晰的勾稽关系，相互引用时应注明交叉索引号。

三、审计工作底稿的复核

（一）审计工作底稿复核的作用

会计师事务所应当建立审计工作底稿复核制度。一份审计工作底稿往往由一名专业人员独立完成，编制者对有关资料的引用、对会计数据的加计复算以及对有关事项的判断，都可能出现误差。而且，审计工作底稿既是审计人员编写审计报告、发表审计意见的依据，同时又是外界指控审计人员有过失行为并承担过失责任的主要依据。因此，会计师事务所根据具体情况，制定出有效的审计工作底稿复核制度，对每一张审计工作底稿进行多层次的复核，是十分必要的。在配备助理人员和聘请专家协助工作时，复核尤为重要。

审计工作底稿复核的作用可体现在以下方面：①审计工作底稿复核是减少或消除人为的审计误差，降低审计风险，提高审计质量的重要手段。②复核审计工作底稿能及时发现和解决问题，保证审计计划顺利执行，并能够不断地协调审计进度，节约审计时间，提高审计效率。③审计工作底稿复核保证整个审计工作程序符合注册会计师审计准则，便于上级部门对注册会计师进行审计质量监控和工作业绩考评。

（二）复核审计工作底稿的要点和基本要求

复核审计工作底稿不仅是鉴证业务准则的要求，也是质量控制准则的要求。《中国注册会计师审计准则第 1121 号——对财务报表审计实施的质量控制》规定，会计师事务所应当建立多层次的审计工作底稿复核制度。尽管不同层次的复核人可能有不同的复核重点，但从审计工作底稿复核的基本要点来看，共同性的内容有：所引用的有关资料是否翔实可靠，所获取的审计证据是否充分、适当，审计判断是否有理有据，审计结论是否恰当。

复核审计工作底稿是一项重要的程序，必须按以下要求做好复核工作：①做好复核记录，明确指出审计工作底稿中存在的问题和疑点，并以文字记录于审计工作底稿中。②复核人须签名和签署日期，以便划清审计责任，利于上级复核人对下级复核人的监督。③用书面表示复核意见，以示对复核程序的负责。④各复核人如发现已执行的审计程序和作出的审计记录存在问题，应要求有关人员予以答复、处理，并形成相应的审计记录，督促编制人及时修改、完善审计工作底稿。

（三）审计工作底稿的三级复核制度

为了保证审计工作底稿复核工作的质量，会计师事务所应当建立多层次的审计工作底稿复核制度。这不仅是质量控制准则的要求，也是我国注册会计师审计工作的需要，且在实际工作中是切实可行的。审计工作底稿三级复核制度，就是会计师事务所制定的以项目经理、项目合伙人和独立复核为主的三级复核层次对审计工作底稿进行逐级复核的一种复核制度。这一复核制度已在我国众多的会计师事务所实行，对提高审计质量发挥了重要的作用。

第一级复核是指由审计项目经理对注册会计师在审计现场完成的工作底稿进行的详细复核。项目经理要对下属人员形成的审计工作底稿逐张复核，检查审计证据是否充分和适当、形成的工作底稿在技术上是否完整和规范，发现问题及时指出，并督促有关人员及时修改完善，以便争取审计工作的主动。

第二级复核是指在完成审计外勤工作时由项目合伙人进行的复核，也称为一般复核。主要复核内容有：①重要审计程序的执行是否适当，是否实现审计目标。②重点审计项目的审计证据是否充分、适当。③审计范围是否充分。④重要的审计调整事项处理是否恰当。⑤已审财务报表总体上是否合理、可信。项目合伙人复核既是对审计项目经理复核的一种再监督，也是对重要审计事项的重点把关。

第三级复核是指在出具审计报告之前进行的，由未参加审计的合伙人执行的复核，又称独立复核。主要复核的内容有：①审计工作是否达到事务所的工作标准和注册会计师在审计活动中是否遵守了职业道德规范，恪守了独立、客观、公正原则，对助理人员的审计工作进行了指导和监督。②是否已经实现了审计目标，运用的重要性水平是否恰当，审计风险水平是否可以接受，对特别风险是否进行了识别和应对。③是否对错报的重要程度进行了识别及处理。④对超越注册会计师知识范围的审计事项是否向有关专家咨询，并对咨询结果作了恰当的利用。⑤提出的审计结论是否与工作结果相一致等。

独立复核既是对前面两级复核的再监督，也是对整个审计工作的计划、进度和质量的重点把握。对于上市公司，在出具审计报告前，会计师事务所可根据需要委派未直接参与审计的其他主任会计师对财务报表进行独立审查和复核，对各级复核人员所认同的事项提出质疑，以保证审计报告的正确性。

四、审计档案

形成之后的审计工作底稿为审计报告提供了充分、适当的记录，证明了注册会计师已按照审计准则和相关法律法规的规定计划和执行了审计工作。注册会计师应当在审计报告日后及时将审计工作底稿按照一定的标准分类整理、汇集归档，形成审计档案。审计档案是指存储了构成某项具体业务的审计工作底稿的一个或多个文件夹或其他存储介质。审计档案是会计师事务所审计工作的重要历史资料，是会计师事务所的宝贵财富，应当妥善管理和保管。

（一）审计档案的分类

审计档案按其使用期限的长短和作用的大小划分，可以分为永久性档案和当期档案。

永久性档案是指那些记录内容相对稳定，具有长期使用价值，并对以后审计工作具有重要影响和直接作用的审计档案。永久性档案主要由审计工作报告副本、审计计划、重要的法律性文件、合同、章程及协议等组成。这些工作底稿的内容十分重要，有些记录内容还可供以后年度直接使用。因此，应把它们归入永久性档案管理。如果永久性档案中的某些内容已发生变化，注册会计师应及时进行更新。

当期档案又称一般档案，是指那些记录内容经常变化，只供当期审计使用和下期审计参考的审计档案。当期档案主要是由业务工作底稿组成，如控制测试的各种工作底稿、具体会计账项实质性程序的各种工作底稿等。这些工作底稿所记录的内容在不同年度之间是不同的，因此应把它们归入当期档案管理。

（二）审计档案的管理

按照中国注册会计师审计准则的要求，会计师事务所应建立审计档案保管制度和保密制度，以确保审计档案的安全、完整。并且，审计工作底稿的所有权应属于接受委托进行审计的会计师事务所。因此，会计师事务所应做好审计档案的管理工作。

1. 按规定对审计工作底稿及时归档

《中国注册会计师质量控制准则第 5101 号——会计师事务所对执行财务报表审计和审阅、其他鉴证和相关服务业务实施的质量控制》对归档提出了具体要求，注册会计师应当在审计报告日后 60 天内将审计工作底稿归整为审计档案，如果注册会计师未能完成审计业务，审计工作底稿的归档期为审计业务中止后 60 天内。在完成最终审计档案的归整工作后，不应在规定的保存期限届满前删除或废弃任何性质的审计工作底稿，如发现有必要修改现有的审计工作底稿或增加新的审计工作底稿，无论修改或增加的性质如何，注册会计师均要记录修改或增加审计工作底稿的理由、时间和人员，以及复核的时间和人员。

2. 按有关期限的规定对审计档案进行保管

档案类别不同，其保管期限也不同。对于永久性档案，应当长期保存。如果会计师事务所中止了对被审计单位的后续服务，那么，其永久性档案的保管年限应与最近一年当期档案的保管年限相同。对于当期档案，会计师事务所应当自审计报告签发之日起，至少保存十年。即使会计师事务所中止了对被审计单位的后续审计服务，其当期档案的保存年限也不得任意缩减。

对于保管期限届满的审计档案，会计师事务所可以决定将其销毁。销毁时，应当按照规定履行必要的手续。

3. 按保密和查阅的规定对审计档案进行保管

会计师事务所应对审计工作底稿实行专人管理，对审计工作底稿中涉及的商业秘密保密。但由于下列情况需要查阅审计工作底稿的，不属于泄密：①法院、检察院及其他部门依法查阅，并按规定办理了必要的手续；②注册会计师协会对执业情况进行检查；③因审计工作需要，经委托人同意，并办理了有关手续，不同会计师事务所的注册会计师可以要求查阅审计工作底稿。

不同会计师事务所的注册会计师查阅审计工作底稿的原因和内容主要有：①被审计单位更换会计师事务所，后任注册会计师可以查阅前任注册会计师的审计档案；②由于审计合并会计报表，母公司聘任的注册会计师可以查阅子公司聘任的注册会计师的审计档案；③进行联合审计时，不同会计师事务所的注册会计师可以查阅审计档案；④在会计师事务所认为合理的其他情况下，可以查阅审计档案。

拥有审计工作底稿的会计师事务所应当对要求查阅者提供适当的协助，并根据审计工作底稿的内容及性质，决定是否允许要求查阅者阅览审计工作底稿，以及复印或摘录有关内容。查阅者因误用审计工作底稿而造成的后果，与拥有审计工作底稿的会计师事务所无关。

第四节　管理层声明书和律师声明书

被审计单位管理层的声明书和律师声明书都是重要的审计证据。注册会计师在出具审计报告之前，应索取声明书，并将其形成审计工作底稿，以明确会计责任和审计责任，为发表审计意见提供依据。

一、管理层声明书

2010 年修订的《中国注册会计师审计准则第 1341 号——书面声明》中指出：被审计单位管理层声明书，是指管理层向注册会计师提供的书面陈述，用以确认某些事项或支持其他审计证据。书面声明不包括财务报表及其认定，以及支持性账簿和相关记录。书面声明是注册会计师在财务报表审计中需要获取的必要信息，是审计证据的重要来源。

（一）管理层声明书的形成及作用

注册会计师执行财务报表审计业务时，应当明确管理层对财务报表的责任，并要求了解相关事项的管理层提供书面声明。管理层的书面声明可采取下列形式：①管理层声明书；②注册会计师提供的列示其对管理层声明的理解并经管理层确认的函；③董事会及类似机构的相关会议纪要。

被审计单位管理层声明书应由被审计单位的高层管理人员（一般是总经理和财务总监）签名后送交受托审计的会计师事务所，其注明的日期应尽量接近审计报告日，但不得在审计报告日后，以确保其具有与期后事项和或有事项审计有关的声明。

在审计实务中，被审计单位管理层声明书往往是由注册会计师准备好内容，而要求被审计单位管理层签名而形成的，注册会计师还应将管理层声明书形成相应的审计工作底稿。如果注册会计师对管理层的诚信产生重大疑虑，以至于认为其作出的书面声明不可靠，或被审计单位管理层拒绝就对财务报表具有重大影响的事项提供必要的书面声明，注册会计师应按照《中国注册会计师审计准则第1502号——在审计报告中发表非无保留意见》的规定，考虑有关事项对审计意见的影响。

被审计单位管理层声明书的作用主要在于：

（1）明确会计责任。被审计单位的会计责任是建立健全内部控制制度，保护资产的安全、完整，保证会计资料的真实、合法、完整。因此，管理层应提供书面声明，确认已履行了按照适用的财务报告编制基础编制财务报表并使其实现公允反映的责任；确认已向注册会计师提供所有相关信息，并允许注册会计师不受限制地接触所有相关信息以及被审计单位内部人员和其他相关人员；确认所有交易均已记录并反映在财务报表中。所以，声明书可以提醒被审计单位管理层，具有明确被审计单位会计责任的作用。

（2）保护注册会计师。在形成书面声明的过程中，管理层与注册会计师就有关问题进行沟通，有益于管理层明确自身责任，从而减少可能导致潜在纠纷的机会。当被审计单位与会计师事务所发生法律诉讼时，在划分客户的会计责任与注册会计师的审计责任时，管理层声明书可以作为书面证据，为注册会计师辩护。此外，管理层声明书还可以作为被审计单位管理层未来意图的证据。

（二）管理层声明书的格式及具体内容

被审计单位管理层声明书应包括以下基本要素：

（1）标题：××管理层声明书；

（2）收件人：收件人为接受委托的会计师事务所和签署审计报告的注册会计师；

（3）声明内容：根据注册会计师要求声明的内容，列出各项声明；

（4）签章：由被审计单位及其会计机构负责人签署，并加盖被审计单位公章；

（5）日期：签署的日期应与审计报告的日期一致，以防日期不一致而发生误会。

管理层声明书是一项非独立来源的书面说明，其证明力是十分有限的，主要起到保护注册会计师和明确会计责任的作用，因而不能作为判断财务报表公允与否的直接证据。我们通过以下例子来说明管理层声明书的格式和具体内容。

南方公司管理层声明书

甲会计师事务所A、B注册会计师：

本公司已委托贵所对本公司2010年度的财务报表进行审计，并出具审计报告。为了表示对贵所审计工作的理解、支持和充分合作，兹就有关情况声明如下：

1. 本公司已依照《企业会计制度》和《企业会计准则》的要求编制2010年度财务报表，这些财务报表的编制基础与上年度保持一致，本公司管理当局对财务报表的真实性、合法性和完整性承担责任。

2. 本公司业已提供所有的财务及会计记录，股东大会、董事会会议记录以及有关的资料。

3. 公司业已提供全部关联方清单、关联方交易清单及有关资料，对重大关联交易事项均已作披露。

4. 本公司提供的财务报表没有重大错报或漏报。

5. 本公司所有财务承诺、或有事项、期后事项等业已全部提供，并已在财务报表或其附注中调整和披露。

6. 本公司确信：

6.1 没有任何重大未预计的负债。

6.2 没有任何重大未预计或未披露的可能诉讼赔偿、背书、承兑、保证等或有事项。

6.3 没有任何违反国家法律、法规而需要调整或披露的事项。

6.4 在内部控制中发挥重要作用，或对财务报表有重大影响的管理人员或其他员工，没有舞弊行为。

6.5 没有接到主管机关通知调整或改进财务报表的事项。

7. 本公司各项资产完全属实，并按规定提取了必要的资产减值准备。

8. 本公司对拥有的全部资产享有充分的所有权，以资产提供担保的情况已全部披露。

9. 本公司严格遵守了合同规定的条款，不存在因未履行合同而对财务报表产生重大影响的事项。

10. 本公司编制财务报表所依据的持续经营假设是合理的，没有进行清算或大幅度缩减经营规模的计划或打算。

11. 就审计报告日至财务报表公布日之间影响财务报表或附注的期后事项，本公司承诺在财务报表公布之日前及时告知。

南方公司（盖章）
公司负责人（签章）
会计机构负责人（签章）
2011 年 3 月 10 日

二、律师声明书

律师声明书是被审计单位律师对注册会计师关于期后事项和或有事项函证问题的答复和说明。在终结审计工作阶段，注册会计师应索取客户律师声明书，并作为必要的审计证据之一。

在审计实务中，注册会计师需要查明客户可能存在的未决诉讼、可能的索赔以及有关的或有损失，同时也要查明客户应付的法律服务费。因此，律师声明书通常是有力的证据，帮助注册会计师解析并报告有关的期后事项和或有事项中可能潜在的法律诉讼，从而减少注册会计师对上述事项误解的审计风险。

因为律师必须遵守为其客户保密的职业守则，所以通常由注册会计师起草律师询证函，再由被审计单位寄送给其律师，并要求把律师声明书直接寄给注册会计师。询证函的内容应包括：客户的未决诉讼及可能的索赔的性质，这些事项出现不利于客户的损失赔偿的可能性；其他与律师业务有关的或有损失的情况；客户应付未付的法律服务费。律师的责任在于声明客户对有关期后事项和或有事项等的叙述是否完整，并对客户就有关期后事项和或有事项等情况的说明作出评价。

注册会计师应对客户律师声明书的合理性和可信性作出整体分析，判断影响发表审计意见的类型。如果注册会计师熟悉律师的职业声誉，就不需要进行专门的查询；如果不熟悉，则应查询律师的职业背景、声誉及其在法律界的地位，并考虑从律师协会获取信息。如果这些方面都令人满意，注册会计师应接纳律师声明书中的意见。倘若律师声明书表明或暗示律师拒绝提供信息，或是隐瞒信息，或是对客户叙述的情况不加修正，注册会计师一般应谨慎认为审计范围受到限制，不要出具无保留意见的审计报告。被审计单位律师声明书的格式举例如下：

律师询证函

××律师事务所、××律师：

本公司已聘请××会计师事务所对本公司××年12月31日资产负债表及该年度利润表和现金流量表进行审计。依据中国注册会计师审计准则的规定，为了配合该项审计，谨请贵律师基于受理本公司委托的常年法律顾问等工作，提供下列资料并函告××会计师事务所。

一、请说明存在于资产负债表日并且自该日起至本函回复之日止本公司委托贵律师代理进行的任何未决诉讼。该说明中谨请包含如下内容：

1. 案件的简要事实经过与目前的发展进程；

2. 贵律师对于本公司管理当局就上述案件所持看法及处理计划的设想，及你对可能发生结果的意见；

3. 贵律师对可能发生的损失或收益的可能性及金额的估计。

二、请说明上述日期内，本公司曾向贵律师咨询的其他诸如未决诉讼、追索债权、被追索债务以及政府有关部门对本公司进行的调查等可能涉及本公司法律责任的事件。

三、请说明截止资产负债表日，本公司与贵律师事务所服务费的结算情况。

四、若无上述一至二项，为节约你的时间，请填写本函背面《律师询证函复函》并签章后，按以下地址，寄往××会计师事务所。

多谢合作！

××公司（盖章）
公司负责人（签章）
年　月　日

律师询证函复函

××会计师事务所：

本律师于××年期间，除向××公司提供一般性法律咨询服务，并未接受委托，代理进行或咨询如正面前述一至二项之业务。

另截止××年×月×日止，该公司

□ 未积欠本律师事务所任何律师服务费。

□ 尚有本律师事务所的律师服务费计人民币××元，未予付清。

××律师事务所
中国注册律师（签章）
年　月　日

本章小结

（1）收集审计证据和编制审计工作底稿都是审计工作中必不可少的环节，它们对审计结论和审计报告起着十分重要的作用。

（2）分清审计证据的分类、熟悉审计证据的特征和掌握收集审计证据的程序是注册会计师审计的基础工作。

（3）审计证据是审计工作底稿的内容，审计工作底稿是审计证据的载体。审计工作底稿是出具审计意见的直接依据，记录、汇总、整理审计工作底稿也是注册会计师的重要基础工作。

关键术语和概念

审计证据　直接证据　佐证证据　审计工作底稿　审计档案　管理层声明书　律师声明书

拓展阅读

李凤鸣．审计学原理．上海：复旦大学出版社，2008.

［加］阿立森·萨特克利夫等．审计中的职业判断．王富利译．北京：经济科学出版社，2005.

中国注册会计师协会．审计．北京：经济科学出版社，2011.

第七章　审计的目标和范围

本章学习要点

审计的目标分为审计总目标和审计具体目标，审计具体目标是审计总目标的具体化。审计的具体目标是根据被审计单位管理当局的认定来确定的。审计过程中，审计人员应紧紧围绕审计具体目标收集证据。

通过本章学习，应当掌握以下主要内容：

（1）审计总目标；

（2）管理当局对会计报表的认定及其含义；

（3）审计具体目标及其和管理当局认定的关系；

（4）审计业务约定书的概念、作用、内容以及签约前应做的工作；

（5）注册会计师业务的范围及其主要内容。

第一节　审计总目标

一、审计目标及其演变

（一）审计目标的含义

审计目标是通过审计实践活动所期望达到的境地或最终结果。注册会计师财务审计中，审计目标包括两个层次：①财务报表审计的总目标；②与各类交易、账户余额、列报相关的具体审计目标。

审计目标的确立是由审计环境决定的，不是一成不变的，但在一定时期内审计目标具有相对的稳定性。审计目标决定了审计行为的方式与内容。

（二）审计目标的演变过程

审计目标随着社会经济环境的改变而改变、随着审计的发展而发展。注册会计师审计目标的发展演变主要经历了详细审计、资产负债表审计和财务报表审计三个阶段。审计目标的演变过程如表 7 - 1 所示。

在详细审计阶段，注册会计师通过对被审计单位一定时期内会计记录的逐笔审查，判定有无技术错误和舞弊行为。查错防弊是这个阶段的审计目标。

在资产负债表审计阶段，注册会计师通过对被审计单位一定时期内资产负债表所有项目余额的真实性、可靠性进行检查，判断其财务状况和偿债能力。在此阶段，审计目标是对历史财务信息进行鉴证，查错防弊这一目标虽然存在，但已退居第二位，审计的功能从防护性发展为公允性。

在财务报表审计阶段，注册会计师判定被审计单位一定时期内的财务报表是否公允反映其财务状况和经营成果以及现金流量，并在出具审计报告的同时，提出改进经营管理的意见。在此阶段，审计目标不再局限于查错防弊和历史财务信息公证，而是向管理领域有所深入和发展。此阶段的审计工作已经较有规律，而且形成了一套较完整的理论和方法。

尽管审计总目标发生了变化，注册会计师的重要职责之一却始终是对被审计单位财务报表执行审计。财务报表审计是与审计相关业务的基础，其他性质的业务从某种意义上讲都是财务报表审计的延伸和发展。

表 7－1　审计目标的演变

阶段	时间	审计目标	审计方法
详细审计阶段	1844 年—20 世纪初	查错防弊	详细审计
资产负债表审计阶段	20 世纪初—20 世纪 30 年代	判断企业信用状况	转向抽样审计
财务报表阶段	20 世纪 30 年代—20 世纪 40 年代	鉴证财务报表的可信性	扩大到测试相关的内部控制，并广泛采用抽样审计
现代审计阶段	第二次世界大战以后	鉴证财务报表的可信性	计算机辅助审计技术方法广泛采用；审计抽样方法普遍得到应用；风险导向审计得到推广

二、我国独立审计目标

（一）对财务报表发表审计意见

根据《中国注册会计师审计准则第 1101 号——注册会计师的总体目标和按照审计准则执行审计工作的要求》，财务报表审计的目标是注册会计师通过执行审计工作，对财务报表的下列方面发表审计意见：①财务报表是否按照适用的会计准则和相关会计制度的规定编制；②财务报表是否在所有重大方面公允反映被审计单位的财务状况、经营成果和现金流量。

（二）评价财务报表的合法性

在评价财务报表是否按照适用的会计准则和相关会计制度的规定编制时，注册会计师应当考虑下列内容：①选择和运用的会计政策是否符合适用的会计准则和相关会计制度，并适合于被审计单位的具体情况；②管理层作出的会计估计是否合理；③财务报表反映的信息是否具有相关性、可靠性、可比性和可理解性；④财务报表是否作出充分披露，使财务报表使用者能够理解重大交易和事项对被审计单位财务状况、经营成果和现金流量的影响。

（三）评价财务报表的公允性

在评价财务报表是否公允反映时，注册会计师应当考虑下列内容：①管理层调整后的财务报表是否与注册会计师对被审计单位及其环境的了解一致；②财务报表的列报、结构和内容是否合理；③财务报表是否真实地反映了交易和事项的经济实质。

将审计总目标规定为对被审计单位会计报表及相关资料表示审计意见，主要是由于：①社会公众的需要。会计报表及相关资料的使用者都借助注册会计师的审计结论来了解会计报表的可靠程度，以作出正确决策。②审计能力的制约。随着现代企业规模的逐渐扩大、经济业务的日益复杂，以及审计技术与成本方面的限制，使得通过详细审查来发现所有舞弊和差错、揭露违法行为已不再可能。

注册会计师在能够收集到充分和有力的审计证据，并认为财务报表的表达不会引起谨慎的报表使用者误解的情况下，可以在审计报告中发表财务报表公允表达的意见；如果注册会计师认为财务报表的表达不允当，或者由于缺乏证据不能得出结论，注册会计师也有责任通过审计报告向财务报表使用者通报情况。虽然注册会计师不是财务报表的保险人，但其有责任向财务报表的使用者说明财务报表的表达是否允当。

三、审计意见的作用及其局限性

《中国注册会计师审计准则第 1101 号——注册会计师的总体目标和按照审计准则执行审计工作的要求》第五条指出，财务报表审计属于鉴证业务。注册会计师作为独立第三方，运用专业知识、技能和经验对财务报表进行审计并发表专业意见，旨在提高财务报表的可信赖程度。

由于审计存在固有限制，审计工作不能对财务报表整体不存在重大错报提供绝对保证。《中国注册会计师审计准则第 1101 号——注册会计师的总体目标和按照审计准则执行审计工作的要求》第十五条第二款指出，虽然财务报表使用者可以根据财务报表和审计意见对被审计单位未来生存能力或管理层的经营效率、经营效果作出某种判断，但审计意见本身并不是对被审计单位未来生存能力或管理层经营效率、经营效果提供的保证。

四、审计目标的导向作用

财务报表审计的目标对注册会计师的审计工作发挥着导向作用，它界定了注册会计师的责任范围，直接影响注册会计师计划和实施审计程序的性质、时间和范围，决定了注册会计师如何发表审计意见。

例如，财务报表审计的目标是对财务报表整体发表审计意见，注册会计师就可以只关注与财务报表编制和审计有关的内部控制，而不必对内部控制本身发表鉴证意见。同样，注册会计师可以只关注被审计单位的会影响到财务报表的违反法规的行为，而不必对被审计单位是否存在违反法规行为提供鉴证。

第二节 审计具体目标

审计具体目标是审计总目标的具体化，它包括一般审计目标和项目审计目标。一般审计目标是进行所有项目审计均须达到的目标，是适用于所有账户余额的、含义较广的目标；项目审计目标则是按每个项目分别确定的目标。审计具体目标的确定，有助于注册会计师按照独立审计准则的要求收集充分、适当的审计证据，并根据项目的实际情况确定应收集的证据。一般来说，审计具体目标必须根据被审计单位管理当局的认定和审计总目标来确定。

一、管理当局对会计报表的认定

所谓认定，是指被审计单位管理当局对其会计报表所作的确认和声明。审计目标与被审计单位管理当局的认定密切相关，因为注册会计师的基本职责在于确认被审计单位管理当局对其会计报表的认定是否有理由，即对被审计单位的认定进行再认定。被审计单位在会计报表中的认定有些是明示性的，有些是暗示性的。例如，ABC 公司的资产负债表中列示存货如下：

存货　　1 000 000

这意味着存在以下几项认定：①存货是存在的；②存货的余额是 1 000 000 元；③企业所有的存货均已包括在内；④所有被报告的存货都归公司所有；⑤存货的使用不受任何限制。

最后一项认定是根据存货被列为资产负债表中的流动资产项目和报表附注里未作任何说明而得来的。假如上述认定中的任何一项报告有误，那么会计报表就有可能存在重要错报或漏报。被审计单位对会计报表中其他的所有资产、负债、所有者权益、收入、费用等都作了与上述情形相类似的认定。

审计证据要有证明力，必须与注册会计师的审计目标相关。例如，注册会计师在审计过程中怀疑被审计单位发出存货却没有给顾客开票，需要确认销售是否完整。注册会计师应当从发货单中选取样本，追查与每张发货单相应的销售发票副本，以确定是否每张发货单均已开具发票。如果注册会计师从销售发票副本中选取样本，并追查至与每张发票相应的发货单，由此所获得的证据与完整性目标就不相关。

审计证据是否相关必须结合具体审计目标来考虑，《中国注册会计师审计准则第 1301 号——审计证据》第十条明确规定，在确定审计证据的相关性时，注册会计师应当考虑：

（1）特定的审计程序可能只为某些认定提供相关的审计证据，而与其他认定无关。例如，检查期后应收账款收回的记录和文件可以提供有关存在和计价的审计证据，但是不一定与期末截止是否适当相关。

（2）针对同一项认定可以从不同来源获取审计证据或获取不同性质的审计证据。例如，注册会计师可以分析应收账款的账龄和应收账款的期后收款情况，以获取与坏账准备计价有关的审计证据。

（3）只与特定认定相关的审计证据并不能替代与其他认定相关的审计证据。例如，有关存货实物存在的审计证据并不能够替代与存货计价相关的审计证据。

注册会计师通过实质性测试获取审计证据，应当考虑以下主要事项：资产、负债在某一特定时日是否存在；资产、负债在某一特定时日是否归属被审计单位；经济业务的发生是否与被审计单位有关；是否有未入账的资产、负债或其他交易事项；资产、负债的计价是否恰当；收入与费用是否归属当期，并相互配比；会计记录是否正确；会计报表项目的分类反映是否恰当，并前后一致。

上述各事项可归入被审计单位管理当局对会计报表的以下五类认定：①存在或发生；②完整性；③权利和义务；④计价和分摊；⑤表达与披露。

审计人员必须了解上述五类认定。因为被审计单位在会计报表上的认定反映了被审计单位在处理各项经济业务时，对会计准则及相关财务会计法规的遵循程度、范围及结果。审计人员在了解被审计单位会计报表认定的基础上，有针对性地确定每个项目的具体审计目标；再按这些目标收集充分适当的证据，弄清会计报表遵循会计准则及相关财务会计法规的实际情况；然后将其与审计标准相比较，就可以得出相应的审计结论。表 7－2 汇总列示了上述五类管理当局认定。

表 7－2　管理当局对会计报表认定的种类及其性质

认定种类	性　质
1. 存在或发生	各项资产、负债及所有者权益在特定的日期均存在，所有已进行会计记录的交易在特定期间均已发生
2. 完整性	在财务报表中所有应列示的交易和事项均已列入
3. 权利和义务	在特定日期，各项资产均属公司的权利，各项负债均是公司的义务
4. 计价和分摊	各项资产、负债、所有者权益、收入和费用等要素均已按适当的方法进行计价，列入会计报表的金额正确
5. 表达与披露	会计报表上的特定组成要素已被适当地加以分类、说明和披露

二、审计具体目标

审计具体目标是在明确了审计总目标的基础上，针对被审计单位管理当局在会计报表上的五大类认定推论得出的。如前所述，审计具体目标又分为一般审计目标和项目审计目标。一般审计目标适用于所有项目的审计，项目审计目标则适用于某一特定项目的审计。在通常情况下，是先确定一般审计目标，才能据以确定项目审计目标。在审计实务中，一般审计目标包括以下几个方面：

（1）总体合理性。审计具体目标可分为两类，一是总体合理性目标，二是其他具体目标。总体合理性目标是指审计人员必须先根据他所掌握的有关被审计单位的全部信息，评价某账户余额的合理性。审计人员如果对总体合理性目标不满意，那么他就可能把更多的注意力放在影响总体合理性的一个或几个其他具体目标上。总体合理性测试的目的在于帮助审计人员评价账户余额中是否有重要错报；一般性测试的目的则在于帮助审计人员评价其他具体目标是否可能达到，并协助规划收集更为详细的证据的方式。

（2）真实性——所列余额真实。这一目标是由管理当局关于“存在或发生”的认定推论得出的。

（3）完整性——发生的金额均已包括。这一目标是由管理当局关于“完整性”的认定推论得出的。

（4）所有权——所列金额确属公司所有。这一目标是由管理当局关于“权利和义务”的认定推论得出。的

（5）估价——所列金额均经正确估价和计算。

（6）截止——接近资产负债表日的交易已计入适当的期间。截止测试的目标是确定交易是否计入恰当的期间。

（7）机械准确性——机械准确性目标所关心的是有关账表资料、数学计算、加总及勾稽关系的正确性。

上述（5）、（6）、（7）三项具体目标是由管理当局关于“计价和分摊”的认定推论得出的。

（8）分类——所列金额的分类恰当。分类目标在于确定每个项目和每个账户记录是否在会计报表中恰当列示。比如，负债必须分为流动负债和长期负债，附属公司、主管和董事的欠款必须同顾客的欠款区分开来。被审计单位的会计科目表是审计人员确定被审计单位的账户分类是否正确的基本依据。

（9）披露——财务报表中所披露的信息都是适当的。

上述（8）、（9）项具体目标是由管理当局关于“表达与披露”的认定推论得出的。

下面以存货为例，进一步说明由管理当局会计报表认定推论得出审计具体目标的过程，以及一般审计目标与项目审计目标的对应关系（见表7－3）。

表7－3　A公司管理当局认定与审计具体目标

管理当局认定	审计具体目标	
	一般审计目标	运用于存货的项目审计目标
	1. 总体合理性	全部存货及销售成本合理，无重大错报
1. 存在或发生	2. 真实性	资产负债表日，已记录的全部存货均存在
2. 完整性	3. 完整性	现有存货均盘点并计入存货总额
3. 权利和义务	4. 所有权	1. 公司对所有存货均拥有所有权 2. 存货未作抵押

（续上表）

管理当局认定	审计具体目标	
	一般审计目标	运用于存货的项目审计目标
4. 计价和分摊	5. 估价	1. 账面存货量与实物数量相符，用以估价存货的价格无重大错误，单价与数量的乘积正确，详细数据的加总正确 2. 当存货的可变现净值减少时，已冲减存货价值
	6. 截止	1. 年末采购截止是恰当的 2. 年末销售截止是恰当的
	7. 机械准确性	存货项目的总计数与总账一致
5. 表达与披露	8. 分类	存货已恰当地分为原材料、在产品和产成品等几类
	9. 披露	1. 存货主要种类和估价基础已披露 2. 存货的抵押或转让已披露

表7－3显示，由每一类认定推论出来的审计目标项数可能不相同。每个一般审计目标对应的可能是一个，也可能是几个。但审计人员必须牢记，具体的审计目标总是针对被审计单位的具体情况而确定的。比如，某被审计单位现金中有一部分是外币，则须在审查现金时额外增加有关外币的审计具体目标。审计人员在确定目标时，应充分考虑以下因素：①被审计单位的经营状况；②被审计单位经济活动的性质；③被审计单位所属行业的特殊会计实务等。

在审计过程中，审计人员应紧紧围绕审计具体目标收集证据。把这些证据累积起来，审计人员就可以对管理当局的任何认定是否正确下结论。然后，再把对每个认定的结论综合起来，审计人员就可对整个会计报表的合法性、公允性、一贯性发表意见了。

第三节　审计业务约定书

一、审计业务约定书的概念与作用

（一）审计业务约定书的概念

审计业务约定书是指会计师事务所与被审计单位共同签署的，用以确定审计业务的委托与受托关系，明确委托目的、审计范围以及双方责任和义务等事项的书面文件。审计业务约定书具有经济合同性质，一经双方签字认可，即成为会计师事务所与委托人之间在法律上生效的契约。一旦发生违约事件，应依照经济法的有关条款来处理。它是维护双方权利和监督各方履行义务的合法依据。

审计业务约定书的签订，应当依据《中国注册会计师审计准则第1111号——审计业务约定书》的规定。签署审计业务约定书的目的是为了明确约定双方的责任与义务，促使双方遵守约定事项并加强合作，以保护会计师事务所与被审计单位的利益。

（二）审计业务约定书的作用

在注册会计师的审计实践中，审计业务约定书有以下作用：

（1）审计业务约定书可以增进会计师事务所与委托人之间的了解，尤其能使被审计单位了解注册会计师的审计责任及需要提供的条件。具体审计事务委托，对双方当事人来说，可能是第一次合作，审计业务的执行者对委托方经济业务了解甚少，不可能知道其中隐藏的问题，若防范意识不强，会掉入别人事先设计好的圈套中；而作为被审计单位，也不知道会计师事务所的性质，因而无法了解在审计过程中需要提供哪些方面的合作，对方工作成果是否能让自己满意，以及自己对审计结果的接受程度有多大。这一切都需要依靠签署审计业务约定书来明确。

（2）审计业务约定书可以作为监督双方履行责任和义务情况的依据，也可以作为被审计单位检查注册会计师是否按时保质完成审计业务的依据。在审计活动过程中，一旦委托事项成立，则签约双方必然要受到约定书中各项条款的限制。对委托人而言，要明确自己在整个审计工作中充当何种角色，提供哪些合作，如提供工作条件、工作环境、审计所需的资料，以及企业内部控制制度等方面的规定，当审计工作保质按时完成之后，还要按事先的约定支付审计费用；对注册会计师而言，要明确自己的工作范围，审计时间和期限，审计成果的质量要求，以及保证整个审计过程始终是遵守审计准则的。因此，为确定双方的权利和义务，必须事先签订审计业务约定书。

（3）如果在审计活动中出现违约或法律诉讼，审计业务约定书将是确定会计师事务所和委托人双方应负责任的重要依据。因为审计业务约定书中已明确双方的权利和义务，以及双方的责任与应遵守的规则。当有一方要改变其中的某一项内容，或无法履行条款中的内容限制时，应通过适当的程序，修改其中的条款，并且获得对方的认可；否则，应以违约论处。例如，在审计项目中，因被审计单位的有关存货的内部控制不健全，审计人员决定对该企业有关存货的内部控制制度不予信赖，则审计人员为保证审计的质量，恪守审计准则的要求，必然会采取另外的替代程序，如使用盘点法、细查法、调查法等技术方法来核实存货。这样做可能会延误审计时间，若审计人员提出推迟出具审计报告的时间，并得到对方的谅解，那么就可以按重新修改后的时间来出具审计报告；否则应视同违约，并承担相应的责任。在审计过程中，任何一方都应以业务约定书中的条款来约束自己的行为。若出现争议，应以条款规定为准。

二、签订审计业务约定书前应做的工作

会计师事务所承接任何一项审计业务，都应与审计业务的委托人签订审计业务委托书。在签订审计业务委托书之前，注册会计师应当对被审计单位的基本情况进行了解，并就委托目的、审计内容、范围、质量要求、审计收费及对方应提供的资料进行协商。在签订审计业务约定书前，会计师事务所应做好以下准备工作：

1. 明确委托的目的及审计业务的性质

会计师事务所在与被审计单位签约前，首先要知道委托人的委托目的是什么。审计业务一般有年度报表审计、专项审计、期中审计和资本金验证等。这些不同目的和性质的审

计，要求注册会计师运用不同的方法来完成，其难易程度不同、程序繁简不同，对审计人员的要求也是不同的。注册会计师了解委托的基本目的后，就可以判断是否有资格接受该项业务，或者衡量自己是否能胜任该项工作。

2. 明确审计业务的内容和范围

会计师事务所在了解委托人的委托目的和性质之后，必然要再进一步了解审计业务的内容和范围，并取得与委托方一致的观点。因为审计的内容和范围很广，就内容来讲，有财政、财务审计，经济责任审计，财经法纪审计以及经济效益审计；就范围来讲，有全面审计、局部审计、专题审计；就某一具体内容和范围来讲，有合法性审计、合规性审计、有效性审计、公允性审计。因此，在审计之前，双方必须就审计的内容和范围取得统一的认识，才能有助于审计工作的开展。例如，在审计活动中，若被审计单位不能全面提供注册会计师所需要的资料，会使审计人员的审查和取证受到限制，这样注册会计师就无法获取充分、适当的审计证据，因而也就无法对委托事项发表意见。

3. 了解被审计单位的基本情况

注册会计师只有了解被审计单位的基本情况，才能决定是否接受委托，才能进一步安排审计工作。注册会计师应了解的基本情况有：

（1）被审计单位的业务性质、经营范围、经营规模和管理机构的组织结构。对这些情况的了解，有助于注册会计师掌握被审计单位会计处理使用的是何种会计制度，以及企业的基本业务状况，如企业的供、产、销过程，产品的品种、产量、生产能力，长远规划、财务计划及各项经济合同、技术力量、主要市场、往来客户、经营状况等。对管理机构的组织进行了解，有利于注册会计师熟悉被审计单位职能部门的设置和分工，各级管理人员的职责分工，以及职责分工是否体现内部控制原则，是否具有内部审计及其发挥效用如何。熟悉这些信息，能给审计人员某些启示，以便提高审计工作效率。

（2）被审计单位的经营情况和经营风险。委托人经营情况的好坏在一定程度上决定着它可能存在的某些会计处理倾向。例如，企业经营情况良好，近几年一直处于直线上升的趋势，则经济业务的会计处理中可能会存在隐瞒收入、利润，虚增成本、费用的倾向，从而达到降低利润的目的。这样做一方面可以降低承包基数，达到以丰补歉的目的；另一方面，可以减少税金的交纳，使资金沉淀于企业的内部。相反，若企业近几年经营情况欠佳，则其经济业务的会计处理中可能会存在高估利润、潜亏挂账的倾向。注册会计师只要掌握这一规律，就可以收到事半功倍的效果。同样，企业的经营风险也会影响其会计核算，被审计单位总是想方设法转嫁其经营风险。通过对这些情况的了解，注册会计师可以挤掉会计信息中的水分，尽量使会计披露更客观，以满足不同信息使用者的需要。

（3）被审计单位以前年度委托单位审计的情况，特别是相邻年度的审计情况及审计意见。了解企业的过去，是为了更好地把握未来。企业不仅存在一个延续生产经营的问题，其管理制度、方法以及财务计划、会计政策、会计核算方法都会存在延续性的问题。注册会计师对这些方面的了解，有助于更好地掌握委托单位的审计重点和范围，减少审计实施前对被审计单位进行初步调查的时间。

（4）被审计单位财务会计机构的设置、财务人员的结构及财会工作组织。注册会计师审计的直接载体就是会计资料，对产生这一信息的机构进行了解，可以确定信息的可靠程度，进而为注册会计师安排审计程序和制定审计工作方案打下基础。

（5）其他与签署审计业务相关的事项。对相关事项如被审计单位的简史、主要管理人员的管理经验、委托人聘用注册会计师的意向等的了解，有助于注册会计师更全面地了解委托单位。

4. 商定审计收费

目前，我国会计师事务所的收费标准一般由注册会计师协会统一规定。审计收费方式可以采用计件收费或计时收费。从国际惯例和注册会计师业务发展趋势看，计时收费应该成为审计收费的基本方式，这符合劳动报酬的原则。由于计时收费的主要因素是审计业务所需要的工作时间，因此，会计师事务所应当估计有效工时，并与委托人商定审计收费。不管采用何种收费形式、收费标准，都要与委托人协商一致才能执行。

5. 明确被审计单位应协助的工作

要顺利完成审计工作，必须有被审计单位的良好合作。在注册会计师实施现场审计之前，被审计单位应当将所有的会计资料和其他有关资料准备齐全。而在整个审计过程中，被审计单位财务人员及有关业务的当事人，应当对注册会计师的询问、调查给予解释和配合，并适时地为注册会计师提供审计证据。除此之外，为了更好地完成审计项目，被审计单位应给注册会计师审计提供一个良好的工作环境。

三、审计业务约定书的内容

审计业务约定书作为约束双方履行义务的合法依据，必须有完善的内容和周密的考虑，任何微小的疏忽都可能导致难以预计的后果。签署完整而严密的审计业务约定书，有助于审计工作的顺利进行。审计业务约定书的格式和内容，可因被审计单位的不同而不同。《中国注册会计师审计准则第 1111 号——审计业务约定书》第五条至第七条主要说明审计业务约定书的内容，包括审计业务约定书的必备条款、应当考虑增加的其他条款，以及实施集团财务报表审计时的特殊考虑。

（一）审计业务约定书的必备条款

《中国注册会计师审计准则第 1111 号——审计业务约定书》第五条规定，审计业务约定书的具体内容可能因被审计单位的不同而存在差异，但应当包括下列主要方面：

（1）财务报表审计的目标。财务报表审计的目标是注册会计师通过执行审计工作，对财务报表是否按照适用的会计准则和相关会计制度的规定编制，是否在所有重大方面公允反映被审计单位的财务状况、经营成果和现金流量发表审计意见。

（2）管理层对财务报表的责任。在被审计单位治理层的监督下，按照适用的会计准则和相关会计制度的规定编制财务报表是被审计单位管理层的责任。

（3）管理层编制财务报表采用的会计准则和相关会计制度。

（4）审计范围，包括指明在执行财务报表审计业务时遵守中国注册会计师审计准则（以下简称审计准则）。审计范围是指为实现财务报表审计目标，注册会计师根据审计准则和职业判断实施的恰当的审计程序的总和。

（5）执行审计工作的安排，包括出具审计报告的时间要求。

（6）审计报告格式和对审计结果的其他沟通形式。

（7）由于测试的性质和审计的其他固有限制，以及内部控制的固有局限性，不可避免地存在着某些重大错报可能仍然未被发现的风险。

（8）管理层为注册会计师提供必要的工作条件和协助。

（9）注册会计师不受限制地接触任何与审计有关的记录、文件和所需要的其他信息。

（10）管理层对其作出的与审计有关的声明予以书面确认。

（11）注册会计师对执业过程中获知的信息保密。

（12）审计收费，包括收费的计算基础和收费安排。在签订审计业务约定书前，注册会计师应当与委托人商定审计收费。在确定收费时，注册会计师应当考虑以下因素：审计服务所需的知识和技能；所需专业人员的数量、水平和经验；每一专业人员提供服务所需的时间；提供审计服务所需承担的责任；各地有关审计收费标准的规定。

（13）违约责任。

（14）解决争议的方法。

（15）签约双方法定代表人或其授权代表的签字盖章，以及签约双方加盖的公章。

上述条款都是审计业务约定书的必备条款。之所以将这些条款作为审计业务约定书的必备条款，主要是由于审计工作专业性强，而委托人可能混淆被审计单位管理层与注册会计师的责任，或不了解审计的固有限制而对审计有不恰当的预期。在这种情况下，在审计业务约定书中明确上述条款，有助于避免委托人对审计业务的目标和作用等产生误解。

（二）需要考虑增加的业务约定条款

如果情况需要，注册会计师应当考虑在审计业务约定书中列明下列内容：在某些方面对利用其他注册会计师和专家工作的安排；与审计涉及的内部审计人员和被审计单位其他员工工作的协调；预期向被审计单位提交的其他函件或报告；与治理层整体直接沟通；在首次接受审计委托时，对与前任注册会计师沟通的安排；注册会计师与被审计单位之间需要达成进一步协议的事项。

（三）实施集团财务报表审计时的特殊考虑

如果负责集团财务报表审计的注册会计师同时负责组成部分财务报表的审计，注册会计师应当考虑下列因素，以决定是否与各个组成部分单独签订审计业务约定书：①组成部分注册会计师的委托人；②是否对组成部分单独出具审计报告；③法律法规的规定；④母公司、总公司或总部拥有组成部分的所有权份额；⑤组成部分管理层的独立程度。

审计业务约定书范例如下：

审计业务约定书

甲方：ABC 股份有限公司

乙方：××会计师事务所

兹由甲方委托乙方对 20×1 年度财务报表进行审计，经双方协商，达成以下约定：

一、业务范围与审计目标

1. 乙方接受甲方委托，对甲方按照企业会计准则和《××会计制度》编制的20×1年12月31日的资产负债表，20×1年度的利润表、股东权益变动表和现金流量表以及财务报表附注（以下统称财务报表）进行审计。

2. 乙方通过执行审计工作，对财务报表的下列方面发表审计意见：

(1) 财务报表是否按照企业会计准则和《××会计制度》的规定编制；

(2) 财务报表是否在所有重大方面公允反映被审计单位的财务状况、经营成果和现金流量。

二、甲方的责任与义务

（一）甲方的责任

1. 根据《中华人民共和国会计法》及《企业财务会计报告条例》，甲方及甲方负责人有责任保证会计资料的真实性和完整性。因此，甲方管理层有责任妥善保存和提供会计记录（包括但不限于会计凭证、会计账簿及其他会计资料），这些记录必须真实、完整地反映甲方的财务状况、经营成果和现金流量。

2. 按照企业会计准则和《××会计制度》的规定编制财务报表是甲方管理层的责任，这种责任包括：①设计、实施和维护与财务报表编制相关的内部控制，以使财务报表不存在由于舞弊或错误而导致的重大错报；②选择和运用恰当的会计政策；③作出合理的会计估计。

（二）甲方的义务

1. 及时为乙方的审计工作提供其所要求的全部会计资料和其他有关资料（在20×2年×月×日之前提供审计所需的全部资料），并保证所提供资料的真实性和完整性。

2. 确保乙方不受限制地接触任何与审计有关的记录、文件和所需的其他信息。

[下段适用于集团财务报表审计业务，使用时需按每位客户约定项目的特定情况而修改，如果加入此段，应相应修改下面其他条款编号]

【3. 为乙方对甲方合并财务报表发表审计意见的需要，甲方须确保：

乙方和为组成部分执行审计的其他会计师事务所的注册会计师（以下简称其他注册会计师）之间的沟通不受任何限制。

组成部分是指甲方的子公司、分部、分公司、合营企业、联营企业等。

如果甲方管理层、负责编制组成部分财务信息的管理层（以下简称组成部分管理层）对其他注册会计师的审计范围施加了限制，或客观环境使其他注册会计师的审计范围受到限制，甲方管理层和组成部分管理层应当及时告知乙方。

乙方及时获悉其他注册会计师与组成部分治理层和管理层之间的重要沟通（包括就内部控制重大缺陷进行的沟通）；

乙方及时获悉组成部分治理层和管理层与监管机构就财务信息事项进行的重要沟通。

在乙方认为必要时，允许乙方接触组成部分的信息、组成部分管理层或其他注册会计师（包括其他注册会计师的审计工作底稿），并允许乙方对组成部分的财务信息实施审计程序。】

3. 甲方管理层对其作出的与审计有关的声明予以书面确认。

4. 为乙方派出的有关工作人员提供必要的工作条件和协助，主要事项将由乙方于外勤工作开始前提供清单。

5. 按本约定书的约定及时足额支付审计费用以及乙方人员在审计期间的交通、食宿和其他相关费用。

三、乙方的责任和义务

（一）乙方的责任

1. 乙方的责任是在实施审计工作的基础上对甲方财务报表发表审计意见。乙方按照中国注册会计师审计准则（以下简称审计准则）的规定进行审计。审计准则要求注册会计师遵守职业道德规范，计划和实施审计工作，以对财务报表是否不存在重大错报获取合理保证。

[下段适用于集团财务报表审计业务，使用时需按每位客户约定项目的特定情况而修改，如果加入此段，应相应修改其他条款编号]

【2. 乙方并不对非由乙方审计的组成部分的财务信息单独出具审计报告；有关的责任由对该组成部分执行审计的其他注册会计师及其所在的会计师事务所负责。】

2. 审计工作涉及实施审计程序，以获取有关财务报表金额和披露的审计证据。选择的审计程序取决于乙方的判断，包括对由于舞弊或错误导致的财务报表重大错报风险的评估。在进行风险评估时，乙方考虑与财务报表编制相关的内部控制，以设计恰当的审计程序，但目的并非对内部控制的有效性发表意见。审计工作还包括评价管理层选用会计政策的恰当性和作出会计估计的合理性，以及评价财务报表的总体列报。

3. 乙方需要合理计划和实施审计工作，以使乙方能够获取充分、适当的审计证据，为甲方财务报表是否不存在重大错报获取合理保证。

4. 乙方有责任在审计报告中指明所发现的甲方在重大方面没有遵循企业会计准则和《××会计制度》编制财务报表且未按乙方的建议进行调整的事项。

5. 由于测试的性质和审计的其他固有限制，以及内部控制的固有局限性，不可避免地存在着某些重大错报在审计后可能仍然未被乙方发现的风险。

6. 在审计过程中，乙方若发现甲方内部控制存在乙方认为的重要缺陷，应向甲方提交管理建议书。但乙方在管理建议书中提出的各种事项，并不代表已全面说明所有可能存在的缺陷或已提出所有可行的改善建设。甲方在实施乙方提出的改善建议前应全面评估其影响。未经乙方书面许可，甲方不得向任何第三方提供乙方出具的管理建议书。

7. 乙方的审计不能减轻甲方及甲方管理层的责任。

（二）乙方的义务

1. 按照约定时间完成审计工作，出具审计报告。乙方应于20×2年×月×日×点前出具审计报告。

2. 除下列情况外，乙方应当对执行业务过程中知悉的甲方信息予以保密：①取得甲方的授权；②根据法律法规的规定，为法律诉讼准备文件或提供证据，以及向监管机构报告发现的违反法规行为；③接受行业协会和监管机构依法进行的质量检查；④监管机构对乙方进行行政处罚（包括监管机构处罚前的调查、听证）以及乙方对此提起行政复议。

四、审计收费

1. 本次审计服务的收费是以乙方各级别工作人员在本次工作中所耗费的时间为基础计算的。乙方预计本次审计服务的费用总额为人民币××万元。

2. 甲方应于本约定书签署之日起×日内支付×%的审计费用，剩余款项于［审计报告草稿完成日］结清。

3. 如果由于无法预见的原因，致使乙方从事本约定书所涉及的审计服务实际时间较本约定书签订时预计的时间有明显的增加或减少，甲乙双方应通过协商，相应调整本约定书第四条第一项下所述的审计费用。

4. 如果由于无法预见的原因，致使乙方人员抵达甲方的工作现场后，本约定书所涉及的审计服务不再进行，甲方不得要求退还预付的审计费用；如上述情况发生于乙方人员完成现场审计工作，并离开甲方的工作现场之后，甲方应另行向乙方支付人民币××元的补偿费，该补偿费应于甲方收到乙方的收款通知之日起×日内支付。

5. 与本次审计有关的其他费用（包括交通费、食宿费等）由甲方承担。

五、审计报告和审计报告的使用

1. 乙方按照《中国注册会计师审计准则第1501号——审计报告》和《中国注册会计师审计准则第1502号——非标准审计报告》规定的格式和类型出具审计报告。

2. 乙方向甲方出具审计报告一式××份。

3. 甲方在提交或对外公布审计报告时，不得修改或删减乙方出具的审计报告；不得修改或删除重要的会计数据、重要的报表附注和所作的重要说明。

六、本约定书的有效期间

本约定书自签署之日起生效，并在双方履行完毕本约定书约定的所有义务后终止。但其中第三（二）2、四、五、八、九、十项并不因本约定书终止而失效。

七、约定事项的变更

如果出现不可预见的情况，影响审计工作如期完成，或需要提前出具审计报告，甲乙双方均可要求变更约定事项，但应及时通知对方，并由双方协商解决。

八、终止条款

1. 如果根据乙方的职业道德及其他有关专业职责、适用的法律、法规或其他任何法定的要求，乙方认为已不适宜继续为甲方提供本约定书约定的审计服务时，乙方可以采取向甲方提出合理通知的方式终止履行本约定书。

2. 在终止业务约定的情况下，乙方有权就其于本约定书终止之日前对约定的审计服务项目所做的工作收取合理的审计费用。

九、违约责任

甲乙双方按照《中华人民共和国合同法》的规定承担违约责任。

十、适用法律和争议解决

本约定书的所有方面均应适用中华人民共和国法律进行解释并受其约束。本约定书履行地为乙方出具审计报告所在地，因本约定书所引起的或与本约定书有关的任何纠纷或争议（包括关于本约定书条款的存在、效力或终止，或无效之后果），双方选择第____种解决方式：

（1）向有管辖权的人民法院提起诉讼；

（2）提交××仲裁委员会仲裁。

十一、双方对其他有关事项的约定

本约定书一式两份，甲乙方各执一份，具有同等法律效力。

甲方：ABC 股份有限公司（盖章）　　乙方：××会计师事务所（盖章）

授权代表：（签章）　　授权代表：（签章）

二〇×二年×月×日　　二〇×二年×月×日

第四节　审计范围

一、审计范围的含义

审计范围是指审计对象涉及的领域及内容。财务报表审计的目标是注册会计师通过执行审计工作，对财务报表发表审计意见。为了实现这一目标，注册会计师必须计划和实施审计程序，收集充分、适当的审计证据，以便为发表审计意见提供合理的基础。

《中国注册会计师审计准则第 1101 号——注册会计师的总体目标和按照审计准则执行审计工作的要求》第九条指出，财务报表的审计范围是指为实现财务报表审计目标，注册会计师根据审计准则和职业判断实施的恰当的审计程序的总和。恰当的审计程序是指审计程序的性质、时间和范围是恰当的。

审计程序的性质是指审计程序的目的和类型。审计程序的目的包括：①通过了解被审计单位及其环境，识别、评估重大错报风险；②通过实施控制测试，确定内部控制运行的有效性；③通过实施实质性程序，发现认定层次的重大错报。审计程序的类型包括检查、观察、询问、函证、重新计算、重新执行和分析程序。

审计程序的时间是指注册会计师何时实施审计程序，或指审计证据适用的期间或时点。

审计程序的范围是指实施审计程序的数量，包括抽取的样本量、对某项控制活动的观察次数等。审计范围受到限制是指由于客观原因或者被审计单位施加的限制，注册会计师未能实施其根据审计准则和职业判断应当实施的审计程序，从而未能获取充分、适当的审计证据。

二、确定审计范围的依据

注册会计师应当根据审计准则和职业判断确定审计范围。审计准则在规定注册会计师承担的责任和所要实现的目标的同时，还规定了为履行责任和实现目标所需实施的审计程序。比如，《中国注册会计师审计准则第 1141 号——财务报表审计中对舞弊的考虑》规定，注册会计师有责任按照中国注册会计师审计准则的规定实施审计工作，获取财务报表在整体上不存在重大错报的合理保证，无论该错报是由于舞弊还是错误导致的。同时，该准则还对注册会计师如何履行这一职责规定了必要的审计程序，如第三十条要求注册会计师通过询问、考虑舞弊风险因素、分析程序、考虑其他信息等获取用于识别舞弊导致的财务报表重大错报风险所需的信息。

审计中的职业判断是指注册会计师在审计准则的框架下，运用专业知识和经验在备选方案中作出决策。被审计单位的具体情况千差万别，审计准则不可能针对所有可能遇到的情况规定对应的审计程序。因此，在审计过程中，注册会计师运用职业判断至关重要。注册会计师在确定审计程序的性质、时间和范围，评价审计证据，得出审计结论和形成审计意见时，都离不开职业判断。离开了职业判断，审计就成了一个简单机械地执行审计程序的过程。注册会计师在确定拟实施的审计程序时，除需要考虑审计准则中规定的审计程序外，还需要根据职业判断实施为实现审计目标而需要执行的其他审计程序。

该准则第十条还规定，在确定拟实施的审计程序时，注册会计师应当遵守与财务报表审计相关的各项审计准则。换言之，注册会计师不能只遵守部分审计准则，而应当遵守与财务报表审计相关的所有审计准则。

本章小结

（1）审计目标是审计工作预期达到的要求，是指导审计工作的方向和指南。

（2）审计目标是随着审计环境、审计职能以及审计授权者等要求的变化而发展变化的。

（3）审计目标包括审计总目标和审计具体目标两个层次。

关键术语和概念

审计总目标　管理当局对会计报表的认定　审计具体目标　审计业务约定书

拓展阅读

李凤鸣．审计学原理．上海：复旦大学出版社，2008.

［加］阿立森·萨特克利夫等．审计中的职业判断．王富利译．北京：经济科学出版社，2005.

中国注册会计师协会．审计．北京：经济科学出版社，2011.

第八章　计划审计工作、审计重要性和审计风险

本章学习要点

凡事预则立，不预则废，审计工作也是如此。本章主要讲述了审计人员应当如何开展初步业务活动，接受或保持审计客户，以及审计人员应当如何考虑审计重要性，制定出适当的总体审计策略和具体审计计划，就业务约定条款与被审计单位达成一致意见。

通过本章学习，应当掌握以下主要内容：

（1）计划审计工作的概念和作用；

（2）计划审计工作的内容及编制审计计划的基本要求；

（3）分析程序的内容及其在审计实务中的应用；

（4）审计重要性概念及其在审计中的运用；

（5）审计风险的特征及其构成要素。

第一节　计划审计工作

一、计划审计工作的作用和内容

（一）计划审计工作的作用

《中国注册会计师审计准则第1201号——计划审计工作》的总则规定了注册会计师应当计划审计工作，使审计业务以有效的方式得到执行。计划审计工作包括针对审计业务制定总体审计策略和具体审计计划，以将审计风险降低至可接受水平。

计划审计工作的具体作用包括：有助于审计人员关注重点审计领域，及时发现和解决潜在问题及恰当地组织和管理审计工作，以使审计工作更加有效；帮助审计人员对项目组成员进行恰当分工和指导监督，并复核其工作，有助于协调其他审计人员和专家的工作。项目负责人和项目组其他关键成员应当参与计划审计工作，利用其经验和见解，以提高计划过程的效率和效果。

值得注意的是，审计计划仅仅是一种预先规定。在执行审计计划的过程中，情况会不断发生变化，常常出现预期计划与实际不一致的情况。例如，在审计过程中，通过检查发现被审计单位某些内部控制制度执行效果不佳，导致原来制定的审计程序和时间预算需要改变时，就应及时对审计计划进行修订和补充。

（二）计划审计工作的内容

计划审计工作一般要进行以下步骤：了解被审计单位经营及所属行业的基本情况；执行分析程序；初步评价重要性水平；了解被审计单位内部控制制度；识别和评估重大错报风险；对重要认定制定初步审计策略等。《中国注册会计师审计准则第 1201 号——计划审计工作》对编制和审核审计计划作了总体要求和具体内容的规定。

计划审计工作主要包括三个方面：开展初步业务活动，制定总体审计策略和具体审计计划，及时签订或修改审计业务约定书。

二、初步业务活动

（一）初步业务活动的目的

注册会计师在计划审计工作前，需要开展初步业务活动，以实现以下三个主要目的：①确保在计划审计工作时注册会计师已具备执行业务所需要的独立性和专业胜任能力；②确保不存在因管理层诚信问题而影响注册会计师保持该项业务意愿的情况；③确保与被审计单位不存在对业务约定条款的误解。

（二）初步业务活动的内容

注册会计师的初步业务活动内容包括：①针对保持客户关系和具体审计业务实施相应的质量控制程序；②评价遵守职业道德规范的情况（包括评价独立性）；③就业务约定条款与被审计单位达成一致理解。

1. 针对保持客户关系和具体审计业务实施相应的质量控制程序

《中国注册会计师审计准则第 1121 号——历史财务信息审计的质量控制》及《会计师事务所质量控制准则第 5101 号——业务质量控制》含有与客户关系和具体业务的接受与保持相关的要求。在首次接受审计委托时，审计人员需要执行针对建立有关客户关系和承接具体审计业务的质量控制程序；而在连续审计时，审计人员通常执行针对保持客户关系和具体审计业务的质量控制程序。这些质量控制程序有：

（1）了解被审计单位及其所在行业和经济环境的情况。通过了解被审计单位及其所在行业和经济环境的情况，一方面可以确定是否接受委托人的委托，另一方面可以进一步规划审计工作。如果是老客户，应该复核以前年度的工作底稿。如果是新客户，注册会计师在接受委托前，应当向前任注册会计师询问被审计单位变更会计师事务所的原因，并关注前任注册会计师与被审计单位管理当局在重大会计、审计等问题上可能存在的意见分歧。

（2）了解被审计单位的基本情况。计划审计工作阶段，注册会计师需要了解的被审计单位的基本情况包括：①委托人的业务性质、经营规模和组织结构；②经营状况和经营风险；③以前年度接受审计的情况；④财务会计机构及其工作组织；⑤厂房、设备及办公场所；⑥其他与签订审计业务约定书有关的事项。

（3）评价被审计单位的诚信和管理当局的品行。针对被审计单位的诚信，会计师事务所应当考虑下列主要事项：①被审计单位主要股东、关键管理人员、关联方及治理层的身份和商业信誉；②被审计单位的经营性质；③被审计单位主要股东、关键管理人员及治理层对内部控制环境和会计准则等的态度；④被审计单位是否过分考虑将会计师事务所的收费维持在尽可能低的水平；⑤工作范围受到不适当限制的迹象；⑥被审计单位可能涉嫌洗钱或其他刑事犯罪行为的迹象；⑦变更会计师事务所的原因。

获取与客户诚信相关信息的途径有：①与为客户提供专业会计服务的现任或前任人员进行沟通，并与其讨论；②向会计师事务所其他人员、监管机构、金融机构、法律顾问和客户的同行等第三方询问；③从相关数据库中搜索客户的背景信息。

（4）评价会计师事务所与注册会计师的胜任能力。在确定是否有接受新业务的能力、时间和资源时，会计师事务所应当考虑下列事项：①会计师事务所人员是否熟悉相关行业或业务对象；②会计师事务所人员是否具备执行类似业务的经验，或是否具备有效获取必要技能和知识的能力；③会计师事务所是否拥有足够的具有必要素质和专业胜任能力的人员；④在需要时，是否能够得到专家的帮助；⑤如果需要项目质量控制复核，是否具备符合标准和资格要求的项目质量控制复核人员；⑥会计师事务所是否能够在提交报告的最后期限内完成业务。

2. 评价遵守职业道德规范的情况

审计项目负责人为了获得审计业务独立性是否得到遵守的结论，应做好以下工作：①从会计师事务所获取相关信息，以识别、评价对独立性造成威胁的情况和关系；②评价已识别的违反会计师事务所独立性政策和程序的情况，以确定是否对审计业务的独立性造成威胁；③采取适当的防护措施以消除对独立性的威胁，或将这种威胁降至可接受的水平；对未能解决的事项，项目负责人应当立即向会计师事务所报告，以便会计师事务所采取适当的行动；④记录与独立性有关的结论及讨论情况。

在确定是否接受新业务时，会计师事务所还应当考虑接受该业务是否会导致现实或潜在的利益冲突。如果识别出潜在的利益冲突，会计师事务所应当考虑接受该业务是否适当。在确定是否保持客户关系时，会计师事务所应当考虑在本期或以前业务执行过程中发现的重大事项及其对保持客户关系可能造成的影响。

3. 商定审计业务约定书的相关条款

在作出接受或保持客户关系及具体审计业务的决策后，审计人员应当在审计业务开始前，与被审计单位就审计目标、审计范围、相关责任划分、审计收费、被审计单位应提供的资料和协助等审计业务约定条款达成一致意见，并签订审计业务约定书，以避免双方对审计业务的理解产生分歧。

三、总体审计策略

总体审计策略用以确定审计范围、时间和方向，并指导制定具体审计计划。审计人员应当为审计工作制定总体审计策略。在制定总体审计策略时，注册会计师需要考虑审计范围、报告目标、时间安排及所需沟通、审计方向、审计资源等。

（一）审计范围

审计人员在确定审计范围时，需考虑下列事项：

（1）编制财务报表适用的会计准则和相关会计制度；

（2）特定行业的报告要求，如某些行业的监管部门要求提交的报告；

（3）预期的审计工作涵盖范围，包括需审计的集团内组成部分的数量及所在地点；

（4）母公司和集团内其他组成部分之间存在的控制关系的性质，以确定如何编制合并财务报表；

（5）其他注册会计师参与组成部分审计的范围；

（6）需审计的业务分部性质，包括是否需要具备专门知识；

（7）外币业务的核算方法及外币财务报表折算和合并方法；

（8）除对合并财务报表审计之外，是否需要对组成部分的财务报表单独进行审计；

（9）内部审计工作的可利用性及对内部审计工作的拟依赖程度；

（10）被审计单位使用服务机构的情况及注册会计师如何取得有关服务机构内部控制设计、执行和运行有效性的证据；

（11）拟利用在以前期间审计工作中获取的审计证据的程度，如获取的与风险评估程序和控制测试相关的审计证据；

（12）信息技术对审计程序的影响，包括数据的可获得性和预期使用计算机辅助审计技术的情况；

（13）根据中期财务信息审阅及在审阅中所获信息对审计的影响，相应调整审计涵盖范围和时间安排；

（14）与为被审计单位提供其他服务的会计师事务所人员讨论可能影响审计的事项；

（15）被审计单位的人员和相关数据的可利用性。

（二）报告目标、时间安排及所需沟通

总体审计策略的制定应当包括明确审计业务的报告目标，以及计划审计的时间安排和所需沟通的性质，包括提交审计报告的时间要求，预期与管理层和治理层沟通的重要日期等。

为计划报告目标、时间安排和所需沟通，注册会计师需要考虑下列事项：

（1）被审计单位的财务报告时间表；

（2）与管理层和治理层就审计工作的性质、范围和时间所举行的会议的组织工作；

（3）与管理层和治理层讨论预期签发报告和其他沟通文件的类型及提交时间，如审计报告、管理建议书和与治理层沟通函等；

（4）就组成部分的报告和其他沟通文件的类型及提交时间与负责组成部分审计的注册会计师沟通；

（5）项目组成员之间预期沟通的性质和时间安排，包括项目组会议的性质和时间安排及复核工作的时间安排；

（6）是否需要跟第三方沟通，包括与审计相关的法律法规规定的和业务约定书约定的报告责任；

（7）与管理层讨论预期在整个审计过程中通报审计工作进展及审计结果的方式。

（三）审计方向

总体审计策略的制定应当包括考虑影响审计业务的重要因素，以确定项目组工作方向，包括确定适当的重要性水平，初步识别可能存在较高的重大错报风险的领域，初步识

别重要的组成部分和账户余额，评价是否需要针对内部控制的有效性获取审计证据，识别被审计单位、所处行业、财务报告要求及其他相关方面最近发生的重大变化等。

在确定审计方向时，注册会计师需要考虑下列事项：

（1）重要性方面，具体包括：在制定审计计划时确定重要性水平，为组成部分确定重要性且与组成部分的注册会计师沟通，在审计过程中重新考虑重要性，识别重要的组成部分和账户余额；

（2）重大错报风险较高的审计领域；

（3）评估的财务报表层次的重大错报风险对指导、监督及复核的影响；

（4）项目组成员的选择，在必要时包括项目质量控制复核人员和工作分工，包括向重大错报风险较高的审计领域分派具备适当经验的人员；

（5）项目预算，包括考虑为重大错报风险可能较高的审计领域分配适当的工作时间；

（6）向项目组成员强调在收集和评价审计证据过程中保持职业怀疑态度必要性的方式；

（7）以往审计中对内部控制运行有效性评价的结果，包括所识别的控制缺陷的性质及应对措施；

（8）管理层重视设计和实施健全的内部控制的相关证据，包括这些内部控制得以适当记录的证据；

（9）业务交易量规模，以基于审计效率的考虑确定是否信赖内部控制；

（10）管理层对内部控制重要性的重视程度；

（11）影响被审计单位经营的重大发展变化，包括信息技术和业务流程的变化，关键管理人员的变化，以及收购、兼并和分立；

（12）重大的行业发展情况，如行业法规变化和新的报告规定；

（13）会计准则及会计制度的变化；

（14）其他重大变化，如影响被审计单位的法律环境的变化。

（四）审计资源

注册会计师应该在总体审计策略中清楚地说明审计资源的规划和调配，包括确定执行审计业务所必需的审计资源的性质、时间和范围。向具体审计领域调配的资源包括向高风险领域分派有适当经验的项目组成员，就复杂的问题利用专家工作等。

在确定对审计资源的规划和调配时，注册会计师需要考虑下列事项：

（1）向具体审计领域分配资源的数量，包括安排到重要存货存放地观察存货盘点的项目组成员的数量，对其他审计人员工作的复核范围，对高风险领域安排的审计时间预算等；

（2）何时调配这些资源，包括是在期中审计阶段还是在关键的截止日期调配资源等；

（3）如何管理、指导、监督这些资源的利用，包括预期何时召开项目组预备会和总结会，预期项目负责人和经理如何进行复核，是否需要实施项目质量控制复核等。

四、具体审计计划

（一）总体审计策略与具体审计计划的关系

制定总体审计策略和具体审计计划的过程紧密联系，并且两者的内容也紧密相关。总体审计策略一经制定，注册会计师应当针对总体审计策略中所识别的不同事项，制定具体审计计划，并考虑通过有效利用审计资源以实现审计目标。值得注意的是，虽然制定总体审计策略的过程通常在具体审计计划之前，但是两项计划活动并不是孤立的、不连续的过程，而是内在紧密联系的，对其中一项的决定可能会影响甚至改变对另外一项的决定。例如，注册会计师在了解被审计单位及其环境的过程中，注意到被审计单位对主要业务的处理依赖复杂的自动化信息系统，因此计算机信息系统的可靠性及有效性对其经营、管理、决策以及编制可靠的财务报告具有重大影响。对此，注册会计师可能会在具体审计计划中制定相应的审计程序，并相应调整总体审计策略的内容，作出利用信息技术专家的工作的决定。

《中国注册会计师审计准则第 1201 号——计划审计工作》第二条还规定，注册会计师应当根据实施风险评估程序的结果，对总体审计策略的内容予以调整。在实务中，注册会计师将制定总体审计策略和具体审计计划相结合进行，可能会使计划审计工作更有效率、更具效果，并且注册会计师也可以采用将总体审计策略和具体审计计划合并为一份审计计划文件的方式，提高编制及复核工作的效率，增强其效果。

（二）具体审计计划的内容

注册会计师应当为审计工作制定具体审计计划，具体审计计划比总体审计策略更加详细，其内容包括为获取充分、适当的审计证据以将审计风险降至可接受的低水平，项目组成员拟实施的审计程序的性质、时间和范围。

1. 为了足够识别和评估财务报表重大错报风险，审计人员计划实施的风险评估程序的性质、时间和范围

《中国注册会计师审计准则第 1201 号——计划审计工作》第十五条第一项规定，具体审计计划应当包括按照《中国注册会计师审计准则第 1211 号——了解被审计单位及其环境并评估重大错报风险》的规定，为了足够识别和评估财务报表重大错报风险，注册会计师计划实施的风险评估程序的性质、时间和范围。

在审计计划阶段，除了按照《中国注册会计师审计准则第 1211 号——了解被审计单位及其环境并评估重大错报风险》进行计划工作，注册会计师还需要兼顾其他准则中规定的、针对特定项目在审计计划阶段应执行的程序及记录要求。

2. 针对评估的认定层次的重大错报风险，审计人员计划实施的进一步审计程序的性质、时间和范围

《中国注册会计师审计准则第 1201 号——计划审计工作》第十五条第二项进一步规定，具体审计计划应当包括按照《中国注册会计师审计准则第 1231 号——针对评估的重大错报风险实施的程序》的规定，针对评估的认定层次的重大错报风险，注册会计师计划实施的进一步审计程序的性质、时间和范围。

需要强调的是，随着审计工作的推进，对审计程序的计划会一步步深入，并贯穿于整个审计过程。例如，计划风险评估程序通常在审计开始阶段进行，计划进一步审计程序则需要依据风险评估程序的结果进行。因此，为达到编制具体审计计划的要求，注册会计师需要完成风险评估程序，识别和评估重大错报风险，并针对评估的认定层次的重大错报风险，计划实施进一步审计程序的性质、时间和范围。

通常，注册会计师计划的进一步审计程序可以分为进一步审计程序的总体方案和拟实施的具体审计程序（包括进一步审计程序的具体性质、时间和范围）两个层次。进一步审计程序的总体方案主要是指注册会计师针对各类交易、账户余额和列报决定采用的总体方案（包括实质性方案或综合性方案）。具体审计程序则是对进一步审计程序的总体方案的延伸和细化，它通常包括控制测试和实质性程序的性质、时间和范围。在实务中，注册会计师通常单独编制一套包括这些具体程序的“进一步审计程序表”，待具体实施审计程序时，注册会计师将基于所计划的具体审计程序，进一步记录所实施的审计程序及结果，并最终形成有关进一步审计程序的审计工作底稿。

另外，完整、详细的进一步审计程序的计划会包括对各类交易、账户余额和列报实施的具体审计程序的性质、时间和范围，包括抽取的样本量等。在实务中，注册会计师可以统筹安排进一步审计程序的先后顺序，如果对某类交易、账户余额或列报已经作出计划，则可以安排先行开展工作，与此同时再制定其他交易、账户余额和列报的进一步审计程序。

3. 审计人员针对审计业务需要实施的其他审计程序

《中国注册会计师审计准则第 1201 号——计划审计工作》第十五条第三项进一步规定，具体审计计划应当包括根据中国注册会计师审计准则的规定，注册会计师针对审计业务需要实施的其他审计程序。计划的其他审计程序可以包括上述进一步程序的计划中没有涵盖的、根据其他审计准则的要求注册会计师应当执行的既定程序。例如，《中国注册会计师审计准则第 1141 号——财务报表审计中对舞弊的考虑》、《中国注册会计师审计准则第 1324 号——持续经营》、《中国注册会计师审计准则第 1142 号——财务报表审计中对法律法规的考虑》、《中国注册会计师审计准则第 1323 号——关联方》对注册会计师针对财务报表审计中对舞弊的考虑、持续经营、对法律法规的考虑、关联方等特定项目在审计计划阶段应当执行的程序及其记录作出了规定。

（三）审计过程中对计划的更改

计划审计工作并非审计业务的一个孤立阶段，而是一个持续的、不断修正的过程，贯穿于整个审计业务的始终。由于未预期事项、条件的变化或在实施审计程序中获取的审计证据等原因，审计人员应当在审计过程中对总体审计策略和具体审计计划作出必要的更新和修改。

审计过程可以分为不同阶段，通常前一阶段的工作结果会对后一阶段的工作计划产生影响，而在后一阶段的工作过程中又可能发现需要对已制定的相关计划进行更新和修改。通常来讲，这些更新和修改涉及比较重要的事项。例如，对重要性水平的修改，对某类交易、账户余额和列报的重大错报风险的评估和进一步审计程序（包括总体方案和拟实施的具体审计程序）的更新和修改等。一旦计划被更新和修改，审计工作也就应当进行相应的修正。

例如，在制定审计计划时，注册会计师基于对材料采购交易的相关控制的设计和执行获取的审计证据，认为相关控制设计合理并得以执行，因此未将其评价为高风险领域并且计划实施控制测试。但是在实施控制测试时获取的审计证据与审计计划阶段获取的审计证据相矛盾，注册会计师认为该类交易的控制没有得到有效执行，此时，注册会计师可能需要修正对该类交易的风险评估，并基于修正的风险评估结果修改计划的审计方案，如采用实质性方案。

（四）指导、监督与复核

审计人员应当就对项目组成员工作的指导、监督与复核的性质、时间和范围制订计划。对项目组成员工作的指导、监督与复核的性质、时间和范围主要取决于下列因素：①被审计单位的规模和复杂程度；②审计领域；③重大错报风险；④执行审计工作的项目组成员的素质和专业胜任能力。

注册会计师应在评估重大错报风险的基础上，计划对项目组成员工作的指导、监督与复核的性质、时间和范围。当评估的重大错报风险增加时，注册会计师通常会扩大指导与监督的范围，增强指导与监督的及时性，执行更详细的复核工作。在计划复核的性质、时间和范围时，注册会计师还应考虑单个项目组成员的素质和专业胜任能力。

（五）对计划审计工作的记录

审计人员应当记录总体审计策略和具体审计计划，包括在审计工作过程中作出的任何重大更改。

1. 记录的内容

（1）对总体审计策略的记录。注册会计师对总体审计策略的记录，应当包括为恰当计划审计工作和向项目组传达重大事项而作出的关键决策。例如，注册会计师可以以备忘录的形式记录总体审计策略，包括对审计的范围、时间及执行所作出的关键决策。

（2）对具体审计计划的记录。注册会计师对具体审计计划的记录，应当能够反映下列内容：计划实施的风险评估程序的性质、时间和范围；针对评估的重大错报风险计划实施的进一步审计程序的性质、时间和范围。注册会计师对具体审计计划的记录可以使用标准的审计程序表或审计工作完成核对表，但应当根据具体审计业务的情况作出适当修改。

（3）对计划的重大修改的记录。注册会计师应当记录对总体审计策略和具体审计计划作出的重大更改及更改理由，以及对导致此类更改的事项、条件或审计程序结果采取的应对措施。

由于总体审计策略和具体审计计划已经制定，在实务中，如果只是针对某一方面或某几方面更改审计计划，注册会计师可以保留原有的总体审计策略、具体审计计划，以及已经执行的审计程序的记录，并根据本准则的要求，将对审计计划的重大修改情况记录在进一步审计程序表和重大事项概要中。

2. 记录的形式和范围

注册会计师对计划审计工作记录的形式和范围，取决于被审计单位的规模和复杂程度、重要性、具体审计业务的情况以及对其他审计工作记录的范围等事项。在实务中也可以将总体审计策略和具体审计计划合并制定一份审计计划文件。

（六）与治理层和管理层的沟通

审计人员可以就计划审计工作的基本情况与被审计单位治理层和管理层进行沟通。与治理层和管理层的沟通有助于注册会计师协调某些计划的审计程序与被审计单位人员工作之间的关系，从而使审计业务更易于执行和管理，提高审计效率与效果。沟通的内容可以包括审计的时间安排和总体策略、审计工作中受到的限制及治理层和管理层对审计工作的额外要求等。

当就总体审计策略和具体审计计划中的内容与治理层、管理层进行沟通时，注册会计师应当保持职业谨慎，以防止由于具体审计程序易于被管理层或治理层所预见而损害审计工作的有效性。

需要强调的是，虽然注册会计师可以就总体审计策略和具体审计计划的某些内容与治理层和管理层沟通，但是制定总体审计策略和具体审计计划仍然是注册会计师的责任。沟通方式既可以采用书面形式，也可以采用口头形式。审计人员就自身与财务报表审计相关的责任与被审计单位治理层进行的沟通必须是直接的沟通，但并不要求必须采取书面沟通的形式。

（七）首次接受委托的补充考虑

1. 在首次接受审计委托时扩展初步业务活动的必要性

首次接受审计委托包括接受新客户而建立客户关系和承接现有客户（因对其提供了其他服务）的审计业务委托两种情况。在这两种情况下，尤其是接受新客户的情况下，注册会计师通常缺乏前期审计经验以评估与客户及业务承接相关的风险，因而可能需要扩展初步业务活动。

2. 首次接受审计委托前执行的程序

《中国注册会计师审计准则第1201号——计划审计工作》第二十七条规定，注册会计师在首次接受审计委托前应当执行下列程序：

（1）针对建立客户关系和承接具体审计业务实施相应的质量控制程序。注册会计师应针对建立客户关系和承接具体审计业务实施相应的质量控制程序。对此，注册会计师应当按照《中国注册会计师审计准则第1121号——历史财务信息审计的质量控制准则》中的有关规定开展工作。

（2）与前任注册会计师沟通。如果被审计单位变更了会计师事务所，注册会计师应当与前任注册会计师沟通。《中国注册会计师审计准则第1152号——前后任注册会计师的沟通》中对与前任会计师沟通的方式及对沟通结果进行评价等事项作出了相应规定，注册会计师应当按照其中相应的规定执行。同时，注册会计师还需要结合现实的环境分析承接客户及业务的风险，如可能需要特别关注更换会计师事务所的原因等。

3. 首次接受审计委托情况下应考虑的事项

对于首次接受审计委托，在制定总体审计策略和具体审计计划时，注册会计师还应当考虑下列事项：

（1）就与前任注册会计师沟通作出安排，包括查阅前任注册会计师的工作底稿等；

（2）与管理层讨论的有关首次接受审计委托的重大问题，就这些重大问题与治理层沟通的情况，以及这些重大问题是如何影响总体审计策略和具体审计计划的；

（3）针对期初余额获取充分、适当的审计证据而计划实施的审计程序；

（4）针对预见到的特别风险，分派具有相应素质和专业胜任能力的人员；

（5）根据会计师事务所关于首次接受审计委托的质量控制制度实施的其他程序。

在实务中，注册会计师获取信息的途径主要包括以下几种：

（1）通过向被审计单位管理层询问，与被审计单位管理层沟通获取财务及其他信息，如年度报告等；

（2）从银行、监管机构等第三方获取信息；

（3）查阅有关政府部门、有影响力的媒体等公布的信息，如按某些指标进行的企业排名等；

（4）向工商管理部门查询；

（5）与前任注册会计师沟通；

（6）基于对被审计单位所在行业的了解，将被审计单位与同行业其他企业进行比较；

（7）利用外部调查机构，特别是针对高风险的行业及被审计单位。

第二节　分析程序

一、分析程序概述

《中国注册会计师审计准则第1313号——分析程序》指出，分析程序是指注册会计师通过研究不同财务数据之间以及财务数据与非财务数据之间的内在关系，对财务信息作出评价。分析程序还包括调查识别出的、与其他相关信息不一致或与预期数据严重偏离的波动和关系。

研究不同财务数据之间以及财务数据与非财务数据之间的内在关系是分析程序区别于其他审计程序的主要特征，并且，运用分析程序的目的是对财务信息作出评价。不同阶段运用的分析程序方法和步骤有所不同，但一个完整的分析程序应包括以下步骤：①选择适当的数据关系；②对数据关系进行分析；③识别异常的数据关系或波动；④调查异常数据关系或波动；⑤得出结论。

表8-1说明了在不同的审计阶段，注册会计师实施分析程序的目的。值得注意的是，分析程序在财务报表审计的计划阶段和报告阶段都必须使用，但在实施阶段则是有选择地使用的。

表 8-1　分析程序的时间安排与目的表

阶　段	时间安排	目　的
计　划	编制与修订审计计划时	（1）了解被审计单位及其环境 （2）识别、评估重大错报风险领域 （3）设计进一步审计程序
细节测试	测试交易与余额时	有效降低认定层次的检查风险
报　告	审计结束时	评价财务报表的总体合理性

分析程序运用的目的，决定了分析程序运用的具体方法和特点。注册会计师实施分析程序的目的包括：

（1）用作风险评估程序，以了解被审计单位及其环境。注册会计师实施风险评估程序的目的在于了解被审计单位及其环境并评估财务报表层次和认定层次的重大错报风险。在风险评估过程中使用分析程序也服务于这一目的。分析程序可以帮助注册会计师发现财务报表中的异常变化，或者预期发生而未发生的变化，识别存在潜在重大错报风险的领域。分析程序还可以帮助注册会计师发现财务状况或盈利能力发生变化的信息和征兆，识别那些表明被审计单位存在持续经营能力问题的事项。

（2）当使用分析程序比细节测试能更有效地将认定层次的检查风险降至可接受的水平时，分析程序可以用作实质性程序。在针对评估的重大错报风险实施进一步审计程序时，注册会计师可以将分析程序作为实质性程序的一种，单独或结合其他细节测试，收集充分、适当的审计证据。此时运用分析程序可以减少细节测试的工作量，节约审计成本，降低审计风险，使审计工作更有效率和效果。

（3）在审计结束或临近结束时对财务报表进行总体复核。在审计结束或临近结束时，注册会计师应当运用分析程序，在已收集的审计证据的基础上，对财务报表整体的合理性作最终把握，评价报表仍然存在重大错报风险而未被发现的可能性，考虑是否需要追加审计程序，以便为发表审计意见提供合理基础。

二、分析程序的方法

注册会计师在选择具体的分析方法时，原则上主要考虑如下事项：①可获得哪种类型的资料；②各种分析方法效率和效果的差异；③审计目标（首要考虑的事项）；④运用各种分析方法获得的证据在说服力上的差别等。

分析方法的选择主要取决于实施分析程序的目的。在审计计划阶段，实施分析程序的目的是识别评估重大错报风险领域。例如，应收账款周转率过低，表明可能存在可收回性方面的问题，注册会计师应通过分析程序，测试应收账款和坏账准备两个账户。在审计实施阶段，要将分析程序与其他审计程序结合使用，以收集充分、适当的审计证据。此时，分析程序常用来评价会计估计的合理性，如评价坏账准备计提的合理性。同时，分析证据还可能用作某一金额的支持证据。比如，将销售佣金与销售额和平均佣金率之积进行比较。在审计报告阶段，分析程序可证实财务报表的总体合理性。例如，经计算发现，毛利率过低，那么注册会计师应审查有关成本、产品销售成本和存货的工作底稿，查清毛利率过低的原因。

分析程序的方法在误差和精确度方面相差很大。精确度高、误差小的方法，需要的信息资料多，计算量大、工作量大；而精确度低、误差大的方法，尽管所需信息资料少，计算工作量小，但可能无法满足目标要求。所以，选用何种方法，事关分析程序的效率与效果，事关审计成本。注册会计师应对分析程序方法的运用作谨慎的考虑和周全的选择。

在实务中，可供注册会计师选择的分析方法包括趋势分析法、比率分析法、合理性测试法、回归分析法，也可以将这些方法综合应用。

（一）趋势分析法

趋势分析法主要是通过对比两期或连续数期的财务或非财务数据，确定其增减变动方向、数额或幅度，以掌握有关数据的变动趋势或发现异常的变动。典型的趋势分析是将本期数据与上期数据进行比较，更为复杂的趋势分析则涉及多个会计期间的比较。用于趋势分析的数据可以是绝对值，也可以是用比率表示的相对值。

例1：已知表8－2列示的某企业连续五年利润表中的各年营业收入，如以2006年为营业收入的基期，可分析其增长趋势，见表8－3所示：

表8－2　五年营业收入

年份	2006年	2007年	2008年	2009年	2010年
销售收入（万元）	200	300	350	450	500

表8－3　营业收入变动趋势

年份	2006年	2007年	2008年	2009年	2010年
销售收入（%）	100	150	175	225	250

注册会计师可选用任何年份作为基期，也可以选择移动基期。其他类型的信息资料也可形成趋势表。

例2：已知表8－4列示的某企业连续5年的毛利率，如以2006年为基期，可分析其增长趋势，见表8－5所示：

表8－4　五年销售毛利率

年份	2006年	2007年	2008年	2009年	2010年
毛利率（%）	42	43	45	45	40

表 8-5　销售毛利率变动趋势

年份	2006 年	2007 年	2008 年	2009 年	2010 年
毛利率（%）	100	102.4	107.1	107.1	95.2

从上表中可以发现，从 2009 年到 2010 年呈异常下降趋势（因为从 2006 年到 2009 年一直呈上升和持平趋势），这就提醒注册会计师应注意主营业务收入和主营业务成本两个账户。

趋势分析的运用形式主要包括：①若干期资产负债表项目的变动趋势分析；②若干期利润表项目的变动趋势分析；③若干期资产负债表或利润表项目结构比例的变动趋势分析；④若干期财务比率的变动趋势分析；⑤特定项目若干期数据的变动趋势分析。

用趋势表分析重大金额（如营业收入、营业成本、维修费用、销售费用等）和重要比率，有助于注册会计师从连续多年的数据中发现异常变动。但趋势分析法的运用有赖于被审计单位经营环境的稳定性。当被审计单位处于稳定经营环境下时，趋势分析法最适用。当被审计单位业务或经营环境变化较大或会计政策变更较大时，趋势分析法就不再适用。

（二）比率分析法

比率分析法是审计人员和财务分析人员常用的分析方法。在分析程序中运用此法主要是结合其他有关信息，将同一报表内部或不同报表间的相关项目联系起来，通过计算比率，反映数据之间的关系，并将其用以评价被审计单位的财务信息。当财务报表项目之间的关系稳定并可直接预测时，比率分析法最为适用。

在分析程序中常用的财务比率有：反映流动性的比率，如速动比率、流动比率等；反映资产管理能力的比率，如应收账款周转率、存货周转率等；反映偿债能力的比率，如资产负债率、负债权益比率等；反映盈利能力的比率和生产能力的比率等。

在分析中，上述比率可与下列比率进行比较：①前期或以前数期的比率；②同行业的相似比率；③由银行和其他信用给予者制定的比率，或由注册会计师自己指定的比率。

当财务报表项目之间的关系稳定并可直接预测时，比率分析法最为适用。注册会计师使用的比率都来自于资产负债表和利润表，并且，这些财务比率都是根据总括的历史资料计算出来的。因此，比率分析存在着难以避免的局限性。注册会计师最好再结合趋势分析和差额分析确定分析结果。

（三）合理性测试法

合理性测试法是指通过彼此相关的项目或造成某种变化的各种变量，测试某项金额是否合理的方法。简单的合理性测试包括三个基本步骤：①识别能够引起和影响被测试项目金额变化的各种变量；②确定变量与被测试项目间的恰当关系；③将变量结合一起对被测试项目作出评价。

（四）回归分析法

回归分析法是在掌握大量观察数据的基础上，利用统计方法建立因变量与自变量之间回归关系的函数表达式（即回归方程式），并利用回归方程式进行分析的方法。例如，产品销售收入与广告费用之间通常存在正相关关系，注册会计师可以建立两者之间的回归模型，并根据模型估计某一年度产品销售收入的预期值。

回归分析法理论上能考虑所有因素的影响，如相关经营数据、经营情况、经济环境的变化等，这种分析法预测精度较高，适用于中、短期预测。回归分析法的一个突出优点在于可以计量风险和准确性水平，量化注册会计师的预期值。但注册会计师在选择适当关系时将耗费大量时间，审计成本较高。

三、分析程序的运用

（一）用作风险评估程序

注册会计师在将分析程序用作风险评估程序时，应当遵守《中国注册会计师审计准则第 1211 号——了解被审计单位及其环境并评估重大错报风险》的相关规定。注册会计师可以将分析程序与询问、检查和观察程序结合运用，以获取对被审计单位及其环境的了解，识别和评估财务报表层次及具体认定层次的重大错报风险。

如前所述，在实施风险评估程序时，运用分析程序的目的是了解被审计单位及其环境，并评估重大错报风险，注册会计师应当围绕这一目的运用分析程序。在这个阶段运用分析程序是强制要求。

在运用分析程序时，注册会计师应重点关注关键的账户余额、趋势和财务比率关系等方面，对其形成一个合理的预期，并与被审计单位记录的金额、依据记录金额计算的比率或趋势相比较。如果分析程序的结果显示的比率、比例或趋势与注册会计师对被审计单位及其环境的了解不一致，并且被审计单位管理层无法作出合理的解释，或者无法取得相关的支持性文件证据，注册会计师应当考虑其是否表明被审计单位的财务报表存在重大错报风险。

例如，注册会计师根据对被审计单位及其环境的了解，得知本期主要产品的销售额大幅上升。因此，注册会计师预期在生产未有较大变化的情况下，由于销售额的上升，利润应相应大幅上升。但是，注册会计师通过分析程序发现，本期与上期的利润变化不大。注册会计师可能据此认为销售额或销售成本存在重大错报风险，应对其给予足够的关注。

风险评估程序中运用分析程序的目的是：识别那些可能表明财务报表存在重大错报风险的异常变化。因此，所使用的数据汇总性比较强，其对象主要是财务报表中账户余额及其相互之间的关系；所使用的分析程序通常包括对账户余额变化的分析，并辅之以趋势分析和比率分析。

与实质性分析程序相比，在风险评估过程中使用的分析程序所进行比较的性质、预期值的精确程度，以及所进行的分析和调查的范围都并不足以提供很高的保证水平。

（二）用作实质性程序

《中国注册会计师审计准则第 1313 号——分析程序》第十一条规定，注册会计师应当针对评估的认定层次重大错报风险设计和实施实质性程序。实质性程序包括对各类交易、账户余额、列报的细节测试以及实质性分析程序。实质性分析程序是指用作实质性程序的分析程序，它与细节测试都可用于收集审计证据，以识别财务报表认定层次的重大错报风险。实质性分析程序不仅仅是细节测试的一种补充，在某些审计领域，如果重大错报风险较低且数据之间具有稳定的预期关系，注册会计师可以单独使用实质性分析程序获取充分、适当的审计证据。

值得注意的是，尽管分析程序有特定的作用，但本准则并未要求注册会计师在实施实质性程序时必须使用分析程序。这是因为针对认定层次的重大错报风险，注册会计师实施细节测试而不实施分析程序，同样可能实现实质性程序的目的。另外，分析程序有其运用的前提和基础，它并不适用于所有的财务报表认定。如果数据之间不存在稳定的可预期关系，注册会计师将无法运用实质性分析程序，而只能考虑利用检查、函证等其他审计程序收集充分、适当的审计证据，作为发表审计意见的合理基础。

在确定实质性分析程序对特定认定的适用性时，注册会计师应当考虑下列因素：

（1）评估的重大错报风险。鉴于实质性分析程序能够提供的精确度受到种种限制，评估的重大错报风险水平越高，注册会计师应当越谨慎使用实质性分析程序。如果针对特别风险仅实施实质性程序，注册会计师应当使用细节测试，或将细节测试和实质性分析程序结合使用，以获取充分、适当的审计证据。

（2）针对同一认定的细节测试。在对同一认定实施细节测试的同时实施实质性分析程序可能是适当的。例如，注册会计师在考虑应收账款的可收回性时，除了对期后收到现金的情况进行细节测试之外，也可以针对应收账款的账龄实施实质性分析程序。

（三）用于总体复核

根据《中国注册会计师审计准则第 1313 号——分析程序》，在审计结束或临近结束时，注册会计师运用分析程序的目的是确定财务报表整体是否与其对被审计单位的了解一致，注册会计师应当围绕这一目的运用分析程序。这时运用分析程序是强制要求，注册会计师在这个阶段应当运用分析程序。

在总体复核阶段实施的分析程序主要在于强调并解释财务报表项目自上个会计期间以来发生的重大变化，以证实财务报表中列报的所有信息与注册会计师对被审计单位及其环境的了解一致、与注册会计师取得的审计证据一致。

此外，《中国注册会计师审计准则第 1313 号——分析程序》第二十条第二款对重大错报风险的再评估作出了规定：在运用分析程序进行总体复核时，如果识别出以前未识别出的重大错报风险，注册会计师应当重新考虑对全部或部分各类交易、账户余额、列报评估的风险是否恰当，并在此基础上重新评价之前计划的审计程序是否充分，是否有必要追加审计程序。

四、数据的可靠性

注册会计师对已记录的金额或比率作出预期时，需要采用内部或外部的数据。来自被审计单位内部的数据包括：①前期数据，并根据当期的变化进行调整；②当期的财务数据；③预算或预测；④非财务数据等。

外部数据包括：①政府及政府有关部门发布的信息，如通货膨胀率、利率、税率、有关部门确定的生产或进出口配额等；②行业监管者、贸易协会以及行业调查单位发布的信息，如行业平均增长率；③经济预测组织，包括某些银行发布的预测消息，如某些行业的业绩指标等；④公开出版的财务信息；⑤证券交易所发布的信息等。

数据的可靠性直接影响根据数据形成的预期值。数据的可靠性愈高，预期的准确性也将愈高，分析程序将愈有效。注册会计师计划获取的保证水平愈高，对数据可靠性的要求也就愈高。影响数据可靠性的因素有很多，例如数据的来源及性质，并有赖于获取该数据的环境。在确定实质性分析程序使用的数据是否可靠时，注册会计师应当考虑下列因素：

（1）可获得信息的来源。数据来源的客观性或独立性愈强，所获取数据的可靠性将愈高；来源不同的数据相互印证时比单一来源的数据更可靠。

（2）可获得信息的可比性。实施分析程序使用的相关数据必须具有可比性。通常，被审计单位所处行业的数据与被审计单位的相关数据具有一定的可比性。但应当注意，对于生产和销售专门产品的被审计单位，注册会计师应考虑获取广泛的相关行业数据，以增强信息的可比性，进而提高数据的可靠性。

（3）可获得信息的性质和相关性。例如，被审计单位管理层制定预算时，是将该预算作为预期的结果还是作为将要达到的目标。若为预期的结果，则预算的相关程度较高；若仅为希望达到的目标，则预算的相关程度较低。此外，可获得的信息与审计目标越相关，数据就越可靠。

（4）与信息编制相关的控制。与信息编制相关的控制愈有效，该信息就愈可靠。

第三节　审计重要性

一、审计重要性概述

在编制审计计划的过程中，注册会计师除了对被审计单位的基本业务情况进行了解和执行分析程序外，还应当对重要性进行适当评估。《中国注册会计师审计准则第1221号——重要性》对审计重要性的含义进行了明确的界定。审计重要性是指注册会计师在具体环境下对错报金额和性质的判断。如果一项错报单独或连同其他错报可能影响财务报表使用者依据财务报表所作出的经济决策，则该项错报是重大的。

为了更好地理解审计重要性，应当明确以下几方面：

（1）重要性概念中的错报不仅包含财务报表金额的错报和报表披露的错报，还应包含财务报表的漏报。

（2）重要性包括对数量和性质两个方面的考虑。数量方面，是指错报的金额大小，性质方面则指错报的性质。一般而言，金额大的错报比金额小的错报更重要。在有些情况下，某些金额的错报从数量上看并不重要，但从性质上考虑，则可能是重要的。另外，如果某些报表披露的错误难以从数量上判断是否重要，则应从性质上考虑其是否重要。

（3）重要性概念是针对财务报表使用者决策的信息需求而言的。判断一项错报重要与否，应视其对财务报表使用者依据财务报表作出经济决策的影响程度而定。如果财务报表中的某项错报足以改变或影响财务报表使用者的相关决策，则该项错报就是重要的，否则就不重要。

（4）重要性的确定离不开具体环境。由于不同的被审计单位面临不同的环境，不同的报表使用者有着不同的信息需求，因此，注册会计师确定的重要性也不相同。某一金额的错报对某被审计单位的财务报表来说是重要的，而对于另一个被审计单位的财务报表来说可能是不重要的。

（5）对重要性的评估需要运用职业判断。影响重要性的因素很多，不同的注册会计师对影响重要性的各因素的判断存在差异。因此，注册会计师应当根据被审计单位面临的环境，综合考虑其他因素，运用职业判断来合理确定重要性水平。

（6）重要性是个相对概念，较大程度上依赖注册会计师的专业判断，专业判断的结果必须是具体的量化标准。因为审计对象——会计报表的各项目均使用金额来表示，审计重要性的初步判断只有量化，才能使之准确、可操作和具有可比性，才能对其进行调整、修正。因此，重要性的量化程度就是重要性水平。

审计重要性的使用贯穿于审计活动的全过程。在审计的准备阶段，审计人员要对审计重要性进行界定，作出初步判断，并将重要性水平分配于各个项目，以此作为各个项目允许出错的最高限额；在审计的实施阶段，审计人员要根据所确定的重要性水平，评价审查中所发现的问题是否重要，以确定是否要作进一步的调查和作相应的记录；在审计的报告阶段，审计人员要根据重要性水平，对所发现的问题进行分析评价，以此决定发表何种审计意见。由此可见，合理界定和正确运用审计重要性，对做好审计工作具有重要意义。

二、编制审计计划时对重要性的确定

只要是影响预期财务报表使用者决策的因素，都可能对重要性水平产生影响。因此，计划审计工作时，审计人员应当确定一个可接受的重要性水平，以发现在金额上重大的错报。

（一）确定计划的重要性水平时应考虑的因素

1. 对被审计单位及其环境的了解

被审计单位的行业状况、法律环境与监管环境等其他外部因素，以及被审计单位业务的性质，对会计政策的选择和应用，被审计单位的目标、战略及相关的经营风险，内部控制等因素，都将影响审计人员对重要性水平的判断。

2. 审计目标包括特定报告的要求

报表使用者的要求往往会影响审计人员对重要性水平的确定。例如，接受对特定报表项目进行审计的业务，在确定重要性水平时，就应以特定报表项目为基础，而不是以汇总性财务数据为基础。

3. 财务报表各项目的性质及其相互关系

对于报表使用者十分关心的流动性较高的项目，审计人员应当从严确定重要性水平。由于财务报表各项目之间是相互联系的，审计人员在确定重要性水平时，应考虑这种关系。

4. 财务报表项目的金额及其波动幅度

财务报表项目的金额及其波动幅度可能促使报表使用者作出不同的反应。审计人员在确定重要性水平时，应当深入研究这些项目的金额及其波动幅度。

（二）数量和性质的考虑

重要性具有数量和性质两个方面的特征。注册会计师在运用重要性原则时，应当考虑错报或漏报的金额和性质。一般来说，金额大的错报或漏报比金额小的错报或漏报更重要。但在有些情况下，某项错报或漏报单从量的方面看并不大，但是从其性质方面考虑，却可能是重要的，比如下列情况：

（1）涉及舞弊与非法行为的错报或漏报。舞弊与非法行为反映了管理当局或其他人员的可信性存在问题。对会计报表使用者而言，蓄意错报或漏报比相同金额的笔误更重要。

（2）可能影响履行合同义务的错报或漏报。比如，某项错报或漏报使得企业的营运资金增加了几万元，从数量看这并不重要，但这项错报或漏报使营运资金从低于贷款合同规定的营运资金数，变为稍稍高于贷款合同规定的营运资金数，从而影响了履行贷款合同所规定的义务，所以是重要的。

（3）影响收益趋势的错报或漏报。在其他情况下认为不重要的错报或漏报，但如果它已影响收益变动的趋势，则应引起注意。例如，某项错报或漏报使收益每年递增 1% 的趋势变为本年下降 1%，或使亏损变为盈利等，就具有重要性。

（4）不希望出现的错报或漏报。一般情况下，如果发现现金和实收资本账户存在错报或漏报，就应当引起高度重视。例如，现金短缺 500 元，如果是现金收支差错累计而成或由于出纳清点闪失所致，可认为非重要错误；如果短缺为出纳监守自盗所致，性质就不一样了，就属于严重错误。

小金额错报和漏报的累计，可能会对会计报表产生重大影响，注册会计师对此应当予以关注。单独地看，一笔小金额的错报或漏报无论是在性质上，还是在数量上都是不重要的。但会计报表是一个整体，如果企业每个星期均出现同样的小金额的错报或漏报，原本几百元的错报或漏报，全年累计起来，就有可能成为上万元的错报或漏报；企业许多账户或交易均存在小金额的错报或漏报，所有账户或交易累计起来，就有可能变成大金额的错报或漏报，这必然会对会计报表产生重大的影响。所以，注册会计师应当对此予以充分的关注。

（三）两个层次重要性的考虑

财务报表审计的目标是注册会计师通过执行审计工作对财务报表发表审计意见，而财务报表的信息又来自各类交易和账户余额。这就意味着，注册会计师在审计过程中必须从财务报表、账户和交易两个层次来考虑重要性。

1. 财务报表层次重要性水平的确定

由于独立审计的目的是对会计报表的合法性、公允性发表审计意见，因此，注册会计师必须考虑会计报表层次的重要性，只有这样，才能得出会计报表是否合法、公允的整体结论。确定多大错报会影响到财务报表使用者所作决策，是注册会计师运用职业判断的结果。一般情况下，注册会计师会选择一个恰当的基准，再选用适当的百分比乘以该基准，从而得出财务报表层次的重要性水平。

在实务中，注册会计师可以选择总资产、净资产、销售收入、费用总额、毛利、净利润等汇总性财务数据作为财务报表层次重要性水平的基准。并且，在选择基准时，除了考虑被审计单位的性质、规模、所有权性质、所在行业等因素，还要考虑是否存在报表使用者特别关注的报表项目。由于销售收入和总资产具有相对稳定性，注册会计师往往选用这两个项目作为确定计划重要性水平的基准。

百分比的选用，也需要注册会计师运用职业判断合理选用。注册会计师可以从这些方面来考虑百分比：①对于以盈利为目的的企业，来自经常性业务的税前利润或税后净利润的5%，或总收入的0.5%；②对于非盈利组织，费用总额或总收入的0.5%；③对于共同基金公司，净资产的0.5%。

2. 各类交易、账户余额、列报认定层次重要性水平的确定

由于财务报表所提供的信息来源于各类交易或各账户余额，注册会计师只有通过验证各类交易、各账户余额，才能得出财务报表是否合法、公允的整体结论。因此，注册会计师还必须考虑账户和交易层次的重要性。因此，各类交易、账户余额、列报认定层次的重要性水平就是"可容忍错报"，也就是在不导致财务报表存在重大错报的情况下，注册会计师对各类交易、账户余额、列报确定的可接受的最大错报。可容忍错报的确定以注册会计师对财务报表层次重要性水平的初步评估为基础。

在确定各类交易、账户余额、列报认定层次的重要性水平时，注册会计师应当考虑以下因素：①各类交易、账户余额、列报的性质及错报的可能性；②各类交易、账户余额、列报认定层次的重要性水平与财务报表层次重要性水平的关系；③会计准则、法律法规是否影响财务报表使用者对特定项目计量和披露的预期以及被审计单位所处行业、环境的关键性披露。

（四）重要性与审计风险之间的关系

审计风险的高低往往取决于重要性的判断。注册会计师确定的重要性水平较低，审计风险就会增加。所以，注册会计师必须通过执行有关审计程序来降低审计风险。重要性与审计风险之间呈反向关系。重要性水平越高，审计风险就越低；重要性水平越低，审计风险就越高。在计划审计工作时，注册会计师应当考虑导致财务报表发生重大错报的原因，并应当在了解被审计单位及其环境的基础上，确定财务报表层次可接受的重要性水平，以发现在金额上重大的错报。同时，还应当评估各类交易、账户余额及列报认定层次的重要性水平，以确定进一步审计程序的性质、时间和范围，将审计风险降至可接受的低水平。

这里，重要性水平的高低是指金额的大小，如6 000元的重要性水平比3 000元的重要性水平高。在理解两者之间的关系时，必须注意，重要性水平是注册会计师从财务报表使用者的角度进行判断的结果。如果重要性水平是6 000元，则意味着低于6 000元的错报与漏报不会影响财务报表使用者的判断与决策，此时注册会计师仅仅需要通过执行有关审计程序，查出高于6 000元的错报与漏报。显然，重要性水平为6 000元的审计风险要比重要性水平为3 000元的审计风险低。审计风险越高，越要求注册会计师收集更多、更有效的审计证据，以将审计风险降至可接受的低水平。

注册会计师应当保持应有的职业谨慎，合理确定重要性水平。由于重要性与审计风险之间存在反向关系，如果原本6 000元的错报或漏报才会影响会计报表使用者的判断和决策，但注册会计师将重要性水平确定为3 000元，这时注册会计师就会扩大审计的范围和

追加审计程序（而实际上没有这个必要），因而只能是浪费时间和精力，增加了审计成本。如果原本 3 000 元的错报或漏报就会影响会计报表使用者的判断和决策，但注册会计师将重要性水平确定为 6 000 元，这时注册会计师所执行的审计程序就比原本应当执行的审计程序少、审计范围小，这可能会导致注册会计师得出错误的审计结论。

（五）确定审计重要性的步骤

在编制审计计划时，注册会计师必须对重要性水平进行初步判断，以确定审计程序的性质、时间和范围，并据此决定所需审计证据的数量。重要性水平与审计证据呈反向关系，重要性水平越低，所需审计证据的数量就越多。一般来说，确定重要性水平的步骤是：

1. 选择适当的基准和百分比确定财务报表层次的重要性水平

如果被审计单位尚未完成财务报表的编制，注册会计师应当根据中期财务报表推算年度会计报表，或者根据被审计单位经营环境和经营情况的变动，对上年度财务报表作必要修正，以此作为财务报表层次重要性的基础。如果同一期间各财务报表的重要性水平不同，注册会计师应当选取最低的重要性水平作为报表层次的重要性水平。

2. 选择分配的方法将重要性水平分配至各类交易和各账户余额

分配时，各类交易和各账户余额的重要性水平之和，应等于或低于报表层次的重要性水平。企业主要的财务报表是资产负债表和利润表，而且两张报表有着密切的关系，因此，注册会计师只需选择其中一张报表即可分配审计重要性水平。在审计实务中，由于资产负债表是注册会计师最注重审查的财务报表，且在资产负债表中分解重要性水平更方便，注册会计师通常将重要性水平在资产负债表项目中进行分配。

下面举例说明重要性水平在报表项目中的分配。

[例] 注册会计师对某公司 200×年的会计报表进行审查，公司年末资产总额为 4 500 万元，年利润总额为 400 万元。注册会计师经过分析，确定对会计报表重要性的初步判断为资产总额的 1%，利润总额的 8%。即分别为 45 万元和 32 万元。在将重要性水平分配到各具体项目时，注册会计师考虑如下因素：

①由于许多错误对资产负债表和利润表均有影响，必须用较低金额的重要性初步判断数作为分配基数。本例重要性初步判断数为 32 万元。

②由于报表项目较多，不应使分配的重要性水平过分集中于某一项目，应规定每个项目的可容忍错报与重要性水平的关系，如前者不得大于后者的 50%。

③由于错报有可能高估，也有可能低估，且高估、低估会相互抵消。如果出现抵消，项目的错报就不易达到最高可容忍错报的水平，因此可以允许每个项目可容忍错报合计数超过重要性水平的一定百分比，如 10% 或 20%（注意，仅在分配重要性水平时允许超过，而在项目评价时不允许超过）。

根据以上阐述，注册会计师将 200×年资产负债表重要性水平分配到各项目（见表 8-6）。

表 8－6　重要性水平分配表

序号	项目	余额（万元）	可容忍错报（万元）
1	货币资金	50	0.5
2	应收账款	850	15
3	存货	1 000	16
4	其他流动资产	100	2
5	固定资产	2 000	2
6	其他资产	500	8
	资产合计	4 500	43.5
7	应付账款	200	0.5
8	应付票据	200	0
9	应付工资	150	3
10	其他负债	1 000	17
11	实收资本	2 200	0
12	盈余公积	450	0
13	未分配利润	300	0
	负债和所有者权益合计	4 500	20.5

注释：

（1）1、7、8、11、12 和 13 的可容忍错报为 0 或很小，是因为这些项目不允许出现错报或为审查、核实的方便。

（2）2 和 3 是因为项目余额较大、出现错报可能性相对较大，故可容忍错报较大。本例中按分配基数的 50% 计算。

（3）4、6 和 10 亦采用了相对比较高的可容忍错报，这是因为该项目较杂乱零散，审计成本较高。

（4）5 可容忍错报较小，因为项目发生不频繁，比较稳定，发生错报的可能性较小。

（5）其他各行依此类推。

（6）各项目可容忍错报合计数为 64 万元，是考虑到项目错报可能高估，也可能低估，所以按分配基数的两倍计。

在实际工作中，往往很难事先预测哪些账户可能发生错报，也很难事先确定某个账户是多报还是少报，同样也无法事先确定每个账户的相对审计成本的高低。所以，将重要性水平在每一项目之间分配是一个非常困难的专业判断过程。

三、评价审计结果时对重要性的考虑

在审计执行阶段，随着审计过程的推进，注册会计师应当及时评价计划阶段确定的重要性水平是否仍然合理，并根据具体环境的变化或在审计执行过程中进一步获取的信息，修正计划的重要性水平，进而修改审计程序的性质、时间和范围，降低检查风险，也可以通过扩大控制测试范围或实施追加的控制测试，降低评估的重大错报风险，并支持降低后的重大错报风险水平。

（一）评价审计结果时所运用的重要性水平

由于存在对重要性水平的修正，在评价审计结果时所运用的重要性水平，可能不同于编制审计计划时确定的重要性水平，这主要表现在：

（1）评价审计结果时所确定的重要性水平高于审计计划时初步判断的重要性水平。这可能是因为环境发生变化，或者是注册会计师对被审计单位了解程度加深，也可能是注册会计师有意将重要性水平判断得比较低，以减少未被发现的错报或漏报出现的可能性，保证审计证据的充分性和审计意见的正确性。

（2）评价审计结果时确定的重要性水平大大低于审计计划时初步判断的重要性水平。这时，注册会计师应当重新评价所执行的审计程序是否充分。因为，原来较高的重要性水平意味着较低的审计风险，所需执行的审计程序和所需收集的审计证据相对较少。而在评价审计结果时，注册会计师再次判断的重要性大大低于初步判断的金额，这就意味着审计风险增大了。这就要求注册会计师必须评估实际执行的审计程序是否适当，实际收集的审计证据是否充分。

（二）评价错报的影响

注册会计师在评价审计结果时，应当评估在审计过程中已识别但尚未更正错报的汇总数是否重大。尚未更正错报的汇总数包括已经识别的具体错报和推断误差。

1. 已经识别的具体错报

已经识别的具体错报是指注册会计师在审计过程中发现的、能够准确计量的错报。它有两种表现：一是对事实的错报。这类错报产生于被审计单位收集和处理数据的错误，对事实的忽略或误解，或故意舞弊行为。二是涉及主观决策的错报。这类错报产生于两种情况：一是管理层和注册会计师对会计估计值的判断差异。二是管理层和注册会计师对选择和运用会计政策的判断差异。

2. 推断误差

推断误差是注册会计师对不能明确、具体地识别的其他错报的最佳估计数。它也有两种表现：一是通过测试样本估计出的总体错报与在测试中发现的已经识别的具体错报的差额。二是通过实质性分析程序推断出的估计错报。

在评估尚未更正错报的汇总数时，注册会计师应当从特定的某类交易、账户余额及列报认定层次和财务报表层次考虑这些错报的金额和性质，以及这些错报发生的特定环境。如果某项错报是由舞弊造成的，无论其金额大小，都应考虑其对整个财务报表审计的影响；如果一些错报金额较小，单个看起来并不重大，则应考虑其累计数对财务报表产生重大影响的可能性。注册会计师还要做好有关记录，必要时，获取管理层的书面声明。

尚未更正的错报与财务报表层次的重要性水平相比，可能会出现两种情况：一是尚未更正错报的汇总数低于重要性水平。这种情况说明尚未更正错报的汇总数对财务报表的影响并不重要。这时，可以发表无保留意见的审计报告。二是尚未更正错报的汇总数超过或接近重要性水平。这种情况说明尚未更正错报的汇总数对财务报表的影响可能是重大的。因此，注册会计师应当考虑扩大审计程序范围或者追加审计程序或者要求管理层调整财务报表以降低审计风险。

在任何情况下，注册会计师都应当要求管理层就已识别的错报调整财务报表，如果管理层拒绝，并且，通过扩大审计程序范围的结果不能使注册会计师认为尚未更正错报的汇总数不重大，这时，注册会计师应当考虑出具非无保留意见的审计报告。具体来说，如果尚未更正错报的汇总数仅仅影响会计报表的某些方面，或者仅对极少数会计报表使用者的判断或决策产生影响，会计报表的反映就其整体而言是公允的，在管理层拒绝调整的情况下，注册会计师应当发表保留意见的审计报告；如果尚未更正错报汇总数非常重要，可能影响大多数会计报表使用者的判断或决策，影响会计报表整体达不到公允性的要求，在管理层拒绝调整的情况下，注册会计师应当发表否定意见的审计报告。

第四节　审计风险

一、审计风险的含义及模型

（一）审计风险的含义

注册会计师按照审计准则的规定执行审计工作，能够对财务报表整体不存在重大错报获取合理保证。合理保证意味着审计风险始终存在。合理保证与审计风险互为补数，即合理保证与审计风险之和等于100%。审计风险是指财务报表存在重大错报而注册会计师发表了不恰当审计意见的可能性。注册会计师应当通过计划和实施审计工作，获取充分、适当的审计证据，将审计风险降至可接受的低水平。审计风险并不包括这种情况：财务报表不含有重大错报，而注册会计师错误地发表了财务报表含有重大错报的审计意见的风险。

（二）审计风险的模型

审计风险取决于重大错报风险和检查风险。注册会计师应当实施审计程序，评估重大错报风险，并根据评估结果设计和实施进一步审计程序，以控制检查风险。

审计风险、重大错报风险和检查风险之间的关系用模型表示为：

$$审计风险=重大错报风险\times检查风险$$

1. 重大错报风险

重大错报风险是指财务报表在审计前存在重大错报的可能性。在设计审计程序以确定财务报表整体是否存在重大错报时，审计人员应当从财务报表层次和各类交易、账户余额、列报认定层次考虑重大错报风险。

（1）财务报表层次的重大错报风险。此类风险通常与控制环境有关，如管理层缺乏诚信、治理层形同虚设而不能对管理层进行有效监督等；但也可能与其他因素有关，如经济萧条、企业所在行业处于衰退期等。

审计人员评估财务报表层次重大错报风险的措施包括：①考虑审计项目组承担重要责

任的人员的学识、技术和能力，是否需要专家介入；②给予业务助理人员适当程度的监督指导；③考虑是否存在导致审计人员怀疑被审计单位持续经营假设合理性的事项或情况。

（2）认定层次的重大错报风险。审计人员应当评估认定层次的重大错报风险，并根据既定的审计风险水平和评估的认定层次重大错报风险确定可接受的检查风险水平。某些类别的交易、账户余额、列报及其认定重大错报风险较高。例如，技术进步可能导致某项产品陈旧，进而导致存货易于发生高估错报（计价认定）；对高价值的、易转移的存货缺乏实物安全控制，可能导致存货的存在性认定出错；会计计量过程受重大计量不确定性影响，可能导致相关项目的准确性认定出错。

2. 检查风险

检查风险是指某一认定存在错报，该错报单独或连同其他错报是重大的，但注册会计师未能发现这种错报的可能性。检查风险取决于审计程序设计的合理性和执行的有效性。

3. 审计风险各要素之间的关系

在既定的审计风险水平下，可接受的检查风险水平与认定层次重大错报风险的评估结果呈反向关系。评估的重大错报风险越高，可接受的检查风险越低；评估的重大错报风险越低，可接受的检查风险越高。注册会计师应当获取认定层次充分、适当的审计证据，以便在完成审计工作时，能够以可接受的低审计风险对财务报表整体发表审计意见。

二、审计风险的特点

审计风险有以下特点：

1. 客观性

审计风险是客观存在的，而且普遍存在于所有的审计业务和每一审计业务的全过程。在审计结论尚未得到充分验证之前，均有存在差错的风险。

2. 时效性

就某项具体业务而言，审计风险只存在于一定的时期，一旦超出了这一时期，风险就会自动解除。审计风险存在的时间区段称为审计风险期间。从审计工作开始到审计结论提出，为审计风险形成期间；从审计结论得出到审计结论证实，为审计风险承受期间。

3. 或然性

审计风险的存在是必然的，但并不是所有的审计风险都会导致审计责任，也就是说，有的审计风险可能会引发审计责任，有的审计风险则不一定会引发审计责任。审计风险的这种性质，即为或然性。

4. 可控性

审计风险客观而又普遍地存在，但并不是说审计风险无法控制。无论是哪一种审计风险，通过审计人员的主观努力都可能得到控制。

5. 非零性

审计风险客观存在，无论审计人员如何努力，审计风险绝不会控制到零的程度，也就是说审计风险不可能全部消除。一是因为客观风险具有不可控性；二是因为审计风险降低与审计资源投入有关，存在着一个经济相关的范围，如果超出了一定的范围就可能会得不偿失。

审计风险除了具有上述特征以外，还与内部控制、审计程序、审计证据密切相关。内部控制健全有效，控制风险就低，但在这种情况下，审计人员会自动减少实质性审计工作，从而导致审计风险加大。审计人员应用审计程序的恰当性、有效性决定了审计风险的大小，即审计程序越恰当、越有效，审计风险就越小。同样，审计证据越充分、质量越高，审计风险就越小。

三、审计风险的控制

（一）审计风险控制的要求

通过计划和实施审计工作，获取充分、适当的审计证据，将审计风险降至可接受的低水平，这是控制审计风险的总要求。

在审计风险模型中，重大错报风险是企业的风险，不受注册会计师的控制。注册会计师只能通过实施风险评估来正确评估重大错报风险，并根据评估的两个层次的重大错报风险分别采取应对措施，例如，向项目组分派更有经验或具有特殊技能的审计人员、利用专家的工作或提供更多的督导等。

注册会计师应当评估认定层次的重大错报风险，并根据既定的审计风险水平和评估的认定层次重大错报风险确定可接受的检查风险水平。检查风险是注册会计师在执行审计程序中产生的，无法将检查风险降低为零。因为，注册会计师通常并不对所有交易、账户余额和列报进行检查，也有可能注册会计师选择了不恰当的审计程序或者对审计程序执行不当，或者错误解读了审计结论等。因此，注册会计师应当合理设计审计程序的性质、时间和范围，并有效执行审计程序，以控制检查风险。

终结审计之前，注册会计师应当根据实质性程序的结果和其他审计证据，对审计风险进行最终评估，并检查其是否与计划阶段的初步评估结论相一致，如不一致，应当考虑是否追加相应的审计程序。

不论重大错报风险的评估结果如何，注册会计师都应对各重要账户或交易类别实施实质性程序。如经实施有关审计程序，注册会计师仍认为某一重要交易或账户的检查风险不能降低至可接受的水平，就应当出具保留意见或无法表示意见的审计报告。

（二）审计风险控制的程序和步骤

审计风险控制与审计程序、审计环境、审计目标密切相关。审计风险控制的目标是保证审计质量，防范审计责任问题的发生。审计风险控制程序分为事前、事中和事后控制三个阶段。

1. 审计风险事前控制

审计风险事前控制是指在实施具体审计程序之前，对影响审计风险的相关因素进行的控制和安排。主要包括审计风险预测、审计风险的形成因素分析、审计人员素质提高等方面。

审计风险预测是审计风险事前控制的前提。审计之前，审计人员要在充分认识审计风险产生的可能性的同时，科学地估量风险的大小，准确地了解审计风险的程度，并对可能产生的损失有足够的估计，并作出分析，以采取相应的审计对策。根据审计风险控制内容作出相应的预测，力求降低审计风险，并取得最佳的审计效果。

审计风险预测的方法有两种。一是通过对被审计单位内部控制制度的评价进行预测。一般认为，内部控制制度严密、健全的单位，其会计信息资料较安全、可信；而内部控制管理混乱的单位，会计信息资料的可信度低，审计测试风险大。二是通过已掌握的审计资料进行预测。一般情况下，审计认定为遵纪守法的单位，其会计信息资料失实的可能性小；而严重违法乱纪的单位，会计信息资料失实的可能性大。

对审计风险形成因素的分析是审计风险事前控制的关键。影响审计风险的因素有很多，一般说来有外部风险和内部风险两种。外部风险是指由审计活动以外的原因所引起的风险。这些原因主要有：法制不健全，缺乏必要的、比较完善的准则作为审计依据；现实生活存在着大量的合法不合理、合理不合法的现象；审计客体的内部控制制度很差；反映经济活动及其结果的会计凭证、账簿、报表等数量繁多等。内部风险是由审计组织内部控制制度不完善所造成的，这些内部控制制度包括有关领导或审计委托人对审计小组的要求程度、对审计质量的重视程度，审计工作质量考核制度，审计人员奖惩制度，审计工作目标业绩责任制度等。所以，应正确地分析诸因素的形成原因及其影响，有效地控制审计风险。

审计人员素质的提高是审计风险事前控制的重心。审计人员素质的高低和审计风险的大小有着一定的相关性。因此，要对审计风险进行有效的控制，必须加强对审计人员素质的培养。为此，要做好三方面的工作：①提高审计人员的政治修养。审计人员必须具有高尚的职业道德和良好的工作作风，立场坚定、大公无私、光明磊落、积极上进。②培养审计人员优秀的心理品质，其中包括良好的记忆力、观察力，以及科学的推理能力和辩证的思维能力。③丰富审计人员的业务知识，提高审计人员的专业胜任能力。

2. 审计风险事中控制

审计风险事中控制主要是对审计工作的质量进行控制。审计工作质量的好坏直接决定着审计风险的大小，因此必须加强审计质量控制，认真执行审计质量的检查与考核，形成审计质量控制制度。

事中控制是审计风险控制的中心环节。做好审计风险事中控制包括：在制定审计计划时，要进行风险分析，加强对审计证据的检查和分析，保证审计证据的充分性、可靠性和相关性；对审计工作底稿要按照审计计划所确定的审计要点、范围和方法，严格地进行检查；对审计工作质量进行事前控制、事中控制、事后控制和实行奖惩制度，等等。

3. 审计风险事后控制

审计风险事后控制主要是指审计产品质量控制。审计风险与审计结论密切相关。审计风险是由于客观实际与审计结论不一致而产生的。因此，发表审计意见、得出审计结论时，必须将查证的事实和处理的依据（国家法律、行政法规、会计准则、财务通则）相对照，严格依法审计，依法处理，这样既保证了审计结论的客观公正，同时也有效地加强了审计风险事后控制。

审计风险控制是对审计风险系统的、全面的、连续的和及时的风险控制。审计风险事前控制、事中控制和事后控制相互联系，构成完整的风险控制体系。审计风险控制体系的基本模式是封闭式的审计自我监督、自我完善体系。

本章小结

（1）计划审计工作主要包括三个方面：开展初步业务活动，制定总体审计策略和具体审计计划，及时签订或修改审计业务约定书。

（2）总体审计策略用以确定审计范围、时间和方向，并指导制定具体审计计划。在制定总体审计策略时，注册会计师需要考虑审计范围、报告目标、时间安排及所需沟通、审计方向、审计资源等。

（3）注册会计师应当为审计工作制定具体审计计划，具体审计计划比总体审计策略更加详细，其内容包括为获取充分、适当的审计证据以将审计风险降到可接受的低水平，项目组成员拟实施的审计程序的性质、时间和范围。

（4）在实施风险评估程序时和在审计结束或临近结束时，运用分析程序是强制要求，而在实施实质性程序时，注册会计师可以选择性地使用分析程序。

（5）审计重要性是指注册会计师在具体环境下对错报金额和性质的判断。如果一项错报单独或连同其他错报可能影响财务报表使用者依据财务报表作出的经济决策，则该项错报是重大的。重要性的量化程度就是重要性水平。

（6）在既定的审计风险水平下，可接受的检查风险水平与认定层次重大错报风险的评估结果呈反向关系。

关键术语和概念

计划审计工作　分析程序　审计重要性　审计风险

拓展阅读

李凤鸣．审计学原理．上海：复旦大学出版社，2008.

［加］阿立森·萨特克利夫等．审计中的职业判断．王富利译．北京：经济科学出版社，2005.

中国注册会计师协会．审计．北京：经济科学出版社，2011.

第九章　销售与收款循环审计

本章学习要点

从本章起至第十二章，我们将以股份有限公司会计报表审计为例，用四章的篇幅来说明各交易循环审计的具体内容，重点介绍如何对各会计报表项目进行审计测试。考虑到货币资金与上述多个交易循环均密切相关，并且现金业务和内部控制又有着不同于其他交易循环和其他会计报表项目的明显特征，因此，本书将货币资金审计单列一章（第十三章）进行说明。

通过本章学习，应当掌握以下主要内容：

（1）明确业务循环法的概念及其作用；

（2）了解销售与收款业务的特征；

（3）掌握销售与收款循环内部控制测试的程序、方法；

（4）掌握销售与收款循环实质性测试的程序、方法。

第一节　销售与收款业务的特征

财务报表审计的组织方式大致有两种：一是对报表的每个账户余额单独进行审计，此法称为账户法（Account Approach）；二是将财务报表分成几大块进行审计，即把紧密联系的交易种类（含事项、下同）和账户余额归入同一块中，此法称为循环法（Cycle Approach）。

循环法不仅可与按业务循环进行的内部控制测试直接联系，加深审计人员对审计单位经济业务的理解，而且有助于审计人员的合理分工，将特定业务循环所涉及的财务报表项目分配给一个或数个审计人员，能够提高审计的效率与效果。业务循环是业务周而复始的过程，不同类型的企业其业务循环的构造也不一样。一般将企业的业务划分为四个循环，即销售与收款循环、采购与付款循环、生产与存货循环和筹资与投资循环。

一、收入循环中的主要业务活动

了解企业在收入循环中的主要业务活动，对收入循环审计十分必要。工商企业的收入循环（Revenue Cycle）主要是由企业同顾客交换商品或劳务、收回现金等经营活动组成，又称销售与收入循环，涉及销售业务、收款业务（包括现销和应收账款收回）、销售调整业务（包括销售折扣、折让和退回，坏账准备的提取和冲销）等内容。每一业务均需经过若干步骤或程序才能完成。

（一）销售业务中的主要活动

销售业务通常包括下列六项程序：

1. 登记顾客订单

顾客向企业寄送订单、提出订货要求是整个收入循环的起点。订单管理部门应区分现购和赊购，赊购订单只有在符合企业管理当局的授权标准的情况下才能接受。企业管理当局一般都列出了已准予赊销的顾客名单。订单管理部门的职员在决定是否同意接受某顾客的订单之前，应追查该顾客是否已被列在该名单中。如果顾客未被列入该名单，则通常需要订单管理部门的主管来决定是否接收该订单。

企业在批准了顾客订单之后，通常应编制一式多联的销售单。此销售单是证明管理当局对有关销售交易的“发生”认定的凭证证据，也是此笔销售交易轨迹的起点。

2. 批准赊销信用

赊销批准是由信用管理部门根据管理当局的赊销政策和对每个顾客的已授权的信用额度来进行的。信用管理部门的职员在收到订单管理部门的销售单后，应将销售单的金额同该顾客已授权的赊销信用额度扣除其迄今尚欠的账款余额后的差额进行比较，以决定是否继续给予赊销。执行人工赊销信用检查时，应合理划分工作责任，以切实避免销售人员为增加销售而使企业承受不适当的信用风险。

企业应对每个新顾客进行信用调查，包括获取评估机构对顾客信用等级的评定报告。批准或不批准赊销，都要求被授权的信用部门人员在销售单上签署意见，其后再将签署意见后的销售单返回订单管理部门。设计信用批准控制的目的是为了降低坏账风险。因此，这些控制与应收账款净额的“计价和分摊”认定有关。

3. 按销售单供货

企业管理当局通常要求仓库只有在收到经过批准的销售单时才能供货，设计这项控制程序的目的是为了防止仓库在未授权情况下擅自发货。因此，已批准销售单的一联通常应送达仓库，作为仓库按销售单供货和发货给装运部门的授权依据。

4. 按销售单发运

发运部门职员应在经授权的情况下装运产品，企业要将按销售单装运与按销售单供货的职责相分离。发运部门职员在装运之前还必须进行独立验证，以确定从仓库收到的商品都附有已批准的销售单，并且所发商品与销售单相符。

商品发运时，应填制一式多联的装运凭证（或取得企业提供的提货单），并连续编号。按序归档的装运凭证通常由装运部门保管。装运凭证提供了商品确实已装运的证据，因此，它是证实销售交易“发生”认定的另一种形式的凭证证据。定期检查每张装运凭证是否附有相应的销售发票，有助于保证销售交易“完整性”认定的正确性。

5. 向顾客开具账单

开具账单包括编制账单和寄送事先连续编号的销售发票给顾客。销售发票副联的档案通常由开单部门保管。这一程序涉及的主要问题有：①是否对所有装运的货物都开具了账单（即“完整性”认定）；②是否只对实际装运的货物才开具账单，有无重复开具账单或虚构交易（即“发生”认定）；③是否按已授权的价格计价（即“计价和分摊”认定）。

为了降低开单过程中出现遗漏、重复、错误计价或其他种类错报的风险，应设计并执行下列控制程序：

（1）开单部门职员在编制每张销售发票之前，应独立检查是否存在装运凭证和相应的经批准的销售单。

（2）应根据已授权的价格编制销售发票。

（3）独立检查销售发票计价和计算的正确性。

（4）将装运凭证上的商品总数与对应销售发票上的商品总数进行比较。

上述控制程序有助于确保用于记录销货情况的销售发票的正确性。因此，这些控制与销货交易的“发生”、“完整性”以及“计价和分摊”等认定有关。

6. 记录销售

在手工会计系统中，记录销售的过程包括区分赊销、现销，并按销售发票编制记账凭证，登记销售明细账，应收账款明细账或现金、银行存款日记账。

为保证正确记录销售发票，将销货交易归属于适当的会计期间，企业需设计并执行下列记录销售的控制程序：

（1）只依据附有有效装运凭证和销售单的销售发票记录销售。这些装运凭证和销售单应能证明销货交易已经真实发生。

（2）控制所有事先连续编号的销售发票。

（3）独立检查已处理销售发票上的销售金额同会计记录金额的一致性。

（4）记录销售的职责应与前面说明的处理销货交易的其他职责相分离。

（5）对记录过程中所涉及的有关记录的接触予以限制，以减少未经授权批准的记录发生。

（6）定期独立检查应收账款明细账与总账的一致性。

（7）定期向顾客寄送对账单，并要求顾客将任何例外情况直接向所指定的未涉及执行或记录收入循环交易的会计主管报告。

（二）收款业务中的主要活动

收款业务包括收取现金、将现金送存银行、记录收款等活动。为使全部款项都能如数、及时地记入现金或银行存款日记账和应收账款明细账，并如数、及时地将现金存入银行，一项重要的内部控制程序便是对收款业务进行责任分工。

1. 收到现金

处理现金收入交易的主要风险在于现金可能在记录之前或者之后被盗用。因此，控制程序应能合理地保证，在收到现金时立即产生有关责任凭证，并且现金收到后立即受到安全保护。如不做好收现后的安全保障，就可能在随后处理现金收入过程中发生错报。

（1）柜台收款。被审计单位的柜台收款（Over the Counter Receipts）应使用收银机进行控制。使用收银机有以下好处：顾客可立即看到现金销售的金额和支付的金额；能打印收据给顾客，并且在收银机内已上锁的磁带上记录交易；收银机能产生每日收入的控制总数。

柜台销售交易的主管人员应采取措施确保所有的现金销售均通过收银机进行处理。另外，该主管人员还应指派专人负责独立检查现金盘点表的正确性，并验证手头现金与收银机打印的总数是否相符。然后，将现金、盘点表和收银机打印的总数送到出纳部门，由出纳部门作进一步处理后存入银行。

（2）邮寄收款。为了把邮寄收款被挪用的风险减至最低限度，绝大多数企业都要求顾客以支票付款。有大量邮寄收款的企业可采用储存箱系统（Lockbox System）。该储存箱是由企业开户银行控制的邮政信箱，银行每日收取邮件，将所收到的现金贷记企业账户，将汇款通知书送给企业，用以更新应收账款。这个系统能加速支票送存银行的过程，并使企业尽早获悉银行是否已将收款贷记了企业账户，同时也消除了企业职员挪用所收款项的风险。

自行处理邮寄收款的企业，应要求邮件收发室的职员做到以下两点：收到支票应立即在其背面盖上"只能存入"的字样；将支票记入一式多联的现金收入清单。立即编制清单既确立了收款的责任，又提供了控制总数用以独立检查收款处理的完整性和正确性。所收到的汇款通知书应连同支票一起送到应收账款管理部门，以便应收账款管理部门据此更新顾客账户。

2. 将现金送存银行

对现金适当接近控制要求将所有的现金收入每天如数存入银行。所谓"如数"是指所有现金收款都应存入银行，也就是说，不能坐支现金。这项控制与"发生"认定有关。

出纳在收到柜台收入和邮寄收入的现金时，应分别独立检查其与现金盘点表和清单是否相符。然后，将每种收入的总数登入每日现金汇总表，并填写存款单。出纳在送存现金之后，应将每日现金汇总表和经银行确认的存款单送到总会计部门。

3. 记录收款

这项程序涉及将柜台收款和邮寄收款分别登入有关的日记账并将邮寄收款过入相关的顾客账户。被审计单位在此环节所采取的控制应确保：①只有经确认的收款才能入账（"发生"认定）；②所有实际的收款都已入账（"完整性"认定）；③入账金额正确（"计价和分摊"认定）。

为了确保只有经确认的交易才能入账，企业应限制只有经授权的人员才能接近会计记录。柜台收款通常由总会计部门根据出纳送来的每日现金汇总表加以记录。

对于邮寄收款，在手工处理系统下，必须将登记有关日记账和过入顾客账户这两项职责分离。总会计部门根据清单或每日现金汇总表，将收款登入日记账，应收账款部门则根据收发室送来的汇款通知书，将收款过入应收账款明细账。

为了确保邮寄记录的完整性和正确性，企业必须对以下事项进行独立检查：记入日记账和过入应收账款的金额与收发室送来的清单的金额是否一致；记入日记账和过入应收账款的金额与出纳送来的每日现金汇总表和经确认的存款单是否一致。此外，应由不执行或记录现金交易的职员定期编制银行存款余额调节表。

（三）销售调整业务中的主要活动

销售调整业务涉及以下主要活动：

1. 办理和记录销货退回、销货折扣与折让

顾客如果对商品不满意，销货企业一般都同意接受退货，或给予一定的销货折让；顾客如果提前支付货款，销货企业则可能会给予一定的销货折扣。发生此类事项时，必须经

授权批准，并确保与办理此事有关的部门和职员各司其职，分别控制实物流和会计处理。在这方面，严格使用贷项通知单无疑能起到关键作用。

2. 计提坏账准备

企业必须按照现行会计制度的规定计提坏账准备，坏账准备计提数额必须能够抵补企业以后无法收回的本期销货款。

3. 注销坏账

不管赊销部门的工作如何主动，顾客因宣告破产、死亡等原因而不支付货款的事件仍时有发生。企业若认为某项货款确实无法收回，应根据既定程序注销这笔货款。对这些坏账，正确的处理方法应该是获取货款无法收回的确凿证据，经适当审批后及时作会计调整。

二、主要凭证和会计记录

（一）原始凭证类

1. 顾客订单

顾客订单是顾客要求订购商品的凭证，企业可通过销售人员或其他途径从现有或潜在的顾客那里取得订单。

2. 销售单

销售单是列示顾客所订商品名称、规格、数量以及其他与顾客订单有关资料的表格，作为销售方内部处理顾客订单的依据。

3. 装运凭证

装运凭证是在装运货物时编制的，用以反映发出商品的规格、数量、日期及其他有关内容的表格。装运凭证的正联交由顾客，副联（一份或数份）由企业保留。该种凭证可用作向顾客开票收款的证据。

4. 销售发票

销售发票是说明销售详情的表格，包括销售金额、条件和日期。可据此开账单给顾客，并作为记录这笔销售的依据。

5. 商品价目表

商品价目表是列示已经授权批准的、可供销售的各种商品的价格清单。

6. 汇款通知书

汇款通知书是企业与销售发票一起寄给顾客，由顾客在付款时再寄回销货单位的凭证（如果顾客没有将其随同货款一并寄回，一般应由收受邮件的人员在处理邮件时代编）。企业通常在汇款通知书中列明顾客姓名、销售发票号码及其余额、销货单位开户银行账号等内容。采用汇款通知书能使款项及时存入银行，并能加强对资产保管的控制。

7. 贷项通知单

贷项通知单是用来表示由于销货退回或经批准的折让而引起的应收销货款减少的凭证，其格式通常与销售发票的格式相同，只不过它是用来说明应收账款的减少，而不是用来说明应收账款的增加。

8. 坏账审批表

坏账审批表是经股东大会或董事会等权力执行机构批准注销为坏账的应收账款明细表。表中应注明应收账款的金额、账龄、债务人、注销为坏账的原因、批准人的姓名与职务等内容。

9. 应收账款明细表

应收账款明细表是用来记录客户各项赊销、还款、销售退回及折让的明细账。各应收账款明细账的余额合计数应与应收账款总账的余额相等。

10. 客户月末对账单

客户月末对账单是一种按月定期寄送给客户的用于购销双方定期核对账目的凭证。客户月末对账单上应注明应收账款的月初余额、本月各项销售交易的金额、本月已收回的货款、各贷项通知单的数额以及月末余额。

（二）记账凭证类

1. 转账记账凭证

转账记账凭证是根据记录不涉及现金、银行存款收付等转账业务的原始凭证编制的记账凭证，是记录有关账户的依据。

2. 收款记账凭证

收款记账凭证是根据记录现金、银行存款收入等收款业务的原始凭证编制的记账凭证，是记录“库存现金”、“银行存款”等账户的依据。

（三）明细账和序时账类

1. 应收账款明细账

应收账款明细账是用来记录每个顾客各项赊销款项收回、销货退回与折让情况的明细账。各应收账款明细账的余额合计数与应收账款总账的余额相等。

2. 主营业务收入明细账和其他业务收入明细账

主营业务收入明细账和其他业务收入明细账是分别记录主营业务和其他业务销售情况的明细账，销货金额通常按销售商品的品种、类别予以汇总。

3. 折扣与折让明细账

折扣与折让明细账是用来核算按合同规定为了及早收回货款而给予顾客的销售折扣和因商品品种、质量等原因给予顾客的销售折让情况的明细账。

4. 现金日记账和银行存款日记账

现金日记账和银行存款日记账是用来记录应收账款的收回或现销收入以及其他业务所引起现金、银行存款收入和支出的序时账。

（四）总分类账

总分类账包括“库存现金”、“银行存款”账户；“应收账款”、“应收票据”或“预收账款”账户；“主营业务收入”或“其他业务收入”账户；“主营业务成本”或“其他业务成本”账户；“营业税金及附加”账户；“应交税费”账户；“其他应付款”账户；“坏账准备”账户；“委托代销商品款”账户；“资产减值损失”账户；存货类账户等。

第二节 销售与收款循环的内部控制测试

审计测试包括内部控制测试和对交易、账户余额的实质性测试。内部控制测试通常按照业务循环采用审计抽样的方法进行，采用业务循环审计的目的在于确保审计工作质量，提高审计工作效率。这里的业务循环是指处理某一类经济业务的工作程序和先后顺序。这里的业务循环审计是指运用业务循环法了解、检查和评价被审计单位内部控制制度及其执行情况，从而对其会计报表的合法性、公允性进行审计的一种方法。由于各被审计单位的业务性质和规模不同，其业务循环的划分应有所不同。我们将股份有限公司的交易和账户余额划分为销售与收款循环、采购与付款循环、生产与存货循环、筹资与投资循环，并分章阐述各业务循环的审计。

在展开本节内容的讨论之前，我们先给出表9－1，介绍销货业务的内部控制目标、关键内部控制、常用的内部控制测试和常用的交易实质性测试。

表9－1 销货业务的控制目标、内部控制和测试一览表

内部控制目标	关键内部控制	常用的内部控制测试	常用的交易实质性测试
登记入账的销货业务确实已经发货给真实的顾客（发生）	销货业务是以经过审核的发运凭证及经过批准的顾客订货单为依据登记入账的。 在发货前，顾客的赊销已经被授权批准。 销售发票均经事先编号，并已恰当地登记入账。 每月向顾客寄送对账单，对顾客提出的意见作专案追查。	检查销售发票副联是否附有发运凭证（或提货单）及顾客订货单。 检查顾客的赊购是否经授权批准。 检查销售发票连续编号的完整性。 检查是否寄发对账单，并检查顾客回函档案。	复核主营业务收入总账、明细账以及应收账款明细账中的大额或异常项目。 追查主营业务收入明细账中的分录至销售单、销售发票副联及发运凭证。 将发运凭证与存货永续记录中的发运分录进行核对。 将主营业务收入明细账中的分录与销售单中的赊销审批和发运审批进行核对。
现有销货业务均已登记入账（完整性）	发运凭证（或提货单）均经事先编号并已登记入账。 销售发票均经事先编号并已登记入账。	检查发运凭证连续编号的完整性。 检查销售发票连续编号的完整性。	将发运凭证与相关的销售发票和主营业务收入明细账及应收账款明细账中的分录进行核对。

（续上表）

内部控制目标	关键内部控制	常用的内部控制测试	常用的交易实质性测试
登记入账的销货数量确是已发货的数量，并已正确开具收款账单并登记入账（计价和分摊）	销售价格、付款条件、运费和销售折扣确定已经适当的授权批准。 由独立人员对销售发票的编制作内部核查。	检查发票是否经适当的授权批准。 检查有关凭证上的内部核查标记。	复算销售发票上的数据。 追查主营业务收入明细账中的分录至销售发票。 追查销售发票上的详细资料至发运凭证、经批准的商品价目表和顾客订货单。
销货业务的分类正确（分类）	采用适当的会计科目表。 内部复核和核实。	检查会计科目表是否适当。 检查有关凭证上内部复核和查核的标记。	检查证明销货业务分类正确的原始证据。
销货业务的记录及时（截止）	采用尽量能在销货发生时开具收款账单和登记入账的控制方法。 内部核查。	检查尚未开具收款账单的发货和尚未登记入账的销货业务。 检查有关凭证上内部核查的标记。	将销货业务登记入账的日期与发运凭证的日期进行核对。
销货业务已经正确地记入明细账，并经正确汇总（准确性、计价和分摊）	每月定期给顾客寄送对账单。 由独立人员对应收账款明细账作内部核查。 将应收账款明细账余额合计数与其总账余额进行比较。	检查对账单是否已经寄出。 检查内部核查标记。 检查将应收账款明细账余额合计数与其总账余额进行比较的标记。	将主营业务收入明细账加总，追查其至总账的过账。

表9－1分四栏，将与销货业务有关的内部控制目标、关键控制程序以及注册会计师常用的相应内部控制测试、交易实质性测试分类列示。下面介绍一下各栏目的内容及各栏目之间的关系：

第一栏“内部控制目标”列示了企业建立销货业务内部控制的目标，也就是注册会计师实施相应内部控制测试和交易实质性测试所要达到的审计目标。各种业务的基本目标是相同的，但其具体目标则有所不同。另外，某些控制固然可以实现几个目标，但分别考虑每一个目标，更有助于增加对销售与收款循环审计全过程的了解。

第二栏“关键内部控制”列示了与上述各项内部控制目标相对应的一项或数项主要的内部控制。设计销货业务内部控制，应达到第七章所述的控制目标。无论其他目标对应的控制如何有效，只要为实现某一项目标所必需的控制不健全，则与该目标有关的错误出现的可能性就随之增大，并且很可能影响企业整个内部控制的有效性。

第三栏“常用的内部控制测试”列示了注册会计师针对上述关键内部控制所实施的测试程序。控制测试与内部控制之间有着直接联系，注册会计师对每项关键控制至少要执行一项控制测试以核实其效果，因为控制测试如果不用来测试某一具体的内部控制就毫无意义。通常，根据内部控制的性质确定控制测试的性质大都比较容易。

第四栏“常用的交易实质性测试”列示了注册会计师常用的交易实质性测试程序。交易实质性测试与第一栏所列的控制目标有着直接的联系，它是证明第一栏中具体审计目标的证据，其目的在于确定交易业务中与该控制目标有关的金额是否有错误。交易实质性测试虽然与关键控制及控制测试没有直接的关系，但交易实质性测试的范围在一定程度上取决于关键控制是否存在和控制测试的结果。在确定交易实质性测试程序时，有些程序不管环境如何，是每一项审计所共同采用的，而有些则应视内部控制的健全性和控制测试的结果而定。当然，审计的重要性、以前期间的审计结果等因素，对测试程序的确定也有影响。

一、销售与收款循环的内部控制

（一）销售与收款循环内部控制的内容

了解销售与收款循环的内部控制时，应分别考虑和销售与收款循环有关的控制环境、会计系统和控制程序等要素。

1. 控制环境

控制环境既可提高也可降低内部控制其他要素的有效性。

审计人员了解销售与收款循环的内部控制环境，一般应从了解管理当局在该循环中分配交易授权和责任的情况开始。询问管理当局和研读组织结构图可使审计人员获得初步的了解。通过复核工作说明书和观察重要员工履行其职责的情况，可获得进一步的了解。

审计人员还需要了解管理当局对这些交易的控制方法，如是否作销售预测，是否编制销售预算，是否使用现金预算，并据以评价绩效等。这类问题和其他类似问题可通过询问管理当局和复核有关文件（如预算报告等）得出答案。

由于现金最容易被盗用，因此，被审计单位通常对处理现金收入的员工采用特殊的人事策略。如很多企业都为经管现金的人员投保，购买职工忠诚保险，以避免因不诚实员工盗窃和侵吞现金给企业造成的损失。保险企业在发行保险单和增加某位员工现有保单之前，通常要对该员工在先前职位时的诚实性和正直性进行调查。投保对于改善现金收入的控制环境有两方面的好处：①可防止雇用不诚实的人员；②可遏制不诚实的行为，因为员工清楚地知道保险企业会严格调查和起诉任何不诚实行为。

有关现金的其他人事政策包括：①强制安排现金经管人员休假；②定期轮换工作。实施这些控制是想让有关员工明确他们不可能永远掩饰其罪行，从而达到遏制不诚实行为的目的。有不少企业的侵吞公款案件就发生在担任同一职务多年且未休假的员工身上。这点应值得每个企业注意。

2. 会计系统

对会计系统，主要应了解会计数据处理的方法以及所使用的重要凭证和记录。

3. 控制程序

适当授权审批、责任分工、凭证和记录、接触控制及独立检查五种控制程序，都适用于销售和收款循环交易。

（1）适当授权审批。在收入循环的控制程序中，审计人员主要关心的授权审批手续有：在销货发生之前，赊销业经正确审批；非经正确审批，不得发出货物；销售价格、销售条件、运费、折扣等均经过审批。前两项控制的目的在于防止企业财产因向虚构的或者无力支付货款的顾客发货而蒙受损失，价格审批控制的目的则在于保证销货业务按照企业政策规定的价格开票收款。

通过审查授权审批的上述三个关键点，可以很容易地测试出授权审批方面的内部控制的效果。

（2）责任分工。适当的责任分工有助于防止各种有意或无意的错误。如主营业务收入账如果是由记录应收账款账簿以外的职员独立登记，并由另一位不负责账簿记录的职员定期调节总账和明细账，就构成了一项自动交互牵制；规定负责主营业务收入账簿和应收账款账簿的职员不得经手现金，也是防止舞弊的一项重要控制。再如，赊销审批职能与销货职能的分离，可在一定程度上避免因销售人员盲目扩大销量而产生坏账的可能性。

职责分离是否恰当的控制测试，一般只限于审计人员观察有关人员的活动，以及与这些人员进行讨论等程序。

（3）凭证和记录。每个企业交易的产生、处理和记录等制度都有其特点，因此，评价其各项控制的设立是否足以使控制发挥最大的作用可能比较困难。然而，有一点必须明确，只有具备充分的记录手续，才有可能实现其他各项控制目标。例如，有的企业在收到顾客订货单后，就立即编制一份预先编号的一式多联式销售单，分别用于批准赊销、审批发货、记录发货数量以及向顾客开具账单等。在这种制度下，只要定期清点销售单，漏开账单的情形就几乎不会发生。相反的情况是，有的企业只在发货以后才编制销售单，如果没有其他补偿性控制，这种因制度松懈而漏开账单的情况就很可能会发生。

对凭证预先进行编号，旨在防止销货以后忘记向顾客开具账单或登记入账，也可防止重复开具账单或重复记账。当然，如果对凭证的编号不作清点，预先编号就会失去其控制意义。由收款员对每笔发货开具账单后，将发运凭证按顺序归档，而由另一位职员定期检查全部凭证的编号，并调查凭证缺号的原因，就是实施这项控制的一种方法。

对这种控制常用的一种控制测试程序是清点各种凭证。如从主营业务收入明细账中选出销售发票的存根，看其编号是否连续，有无不正常的缺号发票和重号发票。这种测试程序可同时提供有关“发生”和“完整性”认定的证据。

（4）接触控制。在销售和收款循环中，为保护资产的安全，主要是对现金的安全存放，有关应收账款、现金的凭证和记录进行实物安全保护控制。审计人员通过现场观察可以了解接触控制的情况。

（5）独立检查。由内部审计人员或其他独立人员检查收入循环中各种业务的处理和记录，是实现内部控制目标所不可缺少的一项控制措施。审计人员可以采用审查内部审计人员的报告或其他独立人员在他们核查的凭证上的签字等方法来实施控制测试。

（二）潜在错报的表现行为

1. 记账错误

在会计信息处理过程中，某项交易被漏记或未经批准或不小心记录了两次都是有可能发生的。如果进行计算，如作延期或汇总，就可能出现计算不准确。提高特定控制目标的一个目的就是避免所有可能影响目标实现的错误。例如，为实现有关完整性的特定控制目标，就要发现会导致业务在登记到会计系统内前被省略的一些错误。

2. 雇员舞弊

有一些貌似不经心的记录错误可能是故意做的，以掩盖雇员舞弊。如果发生了雇员舞弊，该雇员一定能接近现金或其他可流通资产，或者他负责管理资产，如接近现金收款（包括支票），或者是授权支票签名人，或者有权截留签发的支票。但是，侵占资产只是其中一个问题。如果侵占能被隐瞒而未被检查出来，会计记录一定被处理得和实物资产吻合。只要侵占发生在会计记录与资产调整数前，舞弊者就会在侵占发生之前或之后隐瞒事实。

在复式记账法下，资产侵占的一种隐瞒方法是用贷方实现隐瞒，但问题是把相关的借方记在哪里。例如，如果私吞了现金，就可能做假，通过贷记现金，使现金账户与库存的现金相一致。但是，在会计记录中做假的情况在借方也要被隐藏。应收账款账户就是可能的掩盖借方金额的“仓库”，因为它有正常的借方金额，且有相当多单个顾客的账户。这就是为什么审计程序的控制程序都把重点放在应收账款真实性上的原因之一。

利用应收账款的雇员舞弊叫做现金收入的截留挪用。一个雇员私自留下了来自一位顾客的现金收款，并用第二天来自另一位顾客的现金收款补上不足。这样不断地延续，由一开始的私吞而影响到贷方金额。如果能进行这种舞弊，该雇员一定有权接近现金收款且能在现金和应收账款明细账等会计记录中记录入账。

3. 会计原则应用错误

正如前面所述，若销售、交货和收款在短时间内完成，则不会出现复杂的收入确认问题。当销售（不动产）、供货（建筑合同交货）或收款（分期付款销售额）需要展期时，收入确认的会计原则可能经常被错误应用。

此外，会计估计总会产生会计原则应用错误。应收账款应按净值公布，但很难快速地确认和提供正确的坏账准备，这可能是由于展期的信用失去控制，开票程序控制水平低下，或者是由于账龄和收款进度控制的监督管理不充分造成的。即使这些方面控制良好，经济条件或顾客因素综合到一起也会导致资产减值损失和坏账准备的错报。其他会计估计也会因同样原因而被错报，包括对销售退回和折让及保证准备的未签发信贷。

4. 管理当局舞弊

为了提高净收益，管理当局可能会制造虚假销售业务。这种风险很可能会导致审计问题，尤其在一些收入来自几笔大宗交易的工业企业，业务是不动产或按特殊订单（如国防合同）生产贵重物品。这种舞弊存在的可能性促使审计人员评估审计风险，找出可能便于管理当局制造重大错报的环境及制造虚假业务的主要原因。

在审查管理当局舞弊问题时，审计人员往往采用如下审计程序：审阅大额或非正常交易的会计记录，尤其是最近记录的交易记录；识别关联方并确定是否与未公布的关联方有重大交易；进行分析性测试以判定收入或毛利的变化，判断变化水平或交易活动是否有异常波动。会计估计也容易出现由于管理当局的盲目乐观而导致的错报。通常，会计估计会影响销售额和应收款按净额公布，但在涉及长期合同的工业企业，会计估计如完工率，会影响收入的确认。

在存在相当多数量的小额收入交易的工业企业，虽然销售额和应收款虚假记录的固有风险被降低，但并未消除。如果管理当局想通过舞弊达到盈利的上升，通常需要降低下期非现金贷方的应收项目，如销售退回及折让或坏账的消除。但是，著名的麦克逊·罗宾斯舞弊案涉及非常重大的欺诈蒙蔽。该公司管理当局对应收账款和商品采购进行双重虚假记录。虚假记录采购支出的现金又被重复记入虚假应收账款的现金收兑记录中。虚假的应收账款和存货逐渐增长成巨大数额（约 1 900 万美元）。从此以后，直接向顾客函证应收账款和实地盘点存货的做法成为一般公认的审计程序。

二、销售与收款循环内部控制测试的程序

（一）现金收入的符合性测试

1. 了解和描述内部控制制度

注册会计师可通过查阅被审计单位的有关规章制度、文件资料，向有关人员口头查询或现场调查等方式，了解赊销交易的内部控制制度，并用适当的方法进行描述，记入审计工作底稿。表 9 - 2 是注册会计师为此而设计的调查问卷表。

2. 进行符合性测试

注册会计师对现金收入进行符合性测试时，应按现金和银行存款的收款凭证进行分类，抽取一定的样本量，对其职责分工进行重点测试。

符合性测试可采用如下检查核对方法：审核是否有超过规定限额收入现金的情况，超过现金结算限额的业务应通过银行转账结算；对收款凭证与存入银行账户的日期和金额进行测试，以检查其是否一致；对收款凭证与现金和银行存款日记账的记录进行测试，以检查其是否一致；对收款凭证与银行对账单进行测试，以检查其是否一致；对收款凭证与应收账款、销售明细账的贷方记录进行测试，以检查其是否一致；对收款凭证与所附原始凭证进行测试，以检查其是否一致。

表 9－2　现金收入交易的内部控制调查问卷表

被审计单位名称：

注册会计师：　　　　　　审计日期：　　　　　　完成日期：

循环：销售与收款					交易类别：现金收入
问　　题	回　答			取得方式	备注
	是	否	不适用		
一、收到现金					
1. 办理现金收入业务的人员是否负责登记现金日记账和银行存款日记账					
2. 是否保留了有效存款单的副本					
二、将现金存入银行					
每天的现金收入是否由出纳负责及时存入银行					
三、记录收款业务					
1. 是否及时记账，保证现金日清月结					
2. 是否由出纳以外人员编制银行存款余额调节表					

（二）赊销交易的符合性测试

1. *了解和描述内部控制制度*

注册会计师可通过查阅被审计单位的有关规章制度、文件资料，向有关人员口头查询或现场调查等方式，了解赊销交易的内部控制制度，并用适当的方法进行描述，记入审计工作底稿。常用的方法有内部控制调查问卷表、流程图和文字叙述法。赊销交易的内部控制调查表的格式如表 9－3 所示。

2. *初步评价内部控制*

初步评价赊销交易的内部控制，必须遵循以下步骤：确认可能发生的潜在错报或漏报；确认可以防止或者发现和更正这些错报或漏报的控制措施；确认客户是否建立了上述控制措施。

在运货职能中，可能发生的错报有：所装运的货物可能和所订购的货物不符；可能有未授权装运货物。这方面必要的控制措施有：由装运部门职员独立检查从仓库收到的货物是否和已批准的销货通知单一致；供货和装运的职责应分离，且每次装运都编制装运凭证。为此可能进行的符合性测试有：审查执行独立检查的证据；观察职责分工情况，并审查装运凭证。

通过比较必要的控制和现有控制，注册会计师可对内部控制作出初步评价，并将评价结果记录在审计工作底稿中。

表 9－3　赊销交易的内部控制问卷调查表

被审计单位名称：

注册会计师：　　　　　　　审计日期：　　　　　　　完成日期：

循环：销售与收款				交易类别：赊销收入	
问　　题	回答			取得方式	备注
	是	否	不适用		
一、接受顾客订货单 1. 所有的顾客订单是否经过审核 2. 对已接受的顾客订单，是否编制销货通知单 二、批准赊销 对顾客的赊销是否经信贷部门批准 三、发货 1. 在填写出库单前是否取得销货通知单 2. 出库单是否预先连续编号 3. 在填写出库单的过程中，是否核实存货 四、运货 1. 装运货物是否同销货通知单相对照 2. 装运货物是否编制货运文件 3. 货运文件是否同销货通知单相对照 五、开具销售发票 1. 销售发票是否由专人负责保管 2. 开具的销售发票是否由其他人员独立复核 3. 作废的销售发票是否加盖"作废"戳记，并保留在发票本上 六、记录销售业务 1. 销售发票是否按编号记入日记账 2. 销售、应收账款明细账和总账登记是否分离 3. 销售、应收账款明细账和总账是否定期核对 4. 是否按月给顾客发出对账单					

3. 进行符合性测试

执行符合性测试，是为了获取内部控制是否适当设计和有效运行的证据，从而评价其控制风险。具体内容包括审核销售发票样本和审核货运文件。

销售发票的开具是销售成立的标志之一，是向顾客收取货款，登记销售、应收账款明细账和总账的依据。销售发票是审计方案中的抽样单位，注册会计师应当从发票存根中选取样本作为测试的起点。在选取样本之前，检查发票本上的存根是否完整，从发票日期判断是否按顺序开具发票，作废的发票是否加盖“作废”戳记，并和存根一并保存。

销售发票的具体测试主要有：①核对销售发票存根与销售合同、顾客订货单等所载明的数量、价格、品名、规格等是否一致。如果订单、销售合同上货物的品名、规格与销售发票不符，就存在顾客长期拖欠应收账款的潜在可能性，注册会计师对此应予以关注。②检查销售合同，赊销是否经过核准。如果对赊销缺少必要的批准控制，就可能造成应收账款无法收回的情况。③核对相应的货运文件副本，检查销售发票日期与货运日期是否一致。④检查销售发票中所列示的商品的单价与商品价目表中的价格是否一致。⑤复核销售发票中列示的数量、单价和金额加总计算是否正确，大小写金额是否相符。⑥从销售发票追查至销售日记账、应收账款明细账和销售收入明细账，判断是否及时、正确地入账。如果有漏记或少计销售收入的，注册会计师必须估计这些应收账款的可收回性。⑦抽查销售明细账中的记录，并与销售发票、销货通知单相比较，确认所记录的销售业务是否真实。

抽取货运文件样本，并与相关的销售发票核对，检查已发出的货物是否均已向顾客开具发票。如果发出货物但未开具发票，可能导致销售收入和应收账款被低估，同时存货被高估。这一过程要求从本年的全部按序归档的货运文件夹中，选取样本核对销售发票的存根联，以获得有关证据。但应特别注意货运文件是否盖章注销并已归档。

对工业企业而言，销售与收款循环的符合性测试是和存货的符合性测试联系起来进行的。如果从收入开始进行符合性测试，可将销售发票的销售项目追溯到永续盘存制下的存货记录中的减少数。

4. 对内部控制作出最后评价

注册会计师通过评价符合性测试所获取的证据，运用审计判断对内部控制作出最后评价，并在此基础上进一步确定其实质性测试的性质、时间和范围。此外，注册会计师还应注意评价控制风险是否适当，对控制风险的评价将直接影响实质性测试的适当性，因而注册会计师合理的专业判断对此是极其重要的。

（三）销售调整交易内部控制测试

1. 了解和描述内部控制制度

表9－4是注册会计师设计的一份内部控制调查问卷表，用以了解销售调整交易的有关控制情况。此表仍按销售调整交易的职能来设计问题。

2. 进行符合性测试

符合性测试可从以下两方面展开：

（1）审查销售退回、折让和折扣。在审查中，注册会计师应采用核对法对以下内容进行检查：检查销售退回或折让是否附有按顺序编号并经主管人员核准的贷项通知单；检查所退回的商品是否具有仓库签发的退货验收报告及入库单，红字发票记账联上的数量是否与入库单的数量相符，价格是否与原销售发票上的价格一致，红字发票上的金额计算是否正确；销售退回或折让的批准与贷项通知单的签发职责是否分离；现金折扣是否经过适当审批，审批人与经办人是否职责分离。

（2）审查应收账款的收回情况。良好的内部控制要求被审计单位定期与顾客对账，提醒顾客尚未结清的债务及金额。

表 9－4　销售调整交易的内部控制调查问卷表

被审计单位名称：

注册会计师：　　　　　　　审计日期：　　　　　　　完成日期：

循环：销售与收款				交易类别：销售调整	
问　　题	回　　答			取得方式	备注
	是	否	不适用		
一、批准销售折扣 所有销售折扣是否都经过批准 二、批准销售退回和折让 1. 销售退回和折让是否经过有关人员批准 2. 销售退回和折让是否采用事先连续编号的贷项通知单 3. 销售退回和折让的批准与贷项通知单的签发是否实行职责分离 三、确定坏账 1. 已注销的坏账是否经过书面批准 2. 已注销的坏账是否在备查簿上登记					

在检查时，注册会计师应采用核对、抽查等方法对以下内容进行检查：

（1）应收账款对账单副本与同一日的对账单记录进行核对，查明对账单上填写的余额是否正确。

（2）抽取部分已收回的应收账款，查明账款是否全额收回，并从应收账款明细账追查至记账凭证和原始凭证，查明还款单位的名称是否与应收账款明细账顾客的单位名称一致，记账凭证的金额与过账的金额是否相符。

（3）审查已作坏账转销的应收账款。注册会计师对本年度已作为坏账转销的应收账款，尤其是金额较大的，应从两方面予以审查：一要审查是否经过适当的审批手续，计算根据是否合理；二要审查是否符合规定的条件。必要时可向债务人寄发询证函，核实已作坏账转销的应收账款在最初入账时是否属于伪造，对任何不正常或不适当的坏账注销，应进一步调查，以便查明原因，予以披露。

第三节　销售与收款循环的实质性测试

实质性测试，就是在符合性测试的基础上，确定审计程序，运用检查、监盘、查询及函证、计算和分析性复核等方法，对被审计单位的账户余额进行的证实测试，以实现特定的审计目标。本节着重讨论销售与收款循环形成的主营业务收入、应收账款、坏账准备以及相关项目的实质性测试。

对交易和账户余额的实质性测试既可按会计报表项目，也可按业务循环组织实施。按会计报表项目组织实施的称为分项审计方法，按业务循环组织实施的称为循环审计方法。一般而言，分项审计方法与多数被审计单位账户设置体系及会计报表格式相吻合，所以具有操作方便的优点，但它也有与按业务循环进行的内部控制测试严重脱节的弊端；而循环审计方法则不仅可与按业务循环进行的内部控制测试直接联系，还可加深审计人员对被审计单位经济业务的理解，而且便于审计人员的合理分工，将特定业务循环所涉及的会计报表项目分配给一个或数个审计人员，使其能够对不同会计报表项目进行交叉复核，以提高审计的效率与效果。

下面先看一个案例：

美国麦克森·罗宾斯药材公司审计案例

——引发应收账款函证、存货监盘等重要审计程序的审计案例

一、麦克森·罗宾斯药材公司审计案例背景

1938 年，美国纽约州的麦克森·罗宾斯药材公司突然宣布倒闭。在经济萧条时期，股份公司的倒闭本来习以为常。然而，该公司的倒闭，却使得报刊以耸人听闻的手法来对待这件案子。究其原因，是因为该案涉及审计程序中的一系列问题。

二、对麦克森·罗宾斯药材公司审计案例的查处

1938 年初，长期贷款给罗宾斯药材公司的朱利安·汤普森公司，在审核罗宾斯药材公司财务报表时发现两个疑问：①罗宾斯药材公司中的制药原料部门，原是个盈利率较高的部门，但该部门却一反常态地没有现金积累。而且，流动资金亦未见增加。相反，该部门还不得不依靠公司管理者重新调集资金来进行再投资，以维持生产。②公司董事会曾开会决议，要求公司减少存货金额。但到 1938 年年底，公司存货反而增加 100 万美元。汤普森公司立即表示，在没有查明这两个疑问之前，不再予以贷款，并请求官方协调控制证券市场的权威机构——纽约证券交易委员会调查此事。

纽约证券交易委员会在收到请求之后，立即组织有关人员进行调查。首先，调查人员确认罗宾斯药材公司是属于股票公开上市的公司之一。根据 1933 年《证券法》的规定，凡是股票公开上市的公司，必须到证券交易所注册登记，并且每年必须提供经民间审计机构——会计师事务所审计过的财务报表。为此，调查人员进一步审核了该公司这方面情况，发现该公司确实到证券交易所注册登记了，并且，在经营的十余年中，每年都聘请了美国著名的普赖斯·沃特豪斯会计师事务所对该公司的财务报表进行审计。在查看这些审计人员出具的审计报告中，审计人员每年都对该公司的财务状况及经营成果发表了“正确、适当”等无保留的审计意见。为了核实这些审计结论是否正确，调查人员对该公司 1937 年的财务状况与经营成果进行了重新审核。结果发现：1937 年 12 月 31 日的合并资产负债表列示总资产 8 700 万美元，但其中的 1 907.5 万美元的资产是虚构的，包括存货虚构 1 000 万美元，销售收入虚构 900 万美元，银行存款虚构 7.5 万美元；在 1937 年年度合并利润表中，虚假的销售收入和毛利分别达到 1 820 万美元和 180 万美元。

在此基础上，调查人员对该公司经理的背景作了进一步调查，结果发现公司经理菲利普·科斯特及其同伙穆西卡等人，都是犯有前科的诈骗犯。他们都是用了假名，混入公司并爬上公司管理岗位。他们将亲信安插在掌管公司钱财的重要岗位上，并相互勾结、沆瀣

一气，使他们的诈骗活动持续很久而没能被人发现。

证券交易委员会将案情调查结果在听证会上一宣布，立即引起轩然大波。根据调查结果，罗宾斯药材公司的实际财务状况早已“资不抵债”，应立即宣布破产。而首当其冲的受损失者是汤普森公司，因为它是罗宾斯药材公司的最大债权人。为此，汤普森公司指控沃特豪斯会计师事务所。汤普森公司认为其之所以给罗宾斯公司贷款，是因为信赖了会计师事务所出具的审计报告。因此，他们要求沃特豪斯会计师事务所赔偿他们的全部损失。

在听证会上，沃特豪斯会计师事务所拒绝了汤普森公司的赔偿要求。会计师事务所认为，他们执行的审计，遵循了美国注册会计师协会在1936年颁布的《财务报表检查》(Examination of Financial Statement) 中所规定的各项规则。药材公司的欺骗是由于经理部门串通合谋所致，审计人员对此不负任何责任。最后，在证券交易委员会的调解下，沃特豪斯会计师事务所以退回历年来收取的审计费用共50万美元，作为对汤普森公司债权损失的赔偿。

三、该案例对注册会计师行业的影响与启示

罗宾斯药材公司案例对审计工作产生了两方面的影响：

(1) 究竟谁应对财务报表的真实性负责？如审计人员审定的财务报表与事实不符，审计人员应负哪些责任？对此，美国注册会计师协会下属的审计程序委员会，早在1936年就指出：“对财务报表负责的主要应是企业管理当局，而不是审计人员。”如果审计人员审定的财务报表与事实不符，则要分清事实不符的原因。当企业内部因共同合谋而使内部控制制度失效时，即使再高明的审计人员，在成本、时间的限制下，也是无法发现这些欺骗行为的。为此，当纽约州司法部长约翰·贝内特在举行听证会，以罗宾斯案件指责审计人员时，立即遭到审计人员的反驳。他们说：“在司法部长所引证的大部分案子中……所涉及的审计问题，只是人的行为本身的失败，而不是一般所遵循的程序失败。”因此，美国注册会计师协会仍然决定不修改1936年的声明，继续发展公认审计程序。罗宾斯药材公司案件，使审计人员再一次认识到，审计是存在风险的。对这个风险，如是属于企业内部人为造成，则审计人员不应对此负责。审计人员还进一步认识到，建立科学、严格的公认审计程序，使审计工作规范化，能够有效地保护尽责的审计人员免受不必要的法律指责。

(2) 对现行审计程序进行了全面检讨。罗宾斯药材公司案件暴露了当时审计程序的不足：即只重视账册凭证而轻视实物的审核；只重视企业内部的证据而忽视了外部审计证据的取得。在罗宾斯破产案件听证会上，12位专家提供的证词中列举了这两个不足。证券交易委员会根据这个证词，颁布了新的审计程序规则。在规定中，证券交易委员会要求：今后审计人员在审核应收账款时，如应收账款在流动资产中占有较大比例，除了在企业内部要核对有关证据外，还需进一步发函询证，以从外部取得可靠合理的证据。在评价存货时，除了验看有关账单外，还要进行实物盘查。除此之外，还要求审计人员对企业的内部控制制度进行评价，并强调了审计人员对公共利益人员负责。与此同时，美国的注册会计师协会所属的审计程序特别委员会，于1939年5月，颁布了《审计程序的扩大》，对审计程序作了上述几个方面的修改，使它成为公认的审计准则。

总之，罗宾斯药材公司的案件，不但加速了美国公认审计准则的发展，同时，还为建立现代美国审计的基本模式、在评价内部控制制度基础上的抽样审计奠定了基础。为此，罗宾斯药材公司的审计案例，一直成为美国审计理论研究中一个经久不衰的热门话题。

一、审计目标的确定

收入是指企业在销售商品、提供劳务及他人使用本企业资产等日常活动中形成的经济利益的总流入。收入循环则指不断重复的收入过程。销售与收款循环审计的目标主要有以下几个方面：

（1）确认收入的存在或发生。即确定已记录的交易种类在被审计期间内是否实际发生；确定应收账款是否存在。

（2）确认收入的完整性。即确定所有发生的交易业务是否都已入账，记录是否完整；确定应收账款增减变动的记录是否完整。

（3）确认收入的截止。即确定取得收入的交易业务是否在正确的日期入账。

（4）确认应收账款的所有权。即确定应收账款是否归被审计单位所有。

（5）确认收入的正确性。即确定所有交易业务是否均已正确入账；确定应收账款是否可收回，坏账准备的计提是否恰当；确定应收账款年末余额是否正确。

（6）确认收入的表达与披露。即确定所有的经济业务是否在会计报表上适当确认和归类；确定应收账款在会计报表上的披露是否恰当。

二、主营业务收入审计

收入的实质性测试程序一般包括：

（一）获取或编制主营业务收入明细表、其他业务收支明细表，复核其加计是否正确，并与明细账和总账的余额核对相符

（二）进行分析性复核，分析收入业务变动趋势，查明异常波动

注册会计师根据主营业务收入明细表，编制产品销售收入分析表，将本年度销售收入与上年度销售收入进行比较，也可比较本年度各月各种产品销售收入的波动情况，分析其变动趋势是否正常；分析商品销售的结构和价格变动是否正常，并分析异常变动的原因。若存在异常现象和重大波动，应查明原因，以核实企业产品销售收入是否存在漏记、隐瞒或虚记等人为调节的现象。运用分析性复核对获取有关利润表项目的审计证据特别有效，是收入与费用审计中运用较多的方法。因为收入与费用项目的某些指标（如销售成本率）具有相对稳定性，这种内在规律使注册会计师有可能大体上确定收入、费用的有关资料是否值得信赖。

（三）审查收入确认和计量的正确性

按照《企业会计准则》及具体会计制度，销售商品的收入，只有在同时满足以下四个条件时才能确认：企业已将商品所有权上的主要风险和报酬转移给买方；企业既没有保留通常与所有权相联系的继续管理权，也没有对已售出的商品实施控制；与交易相关的经济利益能够流入企业；相关的收入和成本能够可靠地计量。

对于提供劳务，如果在同一会计年度内开始并完成，应在劳务完成时按双方签订的合同或协议的金额确认收入，确认方法可参照商品销售的收入确认原则；如果劳务的开始和

完成分属不同的会计年度，且在资产负债表日能对该交易的结果作出可靠估计的，按完工百分比法确认收入。对于长期合同工程，则按完成合同法或完工百分比法确认收入的实现。

注册会计师审查产品销售收入的确认和计量时，主要采用抽查法、核对法和验算法，通常实施如下步骤：

（1）抽查部分收入业务的原始凭证或其他资料，如一定数量的销售发票、出库单、顾客的支票或汇票等，与产品销售收入明细账相核对，核实已实现的收入是否均已如数入账。

（2）查阅各种收入明细账，抽取部分分录，核对相关的原始凭证、销售合同，以确定所记录的金额是否均属本期内实现的收入。

（3）检查企业的销售发票是否顺序编号，发票本上的存根是否完整，核实有无涂改或“大头小尾”现象，抽取部分发票与产成品明细账、分期收款发出商品明细账以及产品销售收入明细账相核对，检查其发出数量与销售数量是否一致。

（4）查阅已入账的销售收入，并与现金日记账、应收账款明细账、预收账款明细账及有关存货明细账相核对，以确定销售数量、金额和时间是否相符。

（四）审查产品销售收入会计处理的适当性

为了进一步核实企业是否存在少计、虚计收入的行为，注册会计师应对收入的会计处理是否真实、恰当予以审查，其要点包括：

（1）抽查部分销售业务，对记录销售业务的原始凭证、记账凭证、产品销售收入明细账进行全过程的审查，核实其记录、过账、汇总是否正确。

（2）将产品销售收入明细账与总账及其他相关账簿、利润表及其附表相核对，审查是否账账相符、账表相符、表表相符。

（3）审阅结账日前后的销售收入记录，与销售发票、出库单和货运文件相核对，查明有无已记销售收入而销售尚未实现或销售已实现而未记本年销售收入的情况。

（4）检查与产成品账户有关的对应账户记录是否正确，同时检查销售收款凭证，看其账务处理是否正确。在审计中，注册会计师应特别关注产成品明细账的发出栏记录，以发现可能隐含的会计处理错误，主要有：①对应账户为“盈余公积（公益金）”、“在建工程”等，可能是福利部门、在建工程领用产品，如未通过产品销售收入账户，则为漏计收入；②对应账户为“销售费用”、“管理费用”等，可能是将产品作为馈赠礼物；③对应账户为“银行存款”、“现金”、“应收账款”，可能存在价格异常，低估收入；④对应账户为“材料”，可能是以物易物，且互不开具发票，从而少计收入。注册会计师如果发现以上异常对应账户，应进一步审查、核实。

（五）实施产品销售收入的截止测试

为了查明收入记录的截止日期是否正确，防止和纠正收入账户中可能包括的非本期收入事项，以便能正确计算本期净收益，注册会计师应实施产品销售收入的截止测试。在审查中，注册会计师应抽查结账日前后的销售收入与退货记录，与销售发票、出库单和货运文件等进行核对，检查销售业务的会计处理有无跨年度现象，对跨年度的销售记录应提请被审计单位予以调整。

（六）查找未经认可的大额销售

注册会计师应结合应收账款的函证，查明有无未经认可的大额销售。如有，应作出记录，并提请被审计单位作出相应的调整。

（七）审查销售折扣、退回与折让

引起销售折扣、退回与折让的原因不尽相同，其表现形式也不尽一致，但都是对收入的抵减，直接影响产品销售收入的确认和计量。在审计时，注册会计师应根据销售合同的具体规定，审阅有关收入明细账和存货明细账，抽查有关会计凭证，验算核对账证是否相符，如有不符，需进一步分析原因，核实取证。

销售折扣、退回与折让审查中还应特别注意如下几点：检查销售折扣、退回与折让的原因和条件是否真实、合规，有无借折扣、退回与折让之名行转移收入或贪污货款之实的舞弊行为；检查销售折扣、退回与折让的审批手续是否完备、规范，有无内外勾结、越权乱批、擅自实行折让和折扣而转利于关系单位等情况；检查销售折扣、退回与折让的数额计算是否正确，会计处理是否恰当；检查销售退回的商品是否已验收入库并登记入账，有无形成账外物资的情况；销售折让与折扣是否及时足额提交对方，有无虚设中介、转移收入、私设账外“小金库”等情况。

（八）审查外币结算的销售收入

对于外币结算的产品销售收入，注册会计师应审查其折算方法是否正确，是否按规定的汇率将外币销售收入折算为人民币入账，折算方法是否前后各期一致。

（九）确定主营业务收入是否在损益表上恰当披露

注册会计师应审查损益表上的产品销售收入项目的数字是否与审定数相符，销售收入确认所采用的会计政策是否已在会计报表附注中披露。

三、应收账款审计

应收账款的实质性测试程序一般包括：

（一）取得应收账款明细表

审计人员应首先要求会计部门编制应收账款明细表。明细表上应包括客户名称、欠款金额、拖欠时期等内容。由于该明细表是由企业内部自行编制的，因此对其可信性要加以核实。审计人员应对明细表总数进行验算，并将其与应收账款总账进行比较，如果两者金额不一致，则应要求会计部门找出原因。

（二）发函询证应收账款

函证是一个获取和评价审计证据的过程。在这个过程中，注册会计师通常以被审计单位的名义向拥有相关信息的第三方提出书面请求，要求提供影响财务报表认定的特定项目的信息。在得到第三方对有关信息和现存状况的声明后，注册会计师再进行跟进和评价。值得注意的是，函证强调从第三方直接获取有关信息。

1. 函证决策考虑的因素

《中国注册会计师审计准则第 1312 号——函证》第五条规定，注册会计师应当确定是否有必要实施函证以获取认定层次的充分、适当的审计证据。在作出此项决策时，注册会计师应当考虑以下两个因素：

（1）评估的认定层次重大错报风险。《中国注册会计师审计准则第 1211 号——了解被审计单位及其环境并评估重大错报风险》要求注册会计师应当了解被审计单位及其环境，以识别和评估财务报表重大错报风险，设计和实施进一步审计程序。

《中国注册会计师审计准则第 1231 号——针对评估的重大错报风险实施的程序》要求注册会计师应当针对评估的财务报表层次重大错报风险确定总体应对措施，并针对评估的认定层次重大错报风险设计和实施进一步审计程序，以将审计风险降至可接受的低水平。注册会计师实施的进一步审计程序包括控制测试和实质性程序。其中，实质性程序可能包括对某些认定实施函证程序。

（2）实施其他审计程序获取的审计证据如何将检查风险降至可接受的水平。这里的其他审计程序是指除函证程序以外的其他审计程序。例如，对应收账款期末余额的存在性认定，注册会计师可能实施对形成应收账款余额的销售交易和收款交易的细节进行测试，实施实质性分析程序，并根据这些程序的结果确定和实施函证程序，如果实施其他审计程序获取的审计证据能将检查风险降至可接受的水平，注册会计师可不实施函证；如果不能，则注册会计师需要运用函证程序。

《中国注册会计师审计准则第 1312 号——函证》第六条规定，注册会计师应当考虑被审计单位的经营环境、内部控制的有效性、账户或交易的性质、被询证者处理询证函的习惯做法及回函的可能性等，以确定函证的内容、范围、时间和方式。例如，如果被审计单位与应收账款存在性有关的内部控制设计良好并有效运行，注册会计师可适当减少函证的样本量。

2. 不函证的考虑

《中国注册会计师审计准则第 1312 号——函证》第八条规定，除非存在下列两种情形之一，否则注册会计师应当对应收账款实施函证：一是根据审计重要性原则，有充分证据表明应收账款对财务报表不重要。二是注册会计师认为函证很可能无效。如果注册会计师认为被询证者很可能不回函或即使回函也不可信，可不对应收账款实施函证。注册会计师可能基于以前年度的审计经验或者类似工作经验，认为某被询证者的回函率很低或判断回函不可靠，并得出函证很可能无效的结论。如果不对应收账款函证，注册会计师应当在工作底稿中说明理由。

如果认为函证很可能无效，注册会计师应当实施替代审计程序，获取充分、适当的审计证据。针对应收账款存在性认定的替代程序主要包括：

（1）检查期后收款记录。注册会计师通过检查被审计单位客户资产负债表日后付款的记录和凭证，包括银行进账单、汇款证明、银行存款日记账等，能为应收账款的存在性提供部分审计证据。值得注意的是，注册会计师还需收集证据，验证期后收款确实源于资产负债表日已存在的应收账款，而不是源于期后新发生的交易。

（2）检查销售合同、销售发票和发货记录等证明交易确实已经发生的证据。应收账款余额是由销售交易产生的，检查销售合同、销售发票和装运单据等也能为应收账款的存在性提供部分审计证据。但是，注册会计师要特别注意被审计单位内部产生的凭证的可靠性。

3. 函证的范围

《中国注册会计师审计准则第1312号——函证》第十条对函证程序实施的范围作出了规定。如果采用审计抽样的方式确定函证程序的范围，无论采用统计抽样方法，还是非统计抽样方法，选取的样本应当足以代表总体。根据对被审计单位的了解、评估的重大错报风险以及所测试总体的特征等，注册会计师可以确定从总体中选取特定项目进行测试。选取的特定项目可能包括：①金额较大的项目；②账龄较长的项目；③交易频繁但期末余额较小的项目；④重大关联方交易；⑤重大或异常的交易；⑥可能存在争议以及产生重大舞弊或错误的交易。

4. 管理层要求不实施函证时的处理

如果注册会计师拟函证某些账户余额或其他信息，而管理层要求注册会计师不实施函证，注册会计师应当考虑管理层的理由是否恰当并获取审计证据予以支持。如果认为管理层的要求合理，注册会计师应当实施替代审计程序，以获取与这些账户余额或其他信息相关的充分、适当的审计证据。如果认为管理层的要求不合理，且被其阻挠而无法实施函证，注册会计师应当视为审计范围受到限制，并考虑对审计报告可能产生的影响。

在分析管理层要求不实施函证的原因时，注册会计师应当保持职业怀疑态度，并考虑：管理层是否诚信；是否可能存在重大的舞弊或错误；替代审计程序能否提供与这些账户余额或其他信息相关的充分、适当的审计证据。

如果认为管理层的请求可能显示存在舞弊，注册会计师应当遵循《中国注册会计师审计准则第1141号——财务报表审计中对舞弊的考虑》的有关规定。

5. 询证函的设计

注册会计师应当根据特定审计目标设计询证函。在设计询证函时，注册会计师应当考虑所审计的认定以及可能影响函证可靠性的因素。可能影响函证可靠性的因素主要包括：①函证的方式；②以往审计或类似业务的经验；③拟函证信息的性质；④选择被询证者的适当性；⑤被询证者易于回函的信息类型。

注册会计师可采用积极的或消极的函证方式实施函证，也可将两种方式综合使用。如果采用积极的函证方式，注册会计师应当要求被询证者在所有情况下必须回函，确认询证函所列示信息是否正确，或填列询证函要求的信息；如果采用消极的函证方式，注册会计师只要求被询证者仅在不同意询证函列示信息的情况下才予以回函。

积极的函证方式（如表9－6所示）提供的审计证据通常比消极的函证方式提供的审计证据可靠。当同时存在下列情况时，注册会计师可考虑采用消极的函证方式（如表9－7所示）：①重大错报风险评估为低水平；②涉及大量余额较小的账户；③预期不存在大量的错误；④没有理由相信被询证者不认真对待函证。

表9－6　企业询证函（积极式）

编号：

（公司）：

本公司聘请的××会计师（审计）事务所正在对本公司××年度会计报表进行审计，按照中国注册会计师执业准则的要求，应当询证本公司与贵公司的往来账项等事项。下列数据出自本公司账簿记录，如与贵公司记录相符，请在本函下端“信息证明无误”处签章证明；如有不符，请在“信息不符”处列明不符金额。回函请直接寄至××会计师（审计）事务所。

通信地址：

邮政编码：　　　　电话：　　　　传真：　　　　联系人：

1. 本公司与贵公司的往来账项列示如下：

截止日期	贵公司欠	欠贵公司	备注

2. 其他事项。

本函仅作复核账目之用，并非催款结算。若款项在上述日期之后已经付清，仍请及时函复为盼。

（公司盖章）　　　　（日期）

结论：

（1）信息证明无误　　　　（公司盖章）　　　　（日期）

（2）信息不符，请列明不符金额　　　　（公司盖章）　　　　（日期）

表9－7　企业询证函（消极式）

编号：

（公司）：

请贵公司认真核对下列账单金额，如果与贵公司会计记录不符，请将不符事项直接邮寄给××会计师事务所。如无贵公司回函，则表明我公司对贵公司的应收账款记录是正确的。

本函附有贴足邮票并写有××会计师事务所邮寄地址的信封，以供贵公司发现不符时回复之用。

通信地址：

邮编：　　　　电话：　　　　传真：

1. 本公司与贵公司的往来账项列示如下：

截止日期	贵公司欠	欠贵公司	备注

2. 其他事项。

本函仅为复核账目之用，并非催款结算。若款项在上述日期之后已经付清，仍请及时函复为盼。

（公司盖章）　　　　（日期）

信息不符，请列明不符金额　　　　（公司盖章）　　　　（日期）

6. 公司函证的实施与评价

（1）函证实施的过程控制。当实施函证时，注册会计师应当对选择被询证者、设计询证函以及发出和收回询证函保持控制。审计师发出函询证后，必须编制询证函汇总分析表（如表9－8所示），注明被询证顾客名称、金额、询证函签发日期、询证函收回日期、认可金额、原因分析等内容，作为审计工作底稿纳入审计档案。注册会计师应当采取下列措施对函证实施过程进行控制：①将被函证者的名称、地址与被审计单位有关记录进行核对；②将询证函中列示的账户余额或其他信息与被审计单位有关资料进行核对；③在询证函中指明直接向接受审计业务委托的会计师事务所回函；④询证函经被审计单位盖章后，由注册会计师直接发出；⑤将发出询证函的情况形成审计工作记录；⑥将收到的回函形成审计工作记录，并汇总统计函证结果。

表9－8　应收账款询证函汇总分析表

客户××公司　　制表×××　　日期2010年2月19日

结账日2009年12月31日　　复核×××　　日期2010年2月20日

序号	账户编号	顾客名称	账面余额（12/31）	第一次询证函日期	第二次询证函日期	认可日期	认可金额	备注
1	203001	华东机械厂	13 200	2010年1月20日		2010年1月30日	13 200	
2	203012	中华五金厂	8 900	2010年1月20日	2010年2月1日			该欠款已逾期半年，可能已成坏账
……								
19	203143	长城汽车厂	38 600	2010年1月20日	2010年2月1日	2010年2月18日	38 600	
20	203356	宏达化工厂	15 300	2010年1月20日		2010年1月29日	10 300	查核银行存款日记账。顾客已于1月18日汇还5 000元
		合计	76 000				621 000	

如果被函证者以传真、电子邮件等方式回函，注册会计师应当直接接收，并要求被询证者寄出询证函原件。如果采用积极的函证方式实施函证而未能收到回函，注册会计师应当考虑与被询证者联系。如果未能得到被询证者的回应，注册会计师应当实施替代审计程序。替代审计程序应该能够提供实施函证所能够提供的同样效果的审计证据。如果实施函证和替代审计程序都不能提供财务报表有关认定的充分、适当的审计证据，注册会计师应当实施追加的审计程序。

（2）评价审计证据。在评价实施函证和替代审计程序获取的审计证据是否充分、适当时，注册会计师应当考虑：①函证和替代审计程序的可靠性；②不符事项的原因、频率、性质和金额；③实施其他审计程序获取的审计证据。在评价函证的可靠性时，注册会计师应当考虑：①对询证函的设计、发出及收回的控制情况；②被询证者的胜任能力、独立性、授权回函情况、对函证项目的了解及其客观性；③被审计单位施加的限制或回函中的限制。如果有迹象表明收回的询证函不可靠，注册会计师应当实施适当的审计程序予以证实或消除疑虑。

注册会计师应当评价函证及函证以外的审计程序的实施结果是否为所审计的认定提供了充分、适当的审计证据。

（3）对函证不符事项的处理。注册会计师应当考虑不符事项是否构成错报及其对财务报表可能产生的影响，并将结果形成审计工作记录。如果不符事项构成错报，注册会计师应当重新考虑所实施审计程序的性质、时间和范围。函证的结果可能与被审计单位账面资料不一致，产生差异的原因主要有三个方面：一是由于购销双方登记入账的时间不同；二是由于一方或双方记错账；三是其中一方有舞弊行为。

（三）审查未函证应收账款

对于未函证的应收账款，注册会计师应采用相关的审计替代程序，如抽查销售合同、顾客订货单、销售发票及货运文件等有关销售业务的文件，以验证这些应收账款是否真实正确。

（四）取得或编制应收账款账龄分析表，确定应收账款的可实现价值

审计人员应向会计部门索取或自己编制应收账款账龄分析表（见表9－9），除了据以查明应收账款占用的资金数额以外，还要审查应收账款可能收回和不能收回的情况。账龄越长，发生坏账的可能性越大，反之越小，据此确定应收账款的可实现近似价值。对于账龄，超过一定时间的应收账款，一方面要进行催收，另一方面经确认确实无法收回的，应及时作转坏账处理，以便确保资产估价的正确性，并据以促进企业加速资金周转和进行经营决策。

表9－9　应收账款账龄分析表

2009年12月31日

顾客名称	地址	账面余额（12月31日）	账龄天数（根据销售发票日期计算）					备注
			0～30	31～60	61～90	91～120	120以上	
×××公司		7 300	4 500	2 800				
×××公司		1 560			1 560			
×××公司		3 840	3 840					
×××公司		5 210	1 800	2 100	1 310			
×××公司		16 700	9 800	6 900				
×××公司		8 950			6 550		2 400	
总计		43 560	19 940	11 800	9 420		2 400	

（五）检查坏账的确认和处理

首先，注册会计师应检查有无债务人破产或者死亡的，以及破产或以遗产清偿后仍无法收回的，或者债务人长期未履行清偿义务的应收账款。其次，应检查被审计单位坏账的处理是否经授权批准，有关会计处理是否正确。

（六）抽查有无不属于结算业务的债权

不属于结算业务的债权，不应在应收账款中进行核算。因此，注册会计师应抽查应收账款明细账，并追查有关原始凭证，查证被审计单位有无不属于结算业务的债权。如有，应作记录或建议被审计单位作适当调整。

（七）检查外币应收账款的折算

对于用非记账本位币（通常为外币）结算的应收账款，注册会计师应检查被审计单位外币应收账款的增减变动是否按业务发生时的市场汇率或期初市场汇率折合为记账本位币金额，所选折合汇率前后各期是否一致；外币应收账款余额是否按期末市场汇率折合为记账本位币金额；折算差额的会计处理是否正确。

（八）分析应收账款明细账余额

应收账款明细账的余额一般在借方。在分析应收账款明细账余额时，注册会计师如果发现应收账款出现贷方明细余额的情形，就应查明原因，必要时建议作重分类调整。

（九）检查应收账款在资产负债表上是否已恰当披露

如果被审计单位为上市公司，则其会计报表附注通常应披露期初、期末余额的账龄分析，期末欠款金额较大的单位账款，以及持有5%（含5%）以上股份的股东单位账款等情况。

四、坏账准备审计

“坏账准备”是“应收账款”的备抵账户。坏账准备的计提是否适当，直接影响到资产负债表和利润表的正确性。通过验证坏账准备，可验证年末未清偿应收账款的可实现净值。坏账准备的实质性测试程序包括：

（一）核对坏账准备明细账与总账的余额

注册会计师应当核对坏账准备明细账与总账的余额是否相符，如不相符，应查明原因，并作出记录和进行相应调整。

（二）核实应收账款余额计算和复查坏账准备的提取

按照《企业会计准则》的规定，企业只能用备抵法核算坏账损失，计提坏账损失的具体方法由企业自行确定。企业应当列出目录，具体注明计提坏账准备的范围、提取方法、账龄的划分和提取比例，按照管理权限，经股东大会或董事会，或经理（厂长）会议或类似机构批准后，按照法律、行政法规的规定报有关各方备案，并备置于公司所在地，以供投资者查阅。坏账准备提取方法一经确定，不得随意变更。如需变更，仍应按上述程序经批准后报经有关各方备案，并在会计报表附注中说明变更的内容和理由、变更的影响数等。

在确定坏账准备的计提比例时，企业应当根据以往的经验、债务单位的实际财务状况和现金流量的情况，以及其他相关信息合理地估计。除有确凿证据表明该项应收款项不能收回，或收回的可能性不大外（如债务单位撤销、破产、资不抵债、现金流量严重不足、发生严重的自然灾害等导致停产而在短时间内无法偿付债务等，以及应收款项逾期3年以上），当存在下列情况时一般不能全额计提坏账准备：当年发生的应收款项，以及未到期的应收款项；计划进行重组的应收款项；与关联方发生的应收款项；其他已逾期，但无确凿证据证明不能收回的应收款项。

企业持有的未到期应收票据，如有确凿证据证明不能够收回或收回的可能性不大，应将其账面余额转入应收账款，并计提相应的坏账准备。

企业的预付账款如有确凿证据表明其不符合预付账款性质，或者因供货单位破产、撤销等原因已无望再收到所购货物的，应将原计入预付账款的金额转入其他应收款，并计提相应的坏账准备。

（三）根据坏账损失的文件，对照检查坏账损失

注册会计师通过应收账款和坏账损失账户，以及与坏账损失有关文件检查应收账款作为坏账注销的理由是否充分，有无授权批准，有无已作坏账损失处理后又收回的账款及其会计处理是否正确。

（四）审查应收账款明细账及相关原始凭证

通过审查应收账款明细账及相关原始凭证，查找有无资产负债表日后仍未收回的长期挂账应收账款。若有，应提请被审计单位处理。

（五）检查函证结果

通过函证发现例外事项及存在争执的余额时，注册会计师应查明原因，并作记录和相应的调整。

（六）检查坏账准备的借方记录是否与列作坏账损失的账项一致

对于被审计单位在被审期间内发生的坏账损失，注册会计师应检查其原因是否清楚，是否符合有关规定，有无授权批准，有无已作坏账处理后又重新收回的应收款项，相应的会计处理是否正确。对有确凿证据表明确实无法收回的应收款项，如债务单位已撤销、破产、资不抵债、现金流量严重不足等，企业应根据管理权限，经股东大会或董事会，或经理（厂长）办公会或类似机构批准后作为坏账损失，冲销提取的坏账准备。

（七）实施分析性复核

通过计算坏账准备余额占应收账款余额的比率，并和以前年度的相关比率核对，检查分析其重大差异，以发现有重要问题的领域。

（八）确定坏账准备是否在资产负债表上恰当披露

企业应当清晰地说明坏账的确认标准、坏账准备的计提方法和计提比例，并应区分应收账款和其他应收款项目，按账龄披露坏账准备的期末余额。

对于上市公司来说，除按规定披露坏账准备的计提方法之外，还应在会计报表附注中分项披露如下事项：本期全额计提坏账准备，或计提坏账准备的比例较大的（计提比例一般超过40%及以上的，下同），应说明计提的比例以及理由；以前期间已全额计提坏账准备，或计提坏账准备的比例较大的，但在本期又全额或部分收回的，或通过重组等其他方式收回的，应说明其原因、原估计计提比例的理由以及原估计计提比例的合理性；对某些金额较大的应收款项不计提或计提坏账比例较低（一般为5%或低于5%）的理由；本期实际冲销的应收款项及其理由，其中，实际冲销的关联交易产生的应收款项应单独披露。

按照《企业会计准则》的要求，计提资产减值准备的企业应按年填报资产减值准备明细表，因此，检查坏账准备的披露是否恰当，除了关注其在会计报表附注披露上的恰当性以外，还应当关注企业资产减值准备明细表中有关坏账准备内容披露的恰当性。企业期末坏账准备余额应作为应收账款的减项列示在流动资产类下，注册会计师应核定表中坏账准备项目数字是否与审定数一致。

【案例】

注册会计师张雷在审计A公司“应收账款”项目，在审阅应收账款明细账时发现：

（1）加计所有明细账的借方总额和贷方总额，其净额与总分类账项目总额相符。

（2）应收账款项目中有Y单位欠款1 200万元，经查账龄已在3年以上，且了解到Y单位已经法院履行法定程序宣布破产，A公司未及时申请债权权益。

于是，张雷作出以下审计判断和处理：

（1）经过函证应收账款等审计程序确认应收账款的真实性后，提请A公司按项目的借方、贷方进行重分类调整，并将贷方的数额计入会计报表“预收账款”项目。张雷也在审计工作底稿中说明了重分类调整的情况。

张雷之所以这样处理，是因为按现行会计准则规定，应收账款借方账户和贷方账户进行分类列示是不符合要求的。注册会计师在审计应收账款时，必须关注应收账款的贷方余额。

（2）根据《破产法》的有关规定，破产程序终结后，未得到清偿的债权不再清偿。因此，张雷会同A公司落实并取得Y单位确已破产清算的有效法律文件，证实了1 200万元债权已不可能收回后，提请A公司报请董事会或上级主管部门批准处理，这1 200万元作为财产损失处理，不能再作为应收账款反映，相应也要调整会计报表的相关项目。张雷还提出：如果上述处理不能在会计报表审计结束前执行，则应调整会计报表项目数额，将该数额列入“待处理财产损溢”，并且在会计报表附注中说明。张雷考虑在审计报告中提示。

张雷之所以这样处理，是因为应收账款的可收回性直接影响审计年度的损益状况，注册会计师在审计时应关注由于应收账款的不可收回性及其对本年度损益的影响，并提请被审计单位及时作出会计处理。注册会计师也要将此影响在审计工作底稿中充分披露，并考虑如何在审计报告中作适当披露。

五、其他相关项目的审计

在销售与收款循环中，除以上介绍的会计报表项目或会计科目之外，还有应收票据、预收账款、应交税费、其他应付款、营业税金及附加、销售费用等项目。它们的审计目标和实质性测试程序都有具体的内容，但就整个程序来说，都离不开检查、观察、函证、计算和分析性复核等方法的运用。注册会计师在审计时，应视具体审计情况，运用专业判断作合理增删。

（一）应收票据的实质性测试

1. 取得应收票据分析表

审计人员应要求企业编制并提供应收票据分析表，作为应收票据总分类账与明细分类账的明细说明。分析表中应列明出票单位名称、出票日、到期日、金额和利率、交易合同号、承兑人等。审计人员将分析表与有关账户加以核对，验证账账之间、账表之间是否一致。计息的应收票据还应查明计算是否正确。

2. 清点库存应收票据

库存应收票据的清点工作与库存现金的清点工作基本相同，并应同时进行。清点后，应将清点结果填入应收票据清点表，并与应收票据备查簿和应收票据账户进行逐项的核对，以确定其存在性。在清点时，审计人员对应收票据内容填写事项是否齐全、签章有无疑问都要加以注意。对于存放于其他处所的应收票据，如提交银行贴现、交由律师代收的应收票据也应查实。

3. 询证应收票据

应收票据是一种债权凭证，确认其真实价值，需得到出票人或债务人的确认。所以在清点的基础上，必要时应抽取部分票据向出票人进行函证，具体做法与应收账款询证基本相同。

4. 审查对收到商业票据的账务处理

根据内部控制的要求，企业应设立应收票据备查簿，由出纳员以外的专人负责登记。收到票据时，应及时登记备查簿，并由会计人员据以编制记账凭证，借记“应收票据”，贷记“应收账款”或“主营业务收入”科目。审计人员应将备查簿与应收票据账户核对，以检查其所收到的票据是否及时入账。同时，对票据收到后是否及时结转应收账款或及时增加主营业务收入进行检查。

5. 检查应收票据的利息收入是否正确入账

如果注册会计师计算的应计利息金额与账面所列金额不符，则应加以分析，特别要对“财务费用——利息收入”账户中那些与应收票据账户中所列任何票据均不相关的贷方金额加以注意，因为这些贷项可能代表据以收取利息的票据未曾入账。

6. 检查已贴现的应收票据

对于已贴现的应收票据，注册会计师应检查其贴现额与利息额的计算是否正确，会计处理方法是否适当，复核、统计已贴现以及已转让但未到期的应收票据的金额。

7. 检查以非记账本位币结算的应收票据

对以非记账本位币结算的应收票据，应检查其采用的折算汇率和汇兑损益处理的正确性。

8. 检查应收票据在资产负债表上的披露是否恰当

注册会计师应检查被审计单位资产负债表中应收票据项目的数额是否与审定数相符，

是否剔除了已贴现票据。如果被审计单位是一般企业，其已贴现的商业承兑汇票应在报表下端补充资料内的“已贴现的商业承兑汇票”项目中加以反映。如果被审计单位是上市公司，其会计报表附注通常应披露贴现或用作抵押的应收票据的情况和原因说明，以及持有其5%（含5%）以上股份的股东单位的欠款情况。

（二）预收账款的实质性测试

1. 取得预收账款分析表

获取或编制预收账款明细表，复核加计正确，并核对其期末余额合计数与报表数、总账数和明细账合计数是否相符。

2. 审查预收账款账务处理

要求被审计单位协助，在预收账款明细表上标出至审计日止已转销的预收账款，对已转销金额较大的预收账款进行检查，核对记账凭证、仓库发运凭证、销售发票等，并注意这些凭证发生日期的合理性。

3. 检查已实现销售的商品是否及时转销预收账款

抽查与预收账款相关的销售合同、仓库发运凭证、收款凭证，检查已实现销售的商品是否及时转销预收账款，确保预收账款期末余额的正确性和合理性。

4. 函证预收账款

选择预收账款的若干重大项目函证，根据回函情况编制函证结果汇总表。函证测试样本通常应考虑选择大额或账龄较长的项目、关联方项目以及主要客户项目。对于回函金额不符的，应查明原因并作出记录或建议作适当调整；对于未回函的，应再次函证或通过检查资产负债表日后已转销的预收账款是否与仓库发运凭证、销售发票相一致等替代程序，确定其是否真实、正确。

5. 检查长期挂账的预收账款

检查预收账款长期挂账的原因，并作出记录，必要时提请被审计单位予以调整。检查预收账款是否存在借方余额，决定是否建议作重分类调整。

6. 检查以非记账本位币结算的预收货款

对以非记账本位币结算的预收货款，检查其采用的折算汇率和汇兑损益处理的正确性。

7. 检查税法规定应予纳税的预收销售款

对税法规定应予纳税的预收销售款，结合应交税费项目，检查是否及时、足额计缴有关税费。

8. 检查预收货款是否已在资产负债表上作恰当披露

如果被审计单位是上市公司，其会计报表附注通常应披露持有其5%（含5%）以上股份的股东单位的账款情况。

本章小结

（1）销售及收款循环审计主要是对企业主营业务收入项目及其他相关项目的审计。

（2）由于收入减费用等于利润，而利润又是企业一定时期经营成果的最终体现，是计缴所得税和利润分配的基础，因此企业收入是否真实、合法，利润分配是否合法、合规，直接关系到企业管理当局、股东、债权人、企业职工以及政府机构等各方面的利益。因此，销售和收款循环审计是企业会计报表审计的一个重要组成部分，具有十分重要的意义。

关键术语和概念

循环法　审计测试　收入内部控制　收款内部控制　应收账款函证　账龄分析

拓展阅读

中国注册会计师协会．审计．北京：经济科学出版社，2011.
袁小勇，陈郡．审计学．北京：首都经济贸易大学出版社，2007.
殷文玲，高颖．审计案例教程．北京：清华大学出版社，2008.

第十章　采购与付款循环审计

本章学习要点

采购与付款循环是企业主要的业务循环，涉及材料、固定资产等实物资产的购买。注册会计师对这一循环的审计，主要是防止企业低估债务、低估成本费用，从而高估利润，由此尽可能地降低由于采购与付款循环业务而造成财务报表发生重大错报或漏报的审计风险。

通过本章学习，应当掌握以下主要内容：

（1）明确采购与付款循环审计的目标和范围；

（2）掌握在采购与付款循环中可能出现的重大错报风险；

（3）掌握重大错报风险的识别和评估方法；

（4）掌握对采购与付款循环的控制测试方法；

（5）掌握应付账款、固定资产审计的实质性程序。

第一节　审计目标与范围

一、采购与付款循环的审计目标

采购与付款循环的业务主要涉及资产、负债类科目，所影响的财务报表项目最多。因此，审计目标一方面可按管理层财务报表认定推出，一方面可按具体项目制定。

（一）按管理层财务报表认定推出的审计目标

根据采购与付款循环的交易和事项、期末余额和列报相关的认定，注册会计师可确定以下相关审计目标：

1. *存在或发生*

确认已记录的交易是真实的：已记录的应付账款代表企业在资产负债表日所欠的金额；已记录的固定资产代表企业在资产负债表日正在使用的资产；已记录的采购交易代表被审计期间内收到的商品、生产性资产和劳务；已记录的付款交易代表被审计期间内对供应商和债权人的付款。

2. *完整性*

确认已发生的交易确实已经记录：应付账款包括企业在资产负债表日所欠商品和劳务

供应商的所有金额；固定资产余额包括该期间内发生的所有交易和事项的影响；已记录的采购和付款交易包括该期间内发生的所有交易。

3. 权利和义务

确认资产归属被审计单位，负债属于被审计单位的义务：企业在资产负债表日对所有固定资产拥有权利；应付账款是企业在资产负债表日的法律义务。

4. 计价和分摊

资产、负债以恰当的金额包括在财务报表中，与之相关的计价或分摊调整已恰当记录：应付账款列示正确的欠款金额；固定资产以成本减去折旧后的余额正确列示；已记录的费用金额符合会计准则。

5. 分类和可理解性

相关财务信息已被恰当地列报和描述，且披露内容清楚：应付账款和固定资产在资产负债表里的确认和归类适当；使用的折旧方法，资产租赁合同的重要情况，以及作为贷款抵押的固定资产等的披露适当。

（二）按具体审计项目确定的审计目标

1. 应付账款的审计目标

应付账款的审计目标一般包括：确定资产负债表中记录的应付账款是否存在；确定所有应当记录的应付账款是否均已记录；确定资产负债表中记录的应付账款是否为被审计单位应当履行的现时义务；确定应付账款是否以恰当的金额包括在财务报表中，与之相关的计价调整是否已恰当记录；确定应付账款是否已按照企业会计准则的规定在财务报表中作出恰当的列报。

2. 固定资产、累计折旧的审计目标

固定资产、累计折旧的审计目标一般包括：确定资产负债表中记录的固定资产是否存在；确定所有应记录的固定资产、累计折旧是否均已记录；确定记录的固定资产是否由被审计单位拥有或控制；确定固定资产、累计折旧是否以恰当的金额包括在财务报表中，与之相关的计价或分摊是否已恰当记录；确定固定资产原价、累计折旧和固定资产减值准备是否已按照企业会计准则的规定在财务报表中作出恰当列报。

二、采购与付款循环的审计范围

采购与付款循环的审计范围是指采购与付款循环的业务领域及涉及的会计记录和重要的原始凭证。采购与付款交易通常要经过请购——订货——验收——付款这样的程序，在内部控制比较健全的企业，处理这一程序需要使用很多凭证与会计记录。

典型的凭证与会计记录有以下几种：

（一）凭证类

1. 原始凭证类

原始凭证类包括以下有关单证：

（1）请购单。是由仓库、商品制造、资产使用等部门的有关人员填写，送交采购部门，申请购买商品、劳务或其他资产的书面凭证。

（2）订购单。是由采购部门填写，向另一企业购买订单上所指定商品、劳务或其他资产的书面凭证。

（3）验收单，或称验收报告。是收到商品等资产时所编制的凭证，列明从供应商那里收到的商品或资产的种类和数量等。

（4）供应商发票。是由供应商开具交给买方的，载明发运的货物或提供的劳务、应付款金额和付款条件等事项的凭证。

（5）付款凭单。是由采购方企业应付凭单部门编制的，载明已收到商品、资产或所接收劳务的厂商、应付款金额和付款日期的凭证。付款凭单是企业内部记录和偿付负债的授权证明文件。

2. 记账凭证类

记账凭证类主要包括转账记账凭证和付款记账凭证。

（二）主要会计记录类

1. 明细账、序时账类

主要的明细账包括存货明细类和应付账款明细账，序时账则指现金和银行存款日记账。

2. 总账类

主要的总账有："库存商品"、"原材料"、"固定资产"、"工程物资"、"在建工程"、"预付账款"、"应付账款"、"应交税费"、"库存现金"、"银行存款"账户。

3. 涉及的报表项目

在采购与付款循环中，主要的报表项目有："货币资金"、"存货"、"预付账款"、"应付账款"和"应交税费"等项目。

第二节　重大错报风险的识别与评估

要识别和评估采购与付款循环的重大错报风险，首先要熟悉该循环的业务活动。采购与付款循环是由企业从外部采购原材料、商品或固定资产（或接受劳务）和支付款项等活动组成，主要业务有采购交易和付款交易。

一、采购交易的主要活动

企业通常采取以下六项程序处理采购交易，并尽可能地将这些程序指派给不同的部门或人员来完成，使每个员工或部门都可以独立检查一遍其他员工或部门工作的正确性。

1. 请购商品和劳务

对需要购买的已列入存货清单的项目由仓库负责填写请购单，但对需要购买的未列入存货清单的项目，通常由使用部门编制请购单。请购单可由手工或计算机编制，因为请购单可由任何部门开出，故它们很少事先编号，但为加强控制，每张请购单必须经过对这类支出承担预算责任的主管人员签字批准后方能交采购部门。请购单是证明有关采购交易的

"发生"认定的凭据之一，也是采购交易轨迹的起点。

为提高工作效率，大多数企业均对正常经营所需物资的购买作一般授权，如仓库在现有库存达到再订购点时就可直接提出采购申请，其他部门也可为正常的维修工作和类似工作直接申请采购有关物品。但涉及资本支出和租赁合同的采购，或者超过一般授权控制金额的采购，通常需要获得特别授权，只允许指定人员提出请购。

2. 编制订购单

采购部门在收到请购单后，只能对经过批准的请购单发出订购单。对每张订购单，采购部门应确定最佳的供应来源。对一些主要项目，应采取竞价方式来确定供应商，以保证供货的质量、及时性和成本的低廉。

订购单应正确填写所需要的商品和劳务、数量、价格、厂商名称和地址，并应预先编号和经过被授权的采购人员签名。其正联送交供应商，副联则送至企业内部的验收部门、应付凭单部门和开出请购单的部门。为促使验收人员仔细验收商品，最好将送交验收部门的订购单副联中的采购数量涂掉。随后，应独立检查订购单的处理，以确定商品和劳务实际收到并正确入账。这项检查与采购交易的"完整性"认定有关。

3. 验收商品

有效的订购单代表一个公司已授权验收部门接受供应商发来的商品。验收部门应首先核对所收到商品的名称、规格、数量、到货时间等方面是否与订购单上的要求相符，然后再盘点商品并检查商品有无损坏。验收部门应对已收货的每张订购单编制一式多联有预先编号的验收单，作为验收和检验商品的依据。

验收人员将商品送交仓库或其他请购部门时，应取得经过签字的收据，或要求其在验收单的副联上签收，以确立他们对所采购的资产应负的保管责任。验收人员还应将其中的一联验收单送交应付凭单部门和采购部门。

采购部门在接到验收单后，如发现货物的数量或质量不符合订单要求，要及时通知供应商。对于数量的短缺，一般要求供应商补足；对于质量的问题，一般要决定是退货还是要求折让。如果退货，采购部门应编制退货通知单授权运输部门将货物退回，同时将退货通知单副本寄交供应商，运输部门在货物退回后，应通知采购部门和会计部门。采购部门在货物退回后，应编制借项凭单，经主管人员审查后，转交会计部门，用以调整应付账款。如果要求供应商折让，采购部门也应在折让金额确定后，编制借项凭单，通知会计部门调整应付账款。由于退货和折让业务大多是非常规的，因此，应设置专人定期审查有关退货和折让的业务记录及相关凭证，确保退货和折让的合理性、真实性。

验收单是支持资产或费用以及与采购有关负债的"存在或发生"认定的重要凭证。而随后执行定期独立检查验收单的程序以确定每笔采购交易都已编制凭单，则与采购交易的"完整性"认定有关。

4. 储存已验收的商品存货

由独立的部门（如仓库）负责接收验收的货物，并承担保管责任。将已验收商品的保管与采购的其他职责相分离，可减少越权采购和盗用商品的风险。货物入库前，仓储部门应先行点验，然后在验收单副联上签收。签收后，仓储部门应将实际入库货物的数量通知会计部门。仓储部门应为每一种存货填制标签，并根据存货的品质特征分类存放在设有相应安全措施的场所，如存放在加锁的仓储区。这些控制与存货的“存在”认定有关。

5. 编制付款凭单

记录采购交易之前，应付凭单部门应编制凭单。这项程序的控制包括：确定供应商发票的内容同相关的验收单和订购单的一致性；确定供应商发票计算的正确性；编制有预先编号的付款凭单，并附上支持性凭证（订购单、验收单和供应商发票）；独立检查付款凭单计算的正确性；在付款凭单上填入应借记的资产和费用账户名称；由被授权人员在凭单上签字，以示批准照此凭单要求付款。

值得注意的是，为采购交易编制凭单所要求具有的支持性凭证的种类，会随交易对象的不同而不同。如在为某些种类的劳务或租赁资产编制凭单时，还需要具有其他种类的支持性凭证（如合同副本等）。而在其他情况下，如每月固定支付的水电费，只要有账单和供应商发票就可以编制付款凭单，而不需要每月的订购单和验收单。

所有未付凭单的副联应保存在未付凭单部门的未付凭单档案中，以待日后付款。经适当批准和有预先编号的凭单为记录采购交易提供了依据。因此，这些控制与“存在或发生”、“完整性”、“权利和义务”、“计价和分摊”认定有关。

6. 确认与记录负债

正确确认已验收货物和已接受劳务的债务，要求准确、及时地记录负债。应付账款确认与记录的一项重要控制是要求记录现金支出的人员不得经手现金、有价证券和其他资产的记录。在手工系统下，已批准的未付款凭单应连同每日汇总表一起送交会计部门，以编制有关记账凭证和登记有关账簿。会计主管应独立检查会计人员记录的凭单总数与应付凭单部门送来的每日凭单汇总表所列数是否一致。

二、付款交易的主要活动

付款交易中的活动主要包括偿付负债和记录货币资金支出业务，并尽可能由不同的人或部门分别执行。

1. 偿付负债

企业通常由应付凭单部门负责确定在未付凭单到期日偿付负债，并根据具体情况采用合适的结算方式，如支票结算等。

编制和签署支票的有关控制包括：

（1）独立检查已签发支票的总额（通常报告在支票汇总表里）与所处理的那批付款凭单总额的一致性；

（2）应由被授权的财务部门人员负责签署支票；

（3）被授权签署支票的人员应确定每张支票都附有一张已适当批准的未付款凭单，还应确定支票收款人姓名和金额与凭单内容的一致性；

（4）支票一经签署就应在其凭单和支持性凭证上加盖印戳或打洞将其注销，并连同支票的副本归入已付款凭单档案，以免重复付款；

（5）支票签署人应控制支票的邮寄；

（6）不应签发无记名支票甚至空白支票；

（7）应使用预先连续编号的支票，保证支出支票存根的完整性和作废支票处理的恰当性；

（8）应确保只有被授权的人员才能接近空白支票和签字板。

上述控制与支出交易的“发生”、“完整性”以及“计价和分摊”认定有关。

2. 记录现金、银行存款支出

会计人员应根据已签发支票编制付款记账凭证，并据以登记银行存款日记账及其他相关账簿。

记录支出的有关控制包括：会计主管应独立检查记入银行存款日记账和应付款账明细账的一致性，并与财务部门送来的支票汇总表记录核对相符；通过定期比较银行存款日记账的日期与支票副本的日期，独立检查入账的及时性；独立编制银行存款余额调节表。

三、采购与付款循环重大错报风险的识别

从前述内容可看到，采购与付款循环交易比其他几个循环所涉及的项目要多，并且从单个来看该循环影响的这些账户中多数（如存货、固定资产等）可能都很重要。因此，采购与付款循环交易是财务报表发生重大错报风险的主要来源。注册会计师在审计采购与付款循环时，应力求达到一个低的风险水平。

1. 固有风险的影响

以下因素影响和采购与付款循环交易有关的固有风险：①交易量通常很大；②可能发生未授权的采购和现金支出；③已购买的资产可能被侵吞、滥用；④可能出现诸如成本应为资本化还是费用化等会计问题的争论。这些因素可能造成受该循环交易影响的认定有很高的固有风险。

2. 控制风险的影响

要评价采购交易控制风险，应知道有哪些潜在错报，注册会计师应能够识别下列采购与付款循环的违规行为。

（1）典型付款舞弊。付款中的雇员舞弊的典型形式涉及欺诈性的支持性单据的准备，如可被用来获取批准的支票。因为这类舞弊在完成前需要认真的计划，涉及的蒙蔽也很复杂。一些这类舞弊还需要以一个虚假名称的公司开立邮箱和银行账户。只要作恶者不是特别贪婪，这类舞弊中的高明做法实际上不可能被内部审计师或注册会计师检查出来。如果收到的货物和劳务与付款的货物和劳务的差额很大，会计测试就可能显示出这种舞弊。这种舞弊也是注册会计师调查具有不正常或不熟悉名称的供应商的原因之一。

（2）回扣。负责采购的人员可能与卖方协定，从采购的货物和劳务中获取回扣。因为是串通合谋，可以认为注册会计师无责任发现回扣。但是，许多注册会计师会比较同类项目的单价与从卖方采购的项目单价的差别，以此来考虑收受回扣的可能性。

（3）非法行为。注册会计师最可能审计出存在问题业务的地方是对支出业务的检查。问题业务是指暗含行贿、非法政治捐赠或引起注册会计师注意的其他支付业务。最可能的业务类型是销售和管理费用。例如，销售佣金可能是获得交易的贿赂费。注册会计师不会为检查非法行为而计划审计程序，但一定要保持对这类行为可能性的关注。

（4）未批准的管理人员额外收入。个人使用企业资产是不合适的，除非使用已经过批准，且被认为是管理人员津贴的一部分。在上市公司，证券交易委员会要求公布管理当局

领取的收入。对私人公司，因为考虑到税收申报准备和税务负债的意义，注册会计师仍要关心此行为。

（5）挪用。“挪用”一词被用来形容通过利用浮动期间来掩盖、膨胀现金余额的做法。现金从一个账户转移到另一个账户和现金收款（存款）在审计当期被记录，但是支出（划款）的记录一直拖延到下期。在浮动期间，同一笔钱的转移会在银行两方余额中显示。雇员隐藏现金短缺或管理当局提高财务状况时会使用这种舞弊方法。

四、采购与付款循环重大错报风险的评估

在实施控制测试和实质性程序之前，注册会计师需要了解被审计单位采购与付款循环的内部控制设计、执行情况，评估认定层次的财务报表重大错报风险，并对被审计单位特殊的交易活动和可能影响财务报表真实反映的事项保持职业怀疑态度。

一般来说，影响采购与付款循环的重大错报风险可能包括以下十方面的情况：

（1）管理层错报费用支出的偏好与动因。管理层可能为了完成预算、满足业绩考核等种种原因而错报支出。常见的情况可能有：①把通常应当及时计入损益的费用资本化，然后通过资产的逐步摊销予以消化。这对增加当年的利润和留存收益都将产生影响；②通过多计准备或少计负债和准备，把损益控制在管理层希望的程度；③通过复杂的税务安排推延或隐瞒所得税和增值税；④把私人费用计入企业费用，将企业资金作为私人资金运作。

（2）费用支出的复杂性。如果以复杂的交易安排购买一定期间的多种服务，管理层有可能对涉及的服务受益与付款安排所涉及的复杂性缺乏足够的了解，导致费用支出分配或计提的错误。

（3）管理层凌驾于控制之上和员工舞弊的风险。常见的情况有：①通过第三方串通，把私人费用计入企业费用支出；②有意无意地重复付款。

（4）采用不正确的费用支出截止期。常见的情况有：①将本期采购收到的商品计入下一会计期间；②将下一会计期间采购的商品提前计入本期；③未及时计提尚未付款的已经购买的服务支出。

（5）低估准备和应付账款。在承受反映较高盈利水平和营运资本的压力下，管理层往往试图低估对存货、应收账款应计提的减值准备和低估应付账款。

（6）不正确地记录外币交易。常见的情况有：①在进口用于出售的商品时，采取不恰当的外币汇率而导致采购记录出现差错；②对运费、保险费和关税等与存货相关的进口费用未能正确分摊。

（7）舞弊和盗窃的固有风险。常见的情况有：①在经营大型零售业务时，有可能因采购的商品或固定资产的数量及支付的款项庞大，交易复杂，造成商品发运差错，员工和客户发生舞弊和盗窃的风险较高；②负责付款的会计人员如果有权接触应付账款主文档，擅自添加新的账户进行虚构采购交易的风险也会增加。

（8）存货的采购成本没有按照适当的计量属性确认，导致存货成本与销售成本的核算不正确。

（9）存在未记录的权利与义务，导致资产负债表分类错误以及财务报表附注不正确或披露不充分。

（10）计算机环境下对控制活动有效性和适用性的考虑。需要关注的情况有：①遗失连续编号的验收单，这表明采购交易可能未入账；②出现重复的验收单或发票；③供应商发票与验收单不符；④供应商名称及代码与供应商文档信息中的名称及代码不符；⑤在处理供应商发票时出现计算错误；⑥采购或验收的商品的存货代码无效；⑦处理采购或付款的会计期间出现差错；⑧通过电子货币转账系统把货款转入非供应商支付文档指定的银行账户。

总之，当被审计单位管理层具有高估利润的动机时，注册会计师应当主要关注费用支出和应付账款的低估。重大错报风险常常集中体现在遗漏交易，采用不正确的费用支出截止期，以及错误划分资本性支出和费用性支出。这些将对“完整性”、“截止”、“存在或发生”、“准确性”和“分类”认定产生影响。

为评估重大错报风险，注册会计师应详细了解有关交易或付款的内部控制，这些控制主要是为预防、检查和纠正重大错报的固有风险而设置的。注册会计师可以通过审阅以前年度审计工作底稿、观察内部控制执行情况、询问管理层和员工、检查相关文件和资料等方法加以了解。充分了解采购与付款循环的控制活动，目的在于使计划实施的审计程序更加有效。

第三节　采购与付款循环的内部控制测试

要对采购与付款循环进行控制测试，首先要了解采购与付款循环的内部控制的建立和执行情况。

一、采购与付款循环的内部控制

采购与付款循环的内部控制应建立在前面所述的主要业务活动中，虽然每个企业都有自身的具体情况，但仍具有一些共同的内容，如表 10－1 所示。

表 10－1　采购与付款业务的控制目标、关键内部控制和测试一览表

内部控制目标	关键的内部控制	常用的内部控制测试	常用的交易实质性程序
所记录的采购都确已收到商品或已接受劳务（存在）	请购单、订购单、验收单和卖方发票一应俱全，并附在付款凭单后。 采购按适当级别批准。 注销凭证以防止重复使用。 对卖方发票、验收单、订货单和请购单作内部核查。	查验付款凭单后是否附有完整的相关单据。 检查核准采购标志。 检查注销凭证的标志。 检查内部核查的标志。	复核采购明细账、总账及应付账款明细账，注意是否有大额或不正常的金额。 检查卖方发票、验收单、订购单和请购单的合理性和真实性。 追查存货的采购至存货的永续盘存记录。 检查取得的固定资产。

（续上表）

内部控制目标	关键的内部控制	常用的内部控制测试	常用的交易实质性程序
已发生的采购交易均已记录（完整性）	订购单均经事先连续编号并将已完成的采购登记入账。 验收单均经事先连续编号并已登记入账。 应付凭单均经事先连续编号并已登记入账。	检查订购单连续编号的完整性。 检查验收单连续编号的完整性。 检查应付凭单连续编号的完整性。	从验收单追查至采购明细账。 从卖方发票追查至采购明细账。
所记录的采购交易估价正确（准确性、计价和分摊）	对计算准确性进行内部核查。 采购价格和折扣的批准。	审核内部核查标记。 审核批准采购价格和折扣的标记。	将采购明细账中记录的交易同卖方发票、验收单和其他证明文件比较。 复算包括折扣和运费在内的卖方发票填写金额的准确性。
采购交易的分类正确（分类）	采用适当的会计科目表。 分类的内部核查。	检查工作手册和会计科目表。 检查有关凭证上内部核查的标记。	参照卖方发票，比较会计科目表上的分类。
采购交易按正确的日期记录（截止）	要求收到商品或接受劳务后及时记录采购交易。 内部核查。	检查工作手册并观察有无未记录的卖方发票存在。 检查内部核查的标记。	将验收单和卖方发票上的日期与采购明细账中的日期进行比较。
采购交易被正确记入应付账款和存货等明细账中，并正确汇总（准确性、计价和分摊）	应付账款明细账内容的内部核查。	检查内部核查的标记。	通过加计采购明细账，追查过入采购总账和应付账款、存货明细账的数额是否准确，用以测试过账和汇总的准确性。

（续上表）

内部控制目标	关键的内部控制	常用的内部控制测试	常用的交易实质性程序
付款交易被正确计入银行存款及相关账户（准确性）	按照货币资金内部控制规定办理付款。 对采购发票、结算凭证、验收单等相关凭证的真实性、完整性、合法性及合规性进行审核。 建立预付账款和定金的授权批准制度。 专人管理应付账款和应付票据。 建立退货制度，对退货条件、退货手续、货物出库、退货货款回收等明确规定。 建立定期与供应商核对往来款项的制度。	检查付款凭证是否附上相关单证。 检查付款凭证是否经由会计主管复核和审批。 检查款项支付是否得到适当人员的复核与审批。	实施付款截止测试。 实施余额的细节测试。

表10－1内容的列示，目的在于为注册会计师根据具体审计情况和审计条件设计能够实现审计目标的审计方案提供参考。它既不完整，也并不意味着审计实务中必须按此顺序与方法一成不变。也正由于被审计单位的复杂多样，使得有关采购与付款循环的内部控制测试和交易的实质性程序等内容，都只是从定性而非定量的角度进行阐述。在具体审计时，注册会计师应当结合被审计单位情况，运用职业判断和审计抽样技术来合理确定审计测试的样本量。

在审计实务工作中，注册会计师应根据表10－1所列示内容的精神实质，充分考虑被审计单位的具体情况和审计质量、审计成本效益原则，将其转换为更实用高效的审计方案。同时，在制定审计方案时，应当检查企业在采购与付款循环中，是否建立岗位责任制，明确相关部门和岗位的职责、权限，确保办理采购与付款交易的不相容岗位相互分离、制约和监督。

二、采购与付款循环控制测试的程序与内容

（一）了解采购与付款循环的内部控制

注册会计师在审计采购与付款循环时，必须对内部控制的五要素都取得了解，才能对企业采购与付款循环的内部控制进行评价。

1. 了解控制环境

主要了解三个方面的问题：

（1）被审计单位采购与付款循环活动的组织结构。注册会计师可通过询问管理层和研

究组织范围来取得对这方面的了解。在了解中，应弄清：采购、验收、仓储活动是否在经营副总裁的领导下进行？会计活动是否在控制长的领导下进行？付款活动是否在财务长或财务副总裁的领导下进行？

（2）了解被审计单位采购与付款循环应用的管理控制方法。被审计单位通常采用预算的方式对采购与付款循环进行管理控制。很多企业为现金、营业费用及资本支出都编制了预算。如果管理层采用了适当的方法编制预算、比较实际业绩与计划业绩、向适当层次的管理人员报告差异，并对差异及时采取适当的更正行动，那么可大大降低采购与付款循环活动的控制风险。

（3）了解被审计单位的采购与付款循环的既定人事政策。被审计单位应执行严格有效的人事政策，以确保只有具备正直品行和胜任能力的人员才能从事采购和付款交易。如采购人员可能直接与供应商会面，并参加价格、质量及条件的谈判，这些人员经常会遇到供应商的种种利诱。在这种情况下，缺少正直品质的采购人员可能会收受供应商的佣金，把订单送给使采购人员得了好处的供应商。同样，验收和仓储人员的不诚实，将导致其在处理和保管所收到的商品过程中舞弊。选择合格和值得信赖的人员担任凭单编制和货款支付工作同样也很重要。在实务中，不少企业都采取为有权签署支票的人员、备用金的保管人员和仓储人员投保的办法，以减少不诚实人员舞弊所造成的损失。

2. 了解风险评估

注册会计师要取得管理层对企业的经营风险、财务风险所作的分析报告，并通过观察、询问等方法了解企业内部控制存在的固有风险和控制风险。

3. 了解控制活动

内部控制的五种控制程序（适当授权、责任分工、凭证和记录、接触控制以及独立检查）均适用于采购与付款循环。

4. 了解信息与沟通

对信息与沟通主要应了解两个方面的问题：一是了解数据处理方法，二是了解处理采购与付款循环交易所涉及的主要凭证和记录。注册会计师可以通过查阅有关会计手册和系统流程图、询问会计人员和其他与处理这些交易有关的人员，以及根据以前与被审计单位交往的经验，来取得对会计信息与沟通系统的了解。

5. 了解监督

监督活动是管理层持续或定期评价企业内部控制的执行质量所作的监控。注册会计师应了解企业是否有对采购与付款循环的内部控制和风险管理进行有效的监控。

（二）记录对内部控制的了解

注册会计师主要凭借以往与被审计单位交往的经验，并通过运用询问、观察和审查凭证等程序，来取得对被审计单位采购与付款循环控制程序的了解。如注册会计师可询问批准订购单所遵循的程序，观察验收程序，审查应付凭单部门的凭单和支持性凭证等。

同审计其他交易一样，使用问卷也有助于注册会计师了解和记录处理采购与付款循环的有关控制。问卷示范性问题如表 10 – 2 所示。此外，如果被审计单位没有系统流程图可供审查并复制作为工作底稿，那么，注册会计师也可自行编制系统流程图。

表 10－2　采购与付款循环内部控制问卷问题举例表

主要业务活动	问题举例
1. 请购商品和劳务	（1）是否已建立请购的一般和特殊授权程序？ （2）是否对所有请购的商品和劳务编制请购单？
2. 编制订购单	（1）每一张订购单是否都要求有一张已批准的订购单？ （2）是否使用有预先编号的订购单并加以控制？
3. 验收货物	（1）送交验收部门的订购单副联是否已涂掉采购数量？ （2）验收时是否盘点和检查商品并与有关订购单核对？ （3）所编制的验收单是否预先编号？ （4）验收部门将商品送交仓库或其他请购部门，是否取得对方签章的证据？
4. 储存已验收商品存货	（1）商品是否存放在加锁的地方，并限制接近？ （2）是否设有保安人员守卫仓库存货？
5. 编制付款凭单	（1）编制凭单时，是否将凭单同订购单、验收单和供应商发票相配合？ （2）是否独立检查供应商发票和凭单计算的正确性？ （3）凭单是否经过被授权的人员批准？
6. 记录负债	（1）是否编制每日凭单汇总表，并将其与有关记账凭证上记录的金额比较？ （2）是否对有关记账凭证中的分录进行独立检查，以确定账户分类的适当性和入账的及时性？ （3）是否定期独立检查未付凭单档案内凭单金额合计与应付账款总账的一致性？
7. 偿付负债	（1）所有支出是否都以支票付款？ （2）支票签署人是否验证每张支票均有已批准的凭单和支持性凭证？ （3）凭单和支持性凭证是否在支票签署后盖章注销？ （4）支票签署人是否控制支票的寄出？ （5）是否禁止签发无记名支票和空白支票？ （6）是否只限于被授权人员才能接近空白支票和签字板？
8. 记录银行存款支出	（1）执行和记录银行存款支出交易的职责是否执行分离？ （2）是否独立检查账簿记录的金额与每日支票汇总表的一致性？ （3）是否定期独立编制银行存款余额调节表？ （4）支票是否及时入账？

（三）对采购与付款循环控制测试的评估

通过以上的测试程序，注册会计师将会对采购与付款循环的内部控制有通盘的了解，并掌握采购与付款循环内部控制的弱点和强处，此时可根据测试的结果对采购与付款循环的内部控制进行适当的评价，在此基础上设计并实施进一步审计程序。

第四节　采购与付款循环的实质性程序

采购与付款循环所涉及的账户很多，其中重要的是存货、固定资产和应付账款，采购与付款循环的实质性程序就是针对这些重要账户的余额进行的，其中存货将在生产与存货循环一章具体介绍，本节重点讲述应付账款和固定资产的实质性程序。

一、应付账款审计

对应付账款执行实质性程序时，首先应确定应付账款的财务报表认定，然后再执行具体程序。这些认定除了“权利和义务”认定只与义务相关之外，其余都与资产的认定相同。表 10－3 列示了对应付账款可能执行的实质性程序和每项测试所涉及的认定。

表 10－3　应付账款认定及实质性程序一览表

实质性程序	认定				
	存在	完整性	权利和义务	计价和分摊	分类和可理解性
1. 验证明细表的正确性及其与应付账款余额的一致性				√	
2. 执行分析程序	√	√		√	
3. 核证已记录的应付账款的支持性凭证	√		√	√	
4. 函证应付账款	√	√	√	√	
5. 执行采购截止测试	√	√			
6. 审查期后付款	√	√	√	√	
7. 寻找未入账的应付账款	√	√	√	√	
8. 将报表表达与会计准则相比较					√

（一）验证明细表的正确性及其与应付账款余额的一致性

对应付账款执行实质性程序的起点是对特定债权人欠款的明细表。该明细表通常由被审计单位根据未付凭单档案里的资料编制而成。注册会计师应通过重新加总该明细表，并将其合计数与总账余额核对，以验证明细表计算的正确性。另外，注册会计师还应有选择地将明细表的一些余额同未付凭单档案里的有关余额进行核对。

（二）执行分析程序

根据被审计单位实际情况，选择以下方法对应付账款执行分析程序：

（1）将期末应付账款余额与期初余额进行比较，分析其波动原因；

（2）分析长期挂账的应付账款，要求被审计单位作出解释，判断被审计单位是否缺乏偿债能力或利用应付账款隐瞒利润；

（3）计算应付账款对存货的比率、应付账款对流动负债的比率，并与以前期间进行对比分析，评价应付账款整体的合理性；

（4）分析存货和主营业务成本的增减变动，判断应付账款增减变动的合理性。

分析程序与“存在”、“完整性”及“计价和分摊”三项认定有关。

（三）核证已记录的应付账款的支持性凭证

在这项实质性程序中，注册会计师应核对被审计单位明细表里的应付账款的支持性凭证。这些支持债权人对资产的有效求偿权的凭证包括订购单、验收单和供应商发票。另外，注册会计师也可以审查由债权人寄给被审计单位的每月对账单。

这项测试为“存在”、“权利和义务”及“计价和分摊”三项认定提供证据。但凭证并不能为“完整性”认定提供任何证据，因为这项测试是以已记账的应付账款为基础的，其主要目的在于发现会计记录的高估。

（四）函证应付账款

与应收账款函证不同，对应付账款不强制要求执行函证审计程序。这是因为：①函证并不能保证查出未入账的应付账款；②可用发票和供应商每月对账单等外部凭证来证实余额。但如果控制风险较高，个别债权人余额比较大，以及被审计单位正面临债务危机，则注册会计师应对应付账款进行函证。

进行函证时，注册会计师应选择较大金额的债权人，在资产负债表日金额不大、甚至为零，但为企业重要供货人的债权人，以及那些与被审计单位发生关联方交易的债权人，作为函证对象。函证最好采用积极式，并具体说明应付金额。同应收账款的函证一样，注册会计师必须对函证的过程进行控制，要求债权人直接回函，并根据回函情况编制与分析函证结果汇总表，对未回函的，应考虑是否再次函证。

如果存在未回函的重大项目，注册会计师应采用替代审计程序。比如，可以检查决算日后应付账款明细账及现金和银行存款日记账，核实其是否已支付，同时检查该笔债务的相关凭证资料，如合同、发票、验收单等，核实应付账款的真实性。

（五）执行采购截止测试

执行采购截止测试是为了取得在资产负债表日的在途存货已记入适当会计期间的证据。在途存货如果是采用 FOB 起运点交货方式，那么买方应在商品发出所在的期间，记录进货和应付账款。相反，在途存货如果采用的是 FOB 目的地交货方式，那么买方在实际收到商品之前，不能记录这笔赊购交易。

采购的截止期间一般包括资产负债表日之前和之后的 5 ~ 7 天。在这几天的时间里注册会计师应获取年末采购已作适当记录的证据。这项截止测试包括：①追查验收单至有关的记账凭证和账簿里的分录；②核证已记录的分录有关的支持性凭证。这项测试应包含由被审计单位分公司和分部及附属公司发运给被审计单位的在途存货。

这项实质性程序可提供有关应付账款“存在”和“完整性”认定的证据。

（六）审查期后付款

审查期后付款同审查报表日后收到顾客的欠款相类似。这项测试应安排在外勤工作接近尾声时进行，以增加取得报表日未入账应付账款的证据的机会。审查期后付款可以追查报表日后的已付凭单或已签发的支票至资产负债表日的应付账款明细表。这项追查有助于注册会计师查出以下事项：①明显同应付账款明细表或同报表日后发生的负债有关的大额支出；②同前一期间有关但未列入应付账款明细表的大额支出；③明细表已列示但仍未支付的大额应付账款。

注册会计师应对后两项进行调查。支付明细表没有列出的款项，可能说明有未入账的负债。未付款项目还可能是因为争议项目、凭单放错、交易记录错误或未到付款期所造成的。

审查期后付款不仅是“完整性”认定的一项重要测试，而且还可提供有关“存在”、“权利和义务”和“计价和分摊”认定的证据。

（七）查找未入账的应付账款

为了防止企业低估负债，注册会计师应检查被审计单位有无故意漏记应付账款行为。注册会计师应作如下检查：①检查债务形成的相关原始凭证，如供应商发票、验收单或入库单等，查找有无未及时入账的应付账款，确认应付账款期末余额的完整性；②针对资产负债表日后付款项目，检查银行对账单及有关付款凭证，询问有关知情人员，查找有无未及时入账的应付账款；③检查资产负债表日后应付账款明细账贷方发生额的相应凭证，关注其购货发票的日期，确认其入账时间是否正确；④结合存货监盘程序，检查在资产负债表日前后的存货入库资料，检查是否有大额货到单未到的情况，确认相关负债已计入正确的会计期间；⑤询问被审计单位的会计和采购人员，查阅资本预算、工作通知单和基建合同以查找未入账的应付账款。

如果注册会计师通过这些审计程序发现了某些未入账的应付账款，应将有关情况详细记入审计工作底稿，然后根据其重要性确定是否建议被审计单位进行相应的调整。

这项测试直接影响“完整性”认定，同时还可为“存在”、“权利和义务”及“计价和分摊”认定提供证据。

（八）检查应付账款是否按照企业会计准则的规定在财务报表中作出恰当列报

应付账款应在资产负债表上适当确认和归类为一项流动负债。假如应付账款余额中包含了对未来商品和劳务的重要预付款，那么应将这部分金额列为预付账款，而归类为流动资产之下。如果被审计单位为上市公司，则在其财务报表附注中通常还应披露所欠持有5%及以上表决股份的股东单位账款的情况；说明账龄超过3年的大额应付账款未偿还的原因，并在期后事项中反映资产负债表日后是否偿还。

二、固定资产和累计折旧审计

在固定资产和累计折旧审计中，注册会计师初次审计某一被审计单位时所执行的实质性程序的范围，一般比再度审计该被审计单位时需要执行的测试范围要大得多。对于初次审计固定资产项目，注册会计师必须对目前使用中的固定资产主要组成项目的余额和所有权进行调查。有关初次审计被审计单位的期初余额资料，通常应汇总保存在注册会计师的永久性工作底稿档案中。

对再度审计的被审计单位，由于期初余额已在上一年度的审计中验证，注册会计师应着眼于审计本年度的交易。在验证本年度固定资产增添和处理的详细情况下，注册会计师可以高度信赖凭证证据。在验证累计折旧时，则可高度信赖数据证据。对固定资产不需要像应收账款那样，执行既费时又昂贵的函证程序。另外，注册会计师在安排固定资产测试的时间时，有很大的灵活性。对固定资产，并不要求在资产负债表日或接近资产负债表日执行测试。表 10 - 4 列示了对固定资产余额可能执行的实质性程序及相关的认定。

表 10 - 4　固定资产认定及实质性程序一览表

实质性程序	认定				
	存在	完整性	权利和义务	计价和分摊	分类和可理解性
1. 验证固定资产、累计折旧明细表的正确性及其与固定资产、累计折旧明细账余额与总账余额的一致性				√	
2. 执行分析程序	√	√		√	
3. 检查固定资产的增加	√		√	√	
4. 检查固定资产的减少	√		√	√	
5. 检查固定资产的所有权或控制权	√		√		√
6. 检查应计入固定资产的借款费用		√		√	√
7. 检查累计折旧	√	√		√	√
8. 检查固定资产、累计折旧是否在资产负债表上恰当披露					√

（一）验证固定资产、累计折旧明细表的正确性及其与固定资产、累计折旧明细账与总账余额的一致性

在执行固定资产审计方案的所有其他步骤之前，注册会计师应首先测试固定资产明细表计算的正确性，并验证它同固定资产明细账总额和总账余额是否相符。还请注意，注册会计师应将本期的期初余额与上期工作底稿上的期末余额进行比较，以确定被审计单位是否已将注册会计师在上次审计结束时所建议的调整事项入账。

这项测试与“计价和分摊”认定有关。表10－5列示了注册会计师审计固定资产和累计折旧时所用的导引表工作底稿。

表10－5　固定资产和累计折旧导引表工作底稿

固定资产和累计折旧导引表

被审计单位名称：V公司　　W/P索引号：M

资产负债表日：2010.12.31　　编制人：Gfe　日期：2011.02.05

复核人：Xjw　日期：2011.02.10

单位：万元

底稿索引	账户名称	固定资产					累计折旧				
		初余期额	增加	减少	调整借（贷）	期末余额	期初余额	增加	减少	调整借（贷）	期末余额
	办公设备	68 N				68	13.6	6.8			20.4
	房屋	450 N				450	187	25			212
	机器设备	980 N	65	72		973	362	56	72		346
	运输设备	125 N				125	34	12.5		＊30	76.5
	合计	1 623	65	72		1 616	596.6	100.3	72		654.9
		FF T/B	F	F		FF T/B	FF T/B	F	F		FF T/B

N——追查至总账和10.12.31工作底稿

F——竖加无误

FF——横加、竖加无误

＊表中调整分录为第12笔调整分录，如下所示：

借：累计折旧——运输设备　300 000

　贷：销售费用　300 000

（二）执行分析程序

根据被审计单位的性质，选择以下方法对固定资产实施分析程序是有必要的：

（1）计算固定资产产值率、固定资产周转率、固定资产报酬率，并与以前各期比较，可能发现闲置固定资产或已减少固定资产未在账户上注销的问题。

（2）计算固定资产磨损率和本期平均折旧率，并与上期比较，可能发现本期折旧额在计算和账务处理方面的错误。

（3）比较本期各月之间，本期与以前各期之间的修理及维护费用，旨在发现资本性支出和收益性支出区分上可能存在的错误。如修理费用和销售净额之比下降很大，则可能说明某些修理支出未入账，或已被错误地资本化。

（4）比较本期与以前各期的固定资产增加率。由于被审计单位的生产经营情况在不断地变化，各期之间固定资产增加和减少的数额可能相差很大。注册会计师应当深入分析其差异，并根据被审计单位以往和今后的生产经营趋势判断差异产生的原因是否合理。

（5）分析固定资产的构成及其增减变动情况，与在建工程、现金流量表、生产能力等相关信息交叉复核，检查固定资产金额的合理性与准确性。

通过上述分析程序将这些比率同其他资料相比，如果显示的是正常或预计的结果，那么注册会计师便取得了固定资产账户余额“存在”、“完整性”及“计价和分摊”认定的佐证证据。但是，如比较后显示的是不正常的结果，注册会计师应作进一步调查。

（三）检查固定资产的增加

所有重要固定资产的增加，都应有董事会会议记录里的授权条文、付款凭单、供应商发票、合同和已付款支票等支持性凭证。注册会计师可通过分析固定资产账户、审查固定资产明细表、复核董事会会议记录和询问管理当局来获得资产增加的信息。应采取实地检查的方式核证固定资产的存在。

在执行这项测试时，注册会计师必须查清安装费、运费及其他类似的成本是否都已作了适当的会计处理。对在建工程而言，注册会计师可通过复核其合同和有关工程成本的凭证来收集证据。

对于融资租赁方式取得的固定资产，要获取相关证明文件。该项资产的成本和相关负债应按未来最小租金支付额的现值入账。注册会计师通过重新计算，来验证被审计单位所确定的租赁负债现值的正确性。

对于在建工程转入的固定资产，应检查竣工决算、验收和移交报告是否正确，与在建工程相关的记录是否核对相符，借款费用资本化金额是否恰当；对已经在用或已经达到预定可使用状态但尚未办理竣工决算的固定资产，检查其是否已经按暂估价入账，并按规定计提折旧；竣工决算完成后，是否及时调整。

对于投资者投入的固定资产，应检查其入账价值与投资合同中关于固定资产作价的规定是否一致，确认的公允价值是否公允，需经评估确认的是否有评估报告并经国有资产管理部门等确认；固定资产交接手续是否齐全。

对于更新改造增加的固定资产，应查明增加的固定资产原值是否真实；重新确定的剩余折旧年限是否恰当。对于因债务人抵债而获得的固定资产，应检查产权过户手续是否齐备，固定资产计价及确认的损益是否符合相关会计制度的规定。对于以非货币性资产交换换入的固定资产，应检查是否按换出资产的账面价值加上应支付的相关税费作为入账价值。若涉及补价的，换入固定资产的入账价值是否符合相关会计制度的规定。

对于因其他原因增加的，应检查相关的原始凭证，核对其计价及会计处理是否正确，法律手续是否齐全。

（四）检查固定资产的减少

固定资产的减少主要包括出售、向其他单位投资转出、向债权人抵债转出、报废、毁损、盘亏等。有的被审计单位在全面清查固定资产时，常常会出现固定资产账存实亡的现象，这可能是由于固定资产管理或使用部门不了解报废固定资产与会计核算两者间的关系，擅自报废固定资产而未及时通知财务部门在会计账户上作相应的核算所致，这样势必造成财务报表反映失真。

审计固定资产减少的主要目的就在于查明业已减少的固定资产是否已作适当的会计处理。其审计要点如下：检查出售、盘亏、转让、报废或毁损的固定资产是否经授权批准，会计处理是否正确；结合固定资产清理和待处理固定资产净损失科目，抽查固定资产账面转销额是否正确；检查因修理、更新改造而停止使用的固定资产的会计处理是否正确；检查投资转出固定资产的会计处理是否正确；检查债务重组或非货币性资产交换转出固定资产的会计处理是否正确；检查转出的投资性房地产的账面价值及会计处理是否正确。

（五）检查固定资产的所有权或控制权

对各类固定资产，应获取、收集不同的证据以确定其是否归被审计单位所有：对外购的机器设备等固定资产，通常通过审核采购发票、采购合同等予以确定；对于房地产类固定资产，需查阅有关的合同、产权证明、财产税单、抵押借款的还款凭据、保险单等书面文件；对融资租入的固定资产，应验证有关融资租赁合同，证实是非经营租赁；对汽车等运输设备，应验证有关的运营证件等；对受留置权限制的固定资产，通常还应对被审计单位有关的负债项目等予以证实。

审查所有权文件与固定资产的“存在”、“权利和义务”以及“分类和可理解性”认定有关。

（六）检查应计入固定资产的借款费用

注册会计师应根据企业会计准则的规定，结合长短期借款、应付债券或长期应付款的审计，检查借款费用，包括借款利息、溢折价摊销、汇兑差额、辅助费用等资本化的计算方法和资本化金额，以及会计处理是否正确。

由于这项检查很可能发现那些应予资本化的支出项目，因此，可为固定资产的“完整性”提供重要证据。

（七）检查累计折旧

对于累计折旧的检查，注册会计师可关注以下要点：

（1）检查被审计单位制定的折旧政策和方法是否符合相关会计准则的规定，确定的折旧方法能否在固定资产预计使用寿命内合理分摊其成本，前后期是否一致，预计使用寿命和预计净残值是否合理。

（2）应取得折旧费用计算和记录的合理性、一致性和正确性的证据。

（3）复核本期折旧费用的计提和分配。

（4）将累计折旧账户贷方的本期计提折旧额与相应的成本费用中的折旧费用明细账户的借方相比较，以查明所计提折旧金额是否已全部摊入本期产品成本或费用中。如存在差异，应追查原因，并考虑是否应建议适当调整。

（5）可通过重新计算来验证折旧的正确性。在通常情况下，应有选择性地重新计算一些主要固定资产的折旧和测试一些本年度增加和报废的固定资产的折旧。

（6）检查累计折旧的减少是否合理、会计处理是否正确。

这项实质性程序可为除了“权利和义务”认定之外的其他所有财务报表认定提供证据。

（八）检查固定资产、累计折旧是否在资产负债表上恰当披露

将报表表达和会计准则相比较。会计准则对固定资产在财务报表表达的规定相当广泛，如在资产负绩表上应列示主要类别固定资产的账面价值、累计折旧和净值，在利润表有关项目中列示本年度的折旧费用，在财务报表附注中分类披露固定资产和累计折旧在本期的增减变动情况及其所使用的折旧方法，以及用作抵押、担保的固定资产数和本期从在建工程转入固定资产数、本期出售固定资产数、本期置换固定资产数等。注册会计师可通过上面的实质性程序来取得与这些事项有关的证据。对于其中的因借款而抵押的固定资产，注册会计师应首先通过复核董事会会议记录和长期合同协定、函证债务协定，以及询问管理当局来获取有关资产抵押的信息，其次，借助于权威的会计公告和有关的租赁协定，来确定被审计单位对租赁资产披露的适当性。

【案例一】

注册会计师张雷在审查某公司应付账款项目时，发现有一笔会计分录的处理有疑问。该笔会计分录是：“借：制造费用——修理费 200 000，贷：应付账款——××公司 200 000”。张雷就这一问题通过审阅等方法发现次年初应付账款明细账和制造费用明细账上有红字冲减该业务的处理，进一步查询了解到事实的真相：该公司现处在经济效益较好阶段，为使以后年度留有余地，年终以车间修理为名，虚设一个提供劳务的单位，编制虚假劳务费用 20 万元的单据，作为应付账款进行账务处理。张雷对这一问题进行了如下分析和判断：

1. 这一虚列使该公司当年 12 月份的产品成本虚增了 20 万元。假设 12 月份生产的产品全部完工入库，并已销售 80%，那么结转的产品销售成本中，自然包括了虚列制造费用的 80%。就本例而言，结果将使本期利润虚减了 16 万元，相应地少交了 4 万元所得税。这是一项虚列应付账款、操纵成本费用的舞弊。

2. 应适当扩大应付账款项目的审计范围，看是否还有类似事项。进一步核实生产成本明细账和库存商品明细账，确定应调整的金额。

假设张雷已确定了调整金额，他在审计工作底稿上作出如下处理的记录：

第一，调增上年利润 16 万元，调减库存商品成本 4 万元，其会计分录为：

借：应付账款——××公司	200 000	
贷：库存商品		40 000
利润分配		160 000

第二，补交所得税 40 000 元，补提盈余公积（15%）6 000 元，其会计分录为：

借：利润分配——未分配利润	46 000	
贷：应交税费——应交所得税		40 000
盈余公积		6 000

这一调整将在结束审计工作时向该公司提出，要求其进行账务调整。

【案例二】

注册会计师张雷审计T公司固定资产项目时，在进行抽盘时发现账面有奥迪车一辆但无实物，通过询问得知，该车是某银行委托T公司出面代购，由该银行付款并使用。张雷追加审计程序查明“其他应付款”账户确有该银行贷方余额22万元。于是，张雷进行了分析判断并作出有关处理：

1. 无论出于何种原因，这种做法是不符合有关法规的规定。
2. 该公司的处理，使这一汽车的所有权属和存在性无法确认，但在账上又有其记录。
3. 将审查情况记录在审计工作底稿上，并提出调整分录：

借：其他应付款　　220 000

　贷：固定资产　　220 000

4. 向被审计单位提出调整意见。

本章小结

（1）通过了解和掌握采购与付款循环的审计目标和审计范围，可以明确该循环的审计目的。

（2）通过学习该循环的业务内容，可以掌握企业的经营运作和业务中产生的相关会计记录和其他信息，从而了解在这一循环中可能出现的重大错报风险，并对重大错报风险进行识别和评估。

（3）通过学习该循环的控制测试，可以了解和掌握在这一循环中应建立的内部控制及控制的有效性。

（4）通过学习该循环的实质性程序，可进一步掌握应付账款、固定资产和累计折旧的具体审计程序操作。

关键术语和概念

采购与付款循环　重大错报风险的表现　采购与付款循环控制测试　应付账款审计　固定资产审计

拓展阅读

中国注册会计师协会．审计．北京：经济科学出版社，2011.
袁小勇，陈郡．审计学．北京：首都经济贸易大学出版社，2007.
殷文玲，高颖．审计案例教程．北京：清华大学出版社，2008.

第十一章　生产与存货循环审计

本章学习要点

生产与存货循环是指制造公司的生产过程。在这一过程中，主要根据生产的需要进行存货的收、发、存业务，并根据各种消耗计算生产成本。因此，生产与存货循环的审计范围涉及资产负债表和利润表的有关项目。

通过本章学习，应当掌握以下主要内容：

（1）熟悉生产与存货循环的具体审计目标；

（2）掌握生产与存货循环的业务内容；

（3）学习识别和评估生产与存货循环中的重大错报风险；

（4）掌握生产与存货循环的控制测试；

（5）掌握存货、成本项目的实质性测试程序。

第一节　审计目标与范围

一、生产与存货循环的审计目标

生产与存货循环的主要工作流程是生产产品，而会计工作的重点是进行成本计算。因此，生产与存货循环的审计目标应围绕管理层财务报表认定确定，同时，也可根据具体审计项目确定。

（一）按管理层财务报表认定推出的审计目标

根据生产与存货循环的发生的事项、期末余额和列报相关的认定，注册会计师可确定以下相关审计目标：

（1）发生或存在。确认已记录的事项是真实的：①各项原材料的耗用与费用的发生是真实的；②费用开支的范围与标准是符合要求的；③完工产品已全部入库，在产品成本与实物相一致。

（2）完整性。确认已发生的事项已经记录：检查各项费用的记录及其会计处理是否完整。

（3）计价和分摊。资产、负债项目以恰当的金额包括在财务报表中，与之相关的计价或分摊调整已恰当记录：①各项成本费用的归集与分配是合理的；②收入与相关成本符合配比原则；③在产品与完工产品的成本计算是准确的。

（4）权利和义务。确认存货归属被审计单位。

（5）分类和可理解性。发生的事项已记录于恰当的账户，且披露内容清楚：①成本计算对象的确定是合理的；②存货按主要产品作了适当分类；③主要产品和存货计价方法已在财务报表中作了恰当的列示；④各项费用在财务报表中的披露恰当；⑤有关生产过程中的关联事项已作必要的列示。

（二）按具体审计项目确定的审计目标

1. 存货项目的审计目标

从总体上说，存货审计的目标是验证资产负债表日列示在资产负债表上存货项目余额的真实性和正确性。这一目标可以分解为以下具体审计目标：确定存货的内部控制是否健全；确定账上反映的存货是否存在、是否归被审计单位所有；确定所有存货是否均已登记入账，存货增减变动的记录是否完整；确定存货的计价方法是否恰当；确定存货跌价损失准备的计提是否合理；确定存货的年末余额是否正确；确定存货在财务报表上的披露是否恰当。

2. 生产成本项目的审计目标

生产成本的核算不仅涉及存货的计价，也影响损益的计算，因此，生产成本的审计目标应为：确定成本会计制度是否健全；确定生产成本的内部控制制度是否健全、有效且一贯遵守；确定已记录的各项成本、费用是否真正发生且由本期负担；确定生产成本及费用的记录和计算是否正确、完整，本期负担的费用是否均已入账；确定各项成本、费用的归集、分配和结转是否正确；确定生产成本及费用在财务报表中的披露是否恰当。

二、生产与存货循环的审计范围

生产与存货循环的审计范围是指生产与存货循环的业务领域及涉及的会计记录和重要的原始凭证。生产过程通常要经过领用材料——生产产品——完工入库——计算产品成本的程序。从更深的层次看，生产与存货的审计范围可表述为各种存货资金的分布与流动。在内部控制比较健全的企业，处理这一程序需要使用很多凭证与会计记录。典型的凭证与会计记录有以下几种：

1. 生产任务通知单

生产任务通知单，是企业下达制造产品等生产任务的书面文件，也是控制整个生产的指令。因此，有关部门应根据生产任务通知单来组织安排自己的业务。

2. 领发及出入库凭证

领发及出入库凭证，是企业为控制材料发出和产成品收支所采用的各种凭证，如材料发出汇总表、领料单、限额领料单、退料单、产品入库单、产品出库单等。

3. 产量和工时记录

产量和工时记录，是登记工人或生产班组在出勤内完成产品数量、质量和生产这些产品所耗费工时数量的原始记录。这些原始记录主要包括工作通知单、工序进程单、工作班产量报告、产量通知单、产量明细表、废品通知单等。

4. 工薪汇总表及工薪费用分配表

工薪汇总表，是为了反映企业全部工资的结算情况，并据以进行工资结算总分类核算和汇总整个企业工资费用而编制的，它是企业进行工薪费用分配的依据。工薪费用分配表则反映各生产车间各产品应负担的生产工人工薪及福利费。

5. 材料费用分配表

材料费用分配表，是用来汇总反映各生产车间各产品所耗费材料费用的原始记录。

6. 制造费用分配汇总表

制造费用分配汇总表，是用来汇总反映各生产车间各产品所应负担制造费用的原始记录。

7. 成本计算单

成本计算单，是用来归集某一成本计算对象所应承担的生产费用，计算该成本计算对象的总成本和单位成本的记录。

8. 存货明细账

存货明细账，是用来反映各种存货增减变动情况和期末库存数量及相关成本信息的会计记录。

第二节　重大错报风险的识别与评估

生产与存货循环是制造业的重要环节，要对该循环进行审计，首先要从循环的业务内容中识别和评估重大错报风险。

一、生产与存货循环的主要业务

生产与存货循环的特征主要表现为业务内容广泛，从购入原材料开始，经过材料验收入库、生产领料、制造加工等一系列过程，直到产品完工入库。注册会计师应从生产与存货循环审计目标出发，从生产与存货循环业务中收集充分、适当的审计证据，进行审计测试。

生产与存货循环所涉及的主要业务活动包括：计划和安排生产、发出原材料、生产产品、核算生产成本、储存产成品、发出产成品等。这些业务活动通常涉及有关相互合作的部门：生产计划部门、仓库部门、生产部门、人事部门、销售部门和会计部门等。

1. 计划和安排生产

生产计划部门的职责是根据客户订购单或者对销售预测和存货需求的分析来决定生产授权。签发预先编号的生产任务通知单就是生产授权的实施。

2. 发出原材料

仓库部门的职责是根据从生产部门收到的领料单（一式三联）发出原材料。仓库发料后，以领料单中的一联连同原材料交给领料部门，一联留在仓库登记材料明细账，一联交会计部门进行材料收发核算和成本核算。

3. 生产产品

生产部门在收到生产任务通知单和领取原材料后，按照规定进行生产。完成该阶段生产后，将完成的产品交生产部门查点，然后转交检验员进行验收并办理入库手续，或者将完成的产品转交下一工序，进行进一步生产。

4. 核算产品成本

为了正确地核算并有效控制产品成本，必须建立健全成本会计制度，将生产控制和成本核算有机结合在一起。一方面，生产过程中的各种记录通知单、领料单、计工单、入库单等文件资料都要汇集到会计部门，由会计部门对其进行检查和核对，了解和控制生产过程中存货的实物流转。另一方面，会计部门要设置相应的会计账户，会同有关部门，采用规定的成本计算方法对生产过程中的成本费用进行核算和控制。

5. 储存产成品

产成品入库，须由仓库部门先行点验和检查，然后签收。签收后，将实际入库数量通知会计部门。据此，仓库部门确立了本身应承担的责任，并对验收部门的工作进行了验证。除此之外，仓库部门还应根据产成品的品质特征将产成品分类存放，并填制标签。

6. 发出产成品

产成品的发出须由独立的发运部门进行。装运产成品时必须持有经有关部门核准的发运通知单，并据此编制出库单。出库单至少一式四联，一联交仓库部门，一联发运部门留存，一联送交顾客，一联作为给顾客开发票的依据。

在以上主要业务中，将涉及资产负债表的“存货”、“待摊费用”、“应付职工薪酬”、“预提费用”等项目，也将涉及利润表的“主营业务成本”等项目。

二、生产与存货循环的重大错报风险识别与评估

注册会计师应当清楚了解影响生产与存货循环的关键因素和管理层制定的关键指标，这些情况将为识别潜在的重大错报风险提供线索。采购与付款循环中对重大错报风险的讨论，对生产与存货循环基本上也适用。当然，根据制造业的特点，影响生产与存货循环的重大错报风险还可能包括以下方面：

（1）事项的数量和复杂性。制造业的生产过程发生的事项数量庞大，业务复杂，这就增加了错误和舞弊的风险。

（2）成本基础的复杂性。制造业的成本基础是比较复杂的，主要体现在间接费用的分配上。例如，同一行业中的不同企业都可能采用不同的认定和计量基础。

（3）产品的多元化。对于制造业生产的多种不同的产品，有可能需要聘请专家来验证其质量、状况或价值。另外，不同的产品，计算库存存货数量的方法也可能不同。

（4）存货的复杂性。具体情况有：一是某些存货的可变现净值受全球经济供求关系的影响而难以确定，进而影响存货的采购价格和销售价格的确定，也影响注册会计师对存货计价认定有关风险进行的评估；二是不少大型企业存货的存放地点有多处，且在不同地点之间配送存货，这将增加商品途中毁损或遗失的风险，也可能产生转移定价的错误或舞弊。

（5）工薪核算及审核的复杂性。工薪费用可能具有较高的舞弊固有风险，具体情况

是：①在工薪表上虚构员工名单；②随意更改职工的薪酬标准；③薪酬账务处理中出现错误；④运用电子货币转账系统时，银行账户不正确等。

注册会计师应当了解被审计单位对生产与存货循环的管理程序。当生产流程得到良好控制时，可以将重大错报风险评价为中等水平或低水平，并且，可以了解不同级别的管理层实施的不同的监督活动，从而可证明管理层所选取的控制的设计和运行是适当的。如果认为被审计单位可能存在销售成本和存货的重大错报风险，通常需要考虑对已选取的控制活动的运行有效性进行测试，以证实计划依赖的认定层次上的控制已经在整个会计期间内运行了。

第三节 生产与存货循环的内部控制测试

一、生产与存货循环的内部控制

生产与存货循环的内部控制是企业整个内部控制制度的重要组成部分，总体上包括存货的内部控制、成本会计制度及工薪的内部控制三项内容。

（一）存货的内部控制

企业要对存货进行有效的管理，必须建立健全存货的内部控制制度，并且严格地按照内部控制制度实施管理。注册会计师对存货进行审计，也是先从了解和评价存货的内部控制制度入手的，再根据了解、评价的结果确定存货实质性程序。

1. 建立健全存货内部控制制度的重要性

存货内部控制制度是企业为管理好存货，针对存货收发存与购产销各环节的特点，事先制定的一整套相互牵制、相互稽核、相互验证的内部监控制度。存货的内部控制制度几乎影响企业生产经营全过程的一切职能，因此，它是企业整个内部控制制度中的重点内容。

对企业管理层来说，健全的存货内部控制制度是非常重要的。它不仅为企业存货管理工作奠定基础，还可为企业管理当局进行决策提供依据。良好的存货内部控制不仅可以防止和发现舞弊，还具有以下重要作用：

（1）良好的存货内部控制可以保证授权职责的执行和不相容职责的分离，具有防止和发现错误与舞弊的功能，使成本的核算建立在真实的基础上。

（2）良好的存货内部控制可以保证存货资金的合理占用，使之既能满足生产经营的需要，又能减少不必要的储备资金占用。

（3）良好的存货内部控制可以控制和避免采购运输、生产耗费及经营过程中的一切不合理损耗和浪费，能最大限度地杜绝或减少在外购外销中的人为资金损失。

（4）良好的存货内部控制可以生成及时可靠的存货信息，有利于管理层及时了解存货的动态，从而为进行生产经营计划及商品定价等决策提供有效的依据。

（5）良好的存货内部控制制度是现代审计的基础。存货品种多、数量大且品质特征各异，注册会计师不可能在有限的时间内对存货作详细的审计。因此，注册会计师往往关注存货的内部控制制度，并通过它来展开对存货的审计。

2. 存货内部控制的内容

存货的内部控制可以从建立关键控制点、职责分离、永续盘存这几方面构建。

（1）建立关键控制点。存货在生产过程中首先是表现为实物流转，即存货的收发存需要通过多个部门的相互配合，才能满足生产上的需要。因此，企业应保持这些部门的职责相对独立，并建立以下若干个关键控制点：

①采购。采购业务应由独立的采购部门负责。采购部门根据授权部门填制的请购单进行采购，购货之前均须填写顺序编号的、确定采购价格的正式订购单，并将订购单副本分送会计部门和验收部门。使用订购单是一项基本的内部控制措施。

②验收。购入的货物均应由独立的验收部门负责。验收部门应检查货物的数量和质量，并据实填制验收单，对损毁品或次品要作记录。对于验收完毕的货物应立即转运仓库部门，并将验收单分送采购部门、仓库部门和会计部门。使用验收单是一项基本的内部控制措施。

③仓储。货物入库时须由仓库部门先行点验和检查，然后签收，并将实际入库货物的数量通知会计部门。这样，仓库部门不仅确定了本身应负的责任，而且对验收部门的工作也进行了验证。仓库部门应当采取实物控制措施，使用适当的存储设施，以免存货受意外损毁、盗窃或破坏。

④领用。仓库部门必须根据预先编号并经过批准的领料单发货。使用领料单是一项基本的内部控制措施。为杜绝任意填写用途不当的领料单，企业可规定领料单必须根据产品用料单、工程通知单或销货单来编制；商业企业则可凭出货通知单作为向仓库提货的依据。

⑤生产。生产产品的品种、数量是独立的生产部门根据顾客订单、销货合同、市场预测以及经济生产批量确定，并据以实施生产的。使用产量和工时记录报告是一项基本的内部控制措施，在生产过程中，管理人员必须按照严格的规则对从生产领料到产品完工入库进行全过程的有效控制。

⑥发运。发运货物应由独立的发运部门进行。装运货物时，必须持有有关部门核准的预先编号的发运凭证，并据此编制出库单。使用发运凭证是一项基本的内部控制措施。

（2）执行职责分离制度。以上的关键控制点分别设立在采购、验收、仓库、生产、发运和会计等部门，因此，应对这些部门的职责实行分离，例如，采购人员不能兼做验收、储存的工作；生产部门人员不能兼做验收工作；仓库部门人员不能从事会计部门人员的工作。这样，才能有效地对存货的实物流转进行控制。

（3）建立永续盘存制度。永续盘存制度要求会计部门按每一存货的品种、规格设立数量金额式的明细账，根据有关凭证，逐日逐笔登记存货的收发数量和金额，并随时反映结存数量和金额。这样，仓库部门的保管账和会计部门的明细账能相互印证，保证了存货的安全。同时，企业应每年对存货进行一次全面盘点。

（二）成本会计制度

建立成本会计制度，就是将生产控制和成本核算有机地结合在一起。一方面，生产过程的各种记录：生产通知单、领料单、入库单等资料都要汇总到会计部门，由会计部门对其进行检查核对，了解和控制生产过程中的实物流动；另一方面，会计部门应设置相应的会计账户，会同有关部门对生产过程的成本进行核算和控制。

成本会计控制是对生产过程中的价值形成进行的控制，即对成本费用支出业务进行计划、控制、反映和监督。具体应有以下内容：

（1）根据历史情况和同行业水平，制定成本计划或控制目标。

（2）制定各项消耗定额，包括直接材料、直接人工和制造费用定额。

（3）收集、审核有关单证，建立各种支出的审核制度，严格控制生产费用的超支。

（4）设置相应的总分类与明细分类账户，进行会计核算。选择适当的成本计算方法，归集并分配生产费用，确定产品生产成本。

（5）对各种费用的归集与分配结果进行复核。

（6）进行生产成本分析，总结成本变动的趋势和原因。

（三）工薪的内部控制

工薪是企业成本费用的重要构成项目，并且一般采用现金支付的形式，容易发生错误和舞弊的行为，因而企业应建立有效的工资内部控制。

在“应付职工薪酬”项目中，生产工人工资占了重要的比例，如果工薪计算错误，将会影响成本费用和利润的正确性。在生产与存货循环的审计中，了解工薪的内部控制是一项重要的工作。一般来说，工薪的内部控制主要包括以下方面：

（1）授权与审批。工作时间尤其是加班时间、工薪计算、代扣款项及工薪结算表和汇总表均应经过有关人员批准。

（2）职责分离。人事、考勤、工薪发放、记录等岗位应实行严格的职责分离，要防止超越一般标准向职工支付薪酬，或向不存在的职工支付薪酬。

（3）凭证与记录。财务部门的凭证与记录应当与人力资源部门的相关信息定期沟通。凭证的记录和凭证的审核应严格分开。

（4）内部稽核。薪酬的计算应当接受独立验证，管理层成员或有关负责人应当复核工薪金额，将审批薪酬总额与汇总报告相比较，以避免可能的错报。

二、生产与存货循环的控制测试

（一）存货内部控制的测试

生产与存货循环的控制测试主要是确定控制制度是否有效执行。由于存货与购货、生产和销售过程都有联系，对生产与存货循环内部控制测试往往要和其他循环结合起来。对生产与存货循环内部控制进行控制测试，旨在根据测试的结果确定存货的实质性程序。一般说来，存货内部控制较强，则存货内部控制风险较小，相应的实质性程序可接受检查风险的水平可以提高，因此，实质性程序可以适当简化。

1. 了解存货内部控制制度

注册会计师可以通过询问被审计单位的有关管理人员或查阅被审计单位的企业章程、制度等文件，以获得有关存货账户体系的设置、存货计价的方法以及成本会计制度的信息。可以通过发放调查表或绘制流程图等方式了解采购、验收、存储、生产、发运、销售等有关内部控制制度是否得到执行。还可以通过实地观察存货的保管看是否能够有效地防止存货的变质、毁损和被盗。

2. 实施简易抽查

简易抽查的目的在于检查审计工作底稿对内部控制的描述是否完整。抽查要点如下：

（1）存货与生产有关的业务是否实行严格的职责分离；

（2）大额的采购是否签订购货合同，有无审批制度；

（3）存货入库是否严格履行验收手续，并及时入账；

（4）存货发出是否严格按规定办理，并及时入账；

（5）是否建立定期盘存制度，存货的盘盈、盘亏、毁损和报废是否及时按规定处理；

（6）是否有经审查批准的详细生产计划，并按计划进行；

（7）生产过程中的各项耗费、生产工时、材料和在产品的流转是否有详细的记录；

（8）有无严格的产品检验规程等。

3. 存货储存制度的测试

存货储存制度测试的目的在于确认保管人员对储存控制制度的规定是否熟悉，有关的制度是否执行。测试要点如下：

（1）现场观察保管人员对收入的存货是否进行验点，并与验收报告核对；发出存货时，是否按规定对领料单进行审核；存货是否分类存放并指定专人保管；有无未经批准的人员进入仓库。

（2）抽查入库单、领料单等单据，看有无责任人的签字，并核对实物收发登记簿的记录。

（3）复核会计账和实物收发登记簿的记录，看是否有错误。

4. 存货盘存制度的测试

按照内部控制的要求，企业应建立永续盘存制度，并按规定进行存货盘点。审计人员应查阅制度的内容，抽查若干月份的记录，询问盘存结果的处理是否按规定的方法进行。很多时候，这一测试可结合存货的实质性程序一同进行。

（二）成本会计制度的测试

成本计算过程就是抽象化了的生产费用归集、分配的过程。构成产品成本的成本项目有直接材料、直接人工和制造费用，而成本会计控制就是对生产费用的发生、归集和分配进行的控制。因此，成本会计制度的测试包括直接材料成本测试、直接人工成本测试、制造费用测试和生产成本在当期完工产品与在产品之间分配的测试等内容。具体测试内容如下：

（1）审查成本计算方法是否符合企业会计准则的规定，有无发生对产品成本造成重大影响的变动。如果采用计划成本、标准成本、定额成本等方法，检查计算产品成本所分配的材料成本差异和有关会计处理是否正确。

（2）审查直接材料的数量及金额。可通过抽查领料单和永续盘存记录，进行账单核对、账账核对来审查，并注意：生产指令是否经过授权批准；单位消耗定额和材料成本计价方法是否适当，在当年度有何重大变更。如是通过成本差异账户核算的，应选择若干差异较大的账户，看有无差异原因分析的记录，差异的分配是否合理、正确。

（3）审查直接人工工时和工资费用。与生产考勤、工时记录、产量记录及有关工资标准的文件进行核对，查明计入产品成本明细账的金额是否正确合理。要注意对采取不同工资制度的企业，应用不同的标准及方法去测试。

（4）审查制造费用明细账。检查制造费用的分配依据和分配率的选定是否恰当；根据分配率和分配基础，抽查若干产品成本明细账，看有无依据分配标准进行分配；对大额制造费用，应追查有关的原始凭证。要注意对采取不同成本计算方法的企业，应抽查制造费用分配汇总表和账务处理。

（5）对生产过程进行观察。检查在产品是否由熟悉生产过程的专业人员进行实地盘点，以确定在产品数量；对难以进行实地盘点的在产品，应检查其估计数的依据是否合理；应检查在产品约当产量的计算是否合理，复核生产费用在不同产品之间，以及完工产品与在产品之间的分配是否恰当。

（6）审核各种费用的划清界限。即计入产品成本和不计入产品成本的生产费用的界限、资本性支出和收益性支出的界限、各个会计期间的费用界限、各种产品应负担的费用界限、完工产品和在产品成本的界限。

（三）工薪费用的测试

首先，可以选择若干月份工薪汇总表，作如下检查：是否经过复核和授权批准；应付工薪总额与人工费用分配汇总表中合计数是否相符；工薪的会计处理是否正确。

其次，对工薪单进行抽样检查：确保工薪发放有依据；检查员工工薪率及实发工薪额的计算；检查实际工时统计记录与员工工时卡是否相符；实地观察员工确实在本公司工作等。

最后，对本期工薪费用发生情况实施分析程序。将本期工薪费用总额与上期进行比较看其波动情况，检查各月工薪费用的发生额是否有较大波动。

（四）评价生产与存货循环的内部控制

通过上述各方面的控制测试后，注册会计师应根据所收集的证据，结合自己的专业分析与判断，对生产与存货循环的内部控制进行评价。评价的主要内容为：①生产与存货循环内部控制制度是否健全完善；②生产与存货循环内部控制制度是否得到有效执行；③生产与存货循环内部控制的整体强弱和各个部分的强弱点状况；④生产与存货循环内部控制在注册会计师审计工作中的可依赖性及内部控制风险的评估水平。

【案例】

注册会计师张雷对B公司的生产与存货循环实施控制测试，通过实施询问、检查及穿行测试等程序，形成了“生产与存货循环内部控制问卷”和“生产循环的关键控制点、双重目的测试表”：

生产与存货循环内部控制问卷

被审计单位：B公司　　编制者：张雷　日期：2011－2－15　页次：

会计期间截止日：2010－12－31　　复核者：李四　日期：2011－2－15　索引号：

调查内容	是	否	不适应	备注
1. 生产通知单是否经过生产计划和控制部门批准？	√			
2. 是否使用和控制预先编号的生产通知单？	√			
3. 每日生产活动报告和已完成生产报告是否经过计划和控制部门复核？	√			
4. 仓库发出材料是否根据已签字的发料单？	√			
5. 材料耗用汇总表是否包括在生产活动报告里？	√			
6. 是否使用计工单来记录生产产品所耗用的人工小时？	√			
7. 人工耗用汇总表是否包括在生产活动报告里？	√			
8. 产品转移单是否由产成品人员在收到已完工产品时签字？	√			
9. 是否只有经过授权的人员才能接近原材料和产成品存货？	√			
10. 是否使用签字的转移单控制在产品在生产过程中的实物移动？	√			
11. 制造费用分配率和标准成本是否经过管理当局批准？	√			
12. 差异是否及时向有关生产管理人员报告，以便调查和跟踪控制？	√			
13. 编制分配制造成本到在产品的分录所使用的资料是否与每日生产活动报告的资料相调节？	√			
14. 编制结转已完工产成品成本到生产成本的分录所用的资料是否与已完工生产报告资料相调节？	√			
15. 是否定期独立检查制造性存货明细账与总账余额的一致性？	√			
16. 是否定期独立盘点制造性存货，并将实际盘点数量与账面数量相比较？	√			
审计结论：1. 经内部控制问卷和简易测试后，认为生产与存货循环的内部控制可信赖程度为：高（√）中（　）低（　）。 2. 该循环是否需要进一步作控制测试：是（　）否（√），建议实施双重目的的测试。				

生产与存货循环的关键控制点、双重目的测试表

主要业务活动	关键控制点	可能的错报	可能的测试
1. 计划和控制生产	由生产计划和控制部门批准生产通知单	生产可能过剩	询问有关批准生产通知单的程序
2. 发出原材料	按已批准生产通知单和签字的发料单发出原材料	未经授权领用原材料	审查发料单，并将其与生产通知单比较
3. 加工生产产品	使用计工单记录完成生产单耗用的直接人工小时	直接人工小时可能未记入计工单	观察计工单的使用和计时程序
4. 转移已完工产品至产成品库	产成品仓库人员收到产成品是在最后一张转移单上签字	产成品仓库人员可能声称未从生产部门收到产品	审查最后一张转移单上的授权签名
5. 储存产成品	（1）仓库加锁并限制只有经授权的人才能接近； （2）使用签字的转移单控制生产部门之间产品的转移	（1）存货可能从仓库中被盗； （2）在产品可能在生产过程中被盗	（1）观察保安程序；（2）审查转移单
6. 确定和记录制造成本	（1）管理当局批准制造费用分配率和标准成本，及时报告和调节差异； （2）将编制分录所使用的资料与每日生产活动报告的资料相调节； （3）将编制分录所使用的资料与已完工生产报告资料相调节	（1）可能使用不适当的制造费用率和标准成本； （2）可能未记录制造成本分配给在产品； （3）可能未结转已完工产品的成本到产成品	审查成本确定
7. 保持存货余额的正确性	定期独立盘点存货并将其与账面数量比较	账面存货数量可能与实际数量不一致	观察定期存货盘点和审查账务处理

分析：

1. 注册会计师对生产与存货循环进行控制测试时，应从生产与存货循环的关键控制点着手设计控制测试，并形成相应的审计工作底稿，来支持“生产与存货循环内部控制问卷”。

2. 注册会计师在基本了解生产与存货循环的基础上，选择了实施双重目的的测试的策略。这是因为，对于一些项目来说，使用双重目的的测试比单独执行控制测试和实质性程序更加经济有效。这就需要注册会计师谨慎地设计程序，以确保取得有关控制的有效性和报表中的重要错报或漏报这两方面的证据，并谨慎地分析评价所取得的证据。

第四节　生产与存货循环的实质性程序

一、存货的审计

存货的核算和管理对于企业的生产经营活动具有十分重要的影响。存货以及与存货相关的产品生产和销售成本是会计、审计工作中的重要内容。存货审计，尤其是对年末存货余额的测试，通常是整个审计业务中最复杂也最费时的部分。存货的重要性和复杂性决定注册会计师对存货项目的审计应当予以特别的关注。存货审计的主要实质性程序有：存货监盘、分析程序、存货计价和存货截止测试。

（一）存货监盘

1. 存货监盘的必要性及责任划分

注册会计师应当实施下列审计程序，对存货的存在和状况获取充分、适当的审计证据：①在存货盘点现场实施监督（除非不可行）；②检查期末存货记录，以确定其是否准确反映实际的存货盘点结果；③观察存货盘点过程，确定存货的存在性和评价存货的状况，并对存货盘点结果进行测试；④获取有关管理层存货盘点程序可靠性的审计证据。

年末存货的结存数量直接影响财务报表上的存货金额。定期盘点存货，合理确定存货的结存数量和状况是被审计单位管理层的责任。实施存货监盘，获取有关期末存货结存数量和状况的充分、适当的审计证据是注册会计师的责任。因此，注册会计师现场监督被审计单位存货的盘点，并对盘点结果进行测试，是存货审计的一项必要程序。

注册会计师对存货监盘的目的是获取充分、适当的审计证据，以便对被审计单位管理层对存货的存在认定、完整性认定和权利与义务认定进行再确认。通过监盘程序的实施，注册会计师还可获取有关存货状况的审计证据，从而为测试存货计价认定提供部分审计证据。

2. 存货监盘的前期准备工作

在实际执行存货监盘前，注册会计师应做好如下工作：

（1）了解和评价被审计单位的存货盘点计划。注册会计师应参与被审计单位的存货盘点工作规划，并与被审计单位就存货监盘等问题达成一致意见。首先，注册会计师应当了解被审计单位存货的特点、盘存制度、存货内部控制的有效性等情况；评估与存货相关的重大错报风险和重要性。其次，查阅以前年度的存货监盘工作底稿；实地察看存货的存放地点，特别是金额较大或性质特殊的存货，并考虑是否需要利用专家或其他注册会计师的工作。再次，复核或与管理层讨论其存货盘点计划，了解整个存货盘点工作的安排等。最后，注册会计师可通过问卷、询问、观察等形式调查企业存货盘点的准备工作是否达到要求；如果认为被审计单位的存货盘点计划有缺陷，注册会计师应当提请被审计单位调整。

（2）编制存货监盘计划的主要内容。注册会计师对企业存货盘点的监督应从存货监盘计划的编制开始。这不仅有利于注册会计师掌握被审计单位存货管理的基本情况，也有利于企业具体了解审计对存货盘点的要求。存货监盘计划的主要内容包括：注册会计师应首先确定存货监盘的目标、范围、人员分工及时间安排，对无法在存货盘点现场实施监盘存货的，应当实施替代审计程序；确定监盘程序的方法、步骤及各个环节应注意的问题，要关注盘点期间存货的移动、存货的状况、存货的截止确认、存货的各个存放地点及金额等事项；要根据监盘工作量和人员素质安排好参加监盘人员组成以及各组成人员的职责和具体分工；根据存货盘点情况和对被审计单位内部控制的评价结果确定检查存货的范围。

3. 存货监盘程序的具体内容

存货的监盘程序主要包括观察、执行抽查以及监盘结束的后续工作等内容。

（1）观察被审计单位的盘点。首先，在被审计单位盘点存货前，注册会计师应当观察盘点现场，确定应纳入盘点范围的存货是否已经适当整理和排列，并附有盘点标识，防止遗漏或重复盘点。对未纳入盘点范围的存货，注册会计师应当查明未纳入的原因。其次，对所有权不属于被审计单位的存货，注册会计师应当取得其规格、数量等有关资料，确定是否已分别存放、标明，且未被纳入盘点范围。对于被审计单位持有的受托代存存货，注册会计师应视情况确定并执行有关的补充程序，如函证等，确定受托代存存货的所有权属。最后，注册会计师在实施存货监盘过程中，应当跟随被审计单位安排的存货盘点人员，注意观察被审计单位事先制定的存货盘点计划是否得到了贯彻执行，盘点人员是否准确无误地记录了被盘点存货的数量和状况。

（2）执行抽查程序。在被审计单位盘点人员完成盘点之后，注册会计师应当在盘点标签尚未取下之前，进行适当抽查，将抽查结果与被审计单位盘点记录相核对，并形成相应记录。抽查的目的既可以是为了确认被审计单位的盘点计划得到适当的执行（控制测试），也可以是为了证实被审计单位的存货实物总额（实质性程序）。如果观察程序能够表明被审计单位的组织管理得当，并存在充分有效的盘点、监督以及复核程序，注册会计师可以考虑减少所需检查的存货项目。需要特别说明的是，注册会计师应尽可能地避免让被审计单位事先了解将抽取检查的存货项目。

抽查程序的主要内容有：①注册会计师应当从存货盘点记录中选取项目追查至存货实物，以测试盘点记录的准确性；注册会计师还应当从存货实物中选取项目追查至存货盘点记录，以测试存货盘点记录的完整性（见表11－1）。②如果检查时发现差异，注册会计师应当查明原因，及时提请被审计单位更正。如果差异较大，注册会计师应当扩大检查范围或提请被审计单位重新盘点。重新盘点的范围可以限制在某一特定领域或特定盘点小组。

抽查结束后，应将全部盘点标签或盘点清单按编号顺序归总，并据以登记盘点表。归总时，应注意编号的连续性，以免发生缺号、重号现象。所有的盘点标签、盘点清单均应由被审计单位盘点人员和监盘的注册会计师签名并复印两份，被审计单位与会计师事务所各留一份。

表 11－1　存货抽查工作底稿

客户：南方公司　　　　制表人：王强　　执行日期：2010－12－28

结账日：2010－12－31　　　　复核人：李海　　执行日期：2010－12－31

部门	品种	存放地点	盘点标签编号	标签数量	抽点数量	单价	金额	备注
一车间	轴承	车间	A1—125	2 000 套	2 000 套	110	220 000 √	共 100 箱 每箱 20 套
二车间	铁板	车间	A2—012	5 000 块	5 000 块	40	200 000 √	共 250 箱 每箱 20 块
三车间	模具	压模部	A5—105	10 000 只	9 950 只	15	149 250 √	共 200 箱，每箱 50 只，其中一箱已全部破损
四车间	电动开关	仓库	A8—076	1 500 只	1 500 只	60	90 000 √	
……								
合计							24 165 000	

问题与评价：“√” ＝已核对存货明细账余额。

压模部模具破损一箱计 50 只，其金额为 750 元，应予注销。

南方公司存货总额 187 500 000 元，抽查存货金额百分比为 13%。

4. 需要特别关注的情况

在存货监盘过程中，注册会计师应当特别注意下列情况：①关注存货的移动情况，防止遗漏或重复盘点。②关注存货的状况，观察被审计单位是否已经恰当地区分所有毁损、陈旧、过时及残次的存货。③关注存货的截止日及盘点范围。注册会计师应当获取盘点日前后存货收发及移动的凭证，检查库存记录与会计记录期末截止是否正确。注册会计师通常会结合存货截止测试观察存货的验收入库地点和装运出库地点，并关注截止日前的最后编号以及未使用的编号凭证。④对特殊类型的存货监盘，注册会计师应运用职业判断，设计恰当的审计程序，获取审计证据。

5. 存货监盘结束时的工作

在被审计单位存货盘点结束前，注册会计师应当做好如下工作：①再次观察盘点现场，以确定所有应纳入盘点范围的存货是否均已盘点。②取得并检查已填用、作废及未使用盘点表单的号码记录，确定其是否连续编号，查明已发放的表单是否均已收回，并与存货盘点的汇总记录进行核对。③注册会计师应当根据自己在监盘中获取的信息对被审计单位最终的存货盘点结果汇总记录进行复核，评估其是否正确地反映了实际盘点结果。④如果存货盘点日不是资产负债表日，注册会计师应当实施适当的审计程序，确定盘点日与资产负债表日之间存货的变动是否已作正确的记录。⑤注册会计师应当关注被审计单位的永续盘存记录与存货盘点结果之间是否一致，如果出现较大差异，注册会计师应当实施追加审计程序，查明原因，并检查永续盘存记录是否已作适当调整。如果注册会计师认为被审计单位的盘点方式及其结果无效，注册会计师应当提请被审计单位重新盘点。

盘点工作结束后，注册会计师应根据企业存货的盘点情况，撰写盘点备忘录，记录盘点全过程、盘点中的重大问题及处理、盘点结果等，并连同企业的盘点计划、盘点表、问卷调查等资料一起整理成审计工作底稿，形成存货监盘的审计档案。存货盘点备忘录格式举例如下：

南方公司监督实地盘点存货备忘录

2010 年 12 月 31 日

1. 实地盘点存货的事前计划监督

2010 年 12 月 28 日委托人进行存货实地盘点。盘点前两周，我们曾复核财务经理王海编制的盘点计划及书面盘点指示。计划内容适当、详尽，充分运用了以前年度盘点经验。计划规定了盘点的时间、参加人员以及盘点操作程序。为此，王海还主持召开了盘点动员会，并在会上详细说明了盘点的具体要求。

2. 实施盘点存货的监督

存货盘点从开始到结束，本事务所人员始终在场监督。盘点前所有物料均加附标签，并按种类分别整齐排列。职员两人一组，一人点数并报数量、品名，另一人将资料填入顺序编号的存货标签内。当物品清点完毕，小组即将存货标签的第一次清点联撕下，随后由独立的另一组进行第二次盘点，并将数量记入存货标签的第二次清点联。

经我们抽查的多项存货，约占存货总值的 13%，且均已记入工作底稿。我们看到，此次盘点工作均能按计划系统而谨慎地进行，执行人员能按要求工作，态度认真仔细。在存货标签第二次清点联撕下前，我们巡视了各部门，对所有货物均附有存货标签并经过清点而感到满意。

12 月 31 日并无货物运出，且当日验收部门所收到的货物，经查明均已填入验收报告中。本所已记载本年最后一份验收报告及运货通知单的号码（参阅 × × 底稿）。实际盘点数量与永续盘存记录核对后，并无重大出入。

3. 原料的质量与情况

呆滞零件已在盘点前从存货中排除。根据我们的监督及对有关人员的询问，认为存货中基本上没有废品。在监盘过程中，本事务所人员共抽查了 10 个项目的合理性，在将其库存量及最近各月份使用量相比较后，未见目前存量超过三个月的正常使用量。

注册会计师：李强、王宁

2010 年 12 月 31 日

6. 存货监盘中特殊情况的处理

（1）对由于存货的特殊性质和特殊位置而无法实施监盘情况的处理。如果由于被审计单位存货的性质或位置等原因导致无法实施存货监盘，注册会计师应当考虑能否实施替代审计程序，以获取有关期末存货数量和状况的充分、适当的审计证据。对于特殊性质的存货，注册会计师应当做好界定：一是存货的特殊性质不应限于涉及存货保密和存货系危害性物质问题；二是具有特殊性质的存货，通常需要存在值得信赖的内部控制。对于存货的特殊位置，主要表现在两方面：一是在途存货，二是存放在独立于被审计单位仓库的存货。对于前者，由于只占存货中的一小部分，可通过审查相关凭证加以验证。对于后者，则可通过函证方式审查。

注册会计师实施的替代审计程序主要包括：一是检查进货交易凭证或生产记录以及其他相关资料；二是检查资产负债表日后发生的销货交易凭证；三是向顾客或供应商函证。

（2）对因不可预见的因素导致无法在预定日期实施存货监盘或接受委托时被审计单位的期末存货盘点已经完成情况的处理。对于不可预见因素的情况，如果被审计单位存在良好的内部控制，注册会计师可以作如下处理：一是可以考虑改变存货监盘日期，并对预定盘点日与改变后的存货监盘日之间发生的交易进行测试；二是可考虑选派其他适当人员实施存货监盘。

对于接受委托时被审计单位的期末存货盘点已经完成的情况，注册会计师应当评估存货内部控制的有效性，对存货进行适当检查或提请被审计单位另择日期重新盘点，同时测试检查日或重新盘点日与资产负债表日之间发生的存货交易。

（3）委托其他单位保管或已作质押的存货情况的处理。对于委托其他单位保管的情况，注册会计师通常需要向该单位获取委托代管存货的书面确认函，作为存货存在的证据；对于已作质押的存货，注册会计师应当向债权人询证与被质押存货有关的内容。如果这类存货的金额占流动资产或总资产的比例较大，注册会计师还应当考虑实施存货监盘或利用其他注册会计师的工作。

7. 存货监盘结果对审计报告的影响

注册会计师应当根据已获取的审计证据，形成有关期末存货数量和状况的审计结论，并确定对审计报告的影响。

（1）审计范围受到限制的情况。如果无法实施存货监盘，也无法实施替代审计程序以获取有关期末存货数量和状况的充分、适当的审计证据，注册会计师应当根据其重要程度，出具保留意见或无法表示意见的审计报告。

（2）被审计单位拒绝调整的情况。如果通过实施存货监盘发现被审计单位财务报表存在重大错报，且被审计单位拒绝调整，注册会计师应当根据其重要程度，出具保留意见或否定意见的审计报告。

（3）首次接受委托的情况。如果注册会计师首次接受委托，并按规定实施了必要的审计程序后，仍未能获取有关本期期初存货余额的充分、适当的审计证据，注册会计师应当根据其重要程度，出具保留意见或无法表示意见的审计报告。

（二）对存货实施分析程序

对存货实施分析程序可以揭示结账日存货的合理性。具体来说，存货分析程序的主要内容有：

（1）编制存货比较表，将原材料等主要存货与上年相应项目的金额进行比较，看是否有较大的增减变动。

（2）计算存货周转率，并与去年的周转率相比，如果周转率有异常波动，可能意味着有如下情况：①有意或无意地减少存货储备；②存货核算方法发生变动；③存货跌价准备计提基础或冲销政策发生变动；④销售额发生大幅度变动；⑤存货成本项目发生变动。

（三）存货的截止测试

存货的截止测试就是确定至当年 12 月 31 日止的全部列入存货盘点范围内的存货数量。在验证年底存货的正确性、完整性时，正确的购销截止是重要因素之一。因为接近年末的销售业务和购货业务都会影响年末存货数量的真实性，从而影响利润的真实性。

存货正确截止的关键在于，存货实物纳入盘点范围的时间与存货引起的借贷双方会计科目的入账时间都处于同一会计期间。例如，当年 12 月 31 日购入存货，并已包括在当年 12 月 31 日的实物盘点范围内，而购货发票是次年 1 月 2 日才收到，并已记入次年 1 月份账内，在当年 12 月份账上并无进货和对应的负债记录，这就少记了存货和应付账款，虚增了利润；相反，如果当年 12 月 31 日收到一张购货发票，并记入当年 12 月份账内，而与这张发票对应的存货却在次年 1 月 2 日才收到，未包括在当年年底的盘点范围内，这就有可能会使当年利润虚减。

存货截止测试的主要方法是抽查存货盘点日前后的购货发票与验收报告或入库单，确定购货验收与负债记录均列示在相同期间。一般来说，会存在三种情况：①12 月底入账的发票如附有 12 月 31 日或之前日期的验收报告或入库单，则货物肯定已经入库，并包括在本年的实地盘点存货范围内；②如验收报告为 1 月份的日期，则货物不会列入年底实地盘点的存货范围中；③如仅有验收报告或入库单而无购货发票，则应认真审核每一验收报告单上面是否加盖暂估入库印章，并以暂估价记入当年存货内，待次年初再以红字冲销。注册会计师应当根据以上三种情况进行抽查。

存货截止测试的另一种审核方法是查阅验收部门的业务记录。凡是接近年底或次年年初购入的货物，必须查明其相应的购货发票是否在同一会计期间入账；对于未收到购货发票的存货，是否将入库单分开存放并暂估入账。

进行存货截止测试时，要确定好截止测试样本。注册会计师一般以结账日即截止日为界限，分别向前倒推或向后顺推若干日，按顺序选取较大金额购销业务的发票或验收报告单作测试样本。截止测试完成后，对于发现的截止错误，应提请被审计单位作必要的调整分录。

（四）存货的计价测试

为了验证会计报表上存货项目余额的真实性，注册会计师不仅要对存货的结存数量予以确认，还必须对年末存货的计价进行测试。存货计价测试的主要内容有以下三项：

1. 对测试样本的选择

注册会计师应从已经盘点、单价和金额已经记入存货汇总表的结存存货中选择样本。选择时应着重选取结存余额较大且价格变化较为频繁的项目，同时还要考虑样本在各类存货中的代表性。抽样方法一般采用分层抽样法，抽样规模应达到足以推断总体的数量。

2. 计价方法的确认

存货的计价方法有多种，被审计单位一般结合会计法规的要求选择适合自身特点的方法。因此，注册会计师不仅要了解、掌握企业的存货计价方法，还要关注这种计价方法的合理性和一贯性。如果发现被审计单位采用的计价方法不符合会计准则，就必须加以调整或揭示；如果发现期间内存货计价方法发生变动，就要检查变动的理由、性质是否得当，并要进一步分析或确定这种变动对本期存货及利润的影响。一般来说，没有足够的理由，计价方法在同一年度内是不得变动的。

3. 存货计价测试的具体操作

进行计价测试时，注册会计师首先应对存货价格的组成内容予以审核，然后按照所了解的计价方法对所选择的存货样本进行计价测试。测试时，应排除被审计单位原有的计算程序和结果的影响，进行独立测试。测试结果出来后，再与被审计单位账面记录对比，编制对比分析表，分析形成差异的原因。如果差异较大，应扩大范围继续测试，并根据测试结果提出审计调整意见。对外购商品，在以实际成本计价条件下，应以样本的单位成本与库存商品明细账及购货发票核对；在以计划成本计价条件下，应以样本的单位成本与库存商品明细账、商品成本差异明细账及购货发票核对。对自制商品等，也应分实际成本和计划成本两种计价方法进行核对。外购存货计价测试表如表 11 – 2 所示。

表 11 – 2　外购存货计价测试表

客户：　　　　检查人：　　　　执行日期：

截止日：　　　复核人：　　　　执行日期：

存货编号	存货名称和规格	存货账面记录		进货发票内容				
		数量	单价	供应商	日期	发票号码	数量	单价
结论：								

对于原料、配件等外购存货，一般要核对进货发票所开列的数量、单价及金额。例如，假设某种材料的年末价格为单价 12 元，共结存 1 000 个单位，采用先进先出法计价。注册会计师在测试时，可从核对最近购货发票开始，直到这 1 000 个单位的单价 12 元能够解释清楚为止。如果最近购入的是 700 个单位，每单位发票价格是 12 元，紧接其前购入的是 600 个单位，每单位发票价格是 11.3 元，那么年末这种材料的计价是不正确的，多报了 210 元。

在被审计单位对期末存货采用成本与可变现净值孰低的方法下，注册会计师应根据会计准则，充分关注被审计单位对存货可变现净值的确定及存货跌价准备的计提。在产品、产成品等制造存货的计价测试，注册会计师应结合成本会计制度的控制测试进行，并通过有关成本费用分配凭单、分配率等计算加以验证。

二、生产成本的审计

（一）生产成本的实质性程序

生产成本由直接材料、直接人工和制造费用项目构成，注册会计师应从这三个项目展开实质性程序的工作。

1. 直接材料成本的实质性程序

直接材料成本的审计一般应从审阅原材料和生产成本明细账入手，抽查有关的费用凭证，验证企业产品直接耗用材料的数量、计价和材料费用分配是否真实、合理。主要的测试内容如下：

（1）审查直接材料耗用量的真实性。这一审查通常以抽查、审阅领料单，进一步查明材料用途的方式进行。对耗用量大、单位价值较高的材料和各部门共耗的材料还可进行详查。

（2）审查直接材料的计价。对按实际成本计价的企业，应审查其计价方法是否前后期一致，还应审查计价方法运用及有关计算的正确性；对按计划成本计价的企业，还应重点审查材料成本差异率的计算是否正确，材料成本差异额的结转和分摊的会计处理是否正确；对采用定额或标准成本核算的企业，还应注意直接材料的定额成本、标准成本在本年度内有无重大变更。

（3）审查直接材料费用的分配。可采用核对、审阅和复算等方法，对发出材料汇总分配表、成本计算单、生产成本明细账等进行审查，证实其分配依据、分配方法和分配结果及有关的会计处理的正确性。要特别注意分配标准是否合理，是否符合材料消耗的内在规律。

（4）进行分析程序。对同一产品前后年度的直接材料成本进行比较分析，看有无重大波动，如有，应查明原因。

2. 直接人工成本的实质性程序

直接人工成本实质性程序的内容主要如下：

（1）审查直接人工费用范围的合规性。通过审阅、复核、分析有关劳动人事资料、工资结算表、工资及福利费用分配表，确认直接从事产品生产的工人数。

（2）审查工资和职工福利费计算的正确性。通过审阅、复核和抽查产品成本计算单等资料，检查直接人工成本的计算是否正确，分配标准与计算方法是否合理和适当，是否与人工费用分配汇总表中该产品分摊的直接人工费用相符，职工福利费的计提比例、计算结果是否正确。

（3）进行分析程序。将本年度直接人工成本与前期进行比较，查明其异常波动的原因；分析比较本年度各个月份的人工费用发生额，如有异常波动，应查明原因。

（4）结合应付职工薪酬的检查，抽查人工费用会计记录及会计处理是否正确，审查工资和福利费发放的真实性。

（5）对采用标准成本法的企业，应抽查直接人工成本差异的计算、分配与会计处理是否正确，并查明直接人工的标准成本在本年度内有无重大变更。

3. 制造费用的实质性程序

制造费用是企业为生产产品或提供劳务而发生的间接费用，即生产单位为组织和管理生产而发生的费用，包括分厂和车间管理人员的工资及提取的职工福利费、折旧费、修理费、办公费、水电费、取暖费、租赁费、机物料消耗、低值易耗品摊销、劳动保护费、保险费、设计制图费、实验检验费、季节性和修理期间的停工损失以及其他制造费用。制造费用实质性程序的基本要点包括：

（1）审查制造费用项目的合规性。获取或编制制造费用汇总表，并与明细账、总账核对相符，检查其中的重大数额项目及例外项目是否合理。一是重点查明企业选用的折旧政策是否符合有关法规的要求；二是查明制造费用的组成项目是否符合有关规定，有无混入应属于管理费用、营业费用、其他业务支出等的各种耗费。

（2）审查制造费用的真实性。注册会计师可采用追查、复算等方法，结合重要性原则，有针对性地对数额较大、升降幅度较大、易与其他费用相混淆的项目及制度规定有提取或开支标准的项目进行审查。

（3）审查制造费用归集和分配的正确性。在核实制造费用合规性和真实性的基础上，注册会计师应通过复算等方法，对各项目进行加总，进而验证所归集的制造费用总额。必要时，对制造费用进行截止测试，即检查资产负债表日前后若干天的制造费用明细账及有关凭证，确定有无跨期入账的情况。

（二）主营业务成本的实质性程序

主营业务成本是指企业对外销售商品、产品，对外提供劳务等发生的实际成本。主营业务成本表明凝结在商品中的生产成本进入流通过程所表现的销售成本。对主营业务成本的实质性程序，应通过审阅主营业务收入明细账、库存商品明细账等记录，并核对有关的原始凭证和记账凭证进行。其基本要点如下：

（1）获取或编制主营业务成本明细表，与主营业务成本明细账和总账核对相符。

（2）编制生产成本及销售成本倒轧计算表（如表 11 – 3 所示），与总账核对相符。

（3）分析比较本年度与上年度主营业务成本总额，以及本年度各月份的主营业务成本金额，看是否有重大波动。

（4）结合生产成本的审计，抽查主营业务成本结转数额的正确性，并检查其是否与主营业务收入的计算口径相一致。

（5）检查主营业务成本账簿中的重大调整事项，如销售退回、委托代销商品等，看是否有充分理由。

（6）确定主营业务成本在利润表上是否已恰当披露。

表 11－3　生产成本及主营业务成本倒轧计算表

项目	未审数	调整或重分类金额借（贷）	审定数
原材料期初余额			
加：本期购进			
减：原材料期末余额			
其他发出额			
直接材料成本			
加：直接人工成本			
制造费用			
生产成本			
加：在产品期初余额			
减：在产品期末余额			
产品生产成本			
加：产成品期初余额			
减：产成品期末余额			

本章小结

（1）通过了解和掌握生产与存货循环的审计目标和审计范围，可以明解该循环的审计目的。

（2）通过了解生产与存货循环的业务活动内容，由此识别重大错报风险的表现。

（3）进行控制测试，检查被审计单位的内部控制是否有效执行，进一步评价重大错报风险。

（4）对存货、成本等重要项目实施实质性程序，进一步从金额上确定他们的准确性，从而确定被审计单位财务报表的合法性、公允性。

关键术语和概念

生产与存货循环　存货内部控制　成本控制　工薪控制　存货监盘
存货截止测试　主营业务成本审计

拓展阅读

中国注册会计师协会．审计．北京：经济科学出版社，2011.
袁小勇，陈郡．审计学．北京：首都经济贸易大学出版社，2007.
殷文玲，高颖．审计案例教程．北京：清华大学出版社，2008.

第十二章　筹资与投资循环审计

本章学习要点

筹资与投资循环由筹资和投资的交易事项构成。筹资与投资是企业的主要非经营业务。企业进行生产经营活动必须有一定数量的资金，筹资活动是指企业为满足生存和发展的需要，通过改变企业资本及债务规模和构成而筹集资金的活动。一般来讲，企业筹集资金的方式主要是所有者投入和债权人借入两种。投资活动是指企业为通过分配来增加财富，或为谋求其他利益，将资产让渡给其他单位而获得另一项资产的活动。投资活动主要由权益性投资交易和债权性投资交易组成。

通过本章学习，应当掌握以下主要内容：

（1）了解筹资与投资循环的业务活动和特征；

（2）掌握筹资和投资活动的内部控制和控制测试；

（3）掌握银行借款、股本的实质性程序；

（4）理解资本公积、盈余公积、未分配利润的实质性程序；

（5）掌握交易性金融资产、可供出售金融资产、持有至到期投资、投资性房动产、长期股权投资的实质性程序；

（6）理解应收利息、应收股利、其他应收款和其他应付款的实质性程序。

第一节　筹资与投资循环概述

一、筹资与投资循环的特征

筹资与投资循环中所涉及的资产负债表项目主要包括：交易性金融资产、应收利息、应收股利、可供出售金融资产、持有至到期投资、长期股权投资、投资性房地产、短期借款、交易性金融负债、应付利息、应付股利、长期借款、应付债券、实收资本（或股本）、资本公积、盈余公积、未分配利润等；筹资与投资循环中所涉及的利润表项目主要包括：财务费用、投资收益等。

筹资与投资循环审计的特征有以下几方面：

（1）会计年度内发生的筹资与投资业务相对较少，但金额巨大，对企业的财务状况具有重大影响。由于这个特点，筹资与投资业务审查通常采取详细审计的方式。

（2）如果筹资与投资业务的期末余额存在漏记或者低估，将使财务报表产生重大错报。因此审计人员要执行足够的审计程序检查筹资与投资业务是否存在低估。

（3）筹资与投资业务涉及企业和债权人、所有者之间的关系，这种关系往往存在法律、法规和合同的约束，因此审计人员必须深入了解企业所处的法律环境，检查企业是否准确履行了相关的义务，以及报表中有关事项的披露是否恰当。

二、主要凭证和会计记录

筹资活动的凭证和会计记录主要有：债券、股票、债券契约、股东名册、公司债券存根簿、承销或包销协议、借款合同或协议、有关记账凭证、有关会计科目的明细账和总账等。

债券契约是明确债券持有人与发行企业双方所拥有的权利与义务的法律性文件，其内容一般包括：债券发行的标准；利息或利息率；受托管理人证书；登记和背书；如系抵押债券，所担保的财产；债券发生拖欠情况如何处理，以及对偿债基金、利息支付、本金返还等的处理。

股东名册是发行记名股票的公司记载股东情况的花名册。其记载的内容一般包括：股东的姓名或者名称及住所；各股东所持股份数；各股东所持股票的编号；各股东取得其股份的日期。

公司债券存根簿是发行记名公司债券时记载债券持有人的凭证。应记载的内容一般包括：债券持有人的姓名或者名称及住所；债券持有人取得债券的日期及债券的编号；债券总额、债券的票面金额、债券的利率、债券还本付息的期限和方式；债券的发行日期。发行无记名债券的应当在公司的债券存根簿上记载债券总额、利率、偿还期限和方式、发行日期和债券编号。

投资活动的凭证和会计记录主要有：股票或债券、经纪人通知书、债券契约、企业的章程及有关协议、投资协议、有关记账凭证、有关会计科目的明细账和总账。这些凭证和记录都是审计需要查证的资料。

三、主要业务活动

（一）筹资所涉及的主要业务活动

（1）授权审批。企业通过借款筹集资金需经管理当局的审批，其中债券的发行每次均要由董事会授权；企业发行股票必须依据国家有关法规或企业章程的规定，报经企业最高权力机构（如股东大会）及国家有关管理部门批准。

（2）签订合同或协议。向银行或其他金融机构融资需签订借款合同，发行债券需签订债券契约和债券承销或包销合同。

（3）取得资金。企业实际取得银行或金融机构划入的款项或债券、股票的融入资金。

（4）计算利息或股利。企业应按有关合同或协议的规定，及时计算利息或股利。

（5）偿还本息或发放股利。银行借款或发行债券，应按有关合同或协议的规定偿还本息。融入的股本根据股东大会的决定发放股利。

（二）投资所涉及的主要业务活动

（1）授权审批。投资业务应由企业的高层管理机构进行审批。

（2）取得证券或其他投资。企业可以通过购买股票或债券进行投资，也可以通过与其他单位联营形成投资。

（3）取得投资收益。企业可以取得股权投资的股利收入、债券投资的利息收入和其他投资收益。

（4）转让证券或收回其他投资。企业可以通过转让证券实现投资的收回，其他投资一经投出，除联营合同期满，或由于其他特殊原因联营企业解散外，一般不得抽回投资。

第二节　筹资与投资循环的内部控制测试

一、筹资业务的内部控制及其测试

（一）筹资业务的内部控制

筹资业务的内部控制应包括以下内容：

1. 审批授权控制

重大的理财活动，如借入大额债款、发行债券、接受投资、发行股票、以资本公积和盈余公积转增资本、减少资本、分配利润等，应由董事会作出决议或由最高管理当局决策，然后交由财务会计人员执行。小规模的理财活动，如借入短期借款、赊购等可由财务部门主管人员作出决定。

2. 职责分工控制

筹资业务的授权、执行、记录等工作应该进行明确的分工，不能由一人同时兼任两项以上的工作。例如，发行长期债券的业务可由董事会授权，高级管理人员与债券受托管理人和代理发行商签订合同，出纳人员负责收取银行转来的收款凭证，会计人员负责债券发行、计提利息和摊销的会计记录等。

3. 会计记录控制

理财业务的会计控制，不仅要通过会计记录及时提供可靠的筹资活动的信息，还要依靠严密的账簿、凭证组织，实施对筹资活动的记录控制。这要求：有关总账、明细账设置齐全，内容相互勾稽；以真实合法的原始凭证为依据进行记录；对发行和销毁的债券、股票应设置辅助登记簿或备查簿，详细记录其名称、面值、证书编号、数量、发行日期、发行商名称、发放的利息和股利等内容。

（二）筹资业务内部控制的符合性测试

筹资业务内部控制的符合性测试一般包括以下内容：

1. 了解筹资业务的内部控制

可以通过查阅被审计单位相关的各种规章制度、管理办法或询问有关人员，了解筹资循环内部控制的情况。以发行债券为例，可以了解：①债券的发行是否根据董事会授权或有关法律规定进行；②债券的发行收入是否及时存入银行；③是否按照债券契约的规定及时支付债券利息；④是否将应付债券记入适当的账户；⑤债券持有人明细账是否指定专人保管并定期核对；⑥债券的偿还和回购是否根据董事会授权办理。

2. 抽查会计记录

抽查会计记录是为了检查反映在会计资料上的内部控制措施是否得到执行。通常从明细账（如短期借款明细账、应付债券明细账、股本明细账）开始，在明细账中选择若干笔不同时期、不同内容、金额较大的业务，检查其原始凭证是否真实、齐备，记账凭证是否完整、正确。

3. 评价筹资业务的内部控制

评价时，应考虑相关的内部控制是否存在、是否完善、能否达到控制的目的，在哪些方面存在缺陷，以此确定对内部控制的可依赖程度，进而确定实质性测试的范围和重点。下面以银行借款为例，说明筹资业务的内部控制测试。

是否需要对银行借款的内部控制进行控制测试，应视被审计单位的情况而定。如果被审计单位的银行借款业务不多，就没有必要进行控制测试，可直接进行实质性程序。银行借款内部控制测试的要点如下：

（1）了解与描述长期借款的内部控制。审计人员应通过询问、观察、查阅有关资料等方法来了解银行借款业务内部控制的完善程度，掌握被审计单位对长期借款的立项、申请、合同签订、借款使用、利息核对、借款偿还、会计记录等有关程序的控制，以便确定长期借款审查的重点，提高审计工作效率。

（2）对银行借款内部控制进行测试。审计人员在了解被审计单位内部控制以后，应运用一定的方法测试其是否健全、有效以及可靠程度如何。这些方法通常包括：

第一，抽样检查银行借款账户的过账。即在银行借款明细表中选取一定数量的样本，并按所选样本审查银行借款登记簿和银行存款日记账的过账，以及各明细账户向总分类账的过账，以证实银行借款会计记录的内部控制是否有效。

第二，核对检查所选各明细账户各笔过账所附的原始凭证。这些原始凭证有经董事会批准的银行借款申请书、银行受理借款申请后的批准文件、银行借款款项划拨单、银行对账单等。审计人员既要审查这些原始凭证的正确性、合法性，又要核对有关原始凭证所载金额是否同相关明细账户相一致，以证实各有关部门的内部控制是否有效。

第三，审查借款利息的计算。审查借款利息时，审计人员应重点注意审查借款利率是否异常，有关人员是否定期计算借款利息，借款利息是否应予资本化。

（3）分析评价银行借款内部控制。审计人员在执行上述程序后，应对企业银行借款的内部控制进行分析、评价，以确定其对实质性程序工作的影响，并针对薄弱环节提出改进建议。

二、投资业务的内部控制及其测试

（一）投资业务的内部控制

一般来讲，投资业务内部控制的主要内容包括下列几个方面：

1. 审批授权控制

企业进行对外投资，必须进行审批或授权，因此企业应制订相关的投资业务的审批或授权制度和业务流程。审批或授权一般根据投资项目的重要程度和投资业务的类型分别由不同层次的管理机构或人员进行。例如，大规模的投资活动或投资的处置、收回，要由董事会决定，然后授权给经理人员执行；小规模的投资活动，如利用闲置资金购入短期有价证券或出让有价证券，可由投资部门或财务部门的主管人员授权，交由具体的业务人员办理。投资业务的审批授权控制可以有效地减少投资失误，避免投资损失，同时可以防止个人擅自挪用资金，避免财产流失。

2. 职责分工控制

合法的投资业务应在业务的授权、执行、会计记录以及资产的保管等方面都有明确的分工，不得由一人同时负责上述任何两项工作。例如，投资业务在企业高层管理机构核准后，可由高层负责人员授权签批，由财务经理办理具体的股票或债券的买卖业务，由会计部门负责会计记录和财务处理，并由专人保管股票或债券。这种合理的分工所形成的相互牵制机制有利于避免或减少投资业务中发生错误或舞弊的可能性。

3. 资产保管控制

企业对投资资产（指股票和债券资产）一般有两种保管方式：一种是由独立的专门机构保管，如在企业拥有较大的投资资产的情况下，委托银行、证券公司、信托投资公司等机构进行保管。这些机构拥有专门的保存和防护措施，可以防止各种证券及单据的失窃或毁损，并且由于它与投资业务的会计记录工作完全分离，可以大大降低舞弊的可能性。另一种方式是由企业自行保管，在这种方式下，必须建立严格的联合控制制度，即至少要由两名以上人员共同控制，不得一人单独接触证券。对于任何证券的存入或取出，都要将债券名称、数量、价值及存取的日期、数量等详细记录于证券登记簿内，并由所有在场的经手人员签名。

除无记名证券外，企业在购入股票或债券时应在购入的当日尽快登记于企业名下，切忌登记于经办人员名下，防止冒名转移并借其他名义谋取私利的舞弊行为发生。

对于企业所拥有的投资资产，应由内部审计人员或不参与投资业务的其他人员进行定期盘点，检查是否确为企业所拥有，并将盘点记录与账面记录相互核对以确认账实的一致性。

4. 会计记录控制

企业的投资资产无论是自行保管的还是由他人保管的，都要进行完整的会计记录，并对其增减变动及投资收益进行相关的会计核算。其一，企业应根据会计准则和会计制度对投资资产及其收益进行确认和计量，及时、真实地反映投资信息。其二，通过会计记录对投资业务进行记录控制，防止资产流失。具体包括：对各种投资业务填制内容齐全、手续完备的原始凭证，以反映投资业务的实际情况；对每种股票或债券分别设置明细分类账，并详细记录其名称、面值、证书编号、数量、取得日期、经纪人（证券商）名称、购入成本、收取的股息或利息等；对于联营投资类的其他投资，也应设置明细分类账，核算其他投资的投出及其投资收益和投资收回等业务，并对投资的形式（如流动资产、固定资产、无形资产等）、投向（即接受投资单位）、投资的计价以及投资收益等作出详细的记录；

通过复式记账，对投资的账簿记录进行勾稽控制，保证账簿记录的正确性。

（二）投资业务内部控制的符合性测试

投资业务的内部控制测试一般包括如下内容：

1. 了解投资业务的内部控制

可以通过询问被审计单位有关人员和查阅投资循环内部控制的有关文件了解企业是否存在投资循环的内部控制，弄清其内容，并作出适当记录，以便进行正常测试。

一般而言，对投资业务内部控制应了解的内容包括：投资项目是否经授权批准，投资金额是否及时入账；是否与被投资单位签订投资合同、协议，是否获得被投资单位出具的投资证明；投资的核算方法是否符合有关财务会计制度的规定，相关的投资收益会计处理是否正确，手续是否齐全；有价证券的买卖是否经恰当授权，是否妥善保管并定期盘点核对。

2. 进行简易抽查

应抽查投资业务的会计记录。例如，可以从各类投资业务的明细账中抽取部分会计分录，按原始凭证到明细账、总账的顺序核对有关数据和情况，判断其会计处理过程是否合规完整，并据以核实以上了解到的有关内部控制是否得到了有效执行。

3. 审阅内部盘核报告

应审阅内部审计人员或其他授权人员对投资资产进行定期盘核的报告。应审阅其盘点方法是否恰当、盘点结果与会计记录相核对的情况以及出现差异的处理是否合规。如果各期盘核报告的结果未发现账实之间存在差异（或差异不大），说明投资资产的内部控制得到有效执行。

4. 分析企业投资业务管理报告

对于企业的长期投资，应对照有关投资方面的文件和凭据，分析企业的投资业务管理报告。在作出长期投资决策之前，企业最高管理阶层（如董事会）需要对投资进行可行性研究和论证，并形成一定的纪要。投资业务一经执行，又会形成一系列的投资凭据或文件，如证券投资的各类证券，联营投资中的投资协议、合同及章程等。负责投资业务的投资或财务经理需定期向企业最高管理层报告有关投资业务的开展情况（包括投资业务内容和投资收益实现情况及未来发展预测），即提交投资业务管理报告书，供最高管理层投资决策和控制。审计人员应认真分析这些投资管理报告的具体内容，并对照前述的有关文件和凭据资料，从而判断企业长期投资业务管理情况。

5. 评价投资业务的内部控制

审计人员完成上述工作后，取得了有关内部控制是否健全、有效的证据，并在工作底稿中标明了内部控制的强弱点，即可对内部控制进行评价，确认对长期投资内部控制的可依赖程度，进而确定实质性测试的程序和重点。

第三节 筹资业务的实质性测试

一、审计目标的确定

筹资包括与资金取得和偿还有关的活动，包括负债的发生、利息的支付和债务的偿还，以及所有者权益的形成、利润的分配等活动。

筹资审计应达到以下目标：

（1）确定并了解被审计单位筹资业务内部控制的存在、有效及一贯遵守。

（2）确定被审计单位所记录的各项负债、所有者权益是否存在，是否确为被审计单位所有，各项负债利息、股利是否属于被审计期间，有无高估所有者权益和虚列负债等错误。

（3）确定被审计单位所记录的负债及其利息、所有者权益是否完整，有无遗漏，有无低估债务及其利息、所有者权益的错误。

（4）确定被审计单位各项负债及其利息、所有者权益各项目的确认和计量是否正确，是否符合会计准则和会计制度的规定。

（5）确定被审计单位各项负债业务和所有者权益业务的发生是否符合相关法律、法规和制度的规定，是否符合债务契约和投资合同的规定。

（6）确定被审计单位各项负债及其利息、各项所有者权益的余额在会计报表上是否进行了适当的披露。

二、借款审计

（一）银行借款审计

银行借款包括短期借款和长期借款，其实质性测试较为相似。一般而言，对银行借款的实质性测试应根据短期借款和长期借款余额的大小、占负债总额的比重、以前年度发现问题的多少以及相关内部控制制度的强弱等，确定实质性测试的程序和方法。

通常对银行借款的实质性测试包括以下内容：

1. 获得或编制短期借款和长期借款明细表

审计人员应首先取得或编制短期借款和长期借款明细表，复核其加计数是否正确，并与总账和明细账核对相符。短期借款和长期借款明细表应按被审计单位期末每笔短期借款和长期借款分别反映其金额、借款日期、还款期限、利率、抵押担保等情况。

2. 函证银行借款

审计人员应直接向银行函证，以证实银行借款的存在和条件，以及有无抵押借款。一般应选取期末余额较大的借款作为函证对象，询证函的寄出和回收应该由审计人员直接控制，函证结果如有差异，应进一步查明原因。

3. 复核借款利息

审计人员应根据各种借款的利率和期限复核其利息的计算是否正确。如有错误应记录于工作底稿，并提请被审计单位进行调整。

4. 复核外币借款的折算

对于外币借款，审计人员应审查外币的借款增加或减少是否按照业务发生日的市场汇率或当月月初市场汇率折算为记账本位币金额，期末是否将外币借款余额按月末市场汇率折算为记账本位币金额。

5. 检查银行借款的增加

对年度内增加的短期借款和长期借款，审计人员应检查借款合同和授权批准，了解借款数额、借款条件、借款日期、还款期限、借款利率，并与相关会计记录相核对。

6. 检查银行借款的减少

对年度内减少的短期借款和长期借款，审计人员应检查相关记录和原始凭证，核实还款数额。

7. 检查银行借款情况

对银行借款情况的检查包括：检查利息费用的会计处理是否正确；检查企业抵押借款的抵押资产的所有权是否属于企业，其价值与状况是否与抵押契约中的规定相一致；了解金融机构对被审计单位的授信情况和信用等级评估情况，了解被审计单位获得银行借款的抵押和担保情况，评估被审计单位的信誉和融资能力。

8. 审查银行借款在会计报表上的披露是否恰当

注意审查短期借款和长期借款是否在报表上进行了分类列示，一年内到期的长期借款是否作为"一年内到期的长期负债"列示于流动负债项目下，银行借款的抵押和担保情况是否在报表附注中进行了充分的说明。

（二）应付债券审计

通常企业很少发生发行债券业务，但如果有则数额很大，所以特别重要，审计人员对此应予以高度重视。应付债券的实质性测试一般包括以下内容：

1. 取得或编制应付债券明细表

审计人员应首先取得或编制应付债券明细表，并同有关的明细分类账和总分类账核对相符。应付债券明细表通常都包括债券名称、承销机构、发行日、到期日、债券总额（面值）、实收金额、折价和溢价及其摊销、应付利息、担保情况等内容。

2. 检查债券交易的有关原始凭证

检查债券交易的各项原始凭证是确定应付债券金额及其合法性的重要程序。内容包括：检查企业现有债券副本，确定其发行是否合法，各项内容是否同相关的会计记录相一致；检查企业发行债券所收入现金的收据、汇款通知单、送款登记簿及相关的银行对账单；检查用以偿还债券的支票存根，并检查利息费用的计算；检查已偿还债券数额同应付债券借方发生额是否相符；如果企业发行债券时已作抵押或担保，审计人员还应检查相关契约的履行情况。

3. 检查应计利息、债券折（溢）价摊销及其会计处理是否正确

审计人员应根据债券的面值、利率等复核应计利息的计提和债券折（溢）价的摊销是否正确，检查折（溢）价摊销的方法是否前后一致，检查应计利息和折（溢）价摊销的会计处理是否正确。

4. 函证“应付债券”账户期末余额

为了确定“应付债券”账户期末余额的真实性，审计人员如果认为有必要，可以直接向债权人及债券的承销人或包销人进行函证。函证内容应包括应付债券的名称、发行日、到期日、利率、已付利息期间、年内偿还的债券、资产负债表日尚未偿还的债权等重要事项。

5. 检查到期债券的偿还

对到期债券的偿还，审计人员应检查是否存在到期未还的债券，以及检查偿还债券的会计处理是否正确。对可转换公司债券持有人行使转换权利，将其持有的债券转换为股票，则应检查其转股的会计处理是否正确。

6. 检查借款费用的会计处理是否正确

检查企业对发生的利息及其他相关成本，包括折价或溢价的摊销、辅助费用及因外币借款而发生的汇兑差额的会计处理是否正确。检查是否存在资本化的借款费用，如有，考虑对其予以资本化是否符合规定。

7. 检查应付债券是否在资产负债表上充分披露

检查应付债券在资产负债表中是否列示于长期负债项目下，其中将于一年内到期的应付债券是否在流动负债项目下的“一年内到期的长期负债”项目单独反映。此外，审计人员还应检查应付债券的类别是否已在会计报表附注中作了充分的说明。

【案例】

注册会计师张雷审计B公司应付债券项目时，发现B公司有发行为期5年的公司债券。债券契约包括以下条款：①B公司应保持不低于2∶1的流动比率。如果低于该比率，下一会计年度中，公司高级管理人员的工资不应高于100万元。②B公司应为公司债券担保的财产，按其实际价值投保火灾，保险单应委托他人保管。③B公司提供担保的财产，按规定需要纳税的应及时缴纳，以免受罚，缴税单据应委托他人保管。

于是，张雷实施了以下审计程序：

(1) 复核自发行年度至当年度止各年末资产负债表中的流动比率，一旦低于2∶1，应立即查实是否限制高级管理人员的工资。

(2) 审核公司保险单副本，编制相关的明细表，列示折旧后的净值、现值、投保金额，并向委托管理保单的机构进行函证。

(3) 审查付税收据，并结合有关的税法规定确认投保财产的纳税。

(4) 审阅会计报表附注中是否已充分披露发行债券的限制条件（附注上并未披露）。

经过以上审计，张雷证实了本年度B公司没有违反债券契约的事项，但B公司却拒绝在会计报表附注中充分披露发行债券的限制条件。为此，张雷根据应付债券的重要性水平，考虑出具保留意见的审计报告。

（三）财务费用审计

财务费用的审计目标是：确定财务费用的记录是否完整；确定财务费用的计算是否正确；确定财务费用的披露是否恰当。其实质性测试程序包括：

（1）获取或编制财务费用明细表，复核加计正确，与报表数、总账数及明细账合计数核对是否相符。

（2）将本期、上期财务费用各项目作比较分析，必要时比较本期各月份财务费用，如有重大波动和异常情况应追查原因，扩大审计范围或增加测试量。

（3）检查利息支出的原始凭证，确认利息收支的真实性及正确性；检查各项借款期末应计利息有无预计入账。

（4）检查汇兑损益计算方法是否正确，所用汇率是否正确，前后期是否一致。

（5）审阅下期期初的财务费用明细账，检查财务费用各项目有无跨期入账的现象，对于重大跨期项目，应作必要调整。

（6）检查从其他企业或非银行金融机构取得的利息收入有否按规定计缴营业税。

（7）检查财务费用的披露是否恰当。

三、所有者权益审计

（一）股本审计

股本是股份有限公司按照公司章程、合同和投资协议的规定向股东募集的资本，代表股东对公司净资产的所有权。股本实质性测试的程序一般包括：

1. 审阅公司章程、实施细则和股东大会、董事会会议记录

审计人员应向被审计单位索取公司章程、实施细则和股东大会、董事会会议记录的副本。通过这些资料，审计人员可以了解被审计单位发行股票、收回股票或从事其他类型的股票交易是否经过股东大会或董事会的授权批准；同时还可了解核定股份和已发行股份的份数、股票面值、股票收回、股票分割及认股权证等具体情况。

2. 检查股东是否按照公司章程、合同、协议规定的出资方式出资，各种出资方式的比例是否符合规定

我国法律规定股份有限公司的出资可以采取货币资金、实物、无形资产方式，但以无形资产出资的金额不得超过股份有限公司注册资本的20%。同时规定，采用募集式设立的股份有限公司，发起人认购的股份不得少于公司股份的35%。注册会计师进行审计时，应当了解企业的章程、合同或协议中规定的出资方式、出资比例，并确定其内容的合法性。审计中，应检查股东是否按照公司章程、合同、协议规定的出资方式出资，各种出资方式的比例是否符合规定。如果存在不一致，应与被审计单位有关人员协商，了解没按规定出资的原因，并将差异情况记录于工作底稿中。

3. 索取或编制股本明细表

审计人员应向被审计单位索取或亲自编制股本明细表，作为永久档案存档，以供本年度和以后年度检查股本时使用。股本明细表的内容应包括各类股本变动的详细记载及有关的分析评价。编制时应将每次变动情况逐一记载并与有关的原始凭证和会计账目进行核对。

4. 检查股票的发行、收回等交易活动

通过检查与股票的发行、收回有关的原始凭证和会计记录，验证股票的发行、收回是

否确实存在。应检查的原始凭证包括已发行股票的登记簿、向外界收回的股票、募股清单、银行对账单等。会计记录则主要包括银行存款日记账与总账、股本明细账与总账等。

5. 函证发行在外的股票

我国股票发行和转让大都由企业委托证券交易所和金融机构进行，由证券交易所和金融机构对发行在外的股票份数进行登记和控制。这些机构既了解公司发行股票的总数，又掌握公司股东的个人记录以及股票转让情况，所以在审计时可采取向证券交易所和金融机构函证的方法来验证发行股份的数量，并与股本账面数额进行核对，确定二者是否相符。

6. 检查股票发行费用的会计处理

发行股票时，一般要发生股票的印刷费和委托其他单位发行股票时的手续费、佣金等。企业会计制度规定，溢价发行股票时，各种发行费用从溢价中抵消；无溢价的，或溢价不足以支付的部分，作为长期待摊费用，在不超过2年的期限内平均摊销。审计人员应检查相关会计记录和原始凭证，确定被审计单位对股票发行费用的会计处理是否正确。

7. 检查股本是否已在资产负债表中恰当披露

应检查股本在资产负债表中是否单项列示，其金额是否与审计人员审定数相符。同时检查是否在会计报表附注中披露与股本有关的重要事项，如股本的种类、各类股本金额及股票发行的数额、每股股票的面值、本会计期间发行的股票等。

（二）实收资本审计

实收资本是除股份有限公司之外的其他企业组织形式的投入资本。实收资本的增减变动主要是由于企业设立投入资本、增资扩股及需要减资等业务所形成的。实收资本的实质性测试程序一般包括：

1. 索取被审计单位合同、章程、营业执照及有关董事会会议记录

审计人员应向被审计单位索取合同、章程、营业执照及有关董事会会议记录，并认真审阅其中的有关规定。企业合同、章程对投资各方的出资方式、出资期限及其他要求作了详细规定，投资各方不得随意更改，应严格履行合同、章程所规定的出资义务。营业执照是由国家工商行政管理机关批准发给企业的合法经营的许可证，它规定了企业成立和终止的日期。

2. 索取或编制实收资本明细表

审计人员应向被审计单位索取或自行编制实收资本明细表，作为永久性档案存档，以供本年度和以后年度检查投入资本时使用。实收资本明细表应当包括投入资本变动的详细记载及有关的分析评价。编制时需将每次变动情况逐一记载并与有关的原始凭证和会计记录进行核对。

3. 检查出资期限和出资方式、出资限额

出资期限是投资者缴足其认缴资本的时间期限。出资期限包括合同期限和法律期限，前者是投资者根据企业筹建、开业的需要，在企业合同、章程中规定的出资期限；后者是国家有关法律、规定中要求的出资期限。合同期限要符合法律期限的要求。审计人员应通过审查收到出资者出资款的原始凭证和账簿记录，并对照企业合同、章程，确认各笔出资是否如期缴入。

出资方式是指各投资者认缴资本所采用的方式，包括货币资金出资、实物出资和无形

资产出资。投入资本的出资方式除国家规定以外，应在企业成立时经批准的企业合同、章程中有详细规定。投资者的出资方式必须严格遵守国家规定和企业合同、章程。审计人员应当按照有关法律和制度的规定，审查出资者的方式是否合法合规。

出资限额是指国家有关制度规定的和企业合同、章程规定的出资者的投入资本额。我国有关法规规定，企业申请开业必须具备符合国家规定并与其生产经营和服务规模相适应的资本数额。审计人员首先应当审查合同、章程规定的企业投入资本总额是否符合国家法规的相关规定，其次还应审查各出资者是否按约缴足了其认缴的出资额。

4. 检查投入资本的真实存在

投入资本的真实存在，是指出资者的投资确实用到了被投资企业的经营活动中，成为被投资企业的经营资金，而不允许出资者未办理任何合法手续便抽走资金。一方面，应检查是否实际收到了出资者的出资，如对财产和实物，可以检查验收凭证并进行实地盘查；对货币资金，可以检查银行的收款通知；对房地产，可以检查所有权证明文件；对无形资产，可以检查所有权或使用权证明文件，以及相关的技术资料。另一方面，还应通过检查银行存款、固定资产、存货、无形资产等账簿，发现有无贷记与出资者出资一致的资金记录。

5. 检查实收资本的增减变动

对于实收资本的增减变动，审计人员应查明原因，查阅其是否与董事会纪要、补充合同、协议及有关法律文件的规定一致。企业的实收资本不得随意增减，如有必要增减，必须具备一定条件。例如，企业减资需要满足三个条件：第一，应事先通知所有债权人，债权人无异议；第二，经股东大会决议同意，并修改公司章程；第三，减资后的注册资本不得低于法律规定的注册资本的最低限额。

6. 检查外币出资时实收资本的折算

以外币出资的，根据有关制度规定，企业对实际收到的外币出资，可以采用合同约定的市场汇率折合为记账本位币记账；合同没有约定的，按收到时的市场汇率折合。由于有关资产账户与实收资本账户所采用的折合汇率不同而产生的记账本位币差额，计入资本公积。审计人员应通过审阅相关账户，检查接受外币出资所选用的汇率是否符合规定。

7. 检查实收资本是否已在资产负债表中恰当披露

应检查企业的实收资本是否在资产负债表中单独列示，同时还应检查是否在会计报表附注中说明实收资本期初至期末间的重要变化，如所有者的变更、注册资本的增加或者减少、各所有者出资额的变动等。

【案例】

注册会计师张雷对A公司会计报表审计时发现，实收资本由年初的2 000万元变为年末的3 500万元，而盈余公积和未分配利润则比年初有所减少。询问财务经理得知，9月份用年初盈余公积和未分配利润转增资本500万元，光华公司新注入资本1 000万元。为此，张雷进一步审阅了营业执照，未发现增资事宜，公司又解释，尚未办理验资和变更登记，但提供了董事会决议和相关的会计记录和光华公司的进账凭证。

针对上述情况，张雷向A公司提供了两个可供选择的方案：一是在审计报告日之前办理验资和变更登记手续；二是冲转增加的注册资本。由于办理验资和变更登记手续的时间过于紧迫，A公司选择了第二种方案。但经与光华公司协商，该公司不同意撤回资本。对此，张雷出具了否定意见的审计报告。

（三）资本公积审计

资本公积是非经营性因素形成的不能计入实收资本的所有者权益，主要包括投资者实际缴付的出资额超过其资本份额的差额（如股本溢价、资本溢价）、接受非现金资产捐赠准备、接受现金捐赠、股权投资准备、拨款转入、外币资本折算差额、其他资本公积等。对资本公积进行实质性测试的内容包括：

1. 检查资本溢价或股本溢价

对资本溢价应检查是否在企业吸收新的投资者时形成，资本溢价的确定是否按实际出资额扣除其投资比例所占的资本额计算，其投资是否经企业董事会决定并已报原审批机关批准；对股本溢价应检查发行是否合法，是否经有关部门批准，股票发行价格与其面值的差额是否全部计入资本公积，是否已扣除委托证券商代理发行股票而支付的手续费、佣金（减去发行股票冻结期间所产生的利息收入）。

2. 检查接受非现金资产捐赠准备、接受现金捐赠

对捐赠公积应检查接受捐赠资产是否按规定办理了移交手续，是否经过验收，资产计价是否取得有关报价单或按同类资产的市场价格确认，接受的固定资产是否应计提折旧，是否存在捐赠资产不入账等情况。

3. 检查股权投资准备

对股权投资准备应检查被审计单位是否按被投资单位所反映的资本公积及实际持股比例计算确定，并已进行了正确的会计处理。

4. 检查拨款转入

拨款转入是指企业收到国家拨入的专门用于技术改造、技术研究等的拨款，在项目完成后，按规定转入资本公积的部分。对拨款转入，应检查相关的政府批文、拨款凭证及项目完成记录、项目决算书等。

5. 检查外币资本折算差额

对资本折算差额应检查资本账户折算汇率是否按合同约定确定，并由投资各方认可，且符合国家有关法规、制度的规定，资本账户折算所采用的汇率是否与收到出资日的市场汇率或当月初的市场汇率一致。

6. 检查资本公积转增资本是否经授权批准

对于资本公积转增资本，应检查转增资本是否经董事会、股东大会决定，报经工商行政管理机关批准并依法办理增资手续。

7. 检查资本公积是否已在资产负债表中恰当披露

检查资本公积是否在资产负债表中单项列示，是否在会计报表附注中说明资本公积的期末余额及期初至期末间的重要变化。

（四）盈余公积审计

盈余公积是企业按照规定从税后利润中提取的积累资金，是具有特定用途的留存收

益，主要用于弥补亏损和转增资本，也可以按规定用于分配股利。盈余公积包括法定盈余公积和任意盈余公积。对盈余公积进行的实质性测试程序包括：

1. 获取或编制盈余公积明细表

审计人员首先应获取或编制盈余公积明细表，分别列示法定盈余公积、任意盈余公积，并与明细账和总账的余额核对相符。

2. 检查盈余公积的提取

对盈余公积的提取，主要检查三个方面：一是提取比例是否符合规定并经过董事会批准；二是提取项目是否完整（所有企业都应提取法定盈余公积，股份有限公司还应提取任意盈余公积）；三是提取基数是否正确，即是否以税后利润作规定扣除后的余额作为提取基数。

3. 检查盈余公积的使用

对盈余公积的使用，应主要检查盈余公积的使用是否符合规定用途并经过批准。法定盈余公积和任意盈余公积用于弥补亏损、转增资本和特别批准后支付股利，必须符合国家规定的限制条件（如转增资本或分配利润后剩余额不得低于注册资本的25%，支付股利时支付比率不超过股票面值的6%）；转增资本还必须经批准，依法办理增资手续，取得合法的增资文件；弥补亏损也必须按批准数额转账。

4. 检查盈余公积是否已在资产负债表中恰当披露

应检查企业的法定盈余公积、任意盈余公积是否合并在盈余公积中并在资产负债表中列示，在会计报表附注中是否说明各项盈余公积的期末余额及其期初至期末间的重要变化。

（五）未分配利润审计

1. 未分配利润的审计目标

未分配利润是指未作分配的净利润，即这部分利润没有分配给投资者，也未指定用途。未分配利润是企业当年税后利润在弥补以前年度亏损、提取公积金以后加上上年末未分配利润，再扣除向所有者分配的利润后的余额，是企业留于以后年度分配的利润。它是企业历年积存的利润分配后的余额，也是所有者权益的一个重要组成部分。

企业的未分配利润通过“利润分配——未分配利润”明细科目核算，其年末余额反映历年积存的未分配利润（或未弥补亏损）。未分配利润的审计目标是：确定期末未分配利润是否存在；确定未分配利润增减变动的记录是否完整；确定未分配利润期末余额是否正确；确定未分配利润的披露是否恰当。

2. 未分配利润的实质性程序

未分配利润的实质性程序通常包括：

（1）获取或编制利润分配明细表，复核加计正确，与报表数、合计数核对相符。

（2）检查未分配利润期初数与上期审定数是否相符，涉及权益的上期审计调整是否正确入账。

（3）收集和检查与利润分配有关的董事会会议纪要、股东（大）会决议、政府部门批文及有关合同、协议、公司章程等文件资料，更新永久性档案。对照有关规定确认利润分配的合法性。检查对资产负债表日后至财务报告批准报出日之间由董事会或类似机构所制订的利润分配方案中拟分配的股利是否在财务报表附注中单独披露。注意当境内与境外会计师事务所审定的可供分配利润不同时，被审计单位进行利润分配的基数是否正确。

（4）检查本期未分配利润变动除净利润转入以外的全部相关凭证，结合所获取的文件资料，确定其会计处理是否正确。

（5）了解本年利润弥补以前年度亏损的情况，如果已超过弥补期限，且已因为抵扣亏损而确认递延所得税资产的，应当进行调整。

（6）结合以前年度损益调整科目的审计，检查以前年度损益调整的内容是否真实、合理，注意对以前年度所得税的影响。对重大调整事项应逐项核实其发生原因、依据和有关资料，复核数据的正确性。

（7）确定未分配利润的披露是否恰当。

（六）应付股利审计

1. 应付股利的审计目标

应付股利的审计目标一般包括：确定期末应付股利是否存在；确定期末应付股利是否为被审计单位应履行的支付义务；确定应付股利的记录是否完整；确定应付股利的期末余额是否正确；确定应付股利的披露是否恰当。

2. 应付股利的实质性程序

应付股利的实质性程序通常包括：

（1）获取或编制应付股利明细表，复核加计是否正确，并与报表数、总账数和明细账合计数核对相符。

（2）审阅公司章程和股东（大）会决议中有关股利的规定，了解股利分配标准和发放方式是否符合有关规定并经法定程序批准。被审计单位董事会或类似机构通过利润分配方案拟分配现金股利或利润的，注意是否披露。

（3）检查应付股利的发生额是否根据股东（大）会决定的利润分配方案，从可供分配利润中计算确定，并复核应付股利计算和会计处理的正确性。

（4）检查股利支付的原始凭证的内容、金额和会计处理是否正确。

（5）检查现金股利是否按公告规定的时间、金额予以发放结算，非标准手之零星股东股利有没有采用适当方法结算，对无法结算及委托发放而长期未结的股利是否作出适当处理。

（6）确定应付股利的披露是否恰当。

第四节　投资业务的实质性测试

一、审计目标的确定

投资是指企业把资金投放于某个方面以获取收益的行为。投资有内部投资和外部投资之分，但会计、审计中的投资指的是外部投资。外部投资是把资金投放于其他单位，或者说让渡资产的使用权给其他单位。外部投资按照投资目的分类，可分为短期投资和长期投资。短期投资是指能够随时变现并且持有时间不准备超过一年的投资，其目的是避免资金的暂时闲置，获得最大的收益。短期投资包括股票投资和债券投资。长期投资是指不准备随时变现、持有时间在一年以上的投资，其目的是为了积累整笔资金以供特定用途之需，或为了控制其他单位或对其他单位实施重大影响。长期投资包括长期股权投资和长期债权投资。

尽管外部投资可以分为不同的种类，但它们的审计目标是基本相同的，可以概括为以下几方面：①确定投资是否存在；②确定投资是否归被审计单位所有；③确定投资的增减变动及其收益（或损失）的记录是否完整；④确定投资的计价方法（成本法或权益法）是否正确；⑤确定投资的年末余额是否正确；⑥确定投资在会计报表上的披露是否恰当。

二、具体项目的实质性测试

与投资相关的项目包括：交易性金融资产、可供出售金融资产、持有至到期投资、长期股权投资、投资性房地产、应收利息、投资收益、应收股利、交易性金融负债等。

（一）交易性金融资产的审计

交易性金融资产，是指企业为了近期出售而持有的金融资产。在会计科目设置上，企业持有的直接指定为以公允价值计量且其变动计入当期损益的金融资产也通过该科目核算。交易性金融资产的审计目标一般包括：确定交易性金融资产是否存在；确定交易性金融资产是否归被审计单位所有；确定交易性金融资产的增减变动及其损益的记录是否完整；确定交易性金融资产的计价是否正确；确定交易性金融资产期末余额是否正确；确定交易性金融资产的披露是否恰当。

交易性金融资产的实质性程序通常包括：

（1）获取或编制交易性金融资产明细表，复核加计正确，并与报表数、总账数和明细账合计数核对相符。

（2）对期末结存的相关交易性金融资产，向被审计单位核实其持有目的，检查本科目核算范围是否恰当。

（3）获取股票、债券及基金等交易流水单及被审计单位证券投资部门的交易记录，与明细账核对，检查会计记录是否完整、会计处理是否正确。

（4）监盘库存交易性金融资产，并与相关账户余额进行核对，如有差异，应查明原因，并作出记录或进行适当调整。

（5）向相关金融机构函证交易性金融资产期末数量以及是否存在变现限制（与存出投资款一并询证），并记录函证过程。取得回函时应检查相关签章是否符合要求。

（6）抽取交易性金融资产增减变动的相关凭证，检查其原始凭证是否完整合法，会计处理是否正确。包括：抽取交易性金融资产增加的记账凭证，注意其原始凭证是否完整合法，成本、交易费用和相关利息或股利的会计处理是否符合规定；抽取交易性金融资产减少的记账凭证，检查其原始凭证是否完整合法，会计处理是否正确，注意出售交易性金融资产时其成本结转是否正确，原计入的公允价值变动损益有没有调整至投资收益。

（7）复核与交易性金融资产相关的损益计算是否准确，并与公允价值变动损益及投资收益等有关数据核对。

（8）复核股票、债券及基金等交易性金融资产的期末公允价值是否合理，相关会计业务处理是否正确。

（9）关注交易性金融资产是否存在重大的变现限制。

（10）确定交易性金融资产的披露是否恰当。

（二）可供出售金融资产审计

可供出售金融资产，是指初始确认时即被指定为可供出售的非衍生金融资产，以及除下列各类资产以外的金融资产：贷款和应收账款；持有至到期投资；以公允价值计量且其变动计入当期损益的金融资产。

可供出售金融资产的审计目标一般包括：确定可供出售金融资产是否存在；确定可供出售金融资产是否归被审计单位所有；确定可供出售金融资产的增减变动及其损益的记录是否完整；确定可供出售金融资产的计价是否正确，确定可供出售金融资产减值准备的计提方法是否恰当，计提是否充分；确定可供出售金融资产减值准备的增减变动记录是否完整；确定可供出售金融资产及其减值准备期末余额是否正确；确定可供出售金融资产及其减值准备的披露是否恰当。

可供出售金融资产的实质性程序通常包括：

（1）获取或编制可供出售金融资产明细表，复核加计正确，并与总账数和明细账合计数核对相符。

（2）获取可供出售金融资产对账单，与明细账核对，并检查其会计处理是否正确。

（3）检查库存可供出售金融资产，并与相关账户余额进行核对，如有差异，应查明原因，并作出记录或进行适当调整。

（4）向相关金融机构发函询证可供出售金融资产期末数量，并记录函证过程。取得回函时应检查相关签章是否符合要求。

（5）对期末结存的可供出售金融资产，向被审计单位核实其持有目的，检查本科目核算范围是否恰当。

（6）抽取可供出售金融资产增减变动的相关凭证，检查其原始凭证是否完整合法，会计处理是否正确。包括：抽取可供出售金融资产增加的记账凭证，注意其原始凭证是否完整合法，成本、交易费用和相关利息或股利的会计处理是否符合规定；抽取可供出售金融资产减少的记账凭证，检查其原始凭证是否完整合法，会计处理是否正确。注意出售可供出售金融资产时相应的资本公积有没有调整。

（7）复核可供出售金融资产的期末公允价值是否合理，检查会计处理是否正确。

（8）如果可供出售金融资产的公允价值发生较大幅度下降，并且预期这种下降趋势属于非暂时性的，应当检查被审计单位是否计提资产减值准备，计提金额和相关会计处理是否正确。

（9）已确认减值损失的可供出售金融资产，当公允价值回升时，检查其相关会计处理是否正确。注意债券等债务工具应从资产减值损失科目转回；股票等权益工具则应从资本公积转回，不得从当期损益转回。

（10）若债券等债务工具类可供出售金融资产发生减值，检查相关利息的计算和会计处理是否正确。

（11）检查可供出售金融资产出售时，其相关损益计算及会计处理是否正确，已计入资本公积的公允价值累计变动额是否转入投资收益科目。

（12）复核可供出售金融资产划转为持有至到期投资的依据是否充分，处理是否正确。

（13）检查债券投资计入损益的利息收入计算所采用的利率是否正确。

（14）结合银行借款等科目，了解是否存在已用于债务担保的可供出售金融资产。如有，则应取证并作相应的记录，同时提请被审计单位作恰当披露。

（15）确定可供出售金融资产的披露是否恰当。

（三）持有至到期投资审计

持有至到期投资，是指到期日固定、回收金额固定或可确定，且企业有明确意图和能力持有至到期的非衍生金融资产。持有至到期投资的审计目标一般包括：确定持有至到期投资是否存在；确定持有至到期投资是否归被审计单位所有；确定持有至到期投资的增减变动及其损益的记录是否完整；确定持有至到期投资的计价是否正确；确定持有至到期投资减值准备的计提方法是否恰当，计提是否充分；确定持有至到期投资减值准备的增减变动的记录是否完整；确定持有至到期投资及其减值准备期末余额是否正确；确定持有至到期投资及其减值准备的披露是否恰当。

持有至到期投资的实质性程序通常包括：

（1）获取或编制持有至到期投资明细账，复核加计正确，并与总账数和明细账合计数核对相符。

（2）获取持有至到期投资对账单，与明细账核对，并检查其会计处理是否正确。

（3）检查库存持有至到期投资，并与账面余额进行核对，如有差异，应查明原因，并作出记录或进行适当调整。

（4）向相关金融机构发函询证持有至到期投资期末数量，并记录函证过程。取得回函时应检查相关签章是否符合要求。

（5）对期末结存的持有至到期投资资产，核实被审计单位持有的目的和能力，检查本科目核算范围是否恰当。

（6）抽取持有至到期投资增加的记账凭证，注意其原始凭证是否完整合法，成本、交易费用和相关利息的会计处理是否符合规定。

（7）获取持有至到期投资减少的记账凭证，检查其原始凭证是否完整合法，会计处理是否正确。

（8）根据相关资料，确定债券投资的计息类型，结合投资收益科目，复核计算利息采用的利率是否恰当，相关会计处理是否正确，检查持有至到期投资持有期间收到的利息会计处理是否正确；检查债券投资票面利率和实际利率有较大差异时，被审计单位采用的利率及其计算方法是否正确。

（9）结合投资收益科目，复核处置持有至到期投资的损益计算是否准确，已计提的减值准备是否同时结转。

（10）检查当持有目的改变时，持有至到期投资划转为可供出售金融资产的会计处理是否正确。

(11) 结合银行借款等科目，了解是否存在已用于债务担保的持有至到期投资。如有，则应取证并作相应的记录，同时提请被审计单位作恰当披露。

(12) 当有客观证据表明持有至到期投资发生减值的，应当复核相关资产项目的预计未来现金流量现值，并与其账面价值进行比较，检查相关准备计提是否充分；若发生减值，检查相关利息的计算及处理是否正确。

(13) 确定持有至到期投资的披露是否恰当，注意一年内到期的持有至到期投资是否已再分类至一年内到期的非流动资产。

(四) 长期股权投资审计

长期股权投资核算企业持有的采用权益法或成本法核算的长期股权投资，具体包括：①企业持有的能够对被投资单位实施控制的权益性投资，即对子公司的投资。②企业持有的能够与其他合营方一同对被投资单位实施共同控制的权益性投资，即对合营企业的投资。③企业持有的能够对被投资单位施加重大影响的权益性投资，即对联营企业的投资。④企业对被投资单位不具有控制、共同控制或重大影响，且在活跃市场中没有报价、公允价值不能可靠计量的权益性投资。

长期股权投资的审计目标一般包括：确定长期股权投资是否存在；确定长期股权投资是否归被审计单位所有；确定长期股权投资的增减变动及投资损益的记录是否完整；确定长期股权投资的核算方法是否正确；确定长期股权投资减值准备的计提方法是否恰当；确定长期股权投资减值准备增减变动的记录是否完整；确定长期股权投资及其减值准备的期末余额是否正确；确定长期股权投资及其减值准备的披露是否恰当。

长期股权投资的实质性程序通常包括：

(1) 获取或编制长期股权投资明细表，复核加计正确，并与总账数和明细账合计数核对相符，结合长期股权投资减值准备科目与报表数核对相符。

(2) 根据有关合同和文件，确认长期股权投资的股权比例和持有时间，检查长期股权投资核算方法是否正确。

(3) 对于重大的投资，向被投资单位函证被审计单位的投资额、持股比例及被投资单位发放股利等情况。

(4) 对于应采用权益法核算的长期股权投资，获取被投资单位已经审计人员审计的年度财务报表，如果未经审计人员审计，则应考虑对被投资单位的财务报表实施适当的审计或审阅程序。内容包括：①复核投资收益时，应以取得投资时被投资单位各项可辨认资产的公允价值为基础，对被投资单位的净利润进行调整后加以确认；被投资单位采用的会计政策及会计期间与被审计单位不一致的，应当按照被审计单位的会计政策及会计期间对被投资单位的财务报表进行调整，据以确认投资损益。②将重新计算的投资收益与被审计单位所计算的投资收益相核对，如有重大差异，则查明原因，并作适当调整。③被审计单位按权益法核算长期股权投资，在确认应分担被投资单位发生的净亏损时，应首先冲减长期股权投资的账面价值，其次冲减其他实质上构成对被投资单位净投资的长期权益账面价值(如长期应收款等)；如果按照投资合同和协议约定被审计单位仍需承担额外损失义务的，应按预计承担的义务确认预计负债，并与预计负债中的相应数字核对无误；被投资单位以后期间实现盈利的，被投资单位在收益分享额弥补未确认的亏损分担额后，应恢复确认收益分享额。审计时，应检查被审计单位的会计处理是否正确。④检查除净损益以外被投资单位所有者权益的其他变动，是否调整计入所有者权益。

（5）对于采用成本法核算的长期股权投资，检查股利分配的原始凭证及分配决议等资料，确定会计处理是否正确，对被审计单位实施控制而采用成本法核算的长期股权投资，比照权益法编制变动明细表，以备合并报表使用。对于成本法和权益法相互转换的，检查其投资成本的确定是否正确。

（6）确定长期股权投资增减变动的记录是否完整。内容包括：①检查本期增加的长期股权投资，追查至原始凭证及相关的文件或决议及被投资单位验资报告或财务资料等，确认长期股权投资是否符合投资合同、协议的规定，并已确实投资，会计处理是否正确。②检查本期减少的长期股权投资，追查至原始凭证，确认长期股权投资的收回是否有合理的理由及授权批准手续，是否已确实收回投资，会计处理是否正确。

（7）期末对长期股权投资进行逐项检查，以确定长期股权投资是否已经发生减值。内容包括：①核对长期股权投资减值准备本期与以前年度计提方法是否一致，如有差异，查明政策调整的原因，并确定政策改变对本期损益的影响，提请被审计单位作适当披露。②对长期股权投资逐项进行检查，根据被投资单位经营政策、法律环境的变化，市场需求的变化、行业的变化、盈利能力等各种情形予以判断长期股权投资是否存在减值迹象。确有出现导致长期股权投资可收回金额低于账面价值的，将可收回金额低于账面价值的差额作为长期股权投资减值准备予以计提，并与被审计单位已计提数相核对，如有差异，查明原因。将本期减值准备计提金额与利润表资产减值损失中的相应数字核对无误。③长期股权投资减值准备是否按单项资产计提，计提依据充分，得到适当批准。减值损失确认后，在以后会计期间是否没有转回。

（8）结合银行借款等的检查，了解长期股权投资是否存在质押、担保情况。如有，则应详细记录，并提请被审计单位进行充分披露。

（9）确定长期股权投资在资产负债表中已恰当列报；与被审单位人员讨论确定是否存在被投资单位由于所在国家和地区及其他方面的影响，其向被审计单位转移资金的能力受到限制的情况，如存在，应详细记录受限情况，并提请被审计单位充分披露。

（五）投资性房地产审计

投资性房地产，是指为赚取租金或资本增值，或者两者兼而有之而持有的房地产。投资性房地产的审计目标一般包括：确定投资性房地产是否存在；确定投资性房地产是否归被审计单位所有；确定投资性房地产增减变动的记录是否完整；确定投资性房地产的计价方法是否恰当；确定采用成本模式计量的投资性房地产的减值准备计提方法是否正确，计提是否充分；确定采用成本模式计量的投资性房地产的减值准备增减变动的记录是否完整；确定采用公允价值模式计量的投资性房地产的公允价值的确定是否合理；确定投资性房地产、投资性房地产累计折旧和投资性房地产减值准备期末余额是否正确；确定投资性房地产、投资性房地产累计折旧和投资性房地产减值准备的披露是否恰当。

投资性房地产的实质性程序通常包括：

（1）获取或编制投资性房地产明细表，复核加计正确，并与总账数和明细账合计数核对相符；结合累计摊销（折旧）、投资性房地产减值准备科目与报表数核对相符。

（2）检查纳入投资性房地产范围的建筑物和土地使用权是否符合会计准则的规定。

（3）检查投资性房地产后续计量模式选用的依据是否充分。与上年政策进行比较，确定后续计量模式的一致性。如不一致，则详细记录变动原因。

（4）确定投资性房地产后续计量选用公允价值模式政策是否恰当，计算复核期末计价是否正确。内容包括：①询问并获取相关资料，评价被审计单位确定公允价值采用方法的适当性，公允价值选用的合理性，包括公司的决策程序、公允价值的确定方法、估值模型的选择、披露的充分性等。②被审计单位投资性房地产的后续计量采用公允价值模式计价的，期末应逐项检查公允价值的确定依据是否充分，公允价值变动损益计算是否正确，会计处理是否正确。与公允价值变动损益项目中的相应数字核对相符。③如果需利用专家的工作，应对专家的执业资格和胜任能力、工作结果等进行评价。

（5）投资性房地产后续计量选用成本计量模式的，确定投资性房地产累计摊销（折旧）政策是否恰当，计算复核本年度累计摊销（折旧）的计提是否正确。内容包括：①了解被审计单位所使用的建筑物折旧率和土地使用权摊销率，确定其是否恰当。②确认被审计单位除已提足折旧的建筑物外，其他投资性房地产均已计提折旧和摊销。③根据投资性房地产的平均水平测算全年的摊销（折旧）额，并与投资性房地产中的累计折旧和摊销本期增加数相核对，如有差异，查明原因。④将本期累计折旧和摊销金额与利润表其他业务支出中的相应数字核对无误。

（6）期末对成本计量的投资性房地产进行如下逐项检查，以确定投资性房地产是否已经发生减值。内容包括：①核对投资性房地产减值准备本期与以前年度计提方法是否一致，如有差异，查明政策调整的原因，并确定政策改变对本期损益的影响，提请被审计单位作适当披露。②确有出现导致其可收回金额低于账面价值的情况，将可收回金额低于账面价值的差额作为投资性房地产减值准备予以计提，并与投资性房地产中的减值准备本期增加数相核对，如有差异，查明原因。③将本期减值准备计提金额与利润表资产减值损失中的相应数字核对无误。④检查投资性房地产减值准备是否按单项资产（或资产组）计提，计提依据是否充分，是否得到适当批准，减值损失是否没有转回。

（7）确定投资性房地产后续计量模式的转换是否恰当。内容包括：①检查董事会等决议文件，确定后续计量模式改变的适当性，会计处理的正确性，并提请被审计单位进行充分披露。②审查投资性房地产成本计量模式转为公允价值计量模式是否作为会计政策变更进行追溯调整期初留存收益处理；采用公允价值计量模式的投资性房地产不得从公允价值计量模式转为成本计量模式。

（8）如被审计单位投资性房地产与其他资产发生相互转换，应审查转换依据是否充分，是否经过有效批准，转换日房地产成本计量是否正确，会计处理是否正确。内容包括：①复核在成本模式下，是否将房地产转换前的账面价值作为转换后的入账价值。②复核采用公允价值模式计量的投资性房地产转换为自用房地产时，是否以其转换当日的公允价值作为自用房地产的账面价值，公允价值与原账面价值的差额是否计入当期损益。③复核自用房地产或存货转换为采用公允价值模式计量的投资性房地产时，投资性房地产是否按照转换当日的公允价值计价，转换当日的公允价值小于原账面价值的，其差额是否计入当期损益；转换当日的公允价值大于原账面价值的，其差额是否计入资本公积。

（9）获取租赁合同等文件，重新计算租金收入，并与利润表其他业务收入中的相应数字核对无误；检查本期对投资性房地产进行改良或装修的会计处理是否正确；检查有无与关联方的投资性房地产购售活动，是否经适当授权，交易价格是否公允。

（10）结合银行借款等项目的审计，了解建筑物、土地使用权是否存在抵押、担保情况。如有，则应详细记录，并提请被审计单位进行充分披露。检查投资性房地产的保险情况。

（11）确定投资性房地产已恰当列报。

（六）应收利息审计

应收利息的审计目标一般包括：确定应收利息是否存在；确定应收利息是否归被审计单位所有；确定应收利息及其坏账准备增减变动的记录是否完整；确定应收利息可否收到，坏账准备的计提方法和比例是否恰当，计提是否充分；确定应收利息及其坏账准备的期末余额是否正确；确定应收利息及其坏账准备的披露是否恰当。

应收利息的实质性程序通常包括：

（1）获取或编制应收利息明细表，复核加计正确，并与总账数和明细账合计数核对相符，结合坏账准备科目与报表数核对相符。

（2）实质性分析程序。按照不同借款类别，将借款平均余额与平均利率的乘积与账面利息收入相比较，确定两者差异额是否合理。

（3）与长期股权投资、交易性金融资产、可供出售金融资产、持有至到期投资等相关项目的审计结合，验证确定应收利息的计算是否充分、正确，检查会计处理是否正确。

（4）对于重大的应收利息项目，审阅相关文件，复核其计算的准确性。必要时，向有关单位函证并记录。

（5）检查应收利息的减少有无异常。

（6）检查期后收款情况，对至审计时已收回的金额较大的款项进行常规检查，如核对收款凭证、银行对账单、发票等。

（7）关注长期未收回及金额较大的应收利息，询问被审计单位管理人员及相关职员，确定应收利息的可收回性。必要时，向被投资单位函证利息支付情况，复核并记录函证结果。

（8）确定应收利息已恰当披露。

（七）投资收益审计

投资收益的审计目标一般包括：确定记录的投资收益是否已发生，且与被审计单位有关；确定投资收益的记录是否完整；确定与投资收益有关的金额及其他数据是否已恰当记录；确定投资收益是否已记录于正确的会计期间；确定投资收益的内容是否正确；确定投资收益的披露是否恰当。

投资收益的实质性程序通常包括：

（1）获取或编制投资收益分类明细表，复核加计正确，并与总账数和明细账合计数核对相符，与报表数核对相符。

（2）与以前年度投资收益比较，结合投资本期的变动情况，分析本期投资收益是否存在异常现象，如有，应查明原因，并作出适当的调整。

（3）与长期股权投资、交易性金融资产、交易性金融负债、可供出售金融资产、持有至到期投资等相关项目的审计结合，验证确定投资收益的记录是否正确，确定投资收益被计入正确的会计期间。

（4）确定投资收益已恰当列报。检查投资协议等文件，确定国外的投资收益汇回是否存在重大限制，若存在重大限制，应说明原因，并作出恰当披露。

（八）交易性金融负债审计

交易性金融负债，是指企业为了近期回购而持有的金融负债。在会计科目设置上，企业持有的直接指定为以公允价值计量且其变动计入当期损益的金融负债也通过该科目核算。交易性金融负债的审计目标一般包括：确定期末交易性金融负债是否存在；确定期末交易性金融负债是否为被审计单位应履行的偿还义务；确定交易性金融负债的发生、偿还及计息的记录是否完整；确定交易性金融负债期末余额是否正确；确定交易性金融负债的披露是否恰当。

交易性金融负债的实质性程序通常包括：

（1）获取或编制交易性金融负债明细表，复核加计是否正确，并与报表、总账和明细账核对相符。

（2）根据有关的债券交易资料，审查交易性金融负债内容的真实性和完整性。

（3）必要时，向对方单位函证。

（4）审查交易性金融负债的会计处理是否正确，特别注意公允价值的合理性，是否存在低估公允价值调增利润的情况。

（5）验明交易性金融负债的披露是否恰当。

本章小结

（1）筹资与投资循环包括筹资活动与投资活动两个方面。筹资活动是指企业为了满足生存和发展的需要，采用一定的方式，从各种渠道取得资金，以增大资本规模或改变资本结构的活动。投资活动是指企业把资金投放于其他单位而取得收益的活动，包括权益性投资和债权性投资。筹资与投资循环的交易数量相对较少，但每笔交易的金额通常较大，因此，筹资和投资循环的错误会计记录通常会导致重大的错误，从而影响会计报表的公允反映。

（2）筹资与投资循环所涉及的资产负债表项目主要有：交易性金融资产、应收股利、应收利息、其他应收款、长期股权投资、可供出售金融资产、无形资产、长期待摊费用、短期借款、应付股利、其他应付款、预计负债、长期借款、应付债券、长期应付款、专项应付款、递延所得税、股本、资本公积、盈余公积、未分配利润。筹资与投资循环所涉及的利润表项目有：管理费用、财务费用、投资收益、营业外收入、营业外支出、所得税费用等。

关键术语和概念

筹资与投资循环　交易性金融资产审计　可供出售金融资产审计
持有至到期投资审计　投资性房动产审计　长期股权投资审计

拓展阅读

中国注册会计师协会．审计．北京：经济科学出版社，2011.
袁小勇，陈郡．审计学．北京：首都经济贸易大学出版社，2007.
殷文玲，高颖．审计案例教程．北京：清华大学出版社，2008.

第十三章　货币资金和特殊项目的审计

本章学习要点

货币资金是企业资产的重要组成部分，其流动性强，风险大，对货币资金的审计是资产审计中的重要内容。注册会计师除了对各类交易和账户余额进行审计外，还需对一些特殊项目进行审计，如期初余额、期后事项、或有损失等，以对财务报表发表合理的审计意见。

通过本章学习，应当掌握以下主要内容：

（1）货币资金审计的目标、内部控制的内容、符合性测试的要求；

（2）库存现金、银行存款实质性测试的程序和内容；

（3）有价证券符合性测试、实质性测试的程序和内容；

（4）期初余额审计的目标和程序；

（5）期后事项的分类和审计的要求；

（6）或有损失的分类和审计的要求。

第一节　货币资金和有价证券的审计

一、货币资金的审计

（一）货币资金审计的目标

1. 证实货币资金账面余额的存在性

通过对货币资金有关账户记录的审查，核实其各项收入与支出项目，盘点库存现金，核对银行存款，审计人员应确定其账面金额是否真实，指出核算工作中的差错或故意高估账面余额的舞弊。

2. 证实货币资金业务账务处理的完整性

根据会计准则的规定，企业所发生的货币资金业务都应全部并及时地计入相应的账户。审计人员要核实企业与货币资金有关的经济业务是否全部被记录入账，资产负债表中的货币资金项目与各有关账户的余额是否一致。通过审查，要指出漏记的现象，并查明原因。

3. 证实货币资金收付业务的合法性

货币资金业务风险性大，收支频繁，并易于转让和被盗用。审计人员应查核货币资金的收付业务有无违反国家有关法规、制度和违反会计原则的现象，揭露贪污、盗窃、挪用等舞弊行为，并及时提请有关方面加以处理。

4. 证实外币计价的正确性

有外币交易的企业，要根据财务制度的规定，在编制财务报告时，将外币现金、外币银行存款的账户余额，按照月末国家外汇牌价折合为记账本位币金额。审计人员通过审查，对其正确性加以证实，并揭露在外币折算中的舞弊行为。

5. 证实货币资金表述的合理性

审计人员在核实货币资金收付业务与期末余额的基础上，要审查货币资金项目在资产负债表上的列示是否符合会计准则的要求，排除计算上的差错与表述上的误解，如实地反映企业的货币资金状况。

（二）货币资金的内部控制

一般而言，良好的货币资金内部控制应包括以下内容：

（1）授权。要求在收付资金前，需经过有关经济业务负责人批准。

（2）审核。要求在收付资金前，由会计人员对原始凭证及据此编制的记账凭证进行审查核实。

（3）复核。要求按记账凭证记录收付款项时，还需经会计人员对其进行复核，复核内容与审核内容基本相同，其目的在于通过相互牵制，防止错误和舞弊行为的发生。

（4）记账。要求根据已完成的现金收付业务，及已编号并加盖现金收付戳记的记账凭证，每日按顺序及时地记入现金日记账。

（5）分工。即管钱与管账的人员应严格分工，出纳登记现金日记账和编制现金日报表，会计人员登记现金总账。这两种职能必须相互分离，防止舞弊。

（6）核对。要求对账账、账表、账实进行核对，即要求定期对现金日记账与现金总账、现金总账与会计报表、现金日记账及现金日报表与库存现金等进行核对。

（7）保管。由于现金是一种流动性极强的资产，在企业里，它是由现金出纳部门负责保管的。现金是否安全，要看保管条件，比如出纳部门有无防盗装置，是否用保险柜存放现金。

（8）盘点。要求按月盘点现金，编制银行存款余额调节表，以做到账实相符。

（9）内部审计。要求企业的内部审计部门加强对现金收支业务的内部审计。

（三）货币资金的符合性测试

货币资金业务内部控制符合性测试的步骤和内容如下：

1. 了解和描述货币资金业务的内部控制制度

审计人员应采用适当的手续，对被审计单位货币资金的内部控制制度进行充分的了解，并采用适当的方法对所了解的情况加以记录。需要了解的内容主要有以下几方面：

（1）了解账、钱、物的分工负责情况。实行账、钱、物三分管是企业内部控制的一项最基本的要求。在货币资金的内部控制方面，贯彻这一原则更具有重要的意义。经管货币资金收支的人员不得经管有关的会计记录，出纳和记账的职务必须分离。审计人员既要了解分工情况，更要注意负责的程度。

（2）了解货币资金的收付程序。首先应注意企业的货币资金是集中收付还是分散收付。集中收付是指将有关货币资金的收付事项都集中起来，由财务部门统一办理；分散收付是指有关货币资金的收付事项由各单位在职权范围内分别办理，定期汇总上报财务部门。其次应注意货币资金的收入业务和支出业务有无分开办理，有无经常性的不应有的坐支事项。

（3）了解收付款凭证的应用及账簿的登记情况。企业所发生的一切货币资金收付事项都必须取得或填制合法的凭证，有关收款凭证和付款凭证的手续必须完备，不允许使用白条、白发票作为收付款凭证。所完成的一切货币资金收付业务，都必须根据合法的凭证及时登记入账。审计人员应了解凭证的使用是否合规，账簿的登记是否完整。

（4）了解出纳纪律的遵守情况。出纳员是企业货币资金业务的主要经办人员，货币资金业务内部控制的情况如何，在很大程度上与出纳纪律的遵守情况密切相关。了解出纳纪律的遵守情况，对掌握货币资金内部控制的情况十分重要。应注意，凡有下列情况之一的，均属于违反出纳纪律：办理无合法收付款凭证的收付事项；以原始凭证办理收付款；超限额存放现金；以白条、有价证券抵充现金；私自挪用现金；代办职务外现金收支；存放账外现金；签发空头支票和空白支票；擅自涂改原始凭证或记账凭证的文字和数字；委托他人代管金库、代签支票、代盖出纳印章等。

2. 抽取并审查货币资金的收付款凭证

在了解货币资金内部控制的基础上，应当有针对性地抽查有关原始凭证和账簿，深入查证内部控制的执行情况。

对货币资金收付款凭证的审查，首先应注意有关外来发票和收据等原始凭证。审查外来发票时应注意：发票的抬头是否为被审计单位，开具发票的单位是否为合法经营单位，开具发票单位的名称与图章是否一致；发票本身是否合法，有无号码和税务印章；发票所反映的经济业务内容与开票单位的经营范围是否一致，发票上的货物是否为被审计单位所需要的；发票上有无收款专用章或货款两记章，印章是否清楚，有无以“不准作报销凭证”、“收款另有收据为凭”等字样的发票作为报销凭证；发票上的数量、单价、金额是否正确，金额大小写是否一致，有无涂改痕迹；发票上的手续是否齐备，审批签章是否合规等。对外来收据的审查，主要应注意收据的使用是否合规。收据一般只用来支付劳务费、住宿费等，不能用来支付货款，支付货款应当使用发票。

企业的自制收款原始凭证一般有销货通知单和收据两种。审查销货通知单时，应注意其签发情况，有无财会人员收款盖章，收入是否全部入账。应注意发票存根编号是否连续，并将其与销售收入记录逐笔核对，查明收款情况。审查自制收据时，应注意收据是否全由财会部门开出，有无收款不给收据的情况。企业的自制付款原始凭证一般有工资结算单、借款单及各种报销凭证，这些凭证是企业内部有关部门或人员出具的，作为向财会部门取款的凭据。审查时应注意这些凭证是否真实，有无主管领导审批签章手续，支付的款项是否符合有关规定，领款人有无签字或盖章，特别要注意有无虚报冒领的情况。

对现金收付款记账凭证的审查，应注意凭证的内容是否齐全，抬头、日期、摘要、金额是否清楚，有无涂改现象，复写字迹上下联是否一致；凭证是否连续编号，有关作废的凭证是否妥善保管，有无出错发票的不正当活动；凭证中所反映的经济业务的处理是否正确，账户对应关系是否清楚，记账凭证上的内容与原始凭证上的内容是否一致；有无虚构支出，编造凭证，贪污现金；有无内外串通，弄虚作假，骗取现金；每张收付款记账凭证的手续是否齐备，是否据以及时记账等。

审查支票的使用时应注意：支票的签发是否按规定的手续办理，是否顺号使用；支票和支票印鉴是否由两人保管和办理；作废的支票是否和存根附在一起，并加盖“作废”戳记，妥善保管；支票金额与原始凭证的金额是否一致；现金支票有无内部负责人签字；支票接收单位是否为与企业发生正常经济业务的单位，有无非法出借支票等。

3. 抽查并核对货币资金的账务记录

主要抽查货币资金日记账并与总账记录核对，审查银行存款余额调节表的编制情况。审阅中，重点应注意以下问题：

（1）现金和银行存款日记账的收入和支出金额是否根据审核无误后的收款凭证、付款凭证登记，日记账中所记录的内容与有关凭证上的内容是否一致。货币资金的收付款事项是否按顺序逐笔登记，有无收付款凭证记录顺序颠倒的情况，即早发生的业务或凭证号小的业务记在后，而晚发生的业务或凭证号大的业务却记在前，如果有这些情况应查明原因。

（2）现金的收付项目和收付金额有无超出现金使用范围的规定。应注意收付金额大的项目及其摘要说明，必要时与记账凭证或原始凭证核对。现金日记账是否做到日清月结，账款相符。每日终了，应计算出全天的现金收入合计数、现金支出合计数和结余数，并将账面结余数与实际库存数核对，做到账款相符。对账款不符的情况，应及时查明原因，进行处理。

（3）每日的现金结余额是否超过银行核定的限额。应将一段时期内每日的现金账面结余额与银行核定的库存现金限额进行比较，看限额的遵守情况。如果有经常大量超过库存限额的情况，要注意审查企业现金的来源，查明不及时送存银行的原因。特别要注意平时积聚现金，而到一定数额一次解存银行的情况。

（4）审查现金收支业务是否合法，有无经常坐支现金。可以将前一天的现金结余额与第二天的现金收支情况进行对比，查证坐支情况。对现金收付的审查，要注意有无收入以多报少、支出以少报多的情况。对一些重点项目应与原始凭证或其他相关资料核对。

（5）有无不经批准擅自拿现金兑换支票，或出借企业账户从中收取手续费等现象；如果有，应查明是否属于不正常的活动，中间有无营私舞弊的问题。

（6）抽取一定期间的银行存款余额调节表，查证其是否按月正确编制；银行存款余额调节表的余额与银行对账单、银行存款日记账的记录是否一致等。

4. 评价货币资金业务的内部控制制度

根据对货币资金内部控制的了解和测试情况，审计人员应对其建立健全情况及实际执行情况作出评价，明确货币资金内部控制的强弱点，评定控制风险的高低，为下一步的审计工作提供依据。

（四）货币资金的实质性测试

1. 现金业务的审查

（1）现金收付业务的审查。审计人员对现金收付业务的审查，必须首先抽查部分

（至少1至2个月）现金日记账记录，并加以审核。审核内容包括以下几方面：

①验算加总额的正确性，如果验算发现较多差错，就要扩大验算范围，并核实每笔收支记录，对差错作必要调整。审核时应注意有无故意少记收入、多记支出、贪污盗用现金的舞弊行为。

②审阅现金日记账摘要栏，看现金收付业务是否合法，有无超出规定的结算范围。根据国家制度的规定，凡不属于企业与职工之间款项的结算、不能转账的集体或个人之间的款项的结算以及不足转账起点的小额款项的结算均应通过银行转账。审查时应注意有无违反国家规定的内容，摘要栏记录不清的，应追查凭证，看是否属于这种情况。

③审阅现金日记账金额栏，看现金收付金额是否过大，超过规定的限额。现金支付的数额一般不准超过国家规定的标准。超过限额的业务应通过银行转账结算。审查时如发现此类情况应予以指出。还要审阅对应科目栏，检查业务账务处理是否正确，会计科目使用是否正确。

④审阅库存现金每日余额，看其是否超过了规定的限额。为加强现金管理并保证企业日常零星开支的需要，银行核定允许企业留存现金的最高数额，一般为企业3～5天日常所需现金额。企业超过库存限额的现金，应及时存入银行。审查时应注意有无超限额情况，并予以指出。还要注意审查有无坐支现金的情况。

根据现金日记账的抽查结果，要有针对性地对原始凭证加以审查，查明有无不合法的现金收付，有无伪造、涂改单据的情况。

（2）库存现金的审查。对库存现金的审查一般采取实地清点的方式。审查的一般程序如下：

①组织安排库存现金清点工作。为了准确地确定库存现金的实存数额和应有数额，明确出纳员和有关人员的责任，应适时组织安排库存现金的清点工作。首先应由出纳员将现金全部放入保险柜暂作封存，同时要求出纳员将全部凭证入账，结出当日现金日记账余额，填写“现金出纳报告书”。其次，审计人员应充分了解企业封存在保险柜的现金外，是否还有现金存放在现金收付业务的其他部门或其他人员手中。对于所有的库存现金，无论存放在哪里，应同时全面地进行清点。

②盘点库存现金。出纳员填制“现金出纳报告书”后，应在会计主管人员和审计人员在场的情况下清点现金，并作出记录；会计主管人员和审计人员在旁观察监督，必要时进行复查。库存现金盘点中应注意以下问题：应采取突击性盘点，即不事先通知出纳员，防止出纳员在盘点前采取措施掩盖舞弊；审计人员不承担保管现金的责任，要在被审计企业的领导和主管会计、出纳员始终在场的情况下，由出纳员自点；如果盘点发现库存现金短缺或溢余，审计人员应要求再次清点，并要求被审计企业确认盘点数据的正确性；出纳员在盘点库存现金时，审计人员应注意一切借条、收据都不能抵充库存现金；特别应注意有无白条抵库现象，所有白条都是不符合现金管理制度的；盘点库存现金的时间一般安排在营业日起止时期，避开现金收支的高峰时间。

③填制“库存现金清点表”。出纳员清点库存现金以后，应由出纳员填制“库存现金清点表”（见表13－1）。该表由出纳员、会计主管、审计人员共同鉴证，作为审计工作底稿。“库存现金清点表”应反映实际库存现金清点数、当日现金日记账结余数、账实是否

相符、有无溢缺等情况。

④进行核对工作。审计人员应对“现金出纳报告书”与“库存现金清点表”进行核对，其目的在于证实库存现金数是否真实和正确。核对中，应注意两表的差异，并应查明存在差异的原因。两表核对后，再与现金日记账的记录和尚未入账的现金收付凭证进行核对，以检视其是否相符。

表 13－1　库存现金清点表

客户＿＿＿＿＿＿＿＿　　编制人：　　日期：　　索引号：

项目＿＿＿＿＿＿＿＿　　复核人：　　日期：　　页　次：

会计期间＿＿＿＿＿＿＿＿

盘点日期：　　年　　月　　日

<table>
<tr><td colspan="6">检查盘点记录</td><td colspan="7">实有现金盘点记录</td></tr>
<tr><td colspan="2" rowspan="2">项目</td><td rowspan="2">项次</td><td rowspan="2">人民币</td><td rowspan="2">美元</td><td rowspan="2">某外币</td><td rowspan="2">面额（元）</td><td colspan="2">人民币</td><td colspan="2">美元</td><td colspan="2">港币</td></tr>
<tr><td>张</td><td>金额</td><td>张</td><td>金额</td><td>张</td><td>金额</td></tr>
<tr><td colspan="2">上一日账面库存余额</td><td>1</td><td></td><td></td><td></td><td>1 000</td><td></td><td></td><td></td><td></td><td></td><td></td></tr>
<tr><td colspan="2">盘点日未记账传票收入金额</td><td>2</td><td></td><td></td><td></td><td>500</td><td></td><td></td><td></td><td></td><td></td><td></td></tr>
<tr><td colspan="2">盘点日未记账传票支出金额</td><td>3</td><td></td><td></td><td></td><td></td><td></td><td></td><td></td><td></td><td></td><td></td></tr>
<tr><td colspan="2">盘点日账面应有金额</td><td>4 = 1 + 2 − 3</td><td></td><td></td><td></td><td>100</td><td></td><td></td><td></td><td></td><td></td><td></td></tr>
<tr><td colspan="2">盘点实有现金数额</td><td>5</td><td></td><td></td><td></td><td>50</td><td></td><td></td><td></td><td></td><td></td><td></td></tr>
<tr><td colspan="2">盘点日应有与实有差异</td><td>6 = 4 − 5</td><td></td><td></td><td></td><td>10</td><td></td><td></td><td></td><td></td><td></td><td></td></tr>
<tr><td rowspan="7">差异原因分析</td><td>白条抵库（张）</td><td></td><td></td><td></td><td></td><td>5</td><td></td><td></td><td></td><td></td><td></td><td></td></tr>
<tr><td></td><td></td><td></td><td></td><td></td><td>2</td><td></td><td></td><td></td><td></td><td></td><td></td></tr>
<tr><td></td><td></td><td></td><td></td><td></td><td>1</td><td></td><td></td><td></td><td></td><td></td><td></td></tr>
<tr><td></td><td></td><td></td><td></td><td></td><td>0.5</td><td></td><td></td><td></td><td></td><td></td><td></td></tr>
<tr><td></td><td></td><td></td><td></td><td></td><td>0.2</td><td></td><td></td><td></td><td></td><td></td><td></td></tr>
<tr><td></td><td></td><td></td><td></td><td></td><td>0.1</td><td></td><td></td><td></td><td></td><td></td><td></td></tr>
<tr><td></td><td></td><td></td><td></td><td></td><td>合计</td><td></td><td></td><td></td><td></td><td></td><td></td></tr>
</table>

（续上表）

<table>
<tr><td colspan="6">检查盘点记录</td><td colspan="7">实有现金盘点记录</td></tr>
<tr><td colspan="2" rowspan="2">项目</td><td rowspan="2">项次</td><td rowspan="2">人民币</td><td rowspan="2">美元</td><td rowspan="2">某外币</td><td rowspan="2">面额（元）</td><td colspan="2">人民币</td><td colspan="2">美元</td><td colspan="2">港币</td></tr>
<tr><td>张</td><td>金额</td><td>张</td><td>金额</td><td>张</td><td>金额</td></tr>
<tr><td rowspan="5">追溯调整</td><td colspan="2">报表日至查账日现金付出总额</td><td></td><td></td><td></td><td></td><td></td><td></td><td></td><td></td><td></td><td></td></tr>
<tr><td colspan="2">报表日至查账日现金收入总额</td><td></td><td></td><td></td><td></td><td></td><td></td><td></td><td></td><td></td><td></td></tr>
<tr><td colspan="2">报表日库存现金应有余额</td><td></td><td></td><td></td><td></td><td></td><td></td><td></td><td></td><td></td><td></td></tr>
<tr><td colspan="2">报表日账面汇率</td><td></td><td></td><td></td><td></td><td></td><td></td><td></td><td></td><td></td><td></td></tr>
<tr><td colspan="2">报表日余额折合本位币金额</td><td></td><td></td><td></td><td></td><td></td><td></td><td></td><td></td><td></td><td></td></tr>
<tr><td colspan="3">本位币合计</td><td></td><td></td><td></td><td colspan="7"></td></tr>
</table>

盘点人：　　　　监盘人：　　　　复核：

2. 银行存款的审查

银行存款的实质性测试程序一般包括：

（1）核对银行存款日记账与总账的余额是否相符。如果日记账与总账余额不符，应查明原因，要求被审计单位作出适当调整，并进行记录。在核对过程中，应认真加计银行存款日记账的收入合计数与支出合计数，查明有无人为地增加支出数，减少收入数，以掩盖挪用或贪污的情况。

（2）进行分析性复核。计算定期存款占银行存款的比例，了解被审计单位是否存在高息资金拆借，如存在高息资金拆借，应进一步分析拆出资金的安全性，检查高额利差的入账情况。计算存放于非银行金融机构的存款占银行存款的比例，分析这些资金的安全性。

（3）取得并检查银行存款余额调节表。对 12 月份的银行存款余额的审查，也需采取编制银行存款调节表或复核企业自行编制的调节表的方法进行。选择这两种方法中的哪一种，取决于企业的内部控制系统的健全性、有效性。如果限制接触银行存款和职务分离的内部控制制度执行得很好、值得信赖，审计人员可采取复核企业自编的银行存款调节表的方法；反之，内部控制不可靠，审计人员则需要采取自行独立编制银行存款调节表的方法，对银行存款余额进行验证。

复核企业自编的银行存款调节表的步骤和要点如下：

①取得被审计单位保存的银行对账单的副本，确定其数字的准确性。

②将调节表上账面余额数与总分类账户余额加以核对，确定是否一致。

③核对调节表上调节后的余额与对账单是否一致。

④直接从银行取得适当期间的银行对账单。适当期间是指，如在年终进行测试，为紧接结账日后一至两个星期；如在中期进行测试，为测试日后一个月。在“适当期间”内应足以清理多数调节项目。通过对从银行取得的适当期间的银行对账单的审查，证实其调节项目是否真实、正确。同时，对旧的不正常的调节项目进行核实，以查证为什么过了特定

时期仍未正式入账。

⑤审查有无账务处理上的差错与出借银行账户的问题。审计人员应对银行对账单上有一收一付，或一收多付、多收一付，数额相等的收支记录，而银行存款日记账上并无此类收付记录的情况进行重点审查，并核实原始凭证。

自行独立编制银行存款调节表的步骤和要点如下：会计人员将银行存款收付凭证全部登记入账，并结出余额；向银行询证期末银行存款余额，索取银行对账单；将银行对账单与银行存款日记账和总分类账上的余额加以核对；调节未达账项并审阅企业编制的银行存款余额调节表；审计人员编制银行存款余额调节表。

对于对账单与银行存款余额不一致的情况，不仅要调节未达账项，而且要注意有无账务处理上的差错；即使在余额一致的情况下，也应注意有无一收一付金额相等而一方遗漏入账的情况。审计人员应重点检查银行已收企业未收和银行已付企业未付的未达账项，检查企业自编的调节表是否已对此进行调节。有的企业由出纳负责编制银行存款余额调节表，可能会出现利用编制调节表作假的情况。如当银行已收企业未收和银行已付企业未付的数额相同时，无论是否进行调节，都不会对调节余额产生影响，因此出纳员可能将这样的一收一付业务不登记入银行存款日记账，借此贪污公款或出借账户收取好处费。

审计人员在上述审查的基础上，应自编银行存款余额调节表，证实银行存款日记账与对账单是否一致。审计人员自编这种调节表，也便于对有关收付业务合法性作进一步审查。

银行询证函和银行存款余额调节表的格式如表 13－2、13－3 所示：

表 13－2　银行询证函

××（银行）：　　　　　　　　　　　　　　编号：

本公司聘请的××会计师（审计）事务所正在对本公司的会计报表进行审计，按照中国注册会计师独立审计准则的要求，应当询证本公司与贵行的存款、借款往来等事项。下列数据出自本公司账簿记录，如与贵行记录相符，请在本函下端“数据证明无误”处签章证明；如有不符，请在“数据不符”处列明不符金额。有关询证费用可直接从本公司××存款账户中收取。回函请直接寄至××会计师（审计）事务所。

通信地址：

邮编：　　　　　　　　　　　　电话：　　　　　　　传真：

截至　　年　　月　　日止，本公司银行存款、借款账户余额等列示如下：

1. 银行存款

账户名称	银行账号	币种	利率	余额	备注

2. 银行借款

银行账号	币种	余额	借款日期	还款日期	利率	借款条件	备注

3. 其他事项

（公司签章）　（日期）

结论：（1）数据证明无误　（银行签章）　（日期）

（2）数据不符，请列明不符金额　（银行签章）　（日期）

表 13－3　银行存款余额调节表

年　月　日

编制人：　日期：　索引号：

复核人：　日期：　页次：

户别：　币别：

项　目	金　额	项　目	金　额
银行对账单余额（　年　月　日） 加：企业已收、银行尚未入账金额 减：企业已付、银行尚未入账金额		企业银行存款日记账余额（　年　月　日） 加：银行已收、企业尚未入账金额 减：银行已付、企业尚未入账金额	
调整后银行对账单余额		调整后企业银行存款日记账余额	

（4）检查一年以上定期存款或限定用途的存款。一年以上的定期存款或限定用途的银行存款，不属于企业的流动资产，应列于其他资产类下。对此，审计人员应查明情况，作出相应的记录。

（5）抽查大额银行存款的收支。审计人员应抽查大额银行存款（含外埠存款、银行汇票存款、银行本票存款、信用证存款）收支的原始凭证内容是否完整，有无授权批准，并核对相关账户的进账情况。如有与被审计单位生产经营业务无关的收支事项，应查明原因并作相应的记录。

（6）审查银行存款结算凭证。审核被审计单位的现金支票、转账支票、付款委托书和汇出款项等银行结算凭证的存根和回单，查明被审计单位是否按照规定使用支票和其他银行结算凭证。应着重查明：有无签发空头支票和随意将支票出借的问题；签发的支票和其他银行结算凭证是否符合国家的有关规定，是否及时入账；签发的支票存根是否妥善保管，是否连续编号，有无脱号、伪造印鉴、向银行冒领款项等舞弊行为；作废支票是否仍保留在支票簿内，并加盖“作废”戳记；支票丢失是否及时向银行挂失等。

（7）检查银行存款收支的正确截止。被审计单位资产负债表上的银行存款数额，应以结账日实有数额为准。因此，审计人员必须验证银行存款收支的截止日期。通常，审计人员可以对结账日前后一段时期内银行存款收支凭证进行审计，以确定是否存在跨期事项。

企业资产负债表上银行存款数字应当包括当年最后一天收到的所有存放于银行的款项，而不得包括其后收到的款项；同样，企业年终前开出的支票，不得在年后入账。为了确保银行存款收付的正确截止，审计人员应当在清点支票及支票存根时，确定各银行账户最后一张支票的号码，同时查实该号码之前的所有支票均已开出。在结账日未开出的支票及其后开出的支票，均不得作为结账日的存款收付入账。

（8）检查外币银行存款的折算是否正确。对于有外币银行存款的被审计单位，审计人员应检查被审计单位对外币银行存款的收支是否按所规定的汇率折合为记账本位币金额；外币银行存款期末余额是否按期末市场汇率折合为记账本位币金额；外币折合差额是否按规定记入相关账户。

（9）检查银行存款是否在资产负债上恰当披露。企业的银行存款应在资产负债表上“货币资金”项目下反映。审计人员应在实施上述审计程序后，确定银行存款账户的期末余额是否恰当，从而确定资产负债表上“货币资金”项目中的数字是否在资产负债上恰当披露。

3. 其他货币资金的审查

其他货币资金是指企业现金、银行存款以外的外埠存款、银行汇票存款、银行本票存款、国际信用证存款，以及在途货币资金等货币资金。它们与现金和银行存款相比，具有单独存放地点和专门用途，所以在会计制度中单独设置科目进行核算，在财务管理上也有不同的要求。其他货币资金的各项内容的收付及结存业务，与现金和银行存款业务有很多相同之处，其内部控制系统与现金和银行存款基本相似。

（1）外埠存款的审查。外埠存款是企业到外地采购时，汇到外地银行开立采购专户的款项。其审查要点是：审查开立账户是否符合财经法规和企业规章制度的规定，是否专门为了采购业务需要，有无代其他单位或个人办理结算事项；审查支付商品、材料采购价款和必要的运杂费时，有无不正当的开支；审查余额是否真实，通过函询或索取对账单查证核实；审查商品、材料价款是否能及时办理结算；审查采购任务完成后是否能及时将外埠存款余额转入结算户内。

（2）银行汇票存款的审查。银行汇票存款是企业为取得银行汇票，按照规定存入银行的款项。其审查要点是：审查办理此项存款时，是否向银行提交了“银行汇票委托书”，是否已取得相应金额的银行汇票，并已登记入银行汇票明细科目借方；审查企业使用银行汇票是否符合规定用途，并根据银行汇票及有关凭证，登记入“银行汇票”明细账的贷方，注明的“商品采购”等对方科目是否相符；审查多余存款或超过付款期的银行汇票是否能及时转回“银行存款”账户；审查“银行汇票”存款余额是否与银行对账单所列金额核对相符，以确定其存在性。

（3）银行本票存款的审查。银行本票存款是企业为取得银行本票而按照规定存入银行的款项。其审查要点是：审查办理此项存款时，是否向银行提交了“银行本票申请书”，是否已取得相应金额的银行本票，并已登记入“银行本票”明细科目的借方；审查企业使用银行本票是否符合规定用途，使用银行本票后是否根据发票及其他凭证，及时登记入“银行本票”明细科目的贷方，并说明相应对方科目。

二、有价证券的审计

（一）有价证券的审计目标

有价证券常常作为现金的替代品而为企业所持有，因此有价证券的审计目标与现金的审计目标大致相同，包括以下几方面：确定被审计单位所记录的有价证券在特定期间内是否确实存在；确定被审计单位所记录的有价证券在特定期间内是否归被审计单位所拥有；确定交易性金融资产的增减变动及其收益（或损失）的记录是否完整；确定交易性金融资产年末余额是否正确；确定交易性金融资产的计价是否正确；确定交易性金融资产在会计报表上的披露是否恰当。

（二）有价证券的审计范围

作为短期投资的有价证券是指企业购入的各种能随时变现、持有时间不超过一年的有价证券。它包括债券和股票两种。前者如各种政府债券、金融债券、企业债券等。企业购入的不能转让的或虽能转让但企业不准备近期变现的债券和股票，不能作为交易性金融资产处理。

一般而言，有价证券审计范围的具体内容包括：有关有价证券的内部控制制度；证实有价证券存在的有关资料，如交易性金融资产明细账与总账、库存有价证券盘点表等；证实有价证券所有权的资料，如有价证券购入、售出或兑现的原始凭证；证实交易性金融资产年末余额的资料，如计价方法的选用，损益计算记录等。

（三）有价证券的符合性测试

作为短期投资的有价证券与作为长期投资的有价证券，其内部控制制度的具体内容是基本一致的，这里不作详述。注册会计师在对有价证券内部控制制度进行符合性测试时，测试要点一般包括：有价证券买卖的授权、执行和记录是否严格分工；有价证券买卖的核准手续是否齐全；有无健全的有价证券保管制度；有无有关短期投资的明细记录；对有价证券的记录和流动是否有切实的控制措施；有价证券是否定期盘点核对；对有价证券是否定期进行内部审计。

（四）有价证券的实质性测试

有价证券实质性测试一般包括如下程序：

1. 核对交易性金融资产明细账余额与总账余额是否相符

进行有价证券实质性测试时，注册会计师应首先核对交易性金融资产明细账与总账，确定其余额是否相符，数据计算是否正确无误。同时，应将交易性金融资产的年初余额同上年度审计工作底稿中的数据核对相符。

2. 盘点库存有价证券

注册会计师应会同被审计单位会计主管人员盘点库存有价证券，编制“库存有价证券盘点表”，列明有价证券名称、数量、票面价值和取得成本，并与相关账户余额进行核对；如果有差异，应查明原因，并作出记录或进行适当调整。如果实地盘点工作是在结账日后进行，注册会计师应根据盘点结果和结账日至盘点日之间证券增减变动业务，倒推计算结账日的有价证券余额。

3. 审查托管证券

如果被审计单位的有价证券委托证券、信托公司代为保管，注册会计师应审阅有关保管的证明文件。必要时可向这些保管机构发出询证函，要求对被审计单位结账日拥有的有价证券种类、数量和价值作出确切答复，以此证实有价证券的实际存在。

4. 审查短期投资业务

首先，注册会计师应当通过查阅被审计单位管理当局有关有价证券买卖的会议记录或决议，以确定当期购入或售出的有价证券是否经过批准。其次，注册会计师应当检查有价证券购入、售出或兑现的原始凭证是否完整，会计处理是否正确。另外，注册会计师应审查结账日前后一定时期内有价证券的增减变动业务，查找有无提前或滞后入账的账项。

5. 审查有价证券的可变现情况

首先，注册会计师应了解有价证券的可变现情况，并作出记录。其次，应检查有无长期投资性质的短期投资项目，并作适当的说明和调整。

6. 审查短期投资损益

对企业持有有价证券的股利收入，注册会计师应审查“银行存款”账户、“投资收益”账户及“应收股利”账户，复核股利收入的计算是否正确，有关会计处理是否正确。对于债券的利息收入，注册会计师应审查“银行存款”账户、“投资收益”账户及“应收利息”账户，复核利息收入的计算是否正确，有关会计处理是否正确。对于出售有价证券的损益，注册会计师应根据企业出售有价证券的原始凭证及有关账户记录，确定被审计单位出售有价证券的损益计算是否正确，有关会计处理是否正确。

7. 审查有价证券的计价

在我国，有价证券应按公允价值计价。如果在股票的购入价中包括已宣布发放但尚未支取的股利，审查其入账成本是否已剔除这部分股利，并把这部分股利作其他应收款处理。

8. 确定交易性金融资产是否已在资产负债表上恰当披露

第二节　期初余额的审计

一、期初余额的含义

期初余额，是指首次接受委托时，被审计期间期初已存在的余额。它以上期期末余额为基础，反映前期交易、事项及其会计处理的结果。理解期初余额的概念，需要把握以下特征：

1. 期初余额是所审会计期间期初已存在的余额

期初已存在的余额是由上期结转至本期的金额，或是上期期末余额调整后的金额。期初余额与上期期末余额是一个事物的两个方面。一般而言，期初余额是上期账户结转至本期账户的余额，在数量上与上期余额相等；但是，有时由于受上期期后事项、会计政策等因素的影响，上期期末余额结转至本期时，需经过调整或重编。因此，对于内部审计，一般均是连续审计，很少有必要在本期审计时对期初余额进行审计，故本节将从外部审计的角度，以注册会计师审计为代表，详细论述期初余额的审计问题。

2. 期初余额反映了前期交易、事项及其会计处理的结果

期初余额应以客观存在的经济业务为根据，是被审计单位在以前会计期间发生的交易、事项及其会计人员对此处理的结果。

3. 期初余额与首次接受委托相联系

首次接受委托，是指注册会计师在被审计单位财务报表首次接受审计，或上期财务报表由前任注册会计师审计的情况下接受审计委托。首次接受委托包括两种情况：

（1）被审计单位首次接受审计。如果被审计单位是新成立的企业，根据《公司法》和其他有关法律、法规的规定和要求，年终时，需委托注册会计师对其会计报表进行审计。对于进行股份制改造或申请公开发行股票的国有企业，按照《公司法》或上市条例的规定，委托注册会计师对其会计报表进行审计，而这些企业以前可能未接受过注册会计师审计。因为根据《公司法》的要求和《国有企业年度会计报表注册会计师审计暂行办法》的具体规定，从1998年起，国有企业年度会计报表不再实行财政审批制度，而是委托注册会计师审计，对于注册会计师审计过的国有企业年度会计报表，财政部实施抽查。

（2）被审计单位更换会计师事务所。被审计单位的上期会计报表经过注册会计师审计，由于种种原因，被审计单位更换上期执行审计的会计师事务所，委托其他会计师事务所对本期会计报表进行审计。

为了规范注册会计师在会计报表审计中对期初余额的审计，明确执业质量，中国注册会计师协会组织制定了《独立审计具体准则第14号——期初余额》，并于1997年1月1日起施行。注册会计师应当保持应有的职业谨慎，充分考虑期初余额对所审计会计报表的影响，并合理运用判断，据以确定期初余额的审计范围。由于期初余额是本期会计报表的基础，往往对本期会计报表产生重要的影响，因此注册会计师在首次接受委托时，应以高度的责任感和谨慎的态度，主要从三方面判断期初余额对所审计会计报表的影响程度：一是上期结转至本期的金额；二是上期所采用的会计政策；三是上期期末已存在的或有事项及承诺。然后，合理运用专业判断，以确定期初余额的审计范围。

注册会计师进行会计报表审计时，一般无需专门对期初余额发表审计意见，但应实施适当的审计程序，并充分考虑相关审计结论对所审计会计报表发表审计意见的影响：①注册会计师对会计报表进行审计，是对被审计单位所审计会计报表发表审计意见，一般无需专门对期初余额发表审计意见；②由于期初余额是本期会计报表的基础，虽然注册会计师一般不对期初余额发表审计意见，但还是要对期初余额进行适当审计；③注册会计师要充分考虑期初余额审计形成的结论对所审计会计报表的影响，以确定发表审计意见的类型。

如果会计师事务所首次接受委托，而被审计单位上期会计报表已经前任注册会计师审

计，后任注册会计师就应考虑与前任注册会计师联系，但应征得被审计单位的同意。前任注册会计师在后任注册会计师与其联系后，应当提供必要的协助。后任注册会计师与前任注册会计师的联系是一项十分重要的工作。后任注册会计师可通过查阅前任注册会计师的工作底稿来了解被审计单位的期初余额情况。借阅的工作底稿通常限于对本期审计有重大影响的事项，如上一年度前任注册会计师发表审计意见的类型，上一年度的审计计划及其总结，上一年度的管理建议书要点，以及上一年度的其他有关事项。

二、期初余额审计的目标及程序

对期初余额进行审计，应当获取充分、适当的审计证据，以证实：①期初余额不存在对本期会计报表有重大影响的错报或漏报，即不存在对会计报表使用者所作决策影响很大、足以改变或影响其判断的错报或漏报。②上期期末余额已正确结转至本期，或者已恰当地重新表述，即上期的分录均已适当地过账，账户余额计算正确，或者由于某种原因必须对某些重要项目及其金额进行适当调整。③上期遵循了恰当的会计政策，并与本期一致。即企业进行会计核算和编制会计报表时所采用的具体原则、方法和程序恰当并与本期一致。

在确定期初余额的审计程序时，应当考虑下列因素，并据以实施相应的审计程序：

（1）被审计单位上期选用的会计政策是否恰当，是否与本期一致。如果不恰当或与本期不一致，应提请被审计单位进行调整或予以披露。

（2）上期会计报表是否经过其他会计师事务所审计。上期会计报表如果已经其他会计师事务所审计，后任注册会计师应与前任注册会计师取得联系，通过查阅前任注册会计师的审计工作底稿，获取有关期初余额的审计证据，但应考虑注册会计师的专业胜任能力和独立性，并判断所获证据的充分性和适当性。此外，还要注意前任注册会计师出具审计报告的类型。若前任注册会计师出具带说明段的审计报告，注册会计师应当特别关注其原因，并考虑对本期会计报表的影响。上期会计报表如果未经审计，需执行其他审计程序。

（3）会计报表项目的性质及在本期会计报表中被错报、漏报的风险。会计报表项目的性质不同，在会计报表中被错报、漏报的风险也不一样。在执行期初余额审计时，应充分关注流动资产、流动负债等项目错报、漏报的可能性。

（4）期初余额对本期会计报表的影响程度。期初余额对本期会计报表的影响程度不尽相同，如果其金额所占比重较大，对本期影响就大；否则，影响就小。对于期初余额中影响较大的错报和漏报，应提请被审计单位会计人员进行调整或披露。如果被审计单位不接受建议，注册会计师就应考虑是否在审计报告中反映，以及如何反映。

（5）初次接受国有企业委托，如前期会计报表未经审批，应尽可能获取其管辖的财政机关对该会计报表的批复情况的证据。

如果实施上述审计程序仍不能获取充分、适当的审计证据，或上期未经独立审计，注册会计师应当对期初余额实施以下审计程序：①询问被审计单位管理当局。注册会计师可就对本期有重大影响的期初事项、政府新颁布的影响行业发展的法规，以及其他重要事项，向被审计单位管理当局询问。②审阅上期会计资料及相关资料，以了解其期初余额的合法性、公允性。③通过对本期会计报表实施审计程序进行证实。如通过审查本期款项收付的事实，了解其应收、应付账款是否真实等。④补充实施其他适当的实质性测试程序。有些项目，如存货项目，审计本期交易仍很难获取期初余额是否适当的证据，需要进一步补充实施适当的实质性测试程序，如通过存货周转率等比率实施分析性复核程序。对于非流动资产和非流动负债期初余额的审计，通常是检查其期初的有关记录，但在某些情况下，注册会计师可向第三者函证以获取对期初余额的确认。

三、对期初余额审计结果的考虑

注册会计师对期初余额进行审计时，首先要了解上期会计报表是否经过其他会计师事务所的审计，并以此为基础实施审计程序，获取审计证据形成审计结论，然后据以确定其对本期会计报表审计意见的影响，并发表相应的审计意见。有以下三种情况：

（1）如期初余额对本期会计报表存在重大影响，但无法对其获取充分、适当的审计证据，注册会计师应当对本期会计报表发表保留意见或无法表示意见。

（2）如期初余额存在严重影响本期会计报表的错报或漏报，注册会计师应当提请被审计单位进行调整或披露，如被审计单位拒不接受建议，注册会计师应当对本期会计报表发表保留意见或否定意见。上期会计报表如经其他会计师事务所审计，注册会计师应当提请被审计单位或经其授权，将上述情况告知前任注册会计师。

（3）如前任注册会计师出具带说明段的审计报告，注册会计师应当考虑相关事项对本期会计报表的影响。如其影响尚未消除，注册会计师仍应在审计报告中进行适当反映。

第三节　期后事项的审计

一、期后事项的含义

期后事项是指资产负债表日至审计报告日发生的，以及审计报告日至会计报表公布日发生的对会计报表产生影响的事项。在我国，资产负债表日一般指年度决算日（即 12 月 31 日）；审计报告日即审计外勤工作结束日；会计报表公布日，是指被审计单位对外披露已审计会计报表的日期。

期后事项很可能会改变注册会计师对被审计单位会计报表发表的意见，所以必须充分关注期后事项。

二、期后事项的分类

为了确定期后事项对被审计单位会计报表公允性的影响，有两类期后事项需要被审计单位管理当局考虑和注册会计师审计：一是能为资产负债表日已存在情况提供补充证据的事项，需提请被审计单位调整会计报表；二是虽不影响会计报表金额，但可能影响对会计报表正确理解的事项，需提请被审计单位披露。

（一）能为资产负债表日已存在情况提供补充证据的事项

这类事项在资产负债表日或以前已经存在、资产负债表日后得以证实，并对按资产负债表日存在状况编制的会计报表产生影响。它们既为被审计单位管理当局确定资产负债表日账户余额提供信息，也为注册会计师核实这些余额提供补充证据。如果这类期后事项的金额重大，应提请被审计单位对年度会计报表及相关的账户余额进行调整。诸如：

（1）资产负债表日被审计单位会计人员认为可以收回的大额应收账款，因在资产负债表日后的审计期间债务人破产，其欠款无法收回。在这种情况下，债务人财务状况显然早已恶化，所以注册会计师应考虑提请被审计单位增加备抵坏账数额，调整会计报表有关项目的数额。例如，被审计单位应收 A 企业账款 134 万元，按约应在 20×1 年 10 月 5 日偿还，但到 12 月 31 日结账时仍未收到，并获悉 A 企业财务状况不佳，近期难以偿还。在 20×2年 3 月 1 日被审计单位会计报表报出之前收到 A 企业破产的通知，无法偿还部分债务。这便是一种在资产负债表日之前已经存在，但在资产负债表日后才得以证实的期后事项。被审计单位在资产负债表日 20×1 年 12 月 31 日已经知道 A 企业财务状况不佳，其应收账款中含有部分坏账的事实已经存在，只是未得到 A 企业破产的确切证据，到 20×2 年 3 月 1 日接到 A 企业破产不能偿还部分债务的通知，便是对在 20×1 年的资产负债表日已存在的情况提供了新的证据，它表明根据 20×1 年 12 月 31 日已存在状况编制的会计报表所反映的应收账款中已有部分成为坏账，需要调整会计报表。

（2）被审计单位由于某种原因被起诉，法院于资产负债表日后作出判决，被审计单位应赔偿对方的损失。因这一负债实际上在资产负债表日之前就已存在，所以如果赔偿数额很大，注册会计师应考虑提请被审计单位增加资产负债表的有关负债项目，并加以说明。

（3）被审计单位资产负债表日后，月初有大批产成品经验收不合格，这表明被审计单位资产负债表日在产品存货中有相当数量的不合格产品，故应予以扣除。

（4）被审计单位于资产负债表日或之前收到购货客户签发的支票，并已存入银行，在资产负债表日后由于购货方存款不足而被开户银行退回。这部分原已包括在被审计单位现金收入项下的金额，如果对被审计单位很重要，注册会计师应要求其调整资产负债表日现金余额，并从会计报表中剔除已发现的空头支票金额。

（5）被审计单位资产负债表日前未使用的设备以低于账面价值的价格对外投资处理，而资产负债表日后双方签订的投资协议中该设备的投资作价高于其当期账面价值。因这一投资实际上在资产负债表日之前就已存在，如果金额很重大，注册会计师就应要求被审计单位调整其资产负债表的有关项目，并加以说明。

利用期后事项确认被审计单位会计报表所列金额时，应对资产负债表日已经存在的事项和资产负债表日后出现的事项严加区分，不能混淆。如果确认发生变化的事项直到资产负债表日后才发生，就不应将资产负债表日后的信息并入会计报表。

（二）虽不影响会计报表金额，但可能对会计报表正确理解产生影响的事项

这类事项在资产负债表日并不存在，完全是资产负债表日后新发生的，但对理解与分析会计报表有重大影响。因这类事项与资产负债表日财务状况无关，不影响会计报表金额，所以不需要调整被审计单位的年度会计报表。但如果会对被审计单位的未来产生重大

影响，并使其会计报表因此而受到误解，则应在会计报表中以附注的形式予以披露。

例如，被审计单位应收B企业账款100万元，按约应在20×2年3月25日偿还。在20×1年12月31日，B企业经营状况良好，并无财务困难的迹象。但在20×2年2月1日，B企业由于发生火灾，全部厂房、设备和存货被烧毁，因而无法偿还债务。这一事项完全是在资产负债表日后新发生的，与资产负债表日的存在状况无关，但若不予说明，又可能使报表使用者对被审计单位未来的财务状况和经营成果产生误解。故这一事项不需要调整会计报表，但应以附注的形式进行披露。

被审计单位在审计年度后发生的，需要在会计报表上披露而非调整的事项主要有：①被审计单位厂房设备等在资产负债表日后由于水灾、火灾或地震等不可抗力而遭受严重损失并超过投保金额；②被审计单位合并，应付债券提前收回；③所持用于短期投资和转卖的证券市价严重下跌；④发行债券或权益性证券；⑤由于政府禁止继续销售某种产品所造成的存货市价下跌；⑥需要为新的养老保险金计划在近期支付大笔现金；⑦偶然性的大笔损失等。这些事项如不加以反映，往往会导致对被审计单位会计报表的误解，所以应在会计报表附注中加以披露。

注册会计师应注意区分两类不同的期后事项，以便为被审计单位会计报表是否公允表达发表适当的审计意见。正确区分两类不同的期后事项，关键在于正确确定期后事项主要情况出现的时间。这需要注册会计师作出细致深入的调查和分析研究。凡主要情况出现在被审计单位资产负债表日之前的事项，应提请被审计单位会计人员调整会计报表；凡主要情况出现在被审计单位资产负债表日之后的事项，只需建议被审计单位的会计人员在审计年度会计报表和附注中加以披露即可。

若被审计单位的期后事项属重要事项，有时需另外编制补充会计报表，将期后事项作为会计报表期间发生的事实加以说明，即说明假如该期后事项在资产负债表日前发生，将会造成什么后果。一般来说，只有当期后事项对被审计单位的资产结构或资本结构产生重大影响（如被审计单位合并）时，才编制补充会计报表，而且一般只编制补充资产负债表。

三、期后事项审计的方法

在审计报告日之前，注册会计师应当实施必要的审计程序，获取充分、适当的审计证据，以确认期后事项是否发生；如确已发生，注册会计师在实施必要的审计程序后，应确定事项的类型及其对会计报表的影响程度，并形成结论。然而，注册会计师没有责任实施审计程序或进行专门询问，以发现审计报告日至会计报表公布日发生的期后事项，但应对其已知悉的期后事项予以关注，并实施相应的审计程序。被审计单位管理当局有责任及时告知注册会计师可能影响会计报表的期后事项。如在会计报表公布日后获知审计报告日已经存在但尚未发现的期后事项，注册会计师应当与被审计单位讨论如何处理，并考虑是否修改已审计会计报表；如被审计单位拒绝采取适当措施，注册会计师应当考虑是否修改审计报告；如果审计报告已签发，应设法通知会计报表使用者，说明已签发的审计报告已不能予以信赖。

如果作为被审计单位组成部分的部门、分支机构或子公司等的会计信息由其他会计师事务所审计，注册会计师应了解其对可能存在或发生的期后事项所实施的审计程序，并考虑相关审计结论对被审计单位会计报表整体的影响。

注册会计师对被审计单位期后事项的审计，可以归结为两类：一是结合对会计报表实施的实质性测试程序进行的审计；二是专门为所审会计期间必须弄清楚的事项另行实施的审计程序。

（一）结合对会计报表实施的实质性测试程序进行的审计

结合对会计报表实施的实质性测试程序对期后事项进行审计，如审查现金、银行存款的重大收付是否已适当截止，有无支票因透支而被开户银行退回等事项，是报表项目审计的一部分。同样，许多与期后事项有关的审计，也是作为报表项目审计的一部分来进行的。如通过对期后现金收入的审计来审计应收账款的可收回性；审计期后的销售和采购业务，以确定年度末销售收入及存货等账户余额是否正确。

（二）专为发现所审会计期间必须弄清的事项另行实施的审计程序

这类审计是专门对为获取那些必须并入所审会计期间账户余额，或用会计报表附注说明的事项的有关资料所进行的审计，一般尽量在接近审计报告日进行，审计程序主要包括询问被审计单位管理当局及有关人员、审阅有关资料。具体包括：

（1）向被审计单位管理当局询问。被审计单位业务性质、经营规模等情况不同，注册会计师询问的内容也就不同。但一般是对或有负债、承诺、被审计单位资产及资本结构的重大变化、资产负债表日未完全解决项目的现状、资产负债表日后的一些异常项目等进行调查。只有向适当的管理人员询问，才能获得可靠的结果，例如，向存货管理员询问应收账款的可收回性和现金的使用情况就不恰当。根据所需资料的要求，向被审计单位管理当局的询问，大多数应向业务经理、副总经理和总经理进行询问。

注册会计师审计期后事项，通常应当询问以下内容：已依据初步数据进行会计处理的项目的现状；是否已进行或将进行异常的会计调整；是否已发生或可能发生影响会计政策适当性的事项；资产是否被政府征用或因不可抗力而遭受损失；资产是否已出售或计划出售；是否发生新的担保、贷款或承诺；是否已发行或计划发行新的股票或债券；是否已签订或计划签订合并或清算协议等。

（2）复查被审计单位资产负债表日后编制的最近的期中报表、内部报表及其相关管理报告。注册会计师复查的重点应放在审计年度生产经营业务中与同期结果有关的变化，特别是被审计单位生产经营环境的主要变化上。应与被审计单位管理当局研讨最近的期中报表、内部报表及其他相关管理报告，以确定其编制基础与审计年度报表是否一致，并调查生产经营结果的重大变化。

（3）复查被审计单位资产负债表日后编制的会计记录。注册会计师应重点复查被审计单位资产负债表日后的日记账和分类账，以便确定所有与审计年度相关业务的存在及内容。如果日记账尚未记载到目前为止，就应检查有关凭证。

（4）检查被审计单位资产负债表日后发布的会议记录。对被审计单位资产负债表日后发布的董事会和股东大会的会议记录，注册会计师应重点检查其中影响审计年度会计报表的重大期后事项。

（5）获取被审计单位管理当局和律师的声明书。由被审计单位及其律师向注册会计师送交的管理当局声明书和律师声明书，是他们对审计中各种不同事项的说明，其中包括说明审计外勤工作结束日前的有关期后事项。

（6）了解被审计单位管理当局确认期后事项的程序是否符合会计准则和有关会计制度的规定。

四、对期后事项审计结果的考虑

对已发现的对会计报表产生重大影响的期后事项，注册会计师应当根据其类型分别作以下处理：对能为资产负债表日已存在情况补充证据的事项，提请被审计单位调整会计报表；对虽不影响会计报表金额，但可能影响对会计报表正确理解的事项，提请被审计单位披露。如果被审计单位不接受调整或披露建议，注册会计师应当发表保留意见或否定意见。

注册会计师如在审计报告日至会计报表公布日之间获知可能影响会计报表的期后事项，还应当及时与被审计单位管理当局讨论。必要时，需追加适当的审计程序，以确定期后事项的类型及其对会计报表和审计报告的影响程度。

若对审计报告日至会计报表公布日获知的期后事项实施了追加审计程序，并已作适当处理，注册会计师可选用以下方式确定审计报告日期：①签署双重报告日期，即保留原定审计报告日，并就该期后事项注明新的审计报告日；②更改审计报告日期，即将原定审计报告日推迟至完成追加审计程序的审计报告日。如果决定更改审计报告日期，注册会计师应当实施必要的审计程序，以发现原定审计报告日至更改后的审计报告日期间发生的、可能严重影响会计报表的其他期后事项。

例如，假定注册会计师于 3 月 18 日完成了对被审计单位上年度报表审计的外勤审计工作并开始编写审计报告，3 月 25 日准备签发审计报告时，得知被审计单位上年 12 月 31 日会计报表附注列示的应收票据 50 万元，因债务人无力偿还而被银行退票。在这种情况下，注册会计师需调整 12 月 31 日会计报表的“银行存款”和“应收票据”项目，并将报表附注中的有关内容改为“已贴现应收票据因债务人无力偿还，银行于决算日后退票”。如果注册会计师认为有必要，且决定对被审计单位 3 月 25 日前的期后事项进行全部审计，并于 3 月 28 日全部完成。这时，注册会计师扩大期后事项的审计有两种选择，一是将所有期后事项审计的期间延长到注册会计师新确定的期后事项的日期，即延长外勤审计工作结束日。在上例中，注册会计师对被审计单位 3 月 25 日为止的期后事项全部加以审计，并以 3 月 28 日的期后事项审计完成日作为外勤审计工作结束日。二是仅限于对新确定的期后事项和相关事项进行审计。这时，注册会计师应注明双重日期。仍以上述事项为例，假定注册会计师于 3 月 28 日完成了与应收票据有关的审计，则审计报告就应注明双重日期如下：除第 × 项附注外均为 3 月 18 日，第 × 项附注为 3 月 28 日。

注册会计师对期后事项进行审计时，他应负责任的日期应以审计外勤工作结束日期为限。更改审计报告日期，一直延长至完成追加的外勤审计工作结束日的做法，是在会计报表审计范围内全面扩大了注册会计师的责任范围；注明双重日期的做法，则仅在反映有关的特定项目方面扩大了注册会计师的责任范围。

第四节　或有损失的审计

一、或有损失与或有负债

或有损失是指由某一特定经济业务造成的，将来可能会发生某种意外情况，因而要由被审计单位负责承担的潜在损失。这些可能发生的损失，到被审计单位资产负债表日为止，仍不能确定。

如果一项潜在损失是很可能的，且损失的数额可以合理地估计出来，则该项损失应作为应计项目，在会计报表中反映，列示在一个合适的报表项目中；如果可能损失的金额无法合理估计，或者如果损失仅仅是有些可能，则只能在会计报表附注中反映，而不在会计报表中列作应计项目；当潜在损失几乎没有时，则既不需要在会计报表中列作应计项目，也不需要在会计报表附注中反映。

或有损失并不等于或有负债。或有负债是那些在资产负债表日还没有要企业确切承担的债务，而是一种潜在的负债，可能会由于将来发生的偶然事件或意外事件而成为企业需要负责清偿的真正债务。或有负债是或有损失中最主要的组成部分，或有损失主要来源于或有负债，但还有其他来源，并且或有负债也不一定全部形成或有损失。合理判断和适当处理或有损失，需要审计人员具有相当程度的专业判断能力。

二、或有损失的分类

根据其性质和内容，或有损失可以分为两大类：直接或有损失和间接或有损失。

（一）直接或有损失

直接或有损失是指被审计单位对外可能直接发生的潜在支付，主要包括被审计单位的未决诉讼、未决索赔、税务纠纷等。

1. 未决诉讼

未决诉讼案件是法庭尚未作出最后判决的案件，被审计单位有可能因败诉而承担赔偿的责任，因而构成了被审计单位的一项或有损失。审计人员获取此类或有损失审计证据的主要方法是向被审计单位的法律顾问或律师发查询函。审计人员若从被审计单位的法律顾问或律师处无法获取有关未决诉讼案件的充分证据，表明审计范围受到了限制，故不能出具无保留意见的审计报告。有时，即使得到了充分证据，未决诉讼案件在被审计单位的会计报表中也作了适当披露，但如果未决案件的结果对会计报表的影响较大且不确定性程度较大，审计人员仍应考虑是否在审计报告中予以反映，如是否发表带强调事项段的无保留意见。

2. 未决索赔

在被审计单位的未决索赔中，凡被审计单位提出起诉，需经法庭裁决的，其审查和处理方法与未决诉讼相同。若被审计单位未提出起诉，审计人员应直接向被审计单位了解有关情况。

3. 税务纠纷

因税务纠纷而产生的或有损失主要是：①被审计单位与税务部门对于应税额和纳税额等方面存在分歧意见，尚未最后处理完毕；②税务部门决定追加税款但尚未最后定案，或被审计单位不同意追加而尚未缴纳税款。审计人员对此类或有损失的审计，主要是审查被审计单位以前年度的纳税申报单是否已经税务部门批准，如尚未批准，则说明存在税务纠纷，有待解决。这时，审计人员应通过进一步调查，确定被审计单位对此类或有损失的处理和在会计报表上的披露是否恰当。

4. 产品质量保证

产品质量保证是企业对已售出商品或已提供劳务的保证。被审计单位有可能由于产品质量问题而承担维修、调换甚至赔偿的责任，因而构成了被审计单位的一项或有损失。

（二）间接或有损失

间接或有损失是指被审计单位因第三者的原因可能发生的潜在支付。这种可能发生的潜在支付并非因被审计单位本身的直接原因产生。间接或有损失主要包括应收票据贴现、应收账款抵借、通融票据背书和其他债务担保等。

1. 应收票据贴现

被审计单位以应收票据向银行贴现，如果贴现的票据将来到期时债务人因故不能付款，被审计单位作为票据的背书人往往负有代为偿付的责任。这样，被审计单位向银行贴现的应收票据，就构成了一项或有损失。审计人员审查此类或有损失时，可采用函证的办法直接向银行调查，并将调查结果与被审计单位的会计记录进行核对，以确定其是否正确无误。

2. 应收账款抵借

被审计单位以应收账款作抵押，向银行取得借款，则将来一旦债务人因故无法还款，被审计单位仍负有偿还的责任。可见，应收账款抵借也属于一种或有损失。审计人员审查此类或有损失时，可直接向银行函证，以取得有关证据。

3. 通融票据背书和其他债务担保

所谓通融票据，是开出票据的人信用较差，而由其他人背书作为担保人的票据。被审计单位一旦在通融票据上背书，即负有连带偿还的责任。如果被审计单位在通融票据上背书，就构成了被审计单位的一项或有损失。被审计单位对其他债务的担保，因同样负有连带偿还的责任，也属于或有损失。由于通融票据的背书和其他债务的担保很少记入被审计单位的账簿中，所以较难发现这类或有损失。审计人员在审计时，应向被审计单位的有关负责人查询，以证实被审计单位是否存在这类或有损失。

三、或有损失的审计

（一）或有损失审计的特点

或有损失的不确定性决定了或有损失审计不同于其他项目的审计。或有损失审计的目标主要在于确定或有损失是否存在，估计或有损失的金额及其转变为现实损失的可能性。

其他审计项目的审计主要是核实已记录资料的正确性，故有账可查；而或有损失审计主要是发现未记录的业务或事项，这就增大了审计人员工作的难度，但审计人员一旦查清了或有损失的存在，对它们的重要性的评价及所需要的披露也就容易解决了。

在实践中，对许多或有损失的审计往往是作为其他审计事项的一个组成部分，而不是在临近审计工作结束时，作为一个单独的部分来审计的。例如，所得税的争执也可作为分析所得税费用、复核往来通信档案、审核税务机构报告的一部分进行核实。即使对或有损失单独核实，也是在审计工作结束的前一段时期进行，以确保核实的正确性。在临近审计工作结束时，审计人员如果对或有损失进行审计，多数也是复核，而非第一次进行审计。

（二）或有损失的审计程序

由于或有损失的种类不同，审计人员在审计被审计单位或有损失时，所采取的程序也各不相同。但总结起来，或有损失的一般审计程序可归结为以下几点：

（1）向被审计单位管理当局询问其确定、评价与控制或有损失的有关方针政策和工作程序。在询问中，审计人员应具体询问被审计单位应反映的或有损失的种类。显然，这种询问不能发现故意不反映或有损失的行为。但如果被审计单位管理当局忽略了某一或有项目，或者未完全理解有进行会计反映的必要，这种询问就很有用。

（2）向被审计单位管理当局索取对下列事项的说明和评价：被审计单位管理当局的书面声明，以保证其已按照会计准则的有关规定，对全部或有损失作了适当反映；被审计单位现存的有关或有损失的全部文件和凭证；被审计单位与银行之间的往来函件，以查找有关应收票据贴现、应收账款抵借、通融票据背书和其他债务担保的证据；被审计单位的债务说明书。其中，除其他债务说明外，还应包括或有损失的说明，即说明已知的或有损失均已在会计报表中作了适当披露。

（3）向被审计单位的法律顾问和律师进行函证，以取得法律顾问和律师对资产负债表日就已存在的或有损失的确认证据。分析被审计单位在审计期间所发生的法律费用，从法律顾问和律师处复核发票和说明，确定这些证据是否足以说明或有损失，特别是未决诉讼或未决税款估价等方面的问题。

（4）复核上期和审计期间税务机构的税收结算报告。从报告中或许能发现被审计期间有关纳税方面可能发生的争执之处。如果税款拖延较久，发生税款争执的可能性就较大。

（5）向与被审计单位有业务往来的银行寄发含有要求银行提供被审计单位或有损失的函证书。银行函证可以说明应收票据贴现和贷款担保。

（6）复核被审计单位董事会和股东大会会议记录。通过复核这些记录，了解被审计单位是否有诉讼记录和其他或有损失。复核现存的审计工作底稿，寻找任何可以说明潜在或有损失的资料。

（7）寻查被审计单位对未来事项和协议的承诺。承诺与或有损失密切相关，如按某一价格购买原材料或租赁设备的承诺，或者按一份固定价格出售商品的协议或承诺。在审阅合同和往来通信档案时，审计人员应注意是否有承诺存在的可能性，并向被审计单位管理当局询问。

四、对或有损失审计结果的考虑

被审计单位应综合考虑或有损失转化为现实损失的可能性，以及金额合理估计等情况，采取不同的方式在会计报表附注中进行适当披露。

对于截至审计报告日被审计单位仍未披露的或有损失，审计人员应当提请被审计单位予以披露。如果被审计单位对建议不予接受，审计人员应根据其重要性程度，确定是否在审计报告中反映，以及采取什么方式反映：

（1）对于金额可合理估计、将会有较大可能性使被审计单位蒙受重大损失的或有损失，可发表否定意见或保留意见；

（2）对于将会有较大可能性使被审计单位蒙受重大损失、但金额难以合理估计的或有损失，可发表保留意见或带强调事项段的无保留意见；

（3）对将使被审计单位蒙受损失可能性较小的或有损失，可发表无保留意见或带强调事项段的无保留意见。

第五节　其他特殊项目的审计

一、关联方及其交易的审计

关联方交易，是指在关联方之间发生转移资源或义务的事项，而不论是否收取价款。由于关联方及其交易会对会计报表产生重大影响，企业也往往通过关联方交易来粉饰会计报表、提供虚假的财务信息，因而必须对关联方及其交易进行审计。

对于关联方交易，被审计单位管理当局负有按照会计准则的要求识别和披露关联方及其交易的责任；注册会计师负有实施必要的审计程序，获取充分、适当的审计证据，以确定被审计单位是否按照企业会计准则的要求识别和披露关联方及其交易的责任。

注册会计师对关联方及其交易审计的目的在于：确定关联方及其交易是否真实存在；确定关联方交易的记录是否适当；确定关联方交易的会计处理是否适当以及关联方及其交易的披露是否适当。

（一）识别关联方及其交易的审计程序

1. 识别关联方的审计程序

关联方及其交易的审计首先要识别被审计单位有哪些关联方。注册会计师应当向被审计单位索取关联方清单并进行复核，确认已知的关联方。同时应实施以下审计程序，以发现其他未知的关联方：了解被审计单位各组成部分及其相互关系、管理当局的职责分工，评价其识别和处理关联方及其交易的程序；查阅以前年度的审计工作底稿；查阅主要投资者、关键管理人员名单以及合营企业、联营企业名单；了解主要投资者个人、关键管理人员和与其相关的其他单位的关系；了解与主要投资者个人、关键管理人员关系密切的家庭成员和与其相关的其他单位的关系；查阅股东大会、董事会会议及其他重要会议记录；询问其他注册会计师及前任注册会计师；审核所审计会计期间被审计单位的投资业务及资产重组方案；审核所得税申报资料及报送政府机构、交易所等的其他相关资料。

2. 识别关联方交易的审计程序

在确认关联方的基础上，应确定被审计单位是否存在关联方交易，通常采取以下审计程序：查阅股东大会、董事会会议及其他重要会议记录，识别企业在资产重组、投资等重要交易中形成的关联交易；审阅被审计单位与其主要顾客、供应商、债权人、债务人形成的购销、租赁或资金借贷合同，了解交易性质与范围，识别被审计单位在商品购销、租赁、资金借贷中形成的关联交易；查阅会计记录中数额较大的、异常的及不经常发生的交易或余额，如与无正常业务关系的单位发生的重大交易，价格、利率、租金及付款条件异常、明显缺乏商业理由的交易，非货币性交易，债务重组交易，会计处理方式异常的交易，资产负债表日前后确认的交易等，识别以上交易是否为关联方交易；审阅有关存款、借款的询证函和贷款证，检查是否存在担保关系；向管理人员询问有关重大交易的授权情况，了解是否存在已经发生但未进行会计处理的交易；向其他注册会计师提供已知关联方清单，以使其他注册会计师在审计过程中注意识别被审计单位与这些关联方的交易。

（二）关联方交易记录的审计程序

在识别了关联方及其交易后，注册会计师应实施必要的审计程序，获取充分、适当的审计证据，以确定已经存在的关联方交易是否已作适当的会计记录。一般的审计程序为：

（1）询问管理当局，以了解关联方交易的目的及定价政策。

（2）检查有关发票、协议、合同以及其他有关文件。这有助于证实关联方交易的实质与形式是否相符，协议数量与实际数量是否相符。

（3）确定有关交易是否已获股东大会、董事会或相关机构及管理人员批准。若未获批准，一方面说明该交易的合法性、合规性有问题，另一方面也反映出被审计单位相关内部控制薄弱。为此，注册会计师不仅要审核该笔交易的披露情况，而且要重新评价相关内部控制，扩大审计范围。

（4）核对关联方之间同一时点的账户余额，必要时与审计关联方的注册会计师沟通，核实关联方之间某些特殊的、重要的、有代表性的关联方交易，以发现那些虚假的关联方交易。

（5）检查有关抵押、质押品的价值及可转让性。若发现有抵押、质押品的价值与实际价值不符或不易变现等情况，注册会计师应对这类交易的对象作重点检查，以确定交易对象是否为关联方，相互之间的交易是否为关联方交易。

（6）询证关联方交易的条件及金额，并检查关联方拥有的相关证据。向有关中介机构询证或与其讨论关联方交易的相关重要信息。这既可以对已识别的关联方及其交易进行复核，还可以发现未知的关联方及其交易。

（7）就重大应收款项及担保获取关联方偿债能力的信息。若该关联方偿债能力较弱，而被审计单位却仍与其进行数额较大的购销活动或为其担保，就应对被审计单位与这类关联方所进行的交易作重点审核，以查明这类关联方交易在会计报表中的披露是否真实与完整。

（三）关联方交易披露的审计程序

在确定被审计单位存在哪些关联方及其交易的情况下，应检查会计报表附注对关联方及其交易的披露是否恰当。在存在控制关系的情况下，关联方如为企业时，不论他们之间有无交易，均应当在会计报表附注中披露企业经济性质或类型、名称、法定代表人、注册地、注册资本及其变化、企业的主营业务、所持股份或权益及其变化。在企业与关联方发生交易的情况下，企业应在会计报表附注中披露关联方关系的性质、交易类型及其交易要素，如交易的金额或相应的比例、未结算项目的金额或相应的比例、定价政策等。

二、会计政策、会计估计变更和会计差错更正的审计

会计政策变更是企业对相同的交易或事项由原来采用的会计政策改用另一种会计政策。会计估计变更是企业以最近可利用的信息为基础，对诸如固定资产折旧年限和估计残值、无形资产摊销年限、坏账准备计提比例等事项作出新的估计；这里的会计估计是指企业对其结果不确定的交易或事项以最近可利用的信息为基础所作的判断。会计差错更正是企业对诸如会计确认、计量、记录等方面出现的差错进行纠正。

当企业发生会计政策、会计估计变更和会计差错更正时，其相应的会计处理将会对企业的资产、负债、所有者权益和损益产生影响，并在很大程度上影响会计信息在不同期间的可比性。因此，注册会计师在审计中必须对被审计单位发生的会计政策、会计估计变更和会计差错更正事项给予足够的重视。

注册会计师审计被审计单位所发生的会计政策、会计估计变更和会计差错更正事项，目的在于：确定会计政策变更是否合法、合理；确定会计估计变更和会计差错更正是否合理；确定会计政策、会计估计变更和会计差错更正的会计处理是否正确；确定会计政策、会计估计变更和会计差错更正的披露是否恰当。

为达到上述审计目标，注册会计师应对会计政策、会计估计变更和会计差错更正事项实施下列审计程序：

（1）获取被审计单位提供的会计政策、会计估计说明，与前期采用的会计政策和会计估计进行比较，以识别会计政策、会计估计的变更。从上市公司来说，都会对本公司的会计政策作出具体规定，如对执行的会计制度、记账基础以及有关的核算方法等的规定。注册会计师通常应获取被审计单位提供的包括上述内容的书面说明，并与上期审计工作底稿中的该说明进行对比，以发现会计政策、会计估计的变更。

此外，按照会计制度的相关规定，上市公司的会计政策目录及变更会计政策后重新制定的会计政策目录，除应当按照信息披露的要求对外公布外，还应当报公司上市地交易所备案。未报公司上市地交易所备案的，视为滥用会计政策。按照重大会计差错更正的方法处理企业作出的会计估计变更的备案和披露等，比照上述原则办理。

（2）查阅法规或会计准则等行政法规、规章以及被审计单位董事会、股东大会、管理当局有关会议记录，判断会计政策变更的合法性和合理性。按规定，企业的会计政策只有在符合法规或会计准则等行政法规、规章的要求，或者这种变更能够提供有关企业财务状况、经营成果和现金流量等更可靠、更相关的会计信息时才能变更。前者侧重于会计政策

变更的合法性，后者侧重于会计政策变更的合理性，因此，都是注册会计师应该关注的。另外，作为完善的企业内部控制的一项内容，董事会、股东大会和管理当局按照会计政策变更的性质和影响金额的大小，拥有不同的审批权限。所以，查阅有关的会议记录，也有助于判断会计政策变更的合法性和合理性。

（3）向被审计单位管理当局了解其会计估计的程序、方法和相关内部控制。由于被审计单位在经营规模、业务类型等方面存在着差别，其作出会计估计的程序和方法也不尽相同。一般来说，被审计单位会根据需要对会计估计规定具体的程序和方法，并且对这些程序和方法的执行进行相关的内部控制。注册会计师必须了解这方面的情况。

（4）获取被审计单位提供的有关会计估计的说明，并复核和测试被审计单位作出会计估计的过程。在复核和测试被审计单位作出会计估计的过程时，注册会计师应当采取以下四个步骤：①评价会计估计依据的数据、假设和使用的公式；②测试会计估计的计算过程；③如有可能，将以前期间作出的会计估计与实际结果进行比较；④考虑被审计单位管理当局对会计估计的批准程序。

（5）利用独立估计与被审计单位作出的会计估计进行比较。独立估计是指独立于被审计单位之外的人对会计估计事项所作的估计，包括注册会计师、权威人士和专家等。如果独立估计与被审计单位作出的会计估计之间存在明显差异，注册会计师应查明原因，分析判断该项差异是否合理。如果该项差异不合理，应当建议被审计单位作出调整。

（6）复核能够证实会计估计的资产负债表日后事项。如果存在能够证实会计估计的资产负债表日后事项，注册会计师可以通过检查这类事项来获取有关审计证据。该审计程序与前两种审计程序不同，它是从实际发生结果的角度来证实会计估计的合理性。比较而言，利用这一程序得出的结论更加接近实际情况。但由于并非所有的会计估计事项都会在审计报告日之前发生，该程序的使用范围较为有限。

（7）获取并检查与会计估计变更和会计差错更正相关的资料，判断会计估计变更和会计差错更正的合理性。会计估计变更相关资料是指导致企业原有会计估计发生变更的新信息、新经验等。认真检查被审计单位与会计估计变更和会计差错更正相关的资料，有助于确定估计变更是否必要，会计差错更正是否合理。

（8）检查与会计政策、会计估计变更和会计差错更正相关的会计记录，确定其会计处理是否正确。财政部颁布的《企业会计准则——会计政策、会计估计变更和会计差错更正》对企业会计政策、会计估计变更和会计差错更正的各种主要情形均规定了相应的会计处理原则。比如，对会计政策变更一般采用追溯调整法，若会计政策变更的累积影响数不能合理确定，则应采用未来适用法；对会计估计变更采用未来适用法，不调整以前年度会计报表；对会计差错更正，应当区分不同的发生时间（以前年度、本年度还是本年度的资产负债表日后）予以不同的会计处理等。这些规定是注册会计师用来确定被审计单位有关会计处理是否正确的主要依据。具体地讲，对以下两点应特别予以关注：

①企业因执行《企业会计准则——固定资产》而对未使用、不需用固定资产由原不计提折旧改为计提折旧，此项会计政策变更应当采用追溯调整法，调整期初留存收益和其他相关项目。例如，股份有限公司在 20×1 年度已对未使用、不需用固定资产以计提减值准备的方法代替折旧的，应以未计提减值准备前的未使用、不需用固定资产账面价值为基础

计提折旧，并对计提折旧后的未使用、不需用固定资产的账面净值进行减值测试，经过上述调整后的未使用、不需用固定资产账面价值与现行账面价值的差额，调整期初固定资产减值准备、期初留存收益等相关项目。20×2 年度对原未使用、不需用固定资产计提折旧时，以上述经调整后的账面价值为基础，并按预计的尚可使用年限重新确定折旧率和折旧额。如果此项会计政策变更的累计影响较小，或会计政策变更的累计影响数不能合理确定的，可以采用未来适用法。

②在坏账准备采用备抵法核算的情况下，除由按应收账款期末余额的3‰～5‰计提坏账准备改按根据实际情况由企业自行确定作为会计政策变更处理外，企业由按应收款项余额百分比法改为按账龄分析法或其他合理的方法计提坏账准备，或由按账龄分析法改为按应收款项余额百分比法或其他合理的方法计提坏账准备的，均作为会计估计变更，采用未来适用法进行会计处理。但是，如属滥用会计估计及其变更的，应作为重大会计差错予以更正。

（9）关注企业有无滥用会计政策、会计估计及其变更，若有，应当提请其作为重大会计差错予以调整。

（10）验明会计政策、会计估计变更和会计差错更正的披露是否恰当。企业会计政策变更时，应当在会计报表附注中披露会计政策变更的内容和理由，会计政策变更的影响数或累积影响数不能合理确定的理由；会计估计变更时，应当在会计报表附注中披露会计估计变更的内容和理由，会计估计变更的影响数或会计估计变更的影响数不能确定的理由；发生会计差错更正时，应当在会计报表附注中披露重大会计差错的内容及更正金额。

三、合并会计报表的审计

合并会计报表审计是指注册会计师依法接受委托，按照独立审计准则的要求，对被审计单位的合并会计报表实施必要的审计程序，获取充分、适当的审计证据，并对合并会计报表发表审计意见。

改革开放以来，我国企业的收购兼并、参股控股活动发生频繁且愈演愈烈，这一方面推动了生产要素的重新组合和优化配置，另一方面也给会计审计界带来了合并会计报表这个难题。

鉴于此，注册会计师在审计预备调查阶段应当了解被审计单位与合并会计报表编制和审计有关的重要事项，在编制合并会计报表审计计划时予以特别考虑，以避免审计计划的重大遗漏，也可使注册会计师提高合并会计报表的审计效率；在实施审计阶段应当对合并会计报表的合并范围及其变动情况、母子公司的会计政策、集团内公司间交易的抵消情况等进行审计，以确保被审计单位编制的合并会计报表符合有关规定，防止被审计单位蓄意或无意高估整个企业集团的净资产和净利润；在审计报告阶段不仅应考虑合并会计报表审计报告范围段的特殊性，而且要充分关注母公司和重要子公司审计意见类型对合并会计报表审计意见的影响。

具体讲，审计合并会计报表旨在确定合并会计报表的合并范围是否正确、完整；合并会计报表的合并基础是否正确、完整；合并会计报表的合并结果是否正确；合并会计报表及附注各项目的披露是否恰当。

为达到上述审计目标，注册会计师应对合并会计报表实施下列审计程序：

（1）检查合并会计报表的范围及其变动是否符合有关规定。这里的有关规定主要是指财政部颁布的《合并会计报表暂行规定》及相关补充规定的要求。《合并会计报表暂行规定》对合并范围的要求是以国际上通行的“实质性控制”观念为基础的，因此，我国合并会计报表的合并范围不仅包括母公司拥有其50%以上股份（即达到法定控制）的子公司，而且涵盖了投资企业虽然没有拥有其50%以上股份，但能够对其实施实质性控制的被投资企业。具体来说，根据《合并会计报表暂行规定》，纳入我国合并会计报表的合并范围的企业分为两类：一是母公司拥有其过半数以上（不含半数）权益性资本的被投资企业，包括直接拥有、间接拥有、以直接和间接方式拥有其过半数以上权益性资本的被投资企业这三种情形；二是母公司直接和间接持有的权益性资本虽没有过半数，但通过一定方式能够对其实施实质性控制的被投资企业。另外，按照企业会计制度的规定，企业在编制合并会计报表时，应当将合营企业合并在内，并按照比例合并方法对合营企业的资产、负债、收入、费用、利润等予以合并。

与第二类相反的是，一些子公司名义上虽由母公司控制，但由于种种原因，导致母公司对它的控制受到限制，从而无法行使实质控制权。按照实质重于形式的原则，不应将这些子公司纳入合并范围之内。比如，已关停并转的子公司；按破产程序已宣告被清理整顿的子公司；已宣告破产的子公司；准备近期出售而短期持有其过半数以上权益性资本的子公司；非持续经营且所有者权益为负数的子公司；受所在国外汇管制或其他限制，资金高度受到限制的境外子公司。

据此，注册会计师在检查合并会计报表的范围及其变动时，应获取被审计单位管理当局对合并范围的有关说明（包括关于不纳入合并范围的子公司有关情况的说明），对照股东大会和董事会的相关决议、管理当局文件以及有关的合营合同、章程、企业法人营业执照等，评价被审计单位管理当局有关说明的恰当性，正确界定被审计单位合并会计报表的合并范围，并对本期新增加或减少的子公司利润表的合并期间是否符合会计制度规定予以特别关注。

（2）检查合并会计报表的合并基础是否正确。

①检查合并会计报表工作底表所列个别会计报表是否经审计。如经审计，则与审定后个别会计报表核对相符，并考虑个别会计报表审计意见对合并会计报表的影响程度；如由其他注册会计师审计，则应对其出具的审计报告、提供的资料进行复审、分析和判断，必要时，可以以审计问卷的方式请求答复，如规模较小，其资产总额、主营业务收入、净利润等在企业集团中所占比例不大，则可要求该子公司提供与合并报表及其附注有关的明细资料。

②检查子公司会计报表决算口和会计期间是否一致。将具有不同会计报表决算口和会计期间的会计报表直接合并，既缺乏经济意义，又容易误导会计报表使用者。因此，注册会计师应对母公司和子公司的会计报表决算口和会计期间的一致性进行审计。若不一致，应提请被审计单位按规定披露该子公司的名称和不一致的原因，或以母公司为基准对于公司会计报表的决算日和会计期间进行必要的调整。

③检查母、子公司采用的会计政策是否一致。同上理由，注册会计师应对母公司和子

公司所采用会计政策的一致性进行审计。若存在重大不一致，且对合并的财务状况、经营成果和现金流量产生重大影响，注册会计师应提请被审计单位在编制合并会计报表时对子公司的会计报表作必要的调整；当然，若相差不大且影响也不大，根据重要性原则可不作调整，但注册会计师应提请被审计单位在合并会计报表附注中进行必要的说明，以免会计报表使用者产生误解。

④检查母公司对子公司长期股权投资的核算方法是否符合有关规定，对纳入合并范围的所有子公司是否均已采用成本法核算。

（3）检查合并会计报表的合并结果是否正确。在检查过程中，要注意检查母公司对子公司的权益性资本与子公司所有者权益的抵消分录是否正确、合并价差是否正确、产生原因是否合理，防止被审计单位将因编制合并会计报表有误而出现的差额混入合并价差，使合并价差成为编制合并资产负债表的“平衡器”。检查母公司与子公司及子公司相互之间的内部交易，及由此形成的期末存货中包含的未实现内部销售利润抵消事项的处理是否正确，及由此形成的固定资产价值中包含的未实现内部销售利润抵消事项的处理是否正确。

此外，还要检查母公司与子公司及子公司相互之间的债权债务（包括坏账准备在内）的抵消事项是否正确；检查母公司与子公司相互之间的内部投资收益、子公司期初未分配利润与子公司本期利润分配和期末未分配利润抵消项的处理是否正确；关注以前期间集团内公司间交易对本期合并会计报表编制的影响，检查有关的抵消分录是否正确。

（4）如合并报表中存在外币折算问题，检查报表各项目使用的外币折算汇率是否正确，外币折算差额在报表上的反映是否恰当。如果子公司以外币作为记账本位币，在编制合并会计报表前按照《合并会计报表暂行规定》，母公司必须采用现行汇率法将子公司的外币会计报表折合为人民币：资产和负债项目按合并会计报表决算口的汇率折算；所有者权益项目除“未分配利润”项目外均按发生日的汇率折算，未分配利润项目以折算后的利润分配表中该项目的金额列示；利润表项目按合并会计报表期间的平均汇率折算，因此形成的差额作为“外币报表折算差额”列示于所有者权益中的利润分配项目之后。当被审计单位合并报表中存在外币折算问题时，注册会计师应注意其处理是否符合上述要求。

（5）检查少数股东本期损益、少数股东权益的计算是否正确，在报表上的反映是否恰当。

（6）检查利润分配的基数是否正确，前后期是否一致。

（7）复核合并报表工作底表的各项数据的计算是否正确，相关项目的勾稽关系是否正确无误。

（8）检查合并报表与母公司报表的净利润及所有者权益合计等金额是否一致，如有差异，应查明原因是否正常，得出正确结论。注册会计师通常可利用上述勾稽关系，对被审计单位编制的合并会计报表进行复核，以决定是否予以信赖。

（9）检查合并现金流量表的编制是否适当。在编制合并现金流量表时，需注意以下四点：①当合并范围变动时，应要求被审计单位对期初合并余额进行模拟调整，否则合并现金流量表将无法编制；②应当将少数股东损益和合并价差的摊销作为调整项目；③若干公司当期向母公司支付现金股利，应将子公司的“分配股利、利润或偿付利息所支付的现金”项目与母公司“取得投资收益所收到的现金”项目中的相应金额相互抵消，合并范围内单位间相互收付的利息也应相互抵消；④对于母公司当期对子公司以现金发生的长期股权投资和债权投资，应分别将母公司的“投资所支付的现金”项目与子公司的“吸收投资所收到的现金”项目中的相应金额相互抵消。

（10）检查合并会计报表及附注各项目的披露是否恰当。除了关注各会计报表项目金额是否应按规定在合并会计报表中作正确列示以外，注册会计师还应关注合并会计报表附注中有关的披露是否充分、恰当。以上市公司为例，按照中国证监会 1999 年颁布的《年度报告的内容与格式》的要求，其会计报表附注中，至少必须包括以下与合并会计报表相关的内容：①外币会计报表核算方法；②合并会计报表的编制方法，要求说明合并范围的确定原则，并简要说明合并所采用的会计方法；③所控制的境内外所有子公司的全称、注册资本、经营范围及上市公司对其投资额和所占比例等；④未纳入合并会计报表范围的子公司，未纳入的原因及对财务状况的影响；⑤合并会计报表范围发生变更的内容及原因，对按比例合并法进行合并的公司应特别注明；⑥报告期内发生购买股权而增加控股子公司的情况，应逐一说明其购买日及其确定方法。

可见，合并会计报表有关内容是企业对外披露信息的重要组成部分，其披露的充分、适当与否，直接关系到企业信息披露的质量，也与注册会计师的声誉休戚相关，所以，注册会计师应给予足够的重视，绝不可掉以轻心。

本章小结

（1）在市场经济中，货币是商品交换的媒介和支付手段。在企业生产经营活动中，很多经济事项都会发生货币资金的收付业务，如材料的采购、产品的销售、工资的发放、税利的解缴以及股利的发放等。货币资金业务频繁、流动性大，比其他资产更容易被盗窃、挪用，因此风险比较大，是资产审计中的重要内容。

（2）在财务报表审计中，还必须对期初余额、期后事项、或有损失等特殊项目进行审计，这样才能比较全面地对财务报表的合法性和公允性作出评价。

关键术语和概念

货币资金审计　有价证券审计　期初余额审计　期后事项审计　或有损失审计
关联方交易审计

拓展阅读

中国注册会计师协会．审计．北京：经济科学出版社，2011.
袁小勇，陈郡．审计学．北京，首都经济贸易大学出版社，2007.
殷文玲，高颖．审计案例教程．北京：清华大学出版社，2008.

第十四章　审计报告

本章学习要点

编写审计报告是审计终结阶段的重要工作。在进行必要的审计程序之后，注册会计师要根据审计情况，对照有关标准，对审计测试结果进行汇总、分析、复核和评价等，并与被审计单位沟通，形成审计意见，编写审计报告，这既是总结审计工作的需要，也是向有关方面报告审计结果的需要。

通过本章学习，应当掌握以下主要内容：

（1）审计终结阶段的主要内容；

（2）审计报告的含义和作用；

（3）审计报告的种类、基本格式和内容；

（4）审计意见的基本类型及其形成条件；

（5）各种类型审计报告的格式和内容；

（6）编制审计报告的基本步骤和要求。

第一节　审计报告编制前的工作

审计实施阶段对财务报表各项目测试收集到的审计证据，不能直接作为编制审计报告的依据。注册会计师在编写审计报告之前应对这些证据及审计工作底稿进行整理、汇总、分析、复核和评价，并与被审计单位管理层和治理层沟通审计结果的情况，以保证审计证据的充分性、适当性和审计结论的可靠性。为此，在正式编写审计报告前应做以下工作：审计调整；获取声明书；形成审计意见等。

一、审计调整

在完成按业务循环进行的控制测试、交易与各财务报表项目的实质性程序后，对注册会计师发现的被审计单位的会计处理方法或报表披露与企业会计准则规定的不一致，即审计差异，审计项目经理应根据审计重要性原则予以初步确定和汇总，编制调整会计分录和重分类分录，向被审计单位提出适当的调整建议，使经审计的财务报表能公允地反映被审计单位的财务状况、经营成果和现金流量。这一过程就是审计调整。审计调整，主要是通过编制“审计差异调整表”和“试算平衡表”来完成的。

（一）编制审计差异调整表

审计差异按其产生原因分为核算错误和重分类错误。核算错误是指企业对经济业务进行不正确的会计核算而引起的错误。比如，把应计入“在建工程”的利息支出计入了“财务费用”等。核算误差引起账户记录的错误，进而导致报表的错误。用审计重要性原则来衡量每一项核算错误，可进一步划分为建议调整的不符事项和不建议调整的不符事项（即未调整不符事项）。重分类错误是因被审计单位未按企业会计准则列报财务报表而引起的错误。比如，在报表的应付账款项目中反映预付账款、在应收账款项目中反映预收账款等。重分类错误不需要调整账户记录，只需调整报表。

由于审计发现的错误通常在审计工作底稿中以会计调整分录形式反映，为便于进行综合判断、分析和决定，也为了便于编制试算平衡表和代编经审计的财务报表，通常需要将那些建议调整的不符事项、未调整不符事项和重分类错误分别汇总至“账项调整分录汇总表”、“重分类调整分录汇总表”和“未更正错报汇总表”。三张汇总表的参考格式见表14－1、14－2、14－3所示。

表14－1　账项调整分录汇总表

序号	内容及说明	索引号	调整内容				影响利润表+（－）	影响资产负债表+（－）
			借方项目	借方金额	贷方项目	贷方金额		

与被审计单位沟通：

参加人员：

被审计单位：

审计项目组：

被审计单位的意见：

结论：

是否同意上述审计调整：

被审计单位授权代表签字：　　　　　　　　　　　日期：

表14－2　重分类调整分录汇总表

序号	内容及说明	索引号	调整项目和金额			
			借方项目	借方金额	贷方项目	贷方金额

与被审计单位沟通：

参加人员：
被审计单位：
审计项目组：
被审计单位的意见：
结论：
是否同意上述审计调整：
被审计单位授权代表签字：　　　　　　　　　　日期：

表 14－3　未更正错报汇总表

<table>
<tr><th rowspan="2">序号</th><th rowspan="2">内容及说明</th><th rowspan="2">索引号</th><th colspan="4">未调整内容</th><th rowspan="2">备注</th></tr>
<tr><th>借方项目</th><th>借方金额</th><th>贷方项目</th><th>贷方金额</th></tr>
<tr><td></td><td></td><td></td><td></td><td></td><td></td><td></td><td></td></tr>
<tr><td></td><td></td><td></td><td></td><td></td><td></td><td></td><td></td></tr>
<tr><td></td><td></td><td></td><td></td><td></td><td></td><td></td><td></td></tr>
<tr><td></td><td></td><td></td><td></td><td></td><td></td><td></td><td></td></tr>
<tr><td colspan="8">未更正错报的影响：
项目　　　　　金额　　　　　百分比　　　　　计划百分比
1. 总资产
2. 净资产
3. 销售收入
4. 费用总额
5. 毛利
6. 净利润
结论：

被审计单位授权代表签字：　　　　　　　日期：</td></tr>
</table>

注册会计师确定了建议调整的不符事项和重分类错误后，应以书面的形式及时征求被审计单位对需要调整财务报表事项的意见。若被审计单位予以采纳，应取得其同意调整的书面确认；若被审计单位不予采纳，应分析原因，并根据未调整不符事项的性质和重要程度，以及未调整错误金额是否超过重要性水平，确定是否在审计报告中予以反映，以及如何反映。

（二）编制试算平衡表

试算平衡表是注册会计师在被审计单位提供的未审计财务报表的基础上，考虑调整分录、重分类分录等内容以确定已审数与报表披露数的表式。资产负债表和利润表的试算平衡表参考格式见表 14－4 和 14－5 所示。

表 14－4　资产负债表试算平衡表

项　目	期末未审数	账项调整		重分类调整		期末审定数	项目	期末未审数	账项调整		重分类调整		期末审定数
		借方	贷方	借方	贷方				借方	贷方	借方	贷方	
货币资金							短期借款						
交易性金融资产							交易性金融负债						
应收票据							应付票据						
应收账款							应付账款						
预付账款							预收账款						
存货							……						
……							长期应付款						
固定资产							递延所得税负债						
在建工程							实收资本（股本）						
无形资产							资本公积						
长期待摊费用							盈余公积						
递延所得税资产							未分配利润						
合计							合计						

表 14－5　利润表试算平衡表

项　　目	审计前金额	调整金额		审定金额
		借　方	贷　方	
一、营业收入				
减：营业成本				
营业税金及附加				
销售费用				
管理费用				
财务费用				
资产减值损失				
加：公允价值变动损益				
投资收益				

（续上表）

项　　目	审计前金额	调整金额		审定金额
		借　方	贷　方	
二、营业利润				
加：营业外收入				
减：营业外支出				
三、利润总额				
减：所得税费用				
四、净利润				

以上表格数据来源：

（1）试算平衡表中的“期末未审数”和“审计前金额”列，应根据被审计单位提供的未审计财务报表填列。

（2）试算平衡表中的“账项调整”和“调整金额”列，应根据被审计单位同意的“账项调整分录汇总表”填列。

（3）试算平衡表中的“重分类调整”列，应根据经被审计单位同意的“重分类调整分录汇总表”填列。

（4）在编完试算平衡表后，应注意核对试算平衡表的勾稽关系。例如，资产负债表试算平衡表左边的“期末未审数”列合计数、“期末审定数”列合计数应分别等于其右边相应各列合计数；资产负债表试算平衡表左边的“账项调整”列中的贷方合计数与借方合计数之差应等于右边的“账项调整”列中的贷方合计数与借方合计数之差；资产负债表试算平衡表左边的“重分类调整”列中的借方合计数与贷方合计数之差应等于右边的“重分类调整”列中的贷方合计数与借方合计数之差等。

二、获取管理层声明书和律师声明书

注册会计师在出具审计报告前，在复核被审计单位期后事项和或有事项时，需要向被审计单位索取管理层声明书和向被审计单位律师索取声明书。

（一）获取管理层声明书

管理层声明书，是被审计单位管理当局在审计期间向注册会计师提供的各种重要书面声明。如果合理预期不存在其他充分、适当的审计证据，注册会计师应当就对财务报表具有重大影响的事项向管理层获取书面声明。注册会计师要求管理层提供的书面声明可仅限于单独或汇总起来对财务报表产生重大影响的事项。注册会计师应当将获取的管理层声明作为审计证据，并形成审计工作底稿。

（二）获取律师声明书

在终结审计工作阶段，注册会计师应索取客户律师声明书，并作为必要的审计证据之一。律师声明书是客户律师对注册会计师关于期后事项和或有事项函证问题的答复和说明。注册会计师需要查明客户可能存在的未决诉讼、可能的索赔以及有关的或有损失，同时要查明客户应付的法律服务费。律师声明书通常是有力的证据，帮助注册会计师解析并报告有关的期后事项和或有事项中可能潜在的法律诉讼，从而减少注册会计师对上述事项误解的审计风险。

三、审计意见的形成

在完成审计外勤工作后，注册会计师要形成审计意见，签发审计报告。审计意见的形成中要完成对财务报表总体合理性实施分析程序、评价审计结果、与治理层和管理层沟通以及评价独立性和道德问题等工作。

（一）实施分析程序

分析程序不仅可运用于审计计划阶段和财务报表项目的实质性程序阶段，也可用于审计完成阶段。在完成审计外勤工作时对经审计调整后的财务报表进行总体复核，可以帮助注册会计师评价审计过程中形成的审计结论的恰当性和财务报表整体反映的公允性。

在对财务报表整体实施分析程序时，可以运用比率及其他比较技术。但由于这一审计程序的实施有一定的难度，因而需要由具有丰富审计经验并全面了解被审计单位经营情况和所属行业特点的审计项目经理、部门经理来执行。比较的一方是被审计单位的资料，比较的另一方则是预期的被审计单位的结果。此外，还可与获得的行业资料，或者产量、销量和员工人数等相关的一些非财务资料进行比较。

在运用分析程序进行总体复核时，如果识别出以前未识别出的重大错报风险，注册会计师应当重新考虑对全部或部分各类别的交易、账户余额、列报评估的风险是否恰当，并在此基础上重新评价之前计划的审计程序是否充分，是否有必要追加审计程序。

（二）评价审计结果

评价审计结果的目的是为了确定将要发表的审计意见的类型以及在整个审计工作中是否遵循了中国注册会计师审计准则。这一过程包括以下几方面的工作：

1. 对重要性和审计风险作出最终评价

对重要性和审计风险作出最终评价，就是确定和汇总可能的审计差异，并分析审计差异汇总数对财务报表的影响程度，进而评价审计风险。这项工作的具体内容如下：

（1）按财务报表项目确定可能的错报金额。可能的错报金额包括已经识别的具体错报和推断错报。

（2）根据财务报表层次的重要性水平，确定可能的错报金额汇总数对整个财务报表的影响程度。一方面将可能的错报金额汇总数与财务报表层次的重要性水平比较，确定是否可以接受可能的错报金额汇总数；另一方面要确定可能的错报金额汇总数应当包括上一期间的未更正可能错报，两者累计起来，可能会导致本期财务报表产生重大错报。

（3）评价审计风险。注册会计师在审计计划阶段已确定了审计风险的可接受水平。随着可能错报总额的增加，财务报表可能被严重错报的风险也会增加。如果注册会计师得出结论，审计风险处在一个可接受的水平，那么他可以直接提出审计结果所支持的意见；如果注册会计师认为审计风险不能接受，那么他应追加实施额外的实质性程序或者说服被审计单位作必要调整，以便使重大错报风险降低到一个可接受的水平。否则，注册会计师应慎重考虑该审计风险对审计报告的影响。

2. 对被审计单位已审财务报表形成审计意见并草拟审计报告

在完成财务报表项目的测试工作后，审计项目负责人应汇总所有成员的审计结果，并进行认真的审核、评价，然后逐级交给部门经理和项目合伙人复核和评价。

在形成正式的审计意见之前，会计师事务所通常要与被审计单位召开沟通会。在会上，注册会计师可口头报告本次审计所发现的问题，并说明建议被审计单位作必要调整或表外披露的理由。当然，管理当局也可以在会上申辩其立场。最后，通常会对需要被审计单位作出的改变达成协议。如双方达成协议，注册会计师即可签发标准审计报告。否则，注册会计师则可能不得不出具其他类型的审计报告。

3. 复核审计工作底稿

（1）项目合伙人复核。在完成审计外勤工作后，项目合伙人需要对审计工作底稿实施二级复核。二级复核既是对项目经理复核的再监督，也是对重要审计事项的重点把关。

（2）独立的项目质量控制复核。这是在出具报告前，对项目组作出的重大判断和在准备报告时形成的结论作出客观评价的过程。独立的项目质量控制复核也称独立复核。通过独立复核，可以了解审计过程中是否存在遗漏重大审计问题或对具体审计工作理解不透彻的情况，是否存在没有严格执行工作标准而发生疏忽的情况，是否存在分析和判断不够客观的情况等。最终目的是为发表恰当的审计意见提供一个合理的基础。

针对项目经理、项目合伙人和项目质量控制复核，很多会计师事务所都备有详细的业务执行复核工作核对表，并通过填列业务执行复核工作核对表的方式进行复核审计工作底稿。这样，不仅可对那些经常容易被忽视的审计方面起到提醒作用，还有利于检查审计证据的充分性和适当性。

（三）与治理层和管理层的沟通

在财务报表审计中，注册会计师应注意与治理层和管理层的沟通，尤其是在审计终结阶段。具体来说，治理层是指对被审计单位战略方向以及管理层履行经营管理责任负有监督责任的人员或组织，即指董事会、监事会和股东大会。治理层的责任包括对财务报告过程的监督。管理层是指对被审计单位经营活动的执行负有管理责任的人员，即指经理和高级管理人员。管理层承担编制财务报表的责任，并接受治理层的监督。注册会计师应当就与财务报表审计相关且根据职业判断认为与治理层、管理层责任相关的重大事项，以适当的方式与治理层和管理层及时沟通。为了明确注册会计师在财务报表审计中与治理层沟通的责任，中国注册会计师审计准则规定了沟通的事项。

1. 沟通的目的

与治理层、管理层沟通是财务报表审计工作中不可缺少的部分，是贯穿于整个审计过程的一项重要工作。实际上，从接受审计委托至出具审计报告，在审计计划、审计实施和审计报告的各个阶段都要不断与治理层、管理层进行沟通。沟通的目的在于：

（1）明确责任。注册会计师通过与管理当局进行适当的沟通，可以明确各自的责任与义务，促使双方认真履行职责，保护有关各方的合法权益，也避免注册会计师受到不公正的指责或控告。

（2）建立有效的双向沟通关系。注册会计师在恪守独立、客观、公正原则的前提下，与治理层、管理层进行必要的沟通，有利于与客户建立良好的工作关系，加强相互间的协作与配合，促进各种必要的审计程序顺利实施，最终实现审计目标。注册会计师也应当提请治理层以同样的方式与注册会计师沟通，建立有效的双向沟通关系。

（3）保证执业质量，提高审计效果和效率。与管理当局进行沟通，可以使注册会计师获取更多的相关信息，了解各种复杂、疑难问题的具体情况，既节约审计时间，提高审计工作效率，又能据此进行正确的分析判断，从而降低审计风险，保证审计工作质量。

（4）为客户提供更好的服务。注册会计师在审计活动过程中会发现客户的内部控制、经营管理等方面存在的问题，通过适当的沟通，可以帮助客户改善内部控制、提高经营效率和管理效果，从而为客户提供更好的审计服务。

2. 沟通的形式

注册会计师应当根据审计准则、有关法规和审计业务约定书的要求，合理运用专业判断，确定与治理层、管理层沟通的形式。有效的沟通形式可以是正式声明、书面报告，也可以是口头形式。对于在审计工作中发现的重大问题、涉及注册会计师独立性的问题等，应当采用书面形式。对于一般事项，可以采用口头形式，这样可以沟通更多内容，而且做到及时沟通。注册会计师应当在书面沟通文件中声明：该文件仅供治理层和管理层内部使用，对外不具有公证性，也不得被引用、提及或向他人披露。

3. 沟通的内容

注册会计师与治理层、管理层沟通的事项可以包括以下四大方面：一是注册会计师的责任；二是计划的审计范围和时间；三是审计工作中发现的问题；四是注册会计师的独立性。

（1）注册会计师应当就其责任直接与治理层沟通。具体来说，注册会计师通常考虑将有关沟通事项包含在审计业务约定书中，并向治理层、管理层说明：注册会计师的责任是按照审计准则的规定执行审计业务，对管理层在治理层监督下编制的财务报表发表审计意见；对财务报表的审计并不能减轻管理层或治理层的责任。

（2）注册会计师应当就计划的审计范围和时间直接与治理层作简要沟通。在审计计划阶段，注册会计师应当就如何应对由于舞弊或错误导致的重大错报风险、内部控制测试方案、审计重要性的概念等事项，与治理层、管理层进行沟通。与治理层、管理层的沟通有助于注册会计师计划审计范围和时间，但并不改变注册会计师独自承担制定总体审计策略和具体审计计划的责任。

（3）注册会计师应当就审计工作中发现的问题与治理层直接沟通。例如，对被审计单位的会计实务，包括会计政策、会计估计和财务报表披露等重大方面的质量的看法；在审计工作中遇到的重大困难；已与管理层讨论或需要书面沟通的、审计中出现的重大事项，以及注册会计师要求提供的书面声明；审计中出现的、根据职业判断认为对监督财务报告过程影响重大的其他事项。

（4）注册会计师还应与治理层就注册会计师的独立性进行沟通。例如，应对注册会计师按照法律法规和职业道德守则的规定保持了独立性作出声明；为消除对独立性的威胁或将其降至可接受的水平，已经采取的相关防护措施。如果出现了违反与注册会计师独立性有关的职业道德守则的情形，注册会计师应当尽早就该情形及已经或拟采取的补救措施与治理层直接沟通。

第二节　审计报告概述

一、审计报告的含义和作用

审计报告是指注册会计师根据中国注册会计师审计准则的规定，在实施审计工作的基础上对被审计单位财务报表发表审计意见的书面文件。注册会计师应当在审计报告中清楚地表达对财务报表的意见，将已审计的财务报表附于审计报告后并对出具的审计报告负责。因此，审计报告是审计工作的最终成果，具有法定证明效力。编写审计报告是审计过程中极为重要的一环。

注册会计师编写的审计报告，具有十分重要的作用。

1. 编写审计报告是向社会提供鉴证信息的需要

通过编写审计报告，发表注册会计师对信息鉴证的意见，便于向社会各界提供经济信息公证，为他们的有关决策提供帮助。在审计过程中，注册会计师以独立第三者的身份，客观公正、实事求是地对被审计单位财务报表中所反映的财务状况、经营成果和现金流量情况是否合法、公允发表自己的意见。由此所提供的审计报告便具有鉴证作用，是政府有关部门（如财政部门、税务部门等）了解、掌握企业的财务报表是否合法、公允的主要依据，是上市公司的股东判断被投资企业的财务报表是否公允地反映了财务状况和经营成果，以进行投资决策的依据，也是相关利益方（债权人、客户等）了解被审计单位情况、作出有关经营决策的重要参考依据。

2. 编写审计报告是促进被审计单位改进工作的需要

通过编写审计报告，全面梳理和分析审计工作情况，对审计过程中发现的被审计单位的有关问题加以归纳和总结，及时向被审计单位提供改进经营管理的建议，可以促进被审计单位改进工作。

3. 编写审计报告是考评审计工作质量的需要

注册会计师应对其出具的审计报告负责。审计报告是表明审计工作质量、证明注册会计师审计责任履行情况的重要依据。审计报告是对审计任务完成情况及其结果所做的总结，因而可以表明审计工作的质量，并明确注册会计师的审计责任。通过审计报告，可以证明注册会计师在审计过程中是否已实施必要的审计程序，是否以审计工作底稿为依据发表审计意见，发表的审计意见是否与被审计单位的实际情况相一致，审计工作的质量是否符合要求。

二、审计报告的种类

审计报告的种类是按照不同标准对审计报告所作的分类。通常可以按照审计报告的格式、审计报告的使用目的和详略程度等进行分类。

（一）按照审计报告的格式分类

审计报告按其格式不同，可分为标准审计报告和非标准审计报告。

标准审计报告是指不含有说明段、强调事项段或其他事项段或其他任何修饰性用语的无保留意见的审计报告。包含其他报告责任段，但不含有强调事项段或其他事项段的无保留意见的审计报告也被视为标准审计报告。

非标准审计报告是指带强调事项段或其他事项段的审计报告和非无保留意见的审计报告。非无保留意见的审计报告包括了保留意见、否定意见和无法表示意见三种类型。

（二）按照审计报告的使用目的分类

审计报告按其使用目的不同，可分为公布目的的审计报告和非公布目的的审计报告。

公布目的的审计报告一般是用于对企业股东、债权人等非特定利益关系者公布的附送已审财务报表的审计报告。

非公布目的的审计报告一般是为经营管理、合并或业务转让、融通资金等特定目的而实施审计的审计报告。这类审计报告是分发给特定使用者的，如经营者、合并或业务转让的关系人、提供信用的金融机构等。

（三）按照审计报告的详略程度分类

审计报告按其详略程度不同，可分为简式审计报告和详式审计报告。

简式审计报告是注册会计师对应公布的财务报表进行审计后所编制的简明扼要的审计报告。其特点是报告语言精练，内容简明扼要，适用于公布目的。简式审计报告反映的内容是非特定多数的利害关系人共同认为必要的审计事项，其所记载事项具有法令或审计准则所规定的特征，从形式到内容都比较规范。

详式审计报告是指对被审计项目情况作详细分析和说明的审计报告。其特点是内容详细丰富，适用于非公布目的。详式审计报告通常没有统一的格式，主要用来指出被审计单位经营管理等方面存在的问题，并提出相关的改进建议，以帮助改进工作。

三、简式审计报告的基本内容

不同种类的审计报告，其内容和格式不尽相同。下面以注册会计师财务报表审计报告为例，介绍简式审计报告的内容和格式。《中国注册会计师审计准则第 1501 号——审计报告》规定了简式审计报告的基本内容：

1. 标题

注册会计师财务报表审计报告的标题应当统一规范为“审计报告”。

2. 收件人

审计报告的收件人是指注册会计师按照业务约定书的要求致送审计报告的对象，一般是指审计业务的委托人。审计报告应当载明收件人的全称。

3. 引言段

审计报告的引言段应当说明被审计单位的名称和财务报表已经过审计，并包括下列内容：①指出构成整套财务报表的每张财务报表的名称；②提及财务报表附注，包括重要会计政策概要和其他解释性信息；③指明构成整套财务报表的每一财务报表的日期和涵盖的期间。

4. 管理层对财务报表的责任段

管理层对财务报表的责任段应当说明，按照企业会计准则编制财务报表是管理层的责任，这种责任包括：①按照适用的财务报告编制基础编制财务报表，并使其实现公允反映；②设计、执行和维护必要的内部控制，以使财务报表不存在由于舞弊或错误导致的重大错报。

5. 注册会计师的责任段

注册会计师的责任段应当说明下列内容：①注册会计师的责任是在执行审计工作的基础上对财务报表发表审计意见。②注册会计师按照中国注册会计师审计准则的规定执行了审计工作。中国注册会计师审计准则要求注册会计师遵守中国注册会计师职业道德守则，计划和执行审计工作以对财务报表是否不存在重大错报获取合理保证。③审计工作涉及实施审计程序，以获取有关财务报表金额和披露的审计证据。选择的审计程序取决于注册会计师的判断，包括对由于舞弊或错误导致的财务报表重大错报风险的评估。在进行风险评估时，注册会计师考虑与财务报表编制和公允列报相关的内部控制，以设计恰当的审计程序，但目的并非对内部控制的有效性发表意见。审计工作还包括评价管理层选用会计政策的恰当性和作出会计估计的合理性，以及评价财务报表的总体列报。④注册会计师相信获取的审计证据是充分、适当的，为其发表审计意见提供了基础。

6. 审计意见段

审计意见段应当说明，财务报表是否按照适用的会计准则和相关会计制度的规定编制，是否在所有重大方面公允反映了被审计单位的财务状况、经营成果和现金流量。

当注册会计师出具无保留意见的标准审计报告时，不附加说明段、强调事项段和其他事项段或任何修饰性用语。注册会计师出具非标准审计报告时，应当遵守《中国注册会计师审计准则第 1502 号——非标准审计报告》和相关规定。注册会计师应当直接在审计意见段之前增加说明段落，并使用恰当的标题，如“导致保留意见的事项”、“导致否定意见的事项”或“导致无法表示意见的事项”。

7. 注册会计师的签名和盖章

审计报告应当由至少两名注册会计师签名盖章。

8. 会计师事务所的名称、地址及盖章

审计报告应当载明会计师事务所的名称和地址，并加盖会计师事务所公章。

9. 报告日期

审计报告应当注明报告日期。审计报告的日期不应早于注册会计师获取充分、适当的审计证据（包括管理层认可对财务报表的责任且已批准财务报表的证据），并在此基础上对财务报表形成审计意见的日期。

第三节　简式审计报告的编制

简式审计报告就其格式来说，包括标准审计报告和非标准审计报告。其中，注册会计师出具的无保留意见的审计报告不附加说明段、强调事项段和其他事项段或任何修饰性用语时，该报告称为标准审计报告。而非标准审计报告是指标准审计报告以外的其他审计报告，包括带强调事项段的审计报告和非无保留意见的审计报告。并且，非无保留意见的审计报告又包括保留意见的审计报告、否定意见的审计报告和无法表示意见的审计报告。

一、标准审计报告的编制

标准审计报告说明注册会计师对被审计单位的财务报表出具无保留意见。无保留意见是指当注册会计师认为财务报表在所有重大方面按照适用的财务报告编制基础编制并实现公允反映时发表的审计意见。无保留意见的审计报告意味着，注册会计师通过实施审计工作，认为被审计单位财务报表的编制符合合法性和公允性的要求，合理保证财务报表不存在重大错报。无保留意见是审计业务委托人最希望获得的审计意见，表明被审计单位的内部控制制度较为完善，可以使审计报告的使用者对被审计单位的财务状况、经营成果和现金流量情况具有较高的信赖。

为了形成审计意见，针对财务报表整体是否不存在由于舞弊或错误导致的重大错报，注册会计师应当得出结论，确定是否已就此获取合理保证。在得出结论时，注册会计师应当考虑以下方面：

（1）是否已获取充分、适当的审计证据，针对评估的重大错报风险采取了应对措施。

（2）未更正错报单独或汇总起来是否构成重大错报。

（3）评价财务报表是否在所有重大方面按照适用的财务报告编制基础编制。在评价时，注册会计师应当考虑被审计单位会计实务的质量，包括表明管理层的判断可能出现偏向的迹象。主要评价内容有：①财务报表是否充分披露了选择和运用的重要会计政策；②选择和运用的会计政策是否符合适用的财务报告编制基础，并适合于被审计单位的具体情况；③管理层作出的会计估计是否合理；④财务报表列报的信息是否具有相关性、可靠性、可比性和可理解性；⑤财务报表是否作出充分披露，使财务报表预期使用者能够理解重大交易和事项对财务报表所传递的信息的影响；⑥财务报表使用的术语（包括每一财务报表的标题）是否适当。

（4）评价财务报表是否实现公允反映。在评价财务报表是否实现公允反映时，注册会计师应当考虑下列内容：①财务报表的整体列报、结构和内容是否合理；②财务报表（包括相关附注）是否公允地反映了相关交易和事项。

如果认为财务报表在所有重大方面按照适用的财务报告编制基础编制并实现反映，注册会计师应当发表无保留意见。

当出具无保留意见的审计报告时，注册会计师应当以“我们认为”作为意见段的开头，并使用“在所有重大方面”、“公允反映”等术语。

标准审计报告的参考格式如下：

审计报告

ABC 股份有限公司全体股东：

一、对财务报表出具的审计报告

我们审计了后附的 ABC 股份有限公司（以下简称 ABC 公司）财务报表，包括 20×1 年 12 月 31 日的资产负债表，20×1 年度的利润表、股东权益变动表和现金流量表以及财务报表附注。

（一）管理层对财务报表的责任

编制财务报表是 ABC 公司管理层的责任。这种责任包括：（1）按照企业会计准则的规定编制财务报表，并使其实现公允反映；（2）设计、执行和维护必要的内部控制，以使财务报表不存在由于舞弊或错误导致的重大错报。

（二）注册会计师的责任

我们的责任是在执行审计工作的基础上对财务报表发表审计意见。我们按照中国注册会计师审计准则的规定执行了审计工作。中国注册会计师审计准则要求我们遵守中国注册会计师职业道德守则，计划和执行审计工作以对财务报表是否不存在重大错报获取合理保证。

审计工作涉及实施审计程序，以获取有关财务报表金额和披露的审计证据。选择的审计程序取决于注册会计师的判断，包括对由于舞弊或错误导致的财务报表重大错报风险的评估。在进行风险评估时，注册会计师考虑与财务报表编制和公允列报相关的内部控制，以设计恰当的审计程序，但目的并非对内部控制的有效性发表意见。审计工作还包括评价管理层选用会计政策的恰当性和作出会计估计的合理性，以及评价财务报表的总体列报。

我们相信，我们获取的审计证据是充分、适当的，为发表审计意见提供了基础。

（三）审计意见

我们认为，ABC 公司财务报表在所有重大方面按照企业会计准则的规定编制，公允反映了 ABC 公司 20×1 年 12 月 31 日的财务状况以及 20×1 年度的经营成果和现金流量。

二、按照相关法律法规的要求报告的事项

（本部分报告的格式和内容，取决于相关法律法规对其报告责任的规定。）

××会计师事务所	中国注册会计师：×××
（盖章）	（签名并盖章）
	中国注册会计师：×××
	（签名并盖章）
中国××市	二〇×二年×月×日

二、非标准审计报告的编制

（一）非无保留意见审计报告的编制

非无保留意见，是指保留意见、否定意见或无法表示意见。当存在下列情形之一时，注册会计师应当在审计报告中对财务报表清楚地发表恰当的非无保留意见：

（1）通过获取的审计证据，得出财务报表整体存在重大错报的结论。注册会计师需要从被审计单位选择的会计政策的恰当性、所选择的会计政策的运用和财务报表披露的恰当性或充分性去评价。

（2）无法获取充分、适当的审计证据，不能得出财务报表整体不存在重大错报的结论。注册会计师主要从审计范围受到限制，从而无法获取充分、适当的审计证据去考虑。

因此，注册会计师确定恰当的非无保留意见类型时，应从财务报表存在重大错报和无法获取充分、适当的审计证据这两方面考虑，并根据影响程度进行判断，具体可见表14－6。

表 14－6　注册会计师对非无保留意见的判断

导致发表非无保留意见的事项的性质	这些事项对财务报表产生或可能产生影响的广泛性	
	重大但不具有广泛性	重大且具有广泛性
财务报表存在重大错报	保留意见	否定意见
无法获取充分、适当的审计证据	保留意见	无法表示意见

当出具非无保留意见的审计报告时，注册会计师应当在注册会计师责任段之后、审计意见段之前增加说明段，清楚地说明导致所发表意见或无法发表意见的所有原因，并在可能情况下，指出其对财务报表的影响程度。

1. 保留意见的审计报告

保留意见是注册会计师对财务报表的反映有所保留的审计意见。即注册会计师对被审计单位财务报表的总体反映表示同意或认可，而对其中存在的影响报表表达的个别重要项目等持有异议而予以保留。

如果认为财务报表整体是公允的，但还存在下列情形之一时，注册会计师应当发表保留意见：

（1）在获取充分、适当的审计证据后，注册会计师认为错报单独或累计起来对财务报表影响重大，但不具有广泛性；

（2）注册会计师无法获取充分、适当的审计证据以作为形成审计意见的基础，但认为未发现的错报（如存在）对财务报表可能产生的影响重大，但不具有广泛性。

只有当注册会计师认为财务报表就其整体而言是公允的，但还存在对财务报表产生重大影响的情形，才能出具保留意见的审计报告。如果注册会计师认为所报告的情形对财务报表产生的影响极为严重，则应出具否定意见的审计报告或无法表示意见的审计报告。

当出具保留意见的审计报告时，注册会计师应当在审计意见段中使用“除……的影响外”等术语。如果因审计范围受到限制，注册会计师还应当在注册会计师责任段中提及这一情况。

保留意见的审计报告（审计范围受到限制）参考格式如下：

审计报告

ABC 股份有限公司全体股东：

一、对财务报表出具的审计报告

我们审计了后附的 ABC 股份有限公司（以下简称 ABC 公司）财务报表，包括 20×1 年 12 月 31 日的资产负债表，20×1 年度的利润表、股东权益变动表和现金流量表以及财务报表附注。

（一）管理层对财务报表的责任

编制财务报表是 ABC 公司管理层的责任。这种责任包括：①按照企业会计准则的规定编制财务报表，并使其实现公允反映；②设计、执行和维护必要的内部控制，以使财务报表不存在由于舞弊或错误而导致的重大错报。

（二）注册会计师的责任

我们的责任是在执行审计工作的基础上对财务报表发表审计意见。除本报告“（三）导致保留意见的事项”所述事项外，我们按照中国注册会计师审计准则的规定执行了审计工作。中国注册会计师审计准则要求我们遵守职业道德守则，计划和实施审计工作以对财务报表是否不存在重大错报获取合理保证。

审计工作涉及实施审计程序，以获取有关财务报表金额和披露的审计证据。选择的审计程序取决于注册会计师的判断，包括对由于舞弊或错误导致的财务报表重大错报风险的评估。在进行风险评估时，我们考虑与财务报表编制和公允列报相关的内部控制，以设计恰当的审计程序，但目的并非对内部控制的有效性发表意见。审计工作还包括评价管理层选用会计政策的恰当性和作出会计估计的合理性，以及评价财务报表的总体列报。

我们相信，我们获取的审计证据是充分、适当的，为发表审计意见提供了基础。

（三）导致保留意见的事项

ABC 公司 20×1 年 12 月 31 日的应收账款余额×万元，占资产总额的×%。由于 ABC 公司未能提供债务人地址，我们无法实施函证以及其他审计程序，以获取充分、适当的审计证据。

（四）保留意见

我们认为，除了前段所述未能实施函证可能产生的影响外，ABC 公司财务报表在所有重大方面按照企业会计准则的规定编制，公允反映了 ABC 公司 20×1 年 12 月 31 日的财务状况以及 20×1 年度的经营成果和现金流量。

二、按照相关法律法规的要求报告的事项

（本部分报告的格式和内容，取决于相关法律法规对其报告责任的规定。）

××会计师事务所	中国注册会计师：×××
（盖章）	（签名并盖章）
	中国注册会计师：×××
	（签名并盖章）
中国××市	二〇×二年×月×日

2. 否定意见的审计报告

否定意见是指与无保留意见相反，提出否定财务报表公允地反映被审计单位财务状况、经营成果和现金流量情况的审计意见。无论是注册会计师还是被审计单位，都不希望发表此类意见的审计报告。

只有当注册会计师认为财务报表存在重大错报会误导使用者，以至财务报表的编制不符合企业会计准则的规定，未能从整体上公允反映被审计单位的财务状况、经营成果和现金流量时，注册会计师才出具否定意见的审计报告。因此，在获取充分、适当的审计证据后，如果认为错报单独或累计起来对财务报表的影响重大且具有广泛性，注册会计师应当发表否定意见。

当出具否定意见的审计报告时，注册会计师应当在审计意见段中使用“由于上述问题造成的重大影响”、“由于受到前段所述事项的重大影响”等专业术语。

否定意见的审计报告（存在重大错报）参考格式如下：

审计报告

ABC 股份有限公司全体股东：

一、对财务报表出具的审计报告

我们审计了后附的 ABC 股份有限公司（以下简称 ABC 公司）财务报表，包括 20×1 年 12 月 31 日的资产负债表，20×1 年度的利润表、股东权益变动表和现金流量表以及财务报表附注。

（一）管理层对财务报表的责任

编制和公允列报财务报表是 ABC 公司管理层的责任。这种责任包括：①按照企业会计准则的规定编制财务报表，并使其实现公允反映；②设计、执行和维护必要的内部控制，以使财务报表不存在由于舞弊或错误而导致的重大错报。

（二）注册会计师的责任

我们的责任是在实施审计工作的基础上对财务报表发表审计意见。我们按照中国注册会计师审计准则的规定执行了审计工作。中国注册会计师审计准则要求我们遵守职业道德守则，计划和执行审计工作以对财务报表是否不存在重大错报获取合理保证。

审计工作涉及实施审计程序，以获取有关财务报表金额和披露的审计证据。选择的审计程序取决于注册会计师的判断，包括对由于舞弊或错误导致的财务报表重大错报风险的评估。在进行风险评估时，注册会计师考虑与财务报表编制和公允列报相关的内部控制，以设计恰当的审计程序，但目的并非对内部控制的有效性发表意见。审计工作还包括评价管理层选用会计政策的恰当性和作出会计估计的合理性，以及评价财务报表的总体列报。

我们相信，我们获取的审计证据是充分、适当的，为发表审计意见提供了基础。

（三）导致否定意见的事项

如财务报表附注×所述，ABC 公司的长期股权投资未按企业会计准则的规定采用权益法核算。如果按权益法核算，ABC 公司的长期股权投资账面价值将减少×万元，净利润将减少×万元，从而导致 ABC 公司由盈利×万元变为亏损×万元。

（四）否定意见

我们认为，由于受到前段所述事项的重大影响，ABC 公司财务报表没有在所有重大方面按照企业会计准则的规定编制，未能公允反映 ABC 公司 20×1 年 12 月 31 日的财务状况以及20×1年度的经营成果和现金流量。

二、按照相关法律法规的要求报告的事项

（本部分报告的格式和内容，取决于相关法律法规对其报告责任的规定。）

××会计师事务所　　　　　　　　　中国注册会计师：×××
（盖章）　　　　　　　　　　　　（签名并盖章）
　　　　　　　　　　　　　　　　中国注册会计师：×××
　　　　　　　　　　　　　　　　（签名并盖章）
中国××市　　　　　　　　　　　二〇×二年×月×日

3. 无法表示意见的审计报告

无法表示意见是指注册会计师说明其对被审计单位的财务报表不能发表意见，即注册会计师对被审计单位的财务报表不发表包括肯定、否定和保留的审计意见。

注册会计师出具无法表示意见的审计报告，是注册会计师实施了必要的审计程序后发表意见的一种方式，不是不愿意发表意见。如果注册会计师能确定发表审计意见，出具保留意见或否定意见的审计报告，不得以无法表示意见的审计报告来代替。保留意见或否定意见是注册会计师在取得充分、适当的审计证据后形成的，而无法表示意见，则说明注册会计师由于某些限制而不能对某些重要事项进行审计取证，没有完成取证工作，无法对重要的被审计事项作出判断。

如果无法获取充分、适当的审计证据，注册会计师应当通过下列方式确定其影响：①如果未发现的错报（如存在）可能对财务报表产生的影响重大，但不具有广泛性，注册会计师应当发表保留意见；②如果未发现的错报（如存在）可能对财务报表产生的影响重大且具有广泛性，以至于发表保留意见不足以反映情况的严重性，注册会计师应当在可行时解除业务约定（除非法律法规禁止），如果在出具审计报告之前解除业务约定被禁止或不可行，应当发表无法表示意见。

当由于无法获取充分、适当的审计证据而发表无法表示意见时，注册会计师应当修改审计报告的引言段，说明注册会计师接受委托审计财务报表。注册会计师还应当修改对注册会计师责任和审计范围的描述，并仅能作出如下说明："我们的责任是在按照中国注册会计师审计准则的规定执行审计工作的基础上对财务报表发表审计意见。但由于导致无法表示意见的事项段中所述的事项，我们无法获取充分、适当的审计证据以为发表审计意见提供基础。"此外，注册会计师应当在审计意见段中说明：由于导致无法表示意见的事项段所述事项的重要性，注册会计师无法获取充分、适当的审计证据以为发表审计意见提供基础，因此，注册会计师不对这些财务报表发表审计意见。

无法表示意见（审计范围受到严重限制）的审计报告参考格式如下：

审计报告

ABC股份有限公司全体股东：

一、对财务报表出具的审计报告

我们接受委托，审计后附的ABC股份有限公司（以下简称ABC公司）财务报表，包括 20×1 年 12 月 31 日的资产负债表，20×1 年度的利润表、股东权益变动表和现金流量表以及财务报表附注。

（一）管理层对财务报表的责任

编制和公允列报财务报表是 ABC 公司管理层的责任。这种责任包括：①按照企业会计准则的规定编制财务报表，并使其实现公允反映；②设计、执行和维护必要的内部控制，以使财务报表不存在由于舞弊或错误而导致的重大错报。

（二）注册会计师的责任

我们的责任是在按照中国注册会计师审计准则的规定执行审计工作的基础上对财务报表发表审计意见。但由于“（三）导致无法表示意见的事项”段中所述的事项，我们无法获取充分、适当的审计证据以为发表审计意见提供基础。

（三）导致无法表示意见的事项

ABC 公司未对 20×1 年 12 月 31 日的存货进行盘点，金额为×万元，占期末资产总额的 40%。我们无法实施存货监盘程序，也无法实施替代审计程序，以对期末存货的数量、金额和状况获取充分、适当的审计证据。

（四）无法表示意见

由于“（三）导致无法表示意见的事项”段所述事项的重要性，我们无法获取充分、适当的审计证据以为发表审计意见提供基础，因此，我们不对 ABC 公司财务报表发表审计意见。

二、按照相关法律法规的要求报告的事项

（本部分报告的格式和内容，取决于相关法律法规对其报告责任的规定。）

××会计师事务所　　　　　　中国注册会计师：×××
（盖章）　　　　　　　　　　（签名并盖章）
　　　　　　　　　　　　　　中国注册会计师：×××
　　　　　　　　　　　　　　（签名并盖章）
中国××市　　　　　　　　　二〇×二年×月×日

（二）带强调事项段的审计报告的编制

1. 强调事项段的含义

强调事项段，是指审计报告中含有的一个段落，该段落提及已在财务报表中恰当列报或披露的事项，根据注册会计师的职业判断，该事项对财务报表使用者理解财务报表至关重要。

2. 增加强调事项段的情形

在对财务报表形成审计意见后，如果注册会计师根据职业判断认为有必要提醒财务报表使用者关注已在财务报表中列报或披露，且认为对财务报表使用者理解财务报表至关重要的事项，在已获取充分、适当的审计证据证明该事项在财务报表中不存在重大错报的条件下，应当在审计报告中增加强调事项段。

注册会计师可能认为需要增加强调事项段的情形有：异常诉讼或监管行动的未来结果存在不确定性；提前应用（在允许的情况下）对财务报表有广泛影响的新会计准则；存在已经或持续对审计单位财务状况产生重大影响的特大灾难。

强调事项段应当仅提及已在财务报表中列报或披露的信息，过多使用强调事项段不仅会降低注册会计师沟通所强调事项的有效性，还可能隐含未被恰当列报或披露的事项。

3. 在审计报告中增加强调事项段时应采取的措施

如果需要在审计报告中增加强调事项段，注册会计师应当采取下列措施：①将强调事项段紧接在审计意见段之后；②使用“强调事项”或其他适当标题；③明确提及被强调事项以及相关披露的位置，以便财务报表使用者能够在财务报表中找到对该事项的详细描述；④指出审计意见没有因该强调事项而改变。

带强调事项段的无保留意见的审计报告参考格式如下：

审计报告

ABC 股份有限公司全体股东：

一、对财务报表出具的审计报告

我们审计了后附的 ABC 股份有限公司（以下简称 ABC 公司）财务报表，包括 20×1 年 12 月 31 日的资产负债表，20×1 年度的利润表、股东权益变动表和现金流量表以及财务报表附注。

（一）管理层对财务报表的责任

编制和公允列报财务报表是 ABC 公司管理层的责任。这种责任包括：①按照企业会计准则的规定编制财务报表，并使其实现公允反映；②设计、执行和维护必要的内部控制，以使财务报表不存在由于舞弊或错误而导致的重大错报。

（二）注册会计师的责任

我们的责任是在执行审计工作的基础上对财务报表发表审计意见。我们按照中国注册会计师审计准则的规定执行了审计工作。中国注册会计师审计准则要求我们遵守职业道德守则，计划和执行审计工作以对财务报表是否不存在重大错报获取合理保证。

审计工作涉及实施审计程序，以获取有关财务报表金额和披露的审计证据。选择的审计程序取决于注册会计师的判断，包括对由于舞弊或错误导致的财务报表重大错报风险的评估。在进行风险评估时，注册会计师考虑与财务报表编制和公允列报相关的内部控制，以设计恰当的审计程序，但目的并非对内部控制的有效性发表意见。审计工作还包括评价管理层选用会计政策的恰当性和作出会计估计的合理性，以及评价财务报表的总体列报。

我们相信，我们获取的审计证据是充分、适当的，为发表审计意见提供了基础。

（三）审计意见

我们认为，ABC 公司财务报表在所有重大方面按照企业会计准则的规定编制，公允反映了 ABC 公司 20×1 年 12 月 31 日的财务状况以及 20×1 年度的经营成果和现金流量。

（四）强调事项

我们提醒财务报表使用者关注，如财务报表附注×所述，ABC 公司在 20×1 年发生亏损×万元，在 20×1 年 12 月 31 日，流动负债高于资产总额×万元。ABC 公司已在财务报表附注×充分披露了拟采取的改善措施，但其持续经营能力仍然存在重大不确定性。本段内容不影响已发表的审计意见。

二、按照相关法律法规的要求报告的事项

（本部分报告的格式和内容，取决于相关法律法规对其报告责任的规定。）

××会计师事务所　　　　　　　　　　中国注册会计师：×××
（盖章）　　　　　　　　　　　　　（签名并盖章）
　　　　　　　　　　　　　　　　　中国注册会计师：×××
　　　　　　　　　　　　　　　　　（签名并盖章）
中国××市　　　　　　　　　　　　二〇×二年×月×日

第四节　审计报告的编制程序

在执行完必要的审计工作之后，注册会计师应当编制审计报告，以便对审计工作进行全面总结，并向有关方面报告审计结果。编制审计报告是一项严格而细致的工作，为确保审计报告的质量，注册会计师应掌握编制审计报告的步骤和要求，认真做好审计报告的编制与复核工作。

一、编制审计报告的步骤

一般情况下，审计报告应当由审计项目负责人编制。编制审计报告时，审计项目负责人应当仔细查阅注册会计师在审计过程中形成的审计工作底稿，并要全面检查审计工作是否符合要求，被审计单位是否按照企业会计准则的规定编制财务报表，进行会计核算等；注册会计师是否根据审计工作的进行情况和审计证据的收集情况，客观公正、实事求是地提出审计意见。

编制审计报告的一般步骤如下：

1. 整理和分析审计工作底稿

在编制审计报告时，注册会计师必须对审计工作底稿进行整理和分析，以便对审计证据的证明力进行评估。注册会计师及其助理人员都应整理好自己的工作底稿，检查是否有遗漏的环节，着重分析审计中发现的问题。审计项目负责人应对全部审计工作底稿进行综合分析，并对注册会计师在审计过程中是否遵循了执业准则的要求进行检查，对审计工作底稿得出综合结论，形成书面记录。

2. 确定审计中发现的重要事项

在复核和分析审计工作底稿的基础上，应根据审计的重要性原则，列明审计中查证的主要问题、应予调整财务报表的事项及其他需要充分揭示的重要事项，为发表审计意见提供依据。

3. 与被审计单位管理层沟通

在形成审计结论之前，审计项目负责人应当与被审计单位管理层进行充分沟通。通常需要双方沟通的事项有：有关财务报表编制方面的分歧；重大调整事项；会计信息披露中存在的可能导致修改审计报告的重大问题；被审计单位所面临的可能危及其持续经营能力等的重大风险；审计意见的类型及审计报告的措辞；注册会计师拟提出的关于内部控制等方面的建议等。

注册会计师在整理和分析审计工作底稿的基础上，应当向被审计单位通报审计情况、应调整财务报表的事项和初步审计结论，提请被审计单位加以调整。对于被审计单位会计记录或会计处理方法上的错误、期后事项和或有负债，根据情况提请被审计单位或者调整财务报表，或者在财务报表附注中加以披露，或者在审计报告中予以说明。如审计报告用于对外公布目的，除被审计单位财务报表不需调整外，注册会计师应同时附送被审计单位调整后的财务报表。

4. 确定审计意见的类型和措辞

审计项目负责人应当根据审计证据的情况，并根据被审计单位接受审计调整或披露意见的情况，依照有关规定确定审计意见的类型和措辞。如果被审计单位财务报表已根据审计意见作了调整或披露，对其合法性、公允性予以确认之后，除专门要求说明者外，审计报告不必将被审计单位已调整或披露的事项再加以说明。如果被审计单位不接受审计调整或披露建议，注册会计师应当根据需要调整或披露事项的性质及其重要程度，确定审计意见的类型和措辞。

对于被审计单位资产负债表日与审计报告日之间发生的期后事项，注册会计师应当根据其性质和重要程度，确定审计意见的类型和措辞。对于被审计单位截至报告日仍然存在的未确定事项，注册会计师应当根据其性质、重要程度和可预知的结果对财务报表的影响程度，确定审计意见的类型和措辞。所委托的审计项目中，如果有一部分或某项内容，委托人已聘请其他会计师事务所进行了审计，确定审计意见时应注意划清与其他会计师事务所及其注册会计师之间的责任，不应对委托项目的全部内容发表审计意见，并在审计报告中予以说明。

5. 编制和出具审计报告

确定审计意见类型之后，审计项目负责人应拟定审计报告提纲，概括和汇总审计工作底稿所提供的资料。标准审计报告可以只拟定简单的提纲，根据提纲进行文字加工，编制审计报告。标准审计报告应按前述规定的审计意见类型、措辞和结构来表述，以便为各类使用者所理解。审计报告完稿后，应经主管合伙人进行复核并提出修改意见。如审计证据不足以发表审计意见，则应要求注册会计师追加审计程序，以确保审计证据的充分性与适当性。

二、编制和使用审计报告的要求

为了保证审计报告的质量，充分发挥审计报告的作用，审计报告的编制应当符合下列基本要求：

1. 实事求是，客观公正

审计报告是向会计信息使用者传递会计信息可靠性的重要载体。因此，审计报告所反映的问题必须证据确凿、事实充分，这也是发挥审计报告作用的关键。为此，注册会计师在编写审计报告时，必须实事求是，一切以事实为根据，以法规为准绳，绝不能凭主观臆断或个人爱好随意推测，虚构证据，提供伪证。只有证据确凿、事实充分，审计报告才能客观公正，令人信服。

2. 内容完整，责任分明

为了便于审计报告使用人作出合理的判断，审计报告的内容要全面完整，符合规范。

在审计报告中，应当明确声明被审计单位的责任和注册会计师的责任。财务报表的编制应符合《企业会计准则》的规定，财务报表在所有重大方面应公允地反映被审计单位的财务状况、经营成果和现金流量，这是被审计单位管理当局的责任。按规定进行审计工作和出具审计报告是注册会计师的责任。注册会计师的审计责任并不能替代或减轻被审计单位管理当局的责任。

3. 文字简练，措辞严谨

审计报告是提供给有关人员阅读和使用的，所以整个报告的内容一定要条理清楚，层次分明，措辞用语要字斟句酌，反复推敲，简明扼要。语言表达应准确无误，符合专业规范，避免使用不负责的语句和华丽的辞藻，以免审计报告使用者产生误解。

审计报告的使用要恰当。审计报告是注册会计师对被审计单位特定时期内与财务报表反映有关的所有重大方面发表的审计意见，并不是对被审计单位的全部经营管理活动发表的审计意见，会计信息使用者在使用审计报告时必须明确这一点。注册会计师应当要求委托人按照审计业务约定书的要求使用审计报告，委托人或其他第三方因使用审计报告不当所造成的后果，与注册会计师及其所在的审计机构无关。

本章小结

（1）审计报告阶段首先要进行的是编制审计报告前的工作。这些工作主要包括整理审计差异、对财务报表的整体合理性执行分析程序、形成审计意见所做的对审计重要性和审计风险的最终评估、对审计工作底稿进行多层次的复核、与管理层及治理层进行沟通等。

（2）审计报告阶段重要的工作是按照审计准则的规定和要求编制不同意见类型的审计报告。这就需要分清标准审计报告和非标准审计报告的条件、格式和内容。标准审计报告是指无保留意见的审计报告。非标准审计报告是指保留意见、否定意见、无法表示意见和增加强调事项段的审计报告。

关键术语和概念

审计报告　审计差异　标准审计报告　非标准审计报告　强调事项段

拓展阅读

中国注册会计师协会．审计．北京：经济科学出版社，2011.
胡春元．审计案例——源于中国证券市场．大连：大连出版社，2010.

第十五章　特殊目的审计和其他鉴证业务

本章学习要点

注册会计师鉴证业务包括审计业务、审阅业务和其他鉴证业务。之前的章节介绍了一般目的的审计，本章介绍特殊目的的审计和其他鉴证业务中的验资业务、盈利预测业务和内部控制审核业务。

通过本章学习，应当掌握以下主要内容：

（1）特殊目的的审计业务有哪些类型；

（2）如何对特殊目的的审计出具审核报告；

（3）了解验资业务的内容及出具验资报告；

（4）了解盈利预测业务及出具盈利预测审核报告；

（5）内部控制审核及其审核报告。

第一节　特殊目的审计业务

一、特殊目的审计业务概述

特殊目的审计业务是指注册会计师接受委托，对下列财务信息进行审计并出具审计报告的业务：

（1）按照企业会计准则和相关会计制度以外的其他基础（简称特殊基础）编制的财务报表。注册会计师可能应委托人要求对被审计单位按照特殊基础编制的财务报表发表审计意见。特殊基础通常包括计税基础、收付实现制基础和监管机构的报告要求。

（2）财务报表的组成部分。注册会计师可能应委托人要求对财务报表的一个或多个组成部分发表审计意见。财务报表的组成部分，包括财务报表特定项目、特定账户或特定账户的特定内容。

（3）合同的遵守情况。注册会计师可能应委托人要求对被审计单位合同中有关财务会计条款的遵守情况发表审计意见。例如，对贷款合同遵守情况发表审计意见；对专利技术、商标使用权等转让协议遵守情况发表审计意见。

（4）简要财务报表。注册会计师可能应委托人要求对被审计单位依据已审计财务报表编制的简要财务报表发表审计意见。

二、发表审计意见的要求

（一）审计报告的要求

根据《中国注册会计师审计准则第 1601 号——对特殊目的审计业务出具审计报告》的规定，除对简要财务报表出具的审计报告外，对其他特殊目的审计业务出具的审计报告应当包括下列要素：

1. 标题

标题中应当包含表明业务性质的“审计”一词，通常用“审计报告”。

2. 收件人

审计报告的收件人是指注册会计师按照业务约定书的要求致送审计报告的对象，一般是指审计业务的委托人。审计报告应当载明收件人的全称。

3. 引言段

引言段应当说明下列内容：①所审计的财务信息。应详细说明所审计财务信息的编制基础和所包括的全部内容。②被审计单位管理层的责任和注册会计师的责任。编制所审计的财务信息是被审计单位管理层的责任；注册会计师的责任是在实施审计工作的基础上对这些财务信息发表审计意见。

4. 范围段

范围段应当说明执行特殊目的审计业务依据的审计准则和注册会计师已实施的工作。

对注册会计师已实施工作的说明应当包括：①中国注册会计师审计准则要求注册会计师遵守职业道德规范，计划和实施审计工作以对财务信息是否不存在重大错报获取合理保证。②审计工作涉及实施审计程序，以获取有关财务信息金额和披露的证据。③注册会计师相信，已获取的审计证据是充分、适当的，为其发表审计意见提供了基础。

选择的审计程序取决于注册会计师的判断，包括对由于舞弊或错误导致的财务信息重大错报风险的评估。在进行风险评估时，注册会计师考虑与财务信息编制相关的内部控制，以设计恰当的审计程序，但目的并非对内部控制的有效性发表意见。审计工作还包括评价管理层选用会计政策的恰当性和作出会计估计的合理性，以及评价财务信息的总体列报。

但是，若接受委托结合特殊目的审计对内部控制有效性发表意见，注册会计师应当省略上述“但目的并非对内部控制的有效性发表意见”的术语。

5. 审计意见段

意见段应当清楚地说明对财务信息发表的审计意见。

6. 注册会计师的签章

审计报告应由注册会计师签名和盖章。

7. 会计师事务所的名称、地址及盖章

审计报告应当载明会计师事务所的名称和地址，并加盖会计师事务所公章。

8. 报告日期

审计报告应当注明报告日期。审计报告的日期不应早于注册会计师获取充分、适当的审计证据（包括管理层认可对财务信息的责任且已批准财务信息的证据），并在此基础上对财务信息形成审计意见的日期。

在某些情况下，委托人可能对审计报告的格式进行指定。若指定的审计报告格式不符合审计准则的要求，注册会计师应当考虑指定格式报告的实质要求及措辞。如果委托人指定格式报告的实质要求及措辞与审计准则规定不一致，注册会计师应当通过修改指定格式报告的措辞，以使其符合审计准则的规定；或者在指定格式报告之外，另附一份按照审计准则要求编制的审计报告。

（二）对按照特殊基础编制的财务报表出具的审计报告

特殊基础是指企业会计准则和相关会计制度以外的其他基础，包括计税基础、收付实现制基础、监管机构的报告要求。按照特殊基础编制的财务报表，是为了满足特定使用者的财务信息需求，这些需求决定了适用的财务报告框架。

注册会计师在对按照特殊基础编制的财务报表出具审计报告时，应当在引言段中指明财务报表编制的基础，或提醒财务报表使用者注意财务信息附注中对编制基础作出的说明。审计意见应当说明财务报表是否按照指定的特殊基础编制。同时，注册会计师应该考虑财务报表的标题或附注是否清楚表明，该财务报表并非按照企业会计准则和相关会计制度的规定编制，如未适当指明，注册会计师应当出具恰当的非无保留意见的审计报告。

对按照特殊基础编制的财务报表出具的审计报告（无保留意见），以计税基础为例，参考格式如下：

审计报告

ABC 合伙企业全体合伙人：

我们审计了后附的 ABC 合伙企业按照所得税基础编制的财务报表，包括 20×1 年 12 月 31 日的所得税基础资产负债表，20×1 年度的所得税基础收入和费用表以及财务报表附注。这些财务报表的编制是 ABC 合伙企业管理层的责任。我们的责任是在实施审计工作的基础上对这些财务报表发表审计意见。

我们按照中国注册会计师审计准则的规定执行了审计工作。中国注册会计师审计准则要求我们遵守职业道德规范，计划和实施审计工作以对这些财务报表是否不存在重大错报获取合理保证。审计工作涉及实施审计程序，以获取有关财务报表金额和披露的证据。选择的审计程序取决于我们的判断，包括对由于舞弊或错误导致的财务报表重大错报风险的评估。在进行风险评估时，我们考虑与财务报表编制相关的内部控制，以设计恰当的审计程序，但目的并非对内部控制的有效性发表意见。审计工作还包括评价管理层选用会计政策的恰当性和作出会计估计的合理性，以及评价财务报表的总体列报。我们相信，我们获取的审计证据是充分、适当的，为发表审计意见提供了基础。

我们认为，ABC 合伙企业上述财务报表已经按照所得税基础编制，在所有重大方面公允反映了 ABC 合伙企业 20×1 年 12 月 31 日的财务状况以及 20×1 年度的收入和费用情况。

ABC 合伙企业上述财务报表是为了满足纳税申报的需要按照所得税基础编制的，不适用于其他目的。因此，本报告仅供 ABC 合伙企业以及税务机关使用，不得用于其他目的。

××会计师事务所　　　　　　　　　　　　　　中国注册会计师：×××
（盖章）　　　　　　　　　　　　　　　　　（签名并盖章）
　　　　　　　　　　　　　　　　　　　　　中国注册会计师：×××
　　　　　　　　　　　　　　　　　　　　　（签名并盖章）
中国××市　　　　　　　　　　　　　　　　二〇×二年×月×日

（三）对财务报表组成部分出具的审计报告

1. 承接业务的要求

注册会计师可能应委托人的要求对财务报表的一个或多个组成部分发表审计意见。这种类型的业务可以作为一项独立的业务予以承接，也可以连同财务报表审计一起承接。

财务报表的组成部分相对于整套财务报表而言，可能是指：①单个财务报表，如资产负债表、利润表、现金流量表、资产减值明细表、股东权益表、利润分配表、收入和费用表、现金收入和支出表；②财务报表特定项目，如应收账款、存货、主营业务收入等；③特定账户，如库存商品、库存现金、银行存款等；④特定账户的特定内容，如对某一具体客户的应收账款、主营业务收入中的某产品销售收入、其他业务收入中的租金收入、专利权收入等。

2. 确定审计范围应当考虑的因素

在确定财务报表组成部分的审计范围时，注册会计师应当考虑与所审的财务报表组成部分相互关联且可能对其具有重大影响的其他财务报表项目。

由于财务报表项目是相互联系的，如销售与应收账款、存货与应付账款等。在对财务报表的组成部分出具报告时，注册会计师不仅要考虑所审的财务报表组成部分，也要考虑与其相关的其他财务信息。例如，对营业收入进行审计，注册会计师就应当考虑现销时的现金收入和赊销时的应收账款和应收票据等。

3. 出具审计报告的特殊考虑

（1）审计报告不应后附整套财务报表。审计报告后附的信息通常被认为与审计报告相关。对财务报表组成部分出具审计报告时，注册会计师可能并没有对整套财务报表实施审计。为避免信息使用者误认为对财务报表组成部分出具的审计报告与整套财务报表相关，注册会计师应提请委托人不应将整套财务报表附于审计报告后。

（2）对引言段的特殊考虑。对财务报表组成部分出具审计报告时，注册会计师应当在审计报告引言段中指明财务报表组成部分的编制基础，或提及规定编制基础的协议。

（3）对审计意见段的特殊考虑。审计意见段应说明财务报表组成部分是否按照指定的编制基础编制。

（4）已对财务报表整体出具审计报告的特殊考虑。如果已对整套财务报表出具否定意见或无法表示意见的审计报告，只有在组成部分并不构成财务报表的主要部分时，注册会计师才可以对组成部分出具审计报告。

对财务报表组成部分出具的审计报告，以对特定账户（应收账款明细表）出具的审计报告为例，参考格式如下：

审计报告

ABC 股份有限公司全体股东：

我们审计了后附的 ABC 股份有限公司（以下简称 ABC 公司）按照企业会计准则和《××会计制度》的规定编制的 20×1 年 12 月 31 日的应收账款明细表及其附注（以下简称应收账款明细表）。应收账款明细表的编制是 ABC 公司管理层的责任，我们的责任是在实施审计工作的基础上对应收账款明细表发表审计意见。

我们按照中国注册会计师审计准则的规定执行了审计工作。中国注册会计师审计准则要求我们遵守职业道德规范，计划和实施审计工作以对应收账款明细表是否不存在重大错报获取合理保证。审计工作涉及实施审计程序，以获取有关应收账款明细表金额和披露的证据。选择的审计程序取决于我们的判断，包括对由于舞弊或错误导致的应收账款明细表及其附注重大错报风险的评估。在进行风险评估时，我们考虑与应收账款明细表编制相关的内部控制，以设计恰当的审计程序，但目的并非对内部控制的有效性发表意见。审计工作还包括评价管理层选用会计政策的恰当性和作出会计估计的合理性，以及评价应收账款明细表的总体列报。我们相信，我们获取的审计证据是充分、适当的，为发表审计意见提供了基础。

我们认为，ABC 公司应收账款明细表已经按照企业会计准则和《××会计制度》的规定编制，在所有重大方面公允反映了 ABC 公司 20×1 年 12 月 31 日的应收账款情况。

××会计师事务所　　　　　　　　　　中国注册会计师：×××
（盖章）　　　　　　　　　　　　　　（签名并盖章）
　　　　　　　　　　　　　　　　　　中国注册会计师：×××
　　　　　　　　　　　　　　　　　　（签名并盖章）
中国××市　　　　　　　　　　　　　二〇×二年×月×日

（四）对合同的遵守情况出具的审计报告

1. 合同遵守情况的业务类型

常见的合同遵守情况包括贷款合同遵守情况、专利技术转让协议遵守情况等。

（1）贷款合同遵守情况。通常，贷款人为保障其利益，要求借款人提供抵押、担保或其他保证，如确保资产负债率不高于某一百分比、流动比率不低于某一百分比、在贷款未偿还完毕之前利润分配率不得高于某一百分比等，确保用于抵押的资产安全完整。

（2）专利技术转让协议遵守情况。在专利技术转让协议中，可能要求专利技术使用人按照该专利技术生产或销售产品的数量或收入的一定比例支付专利技术使用费，或者双方按照一定比例分享该专利技术所生产产品实现的利润或毛利等，专利技术使用人有义务按照该专利技术转让协议的规定进行核算，并向专利技术所有人支付使用费或利润。商品使用权转让协议遵守情况也类似。

在上述这些合同或协议中，签约双方可能约定：专利技术使用人不仅应当提交经注册会计师审计的财务报表，还应当聘请注册会计师对遵守合同中约定的有关财务与会计事项的情况进行审计，并根据审计意见评价客户遵守合同的情况。

2. 承接合同遵守情况审计业务的要求

只有当合同遵守情况的总体方面与会计和财务事项相关，且在注册会计师专业胜任能力范围内时，注册会计师才能承接该项业务。若业务的某些方面超越注册会计师的专业胜任能力，注册会计师应当考虑利用专家的工作。

3. 出具审计报告的特殊考虑

在对合同的遵守情况出具审计报告时，注册会计师应当在引言段中指明已经对合同所涉及的财务与会计事项的遵守情况进行了审计；在意见段中说明审计单位是否遵守了合同的特定条款。为防止审计报告被滥用，注册会计师应当在审计意见段之后增加对审计报告使用规定的强调事项段，指明审计报告仅供被审计单位与签订该合同的另一方使用，不得作为其他用途。

对合同遵守情况出具的审计报告，以对贷款合同遵守情况出具的审计报告为例，参考格式如下：

审计报告

ABC 股份有限公司全体股东：

我们审计了 ABC 股份有限公司（以下简称 ABC 公司）20×1 年×月×日与××银行××分行签订的贷款合同所涉及的财务与会计规定的遵循情况。遵循这些财务与会计规定是 ABC 公司的责任，我们的责任是在实施审计工作的基础上对 ABC 公司是否遵循了上述贷款合同所涉及的财务与会计规定发表审计意见。

我们按照中国注册会计师审计准则的规定执行了审计工作。中国注册会计师审计准则要求我们遵守职业道德规范，计划和实施审计工作以对 ABC 公司遵循该贷款合同所涉及的财务与会计规定的情况获取合理保证。审计工作涉及实施审计程序，以获取 ABC 公司是否遵循了有关财务与会计规定的审计证据。我们相信，我们获取的审计证据是充分、适当的，为发表审计意见提供了基础。

我们认为，截至 20×1 年 12 月 31 日，ABC 公司在所有重大方面遵循了 20×1 年×月×日与××银行××分行签订的贷款合同所涉及的财务与会计规定。

××会计师事务所　　　　　　　　　　中国注册会计师：×××
（盖章）　　　　　　　　　　　　　　（签名并盖章）
　　　　　　　　　　　　　　　　　　中国注册会计师：×××
　　　　　　　　　　　　　　　　　　（签名并盖章）
中国××市　　　　　　　　　　　　　二○×二年×月×日

（五）对简要财务报表出具的审计报告

只有对简要财务报表所依据的财务报表发表了审计意见，注册会计师才可对简要财务报表出具审计报告。如未对简要财务报表所依据的财务报表整体发表审计意见，则不应对简要财务报表出具审计报告。

1. 简要财务报表的审计程序

为了对简要财务报表发表审计意见，注册会计师应当实施下列程序：

（1）评价简要财务报表是否充分披露其简化性质，并指出其所依据的财务报表。

（2）当简要财务报表不是附于其所依据的财务报表之后时，评价简要财务报表是否清楚地说明了可从哪些途径获得其所依据的财务报表。

（3）比较简要财务报表和其所依据的财务报表中的相关信息，确定简要财务报表是否与其所依据的财务报表中的相关信息一致，或者能够从所依据的财务报表中的相关信息重新计算得到。

（4）评价简要财务报表是否包括了必要的信息，以使其在特定环境中不会产生误导。

2. 审计报告的要素

对简要财务报表出具的审计报告应当包括下列要素：

（1）标题。

（2）收件人。通常，简要财务报表审计报告的收件人与其所依据的财务报表审计报告的收件人相同。

（3）指出简要财务报表所依据的已审计财务报表。

（4）提及对已审计财务报表出具的审计报告的日期和意见类型。如对简要财务报表所依据的财务报表发表了非无保留意见的审计报告，还应指明发表该意见的理由及其影响。

（5）审计意见段。审计意见段应当说明，简要财务报表中的信息是否在所有重大方面与其依据的已审计财务报表一致。如果对已审计财务报表出具了非无保留意见的审计报告，即使对简要财务报表的编制表示满意，注册会计师仍应在对简要财务报表出具的审计报告中指出，简要财务报表依据的已审计财务报表已被注册会计师出具非无保留意见的审计报告。简要财务报表并未包含已审计财务报表中的所有信息，注册会计师在对简要财务报表发表审计意见时，不应使用“公允反映”等术语。

（6）强调事项段。审计报告的强调事项段应当指出，为了更好地理解被审计单位的财务状况、经营成果以及注册会计师实施审计工作的范围，简要财务报表应当与已审计财务报表以及审计报告一并阅读，或提醒财务报表使用者注意财务信息附注中对上述事项的说明。

（7）注册会计师的签名和盖章。

（8）会计师事务所的名称、地址及盖章。

（9）报告日期。简要财务报表的审计报告日期不应当早于其依据的已审计财务报表的审计报告日期。

对简要财务报表出具的审计报告（假设已审计财务报表为无保留意见，审计报告日期相同），参考格式如下：

审计报告

ABC 股份有限公司全体股东：

后附的 ABC 股份有限公司（以下简称 ABC 公司）简要财务报表所依据的是以 20×1 年 12 月 31 日为会计期间截止日的财务报表。简要财务报表包括 20×1 年 12 月 31 日简要资产负债表及 20×1 年度的简要利润表、简要股东权益变动表、简要现金流量表及其附注。我们于 20×2 年 4 月 10 日对简要财务报表所依据的财务报表出具了无保留意见的审计报告。

我们认为，ABC 公司简要财务报表中的信息在所有重大方面与其依据的已审计财务报表一致。

为了更好地理解 ABC 公司的财务状况、经营成果以及我们实施审计工作的范围，上述简要财务报表应当与已审计财务报表及其审计报告一并阅读。

××会计师事务所　　　　　　　　　　　　中国注册会计师：×××
（盖章）　　　　　　　　　　　　　　　　（签名并盖章）
　　　　　　　　　　　　　　　　　　　　中国注册会计师：×××
　　　　　　　　　　　　　　　　　　　　（签名并盖章）
中国××市　　　　　　　　　　　　　　　二〇×二年四月十日

第二节　验　资

一、验资概述

（一）验资的概念

验资即资本验证，是指注册会计师依法接受委托，对被审验单位注册资本的实收或变更情况及其相关的资产、负债的真实性和合法性所进行的审验。

在国际上，资本金制度分为法定资本制和授权资本制两类，我国选择了前者，并且，《中华人民共和国公司法》第 29 条明确规定："股东缴纳出资后，必须经依法设立的验资机构验资并出具证明。"但由于世界上仅有极少数国家和地区开展注册会计师验资业务，缺乏普遍性，国际审计准则体系并未包含验资准则，因此，中国审计准则体系以现行验资实务公告为基础，充分考虑了《中华人民共和国公司法》、国务院《中华人民共和国公司登记管理条例》和国家工商行政管理总局《公司注册资本登记管理规定》中的相关要求，形成了《中国注册会计师审计准则第 1602 号——验资》，对验资定义、验资类型、验资程序和验资报告等全面予以规范。

（二）验资的作用

法定资本制和验资制度从理论上讲，其意义是多方面的：

（1）能够约束投资人及时注入其认缴的出资额，保证新设公司有一定数额的初始启动资金，有助于新设公司基本生产经营活动的顺利开展。

（2）确定了公司股东之间分配利润和分担亏损的基础。

（3）对有限责任公司而言，注册资本明确了公司承担责任的最低限额。

（4）为公司的债权人所拥有债权的如数收回提供了一定保障。

（三）验资的种类

验资分为设立验资和变更验资两种类型。

1. 设立验资

设立验资是指注册会计师对被审验单位申请设立登记的注册资本实收情况进行的审验。设立验资的情况一般有三种：一是被审验单位向企业登记机关申请设立（开业）登记；二是出资者分期缴纳注册资本；三是企业新设合并、分立，或企业改制时以部分资产进行重组，通过吸收其他股东的投资或转让部分股权设立新的企业，新设立的企业向工商行政管理部门申请设立登记。

设立验资的主要目的是为了验证被审验单位的注册资本是否符合国家相关法律、法规的要求，各投资者投入的资本是否按照合同、协议、章程规定缴入。因此，设立验资的审验范围一般包括出资者、出资金额、出资方式、出资比例、出资限期和出资币种，从会计账面看包括注册资本、实收资本（股本）和与其相关的资产及负债。

2. 变更验资

变更验资是指注册会计师对被审验单位申请变更登记的注册资本变更情况进行的验资。变更验资的情况一般有五种：第一，被审验单位出资者（包括原出资者、新出资者）新投入资本，增加实收资本（股本）；第二，被审验单位将资本公积、盈余公积、未分配利润等转为实收资本（股本）；第三，出资者将其对被审验单位的债权转为股权；第四，被审验单位因合并增加实收资本（股本）；第五，被审验单位因吸收合并、派生分立、注销股份等减少实收资本（股本）；第六，被审验单位整体改制，包括由非公司制改为公司制企业、内外资企业互转等，在改制中通过增量吸补、净资产分割、零资产或负资产出售、股权投资、债权转股权等方式变更注册资本。

变更验资的主要目的在于审验注册资本的变更事宜是否符合法定程序，增减额是否真实，相关会计处理是否正确。因此变更验资的审验范围主要包括与变更相关的注册资本、实收资本（股本）和相关的资产及负债。

二、验资的程序

（一）接受业务委托与签订业务约定书

注册会计师应当与委托人沟通，了解被审验单位的基本情况，考虑自身的独立性和专业胜任能力，初步评价验资风险，确定是否接受委托，并就达成一致意见的事项签订业务约定书。

业务约定书应包括下列内容：①委托目的；②出资者和被审验单位的责任以及注册会计师的责任；③审验范围；④时间要求；⑤验资收费；⑤报告分发和使用的限制。

（二）编制验资计划

注册会计师执行验资业务，应当编制验资计划，对验资工作作出合理安排。验资计划包括针对验资业务制订的总体验资策略和具体验资计划。有关验资计划的具体内容可参照第八章计划审计工作。

（三）审验范围

1. 设立验资的审验范围

一般限于与被审验单位注册资本实收情况有关的事项，包括出资者、出资币种、出资金额、出资时间、出资方式和出资比例等。

2. 变更验资的审验范围

一般限于与被审验单位注册资本及实收资本增减变动情况有关的事项。

（1）增加注册资本及实收资本的审验范围：与增资有关的出资者、出资币种、出资金额、出资时间、出资方式、出资比例和相关会计处理，以及增资后的出资者、出资金额和出资比例等。

（2）减少注册资本及实收资本的审验范围：与减资相关的减资者、减资币种、减资金额、减资时间、减资方式、债务清偿或债务担保情况、相关会计处理，以及减资后的出资者、出资金额和出资比例等。

（四）审验程序

（1）以货币出资的，应当在检查被审验单位开户银行出具的收款凭证、对账单及银行询证函回函等的基础上，审验出资者的实际出资金额和货币出资比例是否符合规定。对于股份有限公司向社会公开募集的资本，还应当检查证券公司承销协议、募股清单和股票发行费用清单等。

（2）以实物出资的，应当观察、检查实物，审验其权属转移情况，并按照国家有关规定在资产评估的基础上审验其价值。如果被审验单位是外商投资企业，注册会计师应当按照国家有关外商投资企业的规定，审验实物出资的价值。

（3）以知识产权、土地使用权等无形资产出资的，应当审验其权属转移情况，并按照国家有关规定在资产评估的基础上审验其价值。如果被审验单位是外商投资企业，注册会计师应当按照国家有关外商投资企业的规定，审验无形资产出资的价值。

（4）以净资产折合实收资本的，或以资本公积、盈余公积、未分配利润转增注册资本及实收资本的，应当在审计的基础上按照国家有关规定审验其价值。

（5）以货币、实物、知识产权、土地使用权以外的其他财产出资的，注册会计师应当审验出资是否符合国家有关规定。

（6）外商投资企业的外方出资者以上述方式出资的，注册会计师还应当关注其是否符合国家外汇管理有关规定，向企业注册地的外汇管理部门发出外方出资情况询证函，并根据外方出资者的出资方式附送银行询证函回函、资本项目外汇业务核准件及进口货物报关单等文件的复印件，以询证上述文件内容的真实性、合规性。

（7）对于出资者以实物、知识产权和土地使用权等非货币财产作价出资的，注册会计师应当在出资者依法办理财产权转移手续后予以审验。

（五）关注被审验单位以前的注册资本实收情况

对于设立验资，如果出资者分次缴纳注册资本，注册会计师应当关注全体出资者的首次出资额和出资比例是否符合国家有关规定。

对于变更验资，注册会计师应当关注被审验单位以前的注册资本实收情况，并关注出资者是否按照规定的期限缴纳注册资本。

（六）利用专家的工作

注册会计师在审验过程中利用专家协助工作时，应当考虑其专业胜任能力和客观性，并对利用专家工作结果所形成的审验结论负责。

（七）验资工作底稿

注册会计师应当对验资过程及结果进行记录，形成验资工作底稿。验资工作底稿与审计工作底稿一样也包括综合类、业务类和备查类三类。

三、验资报告

验资报告是注册会计师对被审验单位的实收资本及相关的资产、负债的真实性、合法性发表审验意见的书面文件，是注册会计师验资工作的最终成果，具有法律证明效力。验资报告应当合理地保证已验证的被审验单位注册资本的实收或变更情况符合国家相关法规的规定和合同、协议、章程的要求，但是不应视为对被审验单位验资报告日后资本保全、偿债能力和持续经营能力的保证。

（一）验资报告的内容

验资报告包括以下要素：标题，收件人，范围段，意见段，说明段，附件，签章和会计师事务所地址，报告日期。

1. 标题

标题统一为“验资报告”。

2. 收件人

收件人为验资业务的委托人，验资报告应载明收件人全称。对拟设立的企业，应当以企业登记机关预先核准的名称并加“（筹）全体股东”作为收件人全称。

3. 范围段

范围段应当说明审验范围、出资者及被审验单位的责任、注册会计师的责任、审验依据和已实施的主要审验程序等。具体内容包括：①审验范围是指注册会计师所验证的被审验单位截至特定日期的注册资本实收或变更情况；②出资者及被审验单位的责任是按照国家相关规定和协议、合同、章程的要求出资，提供真实、合法、完整的验资资料，保护资产的安全、完整；③注册会计师的责任是按照独立审计准则的要求，对被审验单位注册资本的实收或变更情况进行审验，出具验资报告；④注册会计师的审验依据是《独立审计实务公告第1号——验资》；⑤注册会计师实施的主要审验程序通常包括检查、观察、监盘、查询及函证、计算等。

4. 意见段

意见段应当说明注册会计师的审验意见。注册会计师在发表审验意见时，应当说明已验证的被审验单位注册资本的实收或变更情况。

（1）对设立验资，注册会计师应当在意见段中说明被审验单位申请登记的注册资本金额、出资期限等，并说明截至特定日期，被审验单位已收到全体出资者缴纳的注册资本情况，包括各出资者缴纳注册资本的合计金额，各种出资方式的出资金额以及知识产权、非专利技术出资占注册资本的比例等。

出资者分期缴纳注册资本的，注册会计师仅对被审验单位本期注册资本的实收情况发表审验意见。对以前各期注册资本的实收情况，注册会计师应当在验资报告说明段中说明进行审验的会计师事务所名称及其验证情况，并说明包括本期在内的累计注册资本实收金额。

（2）对变更验资，注册会计师应当在意见段中说明已验证的被审验单位注册资本和实收资本（股本）的变更情况：①增加注册资本的，注册会计师应当说明被审验单位原注册资本、增资的依据及申请增加的注册资本和变更后的注册资本等，并说明截至特定日期止，被审验单位的实缴注册资本增加情况等。对以前的注册资本实收情况，注册会计师应当在验资报告说明段中说明进行审验的会计师事务所名称及其验证情况，并说明包括本期在内累计的注册资本实收金额；②减少注册资本的，注册会计师应当说明被审验单位原注册资本金额、减资的依据及申请减少的注册资本和变更后的注册资本等，并说明截至特定日期止，各减资者的减资金额、减资方式和减少注册资本后的实收资本（股本）金额等。

5. 说明段

说明段应当说明验资报告的用途、使用责任及注册会计师认为应当说明的其他重要事项：

（1）验资报告的用途、使用责任是指验资报告供被审验单位申请设立登记或变更登记及据以向出资者签发出资证明时使用，不应将其视为是对被审验单位验资报告日后资本保全、偿债能力和持续经营能力等的保证。因使用不当所造成的后果，与执行验资业务的注册会计师及其所在的会计师事务所无关。

（2）当出现下列情形之一时，注册会计师应当在说明段中予以反映：①注册会计师与被审验单位在注册资本实收或变更情况的确认、相关会计处理方面存在异议，且无法协商一致；②拟设立企业及其出资者尚未办妥实物、无形资产有关财产权转移手续，但已承诺在国家规定的期限内办妥有关手续；③已设立企业尚未对注册资本的实收或变更情况作出相关会计处理；④被审验单位由于严重亏损而导致目前的净资产小于注册资本；⑤验资截止日至验资报告日期间注册会计师发现的影响审验结论的重大事项；⑥本次验资以前的注册资本实收情况已经其他注册会计师审验。

6. 附件

附件包括已验证的注册资本实收情况明细表或注册资本变更情况明细表和验资事项说明等。

验资事项说明应当包括被审验单位组建及审批情况、申请注册资本情况及出资规定、变更注册资本的原因及审批情况、变更注册资本的规定、注册会计师的审验结果及注册会计师认为应当说明的其他事项等内容。

设立验资的审验结果应当详细说明注册会计师已验证的注册资本的实收情况，包括各出资者的名称、实际出资金额、出资方式、出资比例、出资日期、出资币种等。对以货币出资的，还应当说明货币存入的开户银行和存款账户的账号等；对以实物、知识产权、非专利技术、土地使用权、净资产出资的，还应当说明资产评估结果和确认情况以及出资者的实际出资超过认缴出资的处理情况等。

变更验资的审验结果应当详细说明注册会计师已验证的注册资本变更情况，包括被审验单位注册资本和实收资本（股本）的增减变动情况。对增加注册资本的，应当说明被审验单位实际收到各出资者缴纳的新增注册资本的出资金额、出资方式、出资比例、出资日期、出资币种。对以货币方式增资的，还应当说明货币存入开户银行和存款账户的账号等；对以非货币方式增资的，还应当具体说明其方式和内容，并说明资产评估结果和确认情况以及出资者的实际出资超过认缴出资的处理情况等；被审验单位以资本公积、盈余公积等转增注册资本的，应当具体说明转增的方式、用以转增注册资本的项目和金额以及转增注册资本后各出资者增加的出资额等。

对减少注册资本的，注册会计师应当具体说明减资者、减资方式、减资金额、减资日期和减少注册资本后被审验单位的出资者、出资金额、出资比例和减资后的净资产和实收资本（股本）金额以及被审验单位债务清偿或债务担保情况等。

7. 签章和会计师事务所地址

验资报告应由注册会计师签名并盖章，另加盖会计师事务所公章，标明会计师事务所地址。

8. 报告日期

验资报告日期是指注册会计师完成外勤审验工作的日期。验资报告日期不应早于被审验单位确认和签署注册资本实收情况明细表或注册资本变更情况明细表的日期。

（二）验资报告的参考格式

1. 设立验资报告的参考格式

拟设立公司验资报告的参考格式如下：

验资报告

××公司（筹）全体股东：

我们接受委托，审验了贵公司（筹）截至××年××月××日止申请设立登记的注册资本实收情况。按照国家相关法律、法规的规定和协议、章程的要求出资，提供真实、合法、完整的验资资料，保护资产的安全、完整是全体股东及贵公司（筹）的责任。我们的责任是对贵公司（筹）注册资本的实收情况发表审验意见。我们的审验是依据《独立审计实务公告第1号——验资》进行的，在审验过程中，我们结合贵公司（筹）的实际情况，实施了检查等必要的审验程序。

根据有关协议、章程的规定，贵公司（筹）申请登记的注册资本为人民币××元，由××（以下简称甲方）、××（以下简称乙方）于××年××月××日之前缴足。经我们审验，截至××年××月××日止，贵公司（筹）已收到全体股东缴纳的注册资本合计人民币××元（大写）。各股东以货币出资××元，实物出资××元，知识产权出资××元。知识产权出资金额占注册资本的比例为××%。

截至××年××月××日止，以房屋和专利权出资的甲方尚未与贵公司办妥房屋所有权过户手续及专利权转让登记手续，但甲方与贵公司（筹）已承诺按照有关规定在公司成立后××月内办妥房屋所有权过户手续及专利权转让登记手续，并报公司登记机关备案。

本验资报告供贵公司（筹）申请设立登记及据以向全体股东签发出资证明时使用，不应将其视为是对贵公司（筹）验资报告日后资本保全、偿债能力和持续经营能力等的保证。因使用不当造成的后果，与执行本验资业务的注册会计师及会计师事务所无关。

附件：

1. 验资事项说明
2. 注册资本实收情况明细表

××会计师事务所（公章）　　　　　中国注册会计师（签名并盖章）

地址：　　　　　　　　　　　　　　报告日期：　年　月　日

附件1：

验资事项说明

一、组建及审批情况

贵公司（筹）经××（审批部门）以××字××号文件批准，由甲方、乙方共同出资组建，于××年××月××日取得××（企业登记机关）核发的××号《企业名称预先核准通知书》，正在申请办理设立登记。

二、申请的注册资本出资规定

根据经批准的协议、章程的规定，贵公司（筹）申请登记的注册资本为人民币××元，由全体股东于××年××月××日之前缴足。其中：甲方应出资人民币××元，占注册资本的××%，出资方式为货币××元，实物××元，知识产权××元；乙方应出资人民币××元，占注册资本的××%，出资方式为货币。

三、审验结果

截至××年××月××日止，贵公司（筹）已收到甲方、乙方缴纳的注册资本合计人民币××元。

（一）甲方缴纳人民币××元。其中：××年××月××日缴存××银行××（币种）账户××账号××元；××年××月××日投入房屋××（名称、数量等），评估价值为××元，全体股东确认的价值为××元；××年××月××日投入专利权××（具体名称、有效状况），评估价值为××元，全体股东确认的价值为××元。

××资产评估有限公司对甲方出资的房屋、专利权进行了评估，并出具了（文号）资产评估报告。

（二）乙方缴纳人民币××元。其中：××年××月××日缴存××银行××（币种）账户××账号××元。

四、其他事项

附件2：

注册资本实收情况明细表

拟设立公司名称：　　　　　截至　年　月　日止　　　　　货币单位：

股东名称	认缴注册资本		实际出资情况							
									其中：实缴注册资本	
	金额	出资比例	货币	实物	无形资产	净资产	其他	合计	金额	占注册资本总额比例
合计										

会计师事务所（公章）　　　　　　　　　　　　中国注册会计师（签章）

外商投资企业设立验资的验资报告格式如下：

验资报告

××公司：

我们接受委托，审验了贵公司截至××年××月××日止申请设立登记的注册资本第2期实收情况。按照国家相关法律、法规的规定和协议、合同、章程的要求出资，提供真实、合法、完整的验资资料，保护资产的安全、完整是全体股东及贵公司的责任。我们的责任是对贵公司注册资本第2期的实收情况发表审验意见。我们的审验是依据《独立审计实务公告第1号——验资》进行的。在审验过程中，我们结合贵公司的实际情况，实施了检查等必要的审验程序。

根据协议、合同、章程的规定，贵公司申请登记的注册资本为（币种）××元，由××（以下简称甲方）、××（以下简称乙方）分××期于××年××月××日之前缴足。本次出资为第2期，应于××年××月××日之前缴足。经我们审验，截至××年××月××日止，贵公司已收到甲方、乙方第2期缴纳的注册资本合计（币种）××元。各股东以货币出资（币种）××元、实物出资（币种）××元、非专利技术出资（币种）××元。非专利技术出资金额占注册资本的比例为××%。

同时我们注意到，第1期出资（币种）××元，其中甲方出资（币种）××元，乙方出资（币种）××元，已经××会计师事务所审验，并由该所于××年××月××日出具（文号）验资报告。截至××年××月××日止，连同第1期出资贵公司共收到全体股东缴纳的注册资本（币种）××元。

（上述所称币种均指注册资本币种。）

本验资报告供贵公司申请注册资本登记及据以向全体股东签发出资证明时使用，不应将其视为是对贵公司验资报告日后资本保全、偿债能力和持续经营能力等的保证。因使用不当造成的后果，与执行验资业务的注册会计师及会计师事务所无关。

附件：1. 本期注册资本实收情况明细表

2. 累计注册资本实收情况明细表

3. 验资事项说明

××会计师事务所（公章）　　　　中国注册会计师（签名并盖章）

地址：　　　　报告日期：　　年　月　日

附件1：

本期注册资本实收情况明细表

公司名称：　　　　截至　年　月　日止

注册资本币种：　　　　货币单位：

股东名称	认缴注册资本		实际出资情况							
									其中：实缴注册资本	
	金额	出资比例	货币	实物	无形资产	净资产	其他	合计	金额	占注册资本总额比例
合计										

会计师事务所（公章）　　　　中国注册会计师（签章）

附件2：

累计注册资本实收情况明细表

公司名称：　　　　年截至　日止

注册资本币种：　　　　货币单位：

股东名称	认缴注册资本总额		前期累计实缴注册资本		本期实缴注册资本		累计实缴注册资本	
	金额	占注册资本总额比例	金额	占注册资本总额比例	金额	占注册资本总额比例	金额	占注册资本总额比例
合计								

会计师事务所（公章）　　　　中国注册会计师（签章）

附件3：

验资事项说明

一、组建及审批情况

贵公司经××（审批部门）以××字××号文件批准设立，由××（发证部门）于××年××月××日颁发××（批准证号、名称），由甲方、乙方共同出资组建，于××年××月××日取得××（企业登记主管机关）颁发的××（营业执照号）《中华人民共和国企业法人营业执照》。

二、申请的注册资本及出资规定

根据经批准的协议、合同、章程的规定，贵公司申请登记的注册资本为（币种）××元，由全体股东分××期于××年××月××日之前缴足。本次出资为第2期，应于××年××月××日之前缴足。其中：甲方应出资（币种）××元，占注册资本的××%，出资方式为货币（币种）××元，实物（币种）××元，非专利技术（币种）××元；乙方应出资（币种）××元，占注册资本的××%，出资方式为货币（币种）××元，实物（币种）××元。

三、审验结果

截至××年××月××日止，贵公司已收到甲方、乙方第2期缴纳的注册资本合计（币种）××元。

（一）甲方第2期缴纳（币种）××元，其中：××年××月××日缴存××银行××（币种）账户××账号××元；××年××月××日投入非专利技术××（具体名称、有效状况），评估价值为××元，全体股东确认的价值为××元。

××资产评估有限公司已对甲方出资的非专利技术进行了评估，并出具了（文号）资产评估报告。甲方已与贵公司就该项非专利技术签订了技术转让合同，办妥了有关财产权转移手续。

（二）乙方第2期缴纳（币种）××元，其中：××年××月××日缴存××银行××（币种）账户××账号××元；××年××月××日投入实物××（名称、数量等），作价（币种）××元。

乙方出资的实物作价××元，已经××省出入境检验检疫局于××年××月××日出具了编号为××的财产价值鉴定书。

（上述所称币种均指注册资本币种，如实际缴纳出资额的币种与注册资本的币种不同，应说明原币币种和金额、折算汇率、折合成注册资本币种的金额。）

（如果股东的实际出资金额超过其本期认缴的注册资本金额，应当说明超过部分的处理情况。）

四、其他事项

2. 变更验资报告的参考格式

以有限责任公司增资为例，其验资报告参考格式如下：

验资报告

××有限责任公司：

我们接受委托，审验了贵公司截至××年××月××日止新增注册资本实收情况。按照国家相关法律、法规的规定和协议、章程的要求出资，提供真实、合法、完整的验资资料，保护资产的安全、完整是全体股东及贵公司的责任。我们的责任是对贵公司新增注册资本的实收情况发表审验意见。我们的审验是依据《独立审计实务公告第1号——验资》进行的。在审验过程中，我们结合贵公司的实际情况，实施了检查等必要的审验程序。

贵公司原注册资本为人民币××元，根据贵公司××股东会决议和修改后章程的规定，申请增加注册资本人民币××元，由××（以下简称甲方）、××（以下简称乙方）于××年××月××日之前缴足，变更后的注册资本为人民币××元。经我们审验、截至××年××月××日，贵公司已收到甲方、乙方缴纳的新增注册资本合计人民币××元（大写）。各股东以货币出资××元、实物出资××元。

同时我们注意到，贵公司本次增资前的注册资本为人民币××元，已经××会计师事务所审验，并于××年××月××日出具（文号）验资报告。截至××年××月××日止，变更后的累计注册资本实收金额为人民币××元。

本验资报告供贵公司申请变更登记及据以向股东签发出资证明使用，不应将其视为是对贵公司验资报告日后资本保全、偿债能力和持续经营能力等的保证。因使用不当造成的后果，与执行本验资业务的注册会计师及会计师事务所无关。

附件：1. 验资事项说明

2. 注册资本变更情况明细表

（1）新增注册资本实收情况明细表（表1）

（2）注册资本变更前后对照表（表2）

××会计师事务所（公章）　　　　　　中国注册会计师（签名并盖章）

地址：　　　　　　　　　　　　　　　报告日期：　　年　　月　　日

附件1：

验资事项说明

一、变更前后基本情况

贵公司由甲方、乙方共同出资组建，于××年××月××日取得××（企业登记主管机关）核发的××号《企业法人营业执照》，原注册资本为人民币××元。根据贵公司××股东会议和修改后章程的规定，贵公司申请增加注册资本人民币××元，变更后的注册资本为人民币××元。

二、申请新增的注册资本及出资规定

根据经批准的修改后章程规定，贵公司申请新增的注册资本为人民币××元，由甲方、乙方于××年××月××日之前缴足。其中：甲方应出资人民币××元，出资方式为货币××元，实物××元；乙方应出资人民币××元，出资方式为货币。

三、审验结果

截至××年××月××日止，贵公司已收到甲方、乙方缴纳的新增注册资本合计人民币××元。

（一）甲方缴纳人民币××元，其中：××年××月××日缴存××银行××（币种）账户××账号××元；××年××月××日投入实物××（具体名称、数量等），××资产评估有限公司已对甲方出资的实物进行了评估，并出具了（文号）资产评估报告。评估价值为××元，股东确认的价值为××元。

（二）乙方缴纳人民币××元，其中：××年××月××日缴存××银行××（币种）账户××账号××元。

四、其他事项

附件2：

注册资本变更情况明细表

表1　新增注册资本实收情况明细表

公司名称：　　　　　截至　　年　　月　　日止　　货币单位：

股东名称	认缴新增注册资本	实际新增出资情况						
		货币	实物	无形资产	净资产	其他	合计	其中：实缴新增注册资本
合计								

会计师事务所（公章）　　　　　　　　　　　中国注册会计师（签章）

表2　注册资本变更前后对照表

公司名称：　　　　　截至　　年　　月　　日止　　货币单位：

股东名称	认缴注册资本				实缴注册资本				
	变更前		变更后		变更前		本次增加额	变更后	
	金额	比例	金额	比例	金额	比例		金额	比例
合计									

会计师事务所（公章）　　　　　　　　　　　中国注册会计师（签章）

第三节　盈利预测审核

我国《股票发行与交易管理暂行条例》等法规规定，申请公开发行股票的公司要上报经注册会计师审核并出具审核意见的公司下一年度的盈利预测文件。申请发行股票的公司，不仅要对其下一年度的经营成果进行预测，还要聘请注册会计师对这一预测进行审核。

一、盈利预测审核概述

（一）盈利预测审核的含义

所谓盈利预测是指被审核单位对未来会计期间的经营成果所作的预计和测算。未来会计期间是指资产负债表日后的一段时间，通常至少要求是一个完整的会计年度。预计和测算包括编制者根据以往的经营情况和未来的发展计划对未来的盈利所进行的判断、估计和测算。盈利预测是拟发行股票公司管理当局编制的，作为确定股票上市后股价走势的重要依据，也是投资者决定是否长期持有股票的依据，应当由具有独立性的中国注册会计师对其进行公正的评价。

所谓盈利预测审核，是指注册会计师接受委托，对被审核单位盈利预测进行审查与复核，并发表审核意见。审查与复核指的是注册会计师根据被审核单位提供的盈利预测，对其编制所依据的基本假设、所选用的会计政策和编制基础进行审查、评价、复算和核对等，从而得出审核结论，发表审核意见。

按照独立审计实务公告的要求出具盈利预测审核报告，并保证其真实性、合法性，是注册会计师的审核责任；合理编制并充分披露盈利预测是被审核单位的责任。审核报告的真实性是指审核报告应如实反映注册会计师审核范围、审核依据、已实施的主要审核程序和应发表的审核意见。审核报告的合法性是指审核报告的编制和签发必须符合我国的《注册会计师法》和独立审计实务公告的规定。盈利预测审核不是对被审核单位未来经营成果的保证。

被审核单位的责任是负责编制盈利预测，并保证编制盈利预测所依据的基本假设合理并已充分披露，保证所选用的会计政策正确并与实际采用的相关会计政策一致，同时保证编制基础是恰当的并已按确定的编制基础进行编制。这些都是被审核单位管理当局的责任，而注册会计师的审核是不能减轻和免除被审核单位的这些责任。

（二）盈利预测审核的目的

注册会计师盈利预测审核的目的，是对被审核单位盈利预测所依据的基本假设、选用的会计政策及其编制基础进行审核，并发表审核意见。具体包括：

1. 对基本假设进行审核

基本假设是指被审核单位对有关经济、商业、市场、金融和其他条件下预期开展经济活动所需条件的假设，以及被审核单位的假定情况。股票上市公司对下年度的盈利预测是建立在一系列基本假设前提条件下的，基本假设是否合理将影响盈利预测的合理性。对盈利预测假设进行审核，是为了判断这些基本假设是否合理，被审核单位是否充分披露这些基本假设。

2. 对选用会计政策进行审核

会计政策是指被审核单位管理当局认为适合于本企业情况，并最能公允地反映企业经营成果和财务状况，而被选用并一贯使用的会计原则。采用的会计政策不同，企业按照会计政策核算的经营成果和财务状况就不相同。对会计政策进行审核，是为了判断被审核单位进行盈利预测时所选用的会计政策是否与已审计的会计报表所采用的会计政策一致。

3. 对编制基础进行审核

盈利预测编制基础就是经注册会计师审定的被审核单位的会计报表及其下一年度的生产经营计划、投资计划等。对编制基础的审核，是为了判断被审核单位是否按照确定的编制基础编制盈利预测。

4. 发表审核意见

发表审核意见是进行盈利预测审核的最终目的，是对被审核单位盈利预测所依据的基本假设、选用的会计政策和编制基础发表意见，以说明基本假设的合理性和披露充分性、会计政策的一贯性、编制基础的确定性。盈利预测具有固有的不确定性，不能避免主观判断，注册会计师不应对预测结果的可实现程度作出保证，对盈利预测结果能否实现发表意见。

注册会计师如认为盈利预测所依据的基本假设明显不切实际，或所作预测将偏离原定的使用目的，应当明确告知被审核单位予以纠正。被审核单位坚持不改的，注册会计师应当拒绝接受委托或解除业务约定。

二、盈利预测审核的范围和程序

（一）盈利预测审核的范围

盈利预测审核的范围是根据有关法规的规定以及业务约定书的要求来确定的。具体范围包括三个方面：

（1）被审核单位编制盈利预测所依据的基本假设、所选用会计政策以及盈利预测的编制基础。

（2）影响注册会计师审核范围的因素。包括以下四项：被审核单位管理当局编制盈利预测的经验与能力；被审核单位编制盈利预测的程序；盈利预测的目的；盈利预测期间的长短。

（3）影响被审核单位未来经营成果的关键因素。主要包括：被审核单位的历史背景、行业性质、生产经营方式、市场竞争能力、有关法律法规及会计政策的特殊要求；被审核单位产品或劳务的市场占有率及营销计划；被审核单位生产经营所需要的人、财、物等资源的供应情况和成本水平；被审核单位以前年度的经营成果及发展趋势；宏观经济的影响。

（二）盈利预测审核的程序

盈利预测审核的程序包括：

1. 了解有关情况，制定审核程序

进行盈利预测审核，应当在充分了解被审核单位有关情况的基础上，制定审核程序，对审核工作作出合理安排，并根据审核过程中情况的变化，予以修改和补充。

（1）了解有关情况。了解的情况主要包括：审核单位的行业性质和历史背景，被审核单位的主要产品、市场竞争能力和市场占有率、营销计划，被审核单位生产经营所需的人、财、物等资源的供应情况和成本水平，以前年度的经营成果和发展趋势等。这些基本情况对被审核单位未来经营成果预测有着重要影响，因此应予以充分的了解。

（2）制定审核程序。这是对审核工作作出计划，包括审核的程序和方法、应当收集的资料、审核过程中应当注意的事项和需要考虑的因素等，并在执行审核业务过程中根据实际情况及其变化，进行必要的修改和补充。

2. 获取有关资料

进行盈利预测审核程序时，应当获取被审核单位编制盈利预测所依据的基本假设的书面文件、基本假设的相关资料及有关盈利预测的声明书等。有关盈利预测的声明书是由被审核单位董事会作出的、关于盈利预测是在确定的基本假设基础上编制的、董事会对盈利预测负全部责任等方面的声明。

3. 进行研究和评价

在充分了解有关情况和取得有关资料以后，应当对这些情况和资料进行研究和评价，并根据制定的审核程序实施盈利预测审核。注册会计师的审核程序主要有以下几个方面：

（1）对基本假设进行审核。对基本假设进行审核，应审核以下内容：①检查编制盈利预测所依据的基本假设是否与书面文件一致。注册会计师在进行审核时，应当获取被审核单位关于盈利预测基本假设的书面文件。注册会计师要检查被审核单位是否依据确定的基本假设来编制盈利预测，所依据的基本假设是否与书面文件一致。②检查基本假设是否有合理的支持证据。如果发现有任何证据表明某些假设是不合理的，注册会计师应当建议被审核单位放弃这些假设，重新考虑其他假设，按照新的假设重新编制盈利预测。③对基本假设所依据的资料进行检查。主要检查各项假设是否确实以有关资料为依据、建立假设所依据的资料是否存在不合理因素以及建立假设的过程是否合理。④对某些假设应特别关注。在判断盈利预测是否运用不合理的假设时，应当特别关注以下假设：第一，对盈利预测结果有重大影响的假设。如新建重大项目能如期投资并带来效益的假设，一旦不能如期投产，则直接影响未来经营成果的实现。第二，特别容易受关键因素变动影响的假设。第三，偏离历史趋势的假设。这是指盈利预测所依据的假设与过去的实际情况不一致或完全相反。第四，具有高度不确定性的假设。如假设宏观经济环境不变，而事实上这是很难确定的。

（2）对会计政策及编制基础进行审核。注册会计师应在了解盈利预测的过程和以前盈利预测的实现程度的基础上，实施以下程序：①分析和评价经营业务的稳定性及其发展趋势。这需要从国内外经济形势，本行业的业务性质和发展趋势，以及被审核单位在本行业的地位等方面来考虑。②核实盈利预测的支持证据是否充分。③检查盈利预测选用的会计政策与实际采用的相关会计政策是否一致。④核实盈利预测的计算方法是否适当。

4. 记录与复核审核业务

注册会计师应当将盈利预测审核业务的执行过程及其结果记录于审核工作底稿，并由具有较丰富经验的注册会计师进行必要的复核。

审核工作底稿一般应审核以下资料：盈利预测依据的基本假设、选用的会计政策及其编制基础、审核业务约定书、审核计划、被审核单位编制的盈利预测表、盈利预测基本假设的评价记录、盈利预测所选用会计政策的检查记录、盈利预测计算方法的检查记录、被审核单位管理当局声明书、审核工作总结、审核报告，以及与盈利预测审核有关的其他资料。

（三）盈利预测审核报告

注册会计师在实施必要的审核程序后，应核实审核证据，形成审核意见，出具审核报告。核实所取得的证据，就是核实证据的真实性及是否能够和足够支持审核意见的发表。

盈利预测审核报告的内容包括六大要素：

1. 标题

审核报告的标题统一规范为“盈利预测审核报告”。

2. 收件人

收件人是指审核业务的委托人，审核报告中应当载明收件人的全称。

3. 范围段

审核报告的范围段应当说明以下内容：①审核范围，是指被审核单位编制的盈利预测及其所依据的基本假设、选用的会计原则和编制基础；②被审核单位对盈利预测的责任和注册会计师的审核责任；③审核依据，是指在盈利预测审核中应以《独立审计实务公告第4号——盈利预测审核》为依据；④已实施的主要审核程序。

4. 意见段

意见段应明确说明注册会计师关于盈利预测的审核意见。审核意见包括三个方面：①盈利预测依据的基本假设是否已充分披露，是否有证据表明这些基本假设是不合理的；②盈利预测选用的会计政策与实际采用的相关会计政策是否一致；③盈利预测是否按确定的编制基础编制。如果注册会计师在上述三个方面与被审核单位存在异议，且无法协商一致，应当在意见段后增列说明段予以反映。

5. 签章和会计师事务所地址

盈利预测审核报告应当由注册会计师签名和盖章，并加盖会计师事务所公章，同时标明会计师事务所的地址。

6. 报告日期

报告日期是指注册会计师完成外勤审核工作的日期。审核报告日期不应早于被审核单位管理当局确认和签署盈利预测的日期。

盈利预测审核报告的格式如下：

盈利预测审核报告

ABC 电器股份有限公司全体股东：

我们对 ABC 电器股份有限公司 20×2 年度的盈利预测所依据的基本假设、选用的会计政策及其编制基础进行了审核。贵公司董事会对盈利预测的基本假设、选用的会计政策及其编制基础需承担全部责任，我们的责任是对它们发表审核意见。我们的审核是根据

《独立审计实务公告第4号——盈利预测审核》进行的，并实施了必要的审核程序。

我们认为：上述盈利预测所依据的基本假设已充分披露，没有证据表明这些假设是不合理的；盈利预测已按照确定的编制基础编制，所选用的会计政策与贵公司实际采用的相关会计政策一致。

附件：1. ABC电器股份有限公司20×2年度盈利预测表（略）

2. ABC电器股份有限公司20×2年度盈利预测的编制基础和基本假设

会计师事务所（公章）　　　　中国注册会计师（签名　盖章）

（地址）　　　　20×2年2月20日

附件2：

ABC电器股份有限公司

盈利预测的编制基础和基本假设

一、编制基础

董事会参照本公司20×1年度业绩，经中国注册会计师审定的会计报表及本公司20×2年度的生产经营计划、投资计划等，编制了本公司20×2年度的盈利预测；编制该盈利预测所依据的会计政策在各个重要方面均与本公司实际采用的会计政策一致。

二、基本假设

1. 国家现行的方针政策无重大改变；
2. 国家现行的利率、汇率等无重大改变；
3. 本公司所在地区的社会经济环境无重大变化；
4. 本公司目前执行的税负、税率政策不变；
5. 本公司计划投资项目能如期完成，投入生产；
6. 无其他人力不可抗拒因素造成的重大不利影响。

ABC电器股份有限公司

董事会

20×2年2月18日

第四节　内部控制审核

企业为了满足内部使用需要或根据国家有关法规的要求，往往聘请会计师事务所对其内部控制进行审核。中国注册会计师协会颁发的《内部控制审核指导意见》对注册会计师执行内部控制审核业务进行了规范。

一、内部控制审核的含义

内部控制审核，是指注册会计师接受委托，就被审核单位管理当局对特定日期与会计报表相关的内部控制有效性的认定进行审核，并发表审核意见。要理解内部控制审核的含义应掌握以下几点：

1. 内部控制审核是一项专门的鉴证业务

内部控制审核是一项专门的鉴证业务，是根据《内部控制审核指导意见》的要求进行的。作为一项专门的审核业务，注册会计师要对此签发审核报告，发表审核意见。内部控制审核不同于会计报表审计中的内部控制测试。会计报表审计中的内部控制测试只是会计报表审计业务中的一个必要过程，附属于会计报表审计，不是一项专门的业务。会计报表审计中的内部控制测试是根据独立审计准则的要求进行的，而且不会对内部控制的测试结果发表审计意见，只是向被审计单位内部管理当局提交管理建议书。

2. 内部控制审核的范围限于特定日期与会计报表相关的内部控制

注册会计师通常对某特定日期的内部控制进行审核，其目的是对该日期的内部控制的有效性发表审核意见。特定日期可以是会计年度结束日，也可以是某中期结束日，注册会计师应在接近于该日期之前的一段时间内对内部控制进行了解和测试。如果注册会计师对某特定期间的内部控制进行审核，应对该期间的内部控制进行了解和测试，并对该期间的内部控制的有效性发表审核意见。

3. 被审核单位管理当局应当就内部控制的有效性提供书面认定

被审核单位管理当局就内部控制的有效性提供书面认定，其作用类似于会计报表，它用于明确被审核单位管理当局建立健全内部控制并保持其有效性的责任。

二、内部控制审核的程序

内部控制的审核程序包括计划、实施和报告三个阶段。

在计划阶段，注册会计师首先应当向被审核单位管理当局获取有关内部控制有效性的书面认定，以及内部控制手册、流程图、调查问卷和备忘录等文件。其次，注册会计师应在考虑被审核单位行业情况、单位内部情况、管理当局的诚信等因素的基础上，制定审核计划，对具体的审核工作进行合理规划和安排。

实施阶段的审核内容包括两个方面：

（一）内部控制设计的审核

1. 了解内部控制的设计

注册会计师应当实施以下程序，以了解内部控制的设计情况：①询问被审核单位的有关人员；②检查内部控制生成的文件和记录；③观察被审核单位的经营管理活动。

2. 评价内部控制设计的合理性

注册会计师应当在了解内部控制各要素的基础上，根据内部控制能否防止和发现会计报表有关认定的重大错报，评价内部控制设计的合理性。

首先对特定内部控制设计的合理性进行评价。评价时要考虑以下因素：①特定内部控制的性质；②特定内部控制的描述方式；③经营活动及其管理系统的复杂性。

其次要对内部控制整体的设计合理性进行评价。评价时主要考虑内部控制整体能否实现控制目标。

（二）内部控制执行的审核

1. 测试内部控制的执行

对内部控制执行情况的测试，可以获取充分、适当的证据，进而对内部控制执行的有效性进行评价。

在测试内部控制执行的有效性时，注册会计师应当关注该项内部控制是否得到执行、如何执行、由谁执行以及是否得到一贯执行。

在测试内部控制执行的有效性时，通常实施以下程序：①询问被审核单位的有关人员；②检查内部控制生成的文件和记录；③观察被审核单位的经营管理活动；④重新执行有关内部控制。

判断获取的证据是否充分、适当，注册会计师应考虑以下因素：①特定内部控制的性质；②特定内部控制在实现控制目标中的重要性；③被审核单位对特定内部控制执行有效性进行测试的性质和范围；④特定内部控制未得到遵循的风险。

2. 评价内部控制执行的有效性

在评价内部控制执行的有效性时，注册会计师可考虑利用管理当局对内部控制执行有效性的测试结果，但应获取充分、适当的证据进行印证。

在评价特定内部控制未得到遵循的风险时，注册会计师应当考虑以下因素：①交易的数量和性质是否发生变化，以致对特定内部控制的设计和执行产生不利影响；②内部控制是否发生变化；③特定内部控制对其他内部控制有效性的依赖程度；④执行或监控内部控制的关键人员是否发生变动；⑤特定内部控制的执行是依赖人工还是电子设备；⑥特定内部控制的复杂程度；⑦特定控制目标的实现是否依赖于多项内部控制。

某些内部控制是连续执行的，而某些内部控制只在特定时间执行，注册会计师应当根据内部控制的性质及其执行的时间和频率，合理确定控制测试的性质、时间和范围。当管理当局在作出内部控制有效性认定之前已对内部控制作了改进时，如果注册会计师确定新的内部控制能够实现相关目标，并且已有效执行了适当的时间，可不考虑改进原内部控制设计的合理性和执行的有效性。

对已发现的内部控制重大缺陷，注册会计师应当及时以书面形式与被审核单位进行沟通。在判断某项内部控制缺陷单独或连同其他内部控制缺陷是否为重大缺陷时，注册会计应当考虑潜在的错误或舞弊可能导致错报的金额和性质。

注册会计师应当就以下重要事项向管理当局获取书面声明：①管理当局对建立健全内部控制并保持其有效性负责；②管理当局已对内部控制的有效性进行了评价；③管理当局已作出特定日期与会计报表相关的内部控制有效性的认定；④管理当局已向注册会计师告知内部控制在设计和执行方面存在的重大缺陷；⑤管理当局已向注册会计师告知发生的重大舞弊，以及虽不重大但涉及管理人员或在内部控制过程中起关键作用的员工的其他舞弊；⑥期后发生的内部控制变化和可能影响内部控制的其他因素，包括管理当局针对重大缺陷采取的各项改进措施。如果管理当局拒绝提供有关内部控制的书面声明，注册会计师应当将其视为审核范围受到限制，并考虑管理当局其他声明的可靠性。

三、内部控制审核报告

注册会计师应当在复核与评价审核证据的基础上，形成审核意见，出具审核报告。

（一）审核报告的基本内容

审核报告包括以下基本内容：

1. 标题

审核报告的标题统一规范为“内部控制审核报告”。

2. 收件人

审核报告的收件人应当为审核业务的委托人。审核报告应当载明收件人的全称。

3. 引言段

审核报告的引言段中应当说明以下内容：①被审核单位管理当局对特定日期与会计报表相关的内部控制有效性的认定；②被审核单位管理当局的责任；③注册会计师的责任。

4. 范围段

审核报告的范围段中应当说明以下内容：①审核依据，即《内部控制审核指导意见》；②审核程序；③实施的审核程序为注册会计师发表审核意见提供了合理的基础。

5. 固有限制段

审核报告的固有限制段中应当说明以下内容：①内部控制的固有限制；②根据内部控制评价结果推测未来内部控制有效性的风险。

6. 意见段

审核报告的意见段中应当说明被审核单位于特定日期在所有重大方面是否保持与会计报表相关的有效的内部控制。

7. 签章和会计师事务所地址

审核报告应当由注册会计师签名并盖章，加盖会计师事务所公章，标明会计师事务所地址。

8. 报告日期

报告日期是指注册会计师完成外勤审核工作的日期。

（二）审核报告的意见类型

审核报告的意见包括无保留意见、保留意见、否定意见和无法表示意见四种意见类型。

1. 无保留意见

在同时满足下列几个条件时，注册会计师应发表无保留意见：①被审核单位内部控制不存在重大缺陷；②审核范围未受到严重限制；③不存在期后事项，或虽存在期后事项，但其对内部控制的有效性没有影响。

无保留意见审核报告的参考格式如下：

内部控制审核报告

××股份有限公司：

我们接受委托，审核了贵公司管理当局对××年××月××日与会计报表相关的内部控制有效性的认定。贵公司管理当局的责任是建立健全内部控制并保持其有效性，我们的责任是对贵公司内部控制的有效性发表意见。

我们的审核是依据《内部控制审核指导意见》进行的。在审核过程中，我们实施了包括了解、测试和评价内部控制设计的合理性和执行的有效性，以及我们认为必要的其他程序。我们相信，我们的审核为发表意见提供了合理的基础。

内部控制具有固有限制，存在由于错误或舞弊而导致错报发生和未被发现的可能性。此外，由于情况的变化可能导致内部控制变得不恰当，或降低对控制政策、程序遵循的程度，根据内部控制评价结果推测未来内部控制有效性具有一定的风险。

我们认为，贵公司按照××标准于××年××月××日在所有重大方面保持了与会计报表相关的有效的内部控制。

××会计师事务所（公章）　　　　中国注册会计师（签名并盖章）

地址　　　　年　月　日

2. 保留意见

有下列情况之一时，注册会计师应发表保留意见：①被审核单位内部控制存在重大缺陷，而管理当局已在书面声明及认定中恰当地说明了内部控制的重大缺陷及其对实现控制目标的影响；②审核范围受到严重限制；③期后事项严重影响内部控制的有效性。

保留意见审核报告的参考格式如下：

内部控制审核报告

××股份有限公司：

我们接受委托，审核了贵公司管理当局对××年××月××日与会计报表相关的内部控制有效性的认定。贵公司管理当局的责任是建立健全内部控制并保持其有效性，我们的责任是对贵公司内部控制的有效性发表意见。

我们的审核是依据《内部控制审核指导意见》进行的。在审核过程中，我们实施了包括了解、测试和评价内部控制设计的合理性和执行的有效性，以及我们认为必要的其他程序。我们相信，我们的审核为发表意见提供了合理的基础。

内部控制具有固有限制，存在由于错误或舞弊而导致错报发生和未被发现的可能性。此外，由于情况的变化可能导致内部控制变得不恰当，或降低对控制政策、程序遵循的程度，根据内部控制评价结果推测未来内部控制有效性具有一定的风险。

（描述内部控制的重大缺陷及其对实现控制目标的影响）有效的内部控制能够为企业及时防止或发现会计报表中的重大错报提供合理保证，而上述重大缺陷使贵公司内部控制失去这一功能。

我们认为，除上述内部控制的重大缺陷及其对实现控制目标的影响外，贵公司按照××标准于××年××月××日在所有重大方面保持了与会计报表相关的有效的内部控制。

××会计师事务所（公章）　　　　中国注册会计师（签名并盖章）

地址　　　　年　月　日

3. 否定意见

有下列情况之一时，注册会计师应发表否定意见：①被审核单位内部控制存在特别重大的缺陷，而管理当局已在书面声明及认定中恰当地说明了内部控制特别重大的缺陷及其对实现控制目标的影响；②被审核单位内部控制存在重大缺陷，而管理当局未在其书面声明及认定中说明内部控制的重大缺陷及其对实现控制目标的影响，或虽已说明重大缺陷，却认定其内部控制依然有效；③期后事项特别严重地影响内部控制的有效性。

否定意见审核报告的参考格式如下：

内部控制审核报告

××股份有限公司：

我们接受委托，审核了贵公司管理当局对××年××月××日与会计报表相关的内部控制有效性的认定。贵公司管理当局的责任是建立健全内部控制并保持其有效性，我们的责任是对贵公司内部控制的有效性发表意见。

我们的审核是依据《内部控制审核指导意见》进行的。在审核过程中，我们实施了包括了解、测试和评价内部控制设计的合理性和执行的有效性，以及我们认为必要的其他程序。我们相信，我们的审核为发表意见提供了合理的基础。

内部控制具有固有限制，存在由于错误或舞弊而导致错报发生和未被发现的可能性。此外，由于情况的变化可能导致内部控制变得不恰当，或降低对控制政策、程序遵循的程度，根据内部控制评价结果推测未来内部控制有效性具有一定的风险。

（描述内部控制的重大缺陷及其对实现控制目标的影响）有效的内部控制能够为企业及时防止或发现会计报表中的重大错报提供合理保证，而上述重大缺陷使贵公司内部控制失去这一功能。

我们认为，由于上述内部控制的重大缺陷及其对实现控制目标的影响，贵公司未能按照××标准于××年××月××日保持与会计报表相关的有效的内部控制。

××会计师事务所（公章）　　　　中国注册会计师（签名并盖章）

地址　　　　　　　　　　　　　　年　月　日

4. 无法表示意见

有下列情况之一时，注册会计师应发表无法表示意见：①审核范围受到严重限制，注册会计师不能获得对内部控制整体发表意见的证据；②期后事项对内部控制有效性的影响不能确定。

无法表示意见审核报告的参考格式如下：

内部控制审核报告

××股份有限公司：

我们接受委托，审核贵公司管理当局对××年××月××日与会计报表相关的内部控制有效性的认定。贵公司管理当局的责任是建立健全内部控制并保持其有效性。

内部控制具有固有限制，存在由于错误或舞弊而导致错报发生和未被发现的可能性。此外，由于情况的变化可能导致内部控制变得不恰当，或降低对控制政策、程序遵循的程度，根据内部控制评价结果推测未来内部控制有效性具有一定的风险。

由于管理当局（描述范围限制），我们未能实施必要的审核程序以获取充分的证据。因此，我们无法对贵公司内部控制的有效性发表意见。

××会计师事务所（公章）　　　　　　　中国注册会计师（签名并盖章）
地址　　　　　　　　　　　　　　　　　　　年　月　日

本章小结

注册会计师接受委托，对按照企业会计准则和相关会计制度以外的其他基础（简称特殊基础）编制的财务报表、财务报表的组成部分、合同的遵守情况、简要财务报表等特殊业务的财务信息进行审计时，应该按照规定执行相关审计程序，出具特殊目的审计业务的审计报告。

关键术语和概念

按照特殊基础编制的财务报表　财务报表的组成部分审计　合同的遵守情况审计
简要财务报表审计　验资　盈利预测审核　内部控制审核

拓展阅读

中国注册会计师协会．审计．北京：经济科学出版社，2011.
胡春元．审计案例——源于中国证券市场．大连：大连出版社，2010.

主要参考文献

1. 李金华. 中国审计史. 北京：中国时代经济出版社，2004.
2. 中国注册会计师协会. 审计. 北京：经济科学出版社，2011.
3. 萧英达等. 国际比较审计. 北京：立信会计出版社，2000.
4. 李凤鸣. 审计学原理. 上海：复旦大学出版社，2008.
5. 袁小勇，陈郡. 审计学. 北京：首都经济贸易大学出版社，2007.
6. 刘国常. 审计理论与实务. 北京：经济科学出版社，2007.
7. 殷文玲，高颖. 审计案例教程. 北京：清华大学出版社，2008.
8. 胡春元. 审计案例——源于中国证券市场. 大连：大连出版社，2010.